非心非物

即心即物

當代
張載學

王雪卿

著

# 目次

7　序言　今日的張載氣學　楊儒賓

25　自序

29　導論　通過張載而思

61　第一章　當代的張載學：心性論與氣化論的交涉

一、前言：從理學史上的張載到當代的張載

二、大陸的張載學

三、港台的張載學

四、海外的張載學

五、結語：「心性論的張載」與「氣學的張載」的
　　　拮抗張力與兩行反思

115　第二章　世界的真實與體用論建構：張載的儒學語境重建

一、前言：為什麼是儒學？

二、體用論：張載的儒學語境重建之路

三、從張載重「氣」與重「禮」談體用論攝相偶論

四、「闢佛老」下的語言與思維結構

五、結語

191　第三章　「太虛」是如何「即」「氣」的？：
　　　　　　張載氣學的倫理關懷與存有開顯

　　　一、前言

　　　二、「太虛」概念的釐清

　　　三、張載氣學與《孟子》傳統

　　　四、「一心」還是「一氣」：張載重講「氣」的契機

　　　五、《易經》、《莊子》攜手下的張載氣學

　　　六、「太虛即氣」：「兩層存有論」或「二重道論」？

　　　七、「感者性之神，性者感之體」：張載本體宇宙論氣學
　　　　　的主體模式與倫理格局

　　　八、結語

277　第四章　張載禮學：身體、倫理與儒家生活世界

　　　一、前言：張載的重禮形象

　　　二、重禮與重氣

　　　三、儒學傳統中的「禮樂之禮」與「四端之禮」

　　　四、體用論攝相偶論的張載禮學

　　　五、禮與變化氣質：作為「工夫」的禮

　　　六、禮、身體與倫理：形—氣—心主體與涉身—涉世主體

　　　七、儒家生活世界與禮的開放性

　　　八、結語：體用論表現為相偶論

359　　　第五章　張載氣學工夫論的爭議與開展：
　　　　　　　　　從唐君毅「張橫渠自成一派」談起

　　　　一、前言

　　　　二、張載氣學自成一派：唐君毅對宋明理
　　　　　　學分系問題的一個觀點

　　　　三、一個台灣學界關於「理學第三系」的
　　　　　　當代論爭

　　　　四、張載的氣學工夫論

　　　　五、結語


413　　　結論　當代的張載氣學

　　　　一、前言：張載氣學性格的爭議及其潛力

　　　　二、「太虛即氣」說的三種類型：唯物
　　　　　　論、牟宗三與唐君毅

　　　　三、非唯物論的儒家氣學詮釋：先天型氣
　　　　　　學與兼體無累氣學

　　　　四、結語

455　　附錄　唐君毅的朱子學：
　　　　　　以「心」概念的理解為核心

　　　一、前言

　　　二、「心為氣之靈」與「心者理之所會之
　　　　　地」：唐君毅論朱子的「心」應兩面
　　　　　合觀義

　　　三、唐君毅論朱子「心」之「本心」、
　　　　　「心體」義

　　　四、從「心為『氣』之靈」到「心為氣之
　　　　　『靈』」：唐君毅論朱子「心」與
　　　　　「氣」關係的超越性

　　　五、結語

479　　參考文獻

序言

# 今日的張載氣學

楊儒賓

一

　　理學的分系問題是理學研究領域裡的一個大問題，它既是哲學史上出現的題目，也具有獨立的哲學的意義。在1949年後的海外華人學術社群，牟宗三的三系說以及勞思光的一系三階段說最負盛名。勞思光的一系說以心性主體作為理學的核心義，也是儒家義理的標準義，所以理學各家凡是以天道論（如周敦頤、張載之學）或性理論（如程朱之學）為核心的學說都不道地，它們在理學史上的位置是過渡性的，要過渡到以陸王學為代表的心學體系，理學的表現至此才算究竟。勞先生的心性主體帶有濃厚的康德哲學的意涵，他切斷了東方體證哲學中常見的心性論、形上學連結的結構。理學家講究盡心、知性、知天，人心窮而天心見，但康德哲學卻不談「人生而靜」以上的天心境界，很不湊巧地，理學的歸墟卻在此。勞先生的問題意識很強，但他的理學論述最易引發爭議者，恰好在他分系的標準。

牟先生的理學分系說見於他的成名作《心體與性體》三巨冊，以及《從陸象山到劉蕺山》一書，他認為理學除了以往已成為定論的陸王與程朱兩系外，還有胡五峰及劉蕺山一系，兩人可合稱為胡劉系，此系的特色在於「以心著性」，亦即他們提出超越的性體作為工夫的旨歸。學者成德所需作的工作，即是從主體作工夫以朗現性體的奧祕。牟先生的胡劉系的主軸在此，但他著名的這個主張也會鬆動，或者說，也可以有廣義的用法。由於理學的性體概念很特別，它連結了心體與道體，所以性體的本地風光會彰顯道的超越性，所以北宋理學家凡從天道立論，也就是帶有本體宇宙論定位的儒者如張載、周敦頤、程明道也可隸屬此系。

牟先生的第三系說是他很重要的學術創見，但他對此系的主張並不是沒有猶豫，比如北宋理學是否該列入，牟先生即有兩種說法。但依他成熟的說法，當是北宋理學不分系，分系自朱、陸異同開始算起，至少從他們兩人的鵝湖之辯開始，思想體系的出入才明朗起來。南宋早期的胡五峰與晚明的劉蕺山雖然年代、學脈皆不相承，劉蕺山也很少提到胡五峰其人其學，但牟先生認為就義理的模式而言，兩人可獨立成系，本系的特色即在於本心朗現性體的奧祕，此之謂「以心著性」說。

牟先生的第三系說顯然是哲學類型的分類，而不是哲學史的陳述，在理學史上不曾發生過胡劉一系活動之事實。哲學家生在後世，自然可以打破歷史上的學派分類的陳規，重作安排，合理的安排有可能透露新的學術的訊息。比如清中葉以後才被重作評估的王夫之哲學，或者20世紀下半葉被特別彰顯出來的方以智哲學，筆者認為都有助於我們重新認識理學的光

譜。牟先生是20世紀中國極重要的哲學家與哲學史家，他的論點不管能否成立，都需要仔細對待。然而，就「以心著性」的論點而言，筆者認為胡劉一系並沒有超出陸王心學的框架。陸王心學雖然主張直心是道，他們沒有具體列出有待證成的性體作為歸趨的目標。然而，筆者認為只要他們作工夫時有「成聖」、「復性」的要求，他們的思想體系即有性體的內容。而只要他們有性天相通的體證，他們的境界即預設了「以心著性」的前提。否則，作為理學工夫論主軸的「復性說」即沒有著落。筆者認為上述兩者的說法都是需要肯定的，換言之，胡劉一系也當列入心學一系當中。如有差異，他們最多只能算是「心即理」系下的一個次型，沒有獨立成系的條件。事實上，劉蕺山看待自己的思想歸屬，恐怕還是要上看王陽明—江右學派—東林學派一脈。蕺山高弟黃宗羲編《明儒學案》，即如此看待其師傳承。牟先生的第三系說並沒有得到學界普遍的承認，連與他關係密切的劉述先、杜維明先生都沒有接受牟先生的分類。

　　除了一系三階段說及「以心著性」說之外，另外一個影響深遠的分系說是所謂的「氣學」說，此說在相當長的時間是大陸中國哲學界的主流論述，至今也仍是一支有力的假說。此說最早提出者當是張岱年，張岱年在1949年之前寫成《中國哲學大綱》，已提出理學除了理學、心學之外，還當有「惟氣的本根論」一系，「惟氣的本根論」也就是一種唯物論。1949年之後，張岱年繼續宣揚張載「氣一元論的唯物論」學說，簡略地說，也可稱為「氣學」學說。他的氣學主要指以「氣」概念為首出的理學家，具體指名的話，北宋的張載、明中葉以後的羅

整菴、王廷相、唐鶴徵、吳廷翰以至明末清初的王夫之、清朝的戴震等人，可算是此學的中堅，這些橫跨不同時代的學者，他們都有氣學的形上學主張，而氣的屬性基本上是精微的物質。理學三系中，即以氣學一系最具唯物主義的精神。張岱年後來為葛榮晉的《王廷相與明代氣學》一書作序時，甚至說：明代最有原創性的哲學家應當是王廷相，而不是王陽明。「王廷相是明代最偉大的哲學家」，這是他的序言的第一句話。張岱年的分系說自從1949年以後，迅速獲得大陸中國哲學界的支持，馮友蘭、張立文等人皆支持氣學之說。大約同一段時間，山井湧在日本，也提出了類似的「氣學」的主張。氣學、理學、心學三系並列，理學三系說基本上已取得相當有影響力的發言權。

然而，同樣主張氣學可獨立成系者，尚有唐君毅先生之說。唐先生同樣認為理學除了重心、重理二系外，另有重氣一系，此系當以張載為代表。由於王夫之以繼承張載之學自任，而唐先生又特別重視王夫之的文化哲學，他也認為王夫之乃非唯物論的理學家。我們如果推廣唐先生之說，理學中當有以張載、王夫之為代表的氣學一系。唐君毅先生對理學系統的定位基本上比較接近熊十力，熊十力雖然不注重理學的分系，對於「氣」概念也較少發揮。但他從超越哲學的角度界定王夫之哲學，這點和唐君毅先生確是一致的。

理學第三系說的諸種說法中，有「氣學」此系說，但「氣學」的提法卻有兩種，一種是唯物論的提法，一種可以稱作是體用論的提法。前者基本上將氣視為精微的物質，所以氣論就是精微的唯物論；後者以新儒家的唐君毅、熊十力為代表，他

們認為理學系統中的氣學學者（主要以張載、王夫之為代表）主張的氣都需要高看。唐君毅先生一再講需要「高看」，但高要高到什麼程度呢？我們不妨借熊十力先生之語，略進一解。熊十力先生在《新唯識論》中有一說，他說：「氣」即是「體用論」的「用」。換言之，「高」要高到從體用論的高度，才能看出「氣學」的價值。

左派學者和新儒家學者都同樣重視理學系統中一支講求氣論的學者的獨立地位，其中關鍵人物當是張載。一位張載，兩種表述，兩種表述所顯現的哲學性格差異極大，甚至是站在對反的位置。這個突兀的哲學史現象極特別，它逼得我們不能不正眼看待這位理學奠基者提供了什麼樣的訊息。

二

張載思想在後世中國最無爭議之處，大概在於他提供的一種理想人格的圖像，這個圖像具體地見於〈西銘〉一文，此文從「乾稱父，坤稱母，余茲藐焉，乃混然中處」開始，張載將人放在宇宙的視野下定位，人從本質上講，即是天地之子，天地間的人原則上即是一家之內的兄弟姊妹。因此，人對天地間的事事物物，原則上即負有家屬該承擔的倫理責任，所以說「尊高年，所以長其長；慈孤弱，所以幼其幼。聖其合德，賢其秀也。凡天下疲癃殘疾、惸獨鰥寡，皆吾兄弟之顛連而無告者也。於時保之，子之翼也。」張載極善體貼這種宗教理境，他是理學家當中的普賢菩薩，〈西銘〉的字字句句親切動人。〈西銘〉的要旨如果再凝聚一點表達的話，即是有名的張子四

句教：「為天地立心，為生民立命，為往聖繼絕學，為萬世開太平。」〈西銘〉與四句教大概也是他的著作中流傳最廣的論點。

　　〈西銘〉的理境在後世普為儒家各宗各派所接受，但此論一出，爭議也不小。或許他的理論指向了一種無止境的同體之愛，在當時可能被視為新說，所以連程門高弟楊時都認為此論和墨家的「兼愛」理論容易混淆，而墨家的「兼愛」之說自從經由孟子的批判以後，已成為異端學說的重要代表。程伊川面對這種質疑，他替這位表叔辯護道：「西銘明理一而分殊，墨氏則二本而無分（原注：老幼及人，理一也；愛無差等，本二也）。」程伊川的用語「理一分殊」，是一種可名為體用論的表述方式，此種表述方式將具體的道德放在一種先驗而普遍的視野下定位，有體即有用，一切的道德行為都來自超越的源頭，它們是本體所彰顯出的功用。當體用論逐漸成為儒門人物喜用的論述模式後，〈西銘〉的結構遂亦順理成章，成了體用論倫理學的一篇名文，程伊川之言很快地取得了澄清的效果。

　　二程長期居住洛陽，在群賢輩出的年代，雖然不能說領袖群倫，但應當是傳道最力的理學家。他們的評論一出，應該很快得到時人的贊同。後來朱子繼起，他對張載之學的判斷，基本上也繼承二程的看法。在張載學問的傳播過程中，程朱應該扮演相當正面的角色。然而，我們今日反思張載的〈西銘〉及四句教的理境，雖然不能不承認這是張載的大手筆，意高思遠，一壯儒林顏色。二程與朱子的表彰，確實也起了極大的澄清作用。但就哲學理趣而言，張載〈西銘〉與四句教所提供的內容，比較像是孔孟之學的共法，而不是獨特的義理。尤其當

理學核心義的「天道性命相貫通」的超越論成了理學各家接受的共法之後，〈西銘〉提供的人生理境很容易引發共鳴，不顯怪異。所以程朱稍加澄清，即可迅速獲得理學人物的共識。

　　如果程朱在宣揚張載的〈西銘〉與四句教方面，出過大力，加以表揚，並取得有效的澄清成果的話；他們面對張載的氣學理論，也出過大力，方向上卻是大加批判。他們的批判主要集中在張載混合了形而上與形而下，道器不分，張載以「清虛一大」形容道，程明道則批判此說：「乃以器言，而非道也」，或者說：「是以器言，非形而上者。」上述語言出自以通達著稱的程明道之口，不能不令人感到訝異。形上理境超越言說，說是一物即不中。但學者如有形上主張，他即不能不使用語言，但語言與形上理境既然本質上即是斷裂的，他只能用隱喻加以陳述，這是東方工夫論常見的表達方式。程明道論學，以種子喻仁，曷嘗不是「以器言」？程伊川對張載氣學的態度，基本上類似。二程對張載的批判到底是澄清了氣學理論混濁不清的思想？還是提錯了問題，誤打了《正蒙》的議題，因而造成了更大的混亂？其間的是非得失，或許仍需再加析辨。

　　張載思想的一大特色在他的氣論，氣論的主張貫穿他的著作，所以我們可以「氣學」之名稱呼他的思想體系。「氣學」思想的一大特色在於「氣」被視為首出的概念，它是本體的實質內涵，可用於解釋心物概念的構成因與運動因。張載《正蒙·太和篇》說：「太和所謂道，中涵浮沉、生降、動靜、相感之性，是生絪縕、相盪、勝負、屈伸之始」；又說：「太虛無形，氣之本體；其聚其散，變化之客形爾」；再說：「太虛

不能無氣，氣不能不聚而為萬物，萬物不能不散而為太虛。循是出入，是皆不得已而然也」，如是云云，這些語言是他的典型敘述。我們從他首章的破題主張，已可看出他的氣論與自然哲學的連結之深。

關於張載之學該如何解釋，在今日學界，依然糾結難明。一種主流的解釋是將張載視為唯物論哲學家，他的氣論之氣被解釋為極微的物質。《正蒙》所說「太虛」與「氣」的關係，仿如古希臘自然哲學家巴門尼德所說的空間與原子的關係，空間由原子充滿，原子凝聚為物，物散後，再還歸為原子。我們如果將「原子」一詞由「氣」代替，其模式大體類似，當今學者的唯物論解讀並非新論。而且，我們也當承認這種精緻的唯物論的解讀也有相當的文本依據。當我們將《正蒙》〈太和篇〉、〈參兩篇〉諸篇的文字當作解釋自然現象的宇宙論敘述，而「氣」是被視為自然現象的構成因，自然現象之成毀即為氣之聚散所致，那麼，張載這種理論被解作唯物論，並非沒有理據。事實上，當程朱從自然哲學的角度解讀張載的氣論，批判其說「形而下」，「以器言」，這些語言換成今日的語彙，就意味著唯物論的視角。當張載的氣論被看作一種用以解釋自然現象的循環學說，朱子進一步將它當作輪迴論的解讀。相對於個體靈魂的小輪迴，朱子認為張載的氣論傳達了它是貫穿一切存在的大輪迴，大輪迴其實也可視作物質永恆不變的物理定律的主張，朱子對張載的批判性的解讀仍預設了唯物論的視角。

氣論的唯物論解讀自然是20世紀的論述，這種論述不可能沒有政治的涵義，但政治思想的解讀也可能是學術的論述，也

有可能是如理的敘述。程朱的理氣論架構中，不能說沒有20世紀唯心、唯物論爭的因素在裡面，但它們的主軸定調不在此。張載的氣論的主軸也與20世紀哲學的關懷不一致，但我們如考察他的思想因何而起，即不能不承認他的思想其實已踏進自然科學的領域。他被理解為唯物論者，不是沒有原因的。北宋理學興起的一大事因緣——雖然不是唯一的因緣，乃是針對佛教緣起性空說的反制。在緣起性空說關照下的世界，從張載的觀點看，不免「誣世界乾坤為幻化」（《正蒙・太和篇》），這種語言自然是張載帶著儒家價值體系的眼光所作的判斷。依此判斷，他需要賦予世界誠明的性格，或許不該說賦予，而當是體證。因為張載認為「道」行於天地之中，道的顯現即是自然的表現，自然中所顯現的規律即是道體切入世間的「象」。論者或主張張載是客觀唯心論者，此一標籤如果不要作過度的解讀，不能說沒有幾分道理在。

　　張載的氣論對自然的性質有所解釋，其學說自然可以歸屬於自然科學的領域，中國科學史之類的著作通常會將張載列入，不是沒理由的。但張載以「氣」解釋自然現象，「氣」這個出自於古老中國文化的語彙，其原始概念如何，源於醫學？天文學？或宗教儀式？很難取得一致的共識。但至少自戰國以後，氣論既是自然哲學的主張，卻也是玄學的主張。此詞語可以解釋自然現象，也可以解釋人文現象；既是物理的，也是心理的。「氣」象萬千，這種跨界的性質已是「氣」此一語彙具有的內涵。張載使用「氣」這個詞彙時，他沒有加以澄清。他之所以沒有加以澄清，正因這個問題對他並不存在，所以不需要煩惱。但也有可能他認為具有各種屬性且可以貫穿各種領域

用法的「氣」正是他所需要的，所以當他用「氣」來解釋宇宙現象時，比如《正蒙》〈太和篇〉、〈參兩篇〉諸篇所敘述者，確實是天文學的敘述。今日的科學史家討論宋代天文學的成就時，張載的《正蒙》通常也會被列為重要的一說，和《夢溪筆談》所敘述者，或可相提並論。就此而言，張載和沈括具有共同的天文學家的身分。

　　然而，張載有天文學家的身分，他的主要角色卻不是天文學家；就像他的「氣」概念可以解釋自然現象，但他的「氣」概念的主要性質卻不能是物理性質的。張載的思想的主要源頭來自《易經》，這是他自己承認的，而且也是歷代詮釋張載之學的學者的共識。《易經》一書的架構正是太極透過自然現象（天、地、風、雷、山、澤、水、火）顯現出來，所謂「見者之謂象」，見者，現也。《易經》的每一卦都是太極透過自然現象，顯現深刻的人生哲理。比如〈恆卦〉的卦象是「䷟」，上〈震卦〉，下〈巽卦〉，震代表雷，巽代表風。所以此卦說：「雷風恆，君子以立不易方。」風雷交加，代表急遽天變，但在激烈的變動中，君子應當站在「不易」的方位，貞定自在，這就是「恆」。恆不是靜止，而是動中有靜，在疾風暴雨中立定腳跟，貞定價值。《易經》的卦總有「象」，但《易經》的精神雖不離象，卻也不限於象。「見者之謂象」，「見」是「現」之義，象總有顯象者，顯象是事物本身由隱而顯的自現？還是由於事物之外的他因的介入而顯現？《易經》沒有明說。由隱而顯的自現說即是自因說或是自生說，由事物之外的他力介入而顯現即是他因說。自因或他因？自生或他生？這是《易經》學，也是中國形上學的一個主要問題。筆者

接受的理論既不是以自因為理論基礎的自現說，如果是自現說，那麼，道即是自然的述詞，它可以說是「自然」現象的總合。這樣的「道」除了是「自然」的內涵外，再無其他。但象之顯如果是純粹的他者介入所致，那麼，太極即在自然之外，自然與太極是異質異層，這樣的解讀也未必符合《易經》一書的基本架構。

　　筆者接受的是「不一不異」的體用論的用法，眾所共知，理學傳統中，正式提出「體用」觀念者當是二程，程伊川在他的《周易程氏傳・序》中，提出了有名的「體用一源，顯微無間」之說，程明道也提出了「咸恆，體用也」、「理義，體用也」的論點。體用論的語言後來經由朱子等人的發揚，成了理學典型的思維模式。然而，二程使用的「體用」組語並非他們首創，在六朝時期，「體用」或「本體」的概念在佛、老的文獻中，使用得已非常頻繁。在北宋時期，儒者對體用論的表達方式也已不陌生。張載生於其時，他雖然沒有明確到像二程一樣使用「體用」並論的組語，但無其語不表示無其實，他在《正蒙・神化篇》言：「德其體，道其用，一於氣而已」，已是「體」、「用」並列，雖然他沒有兩字聯用，其義固相似也。張載對於「氣」概念的特殊理解在於他不排斥「體」中的「氣」的內涵，從朱子學的觀點看，張載的用法是混亂而違法的。但張載對氣的理解原本即與朱子有距離，理氣異質異層，這是朱子特殊的規定，是新說，其他的理學家未必有此意識，也未必要遵守。相反地，依張載的眼光判斷，氣需要高看，高到收編到「體」的概念中，與「本體」的概念同位階，這是張載的規定。收到「體」概念中的「氣」，其實質內涵即是

「用」，熊十力說：「氣」為體用論的「用」。熊說的觀點如用以解釋超越論定位的正統理學家的系統的話，或許除了程朱需另行考慮外，其說可謂顛撲不破。

張載是理學家，是二程的同道，他的思想源自孔、孟、曾、思的傳統，與《易經》的關係尤深。他主張無限的人性論，他在工夫論領域立下「天地之性」、「德性之知」的概念，為「復性」的境界奠定動力因的基礎，張載之學的超越哲學定位是確切無疑的。我們上述敘述他的語言是典型的天道性命相貫通模式下的語言，如果說張載在各個方面都堅決地站穩在超越論的大地上，卻對自然界持唯物論的觀點，這樣的詮釋未免怪異。論者非常有理由質疑張載：何以他的思想體系中有兩組定位截然相反的理論——事實上，二程及朱子已提出了這樣的質疑。他們的質疑重點在於張載形上、形下不分，道器不分。他們的批評再下一轉語，也就是批判張載有自然主義甚至唯物論的嫌疑，問題是程朱的質疑可以成立嗎？

程朱所謂的形上、形下不分，道器不分，其實有兩種解釋。一是形上語彙僅是表象，它的實質內涵即是形下內涵的器或氣，這是自然主義的立場。但形上、形下不分可以有另類的表達方式，在體用論或泛神論的語式中，我們確實也常看到「上帝與自然不分」（如史賓諾沙）或是道器不分（如莊子的道在屎溺，或《易經》的「元」以「乾元」、「坤元」雙元表述）的敘述，但這些語彙不是要將形上往形下拖，而是形下往形上拉。張載之學正是典型的體用不二、本體現象不二的表述，他確切地說：「虛器相即」、「兼體不累」，「虛器相即」也可說是「虛氣相即」，「虛」意指本體，本體不離作

用，也就是理不離氣。張載的氣只能高看，它是理之氣，體之用，神之化。程朱對張載氣論的批判，如果我們改從體用不二的詭譎同一論的觀點看，無一可以成立。而詭譎同一的體用論思考不僅見於張載，它事實上是相當典型的（雖然不是獨占的）中國哲人的思考方式，程朱對張載的批判相當的不合理。

三

　　如果張載的體用論思考是一種典型的中國哲人的思考方式，為什麼他的思想會帶來這麼大的爭議？筆者認為我們如果將他的「虛氣相即」的哲學放在更普遍的哲學傳統來看，可以說他引發的這個爭議是相當普遍性的。我們看史賓諾沙的哲學的命運，即可略知一二。史賓諾沙的哲學力主上帝與世界的同一，但這種同一哲學的觀點一向有唯物論與泛神論二解。他到底是融入物質世界的哲人？還是沉醉於上帝的哲人？他到底支持無神論？還是支持無世界論？列寧和黑格爾的判斷就不一樣。張載的命運和史賓諾沙相似，他的思想同樣可以上下其講，這種相似性應當有學術體系下的結構性原因。

　　但張載思想引發的爭議還有他個人的思想用語的原因，這也是王雪卿博士此書所以書寫的緣由。張載思想在現代哲學史的領域所以引發這麼大的爭議，很大的原因是「氣」的因素介入的結果。如前所論，左派學者與新儒家學者在這個問題上，判斷恰好相反。左派學者認為理學系統中，凡主張「氣」的優先性的儒者即可歸為氣學一派，此氣學學者可視為具有中國特色的唯物論學者。新儒家學者則認為張載這類型的儒者所

倡導的氣論的「氣」，不能以物質視之，它當高看，其位階與「神」、「道」之類的形上詞語相當。由於唯物論在當代中國具有敏感的政治性，所以兩造的爭辯多少帶有政治的內涵。但回到張載思想本身，我們當承認這個敏感的議題仍是學術的議題。

筆者在《異議的意義》一書及其他相關著作，曾對兩造的論點表達過個人的意見。竊以為左派學者在理學、心學之外，提出反超越論性格的氣論一系，其價值值得肯定。因為氣學的氣概念即使缺乏向上一機，但支持此論的儒者強調有限人性的在世感通性、倫理學的相偶性、以氣性為核心的個體之獨特性，這些仍具有不可被取代的價值。放在儒學的體系看，這些論點也有助於儒學的現代轉型。近世東亞，不管日、韓或中國，皆出現反理學的氣學學者。身為嚴肅的儒者，如王廷相、戴震、伊藤仁齋、丁茶山等人，他們的反理學觀點未必中肯，但他們提出氣學的對治觀點未必沒有足以成說之處。

但就像泛神論式的語言可以上下其講，體用論的語言也未嘗不是如此，當體用論的模式以「氣」概念表述時，情況更是如此。我們觀左派中國哲學史家所列的氣學光譜，明顯地可以分成兩組，一組是反超越論的自然主義氣學，一組是築基於超越論的體驗形上學的學者；前者是有限人性論的儒者，後者是無限人性論的儒者。就近世哲學史而論，王廷相、戴震可代表自然主義的氣學，張載、王夫之則可代表體驗形上學的氣學。

這兩組氣學的區隔其實不難看出，從學術傳承，從當事者的自我招供，從理論內涵皆可證明。就理論內涵而論，最簡要的判斷標準可從「超越論」一語見之。就近世儒學史看，只要

持超越論的氣學學者，都有轉化現實身心以證本體的工夫論，也都有在自然行程見證道體流行的形上學主張。自然主義的氣學學者則不承認義理之性、德性之知、豁然貫通、盡心復性這些概念的合法性。

　　近世儒學史中，有兩支以氣論為核心的儒學，此說應該可以成立。自然主義的氣學嚴格說來，已不宜列入嚴格的理學系列，但它仍是儒學。就像永嘉、永康學派不與理學、心學並列，但它仍是儒學一樣。自然主義的氣學學者仍運用儒學的資源，仍繼承他們認定的儒家經典（如《易經》）而立論，但他們卻因為運用儒典，運用「氣」作為核心的概念，遂造成兩個體系的混淆。筆者認為應該嚴格分開，分則兩利。各就各位，也就各得其所。

　　筆者的劃分標準很清楚，筆者認為超越論氣學的「氣」即是體用論的「用」的涵義。只因此學學者強調的體用論的特色是體用一如，即本體即作用，所以從反抽象的理體著眼，他們會強調道的活動面向，因此，以「氣」名之。由於體用論的「氣」具超越性格，如用傳統的語彙表達，可稱作先天性，先天性即超越性。相對之下，自然主義氣學的「氣」概念乃是後天性的，也可稱作經驗性的。筆者因此以先天、後天兩詞劃分兩種氣學。筆者也知道「先天之氣」在道教與武術傳統中，另有來自身體論或自然哲學的主張，其義不具備筆者所主張的先天義。但為了復活「先天」此古老詞彙的特殊內涵，也為了顯示「氣學」的爭辯在現代中國哲學界出現的意義，筆者仍使用了此詞語。筆者在不同的場合，也提出了此詞語和道教與武術傳統的用法並不相同。

　　但筆者的澄清似乎效果不彰，雖然「先天」一詞來自《易經》「先天而天弗違」一語，追本溯源，它本來就有超越論的內涵。筆者也主張超越論氣學的「氣」的優先性的主張與「理氣一如」的提法不但不矛盾，而且實質內涵正是其義。但到底在日常用語中，道教的修行與武術傳統使用的「先天之氣」一詞，另有一種不同於體氣、自然之氣的玄祕性質，但卻不具超越義。如果「先天之氣」一詞沒有辦法和《易經》「先天而天弗違」的古義連結的話，我們以「本體宇宙論」或「道體論」的詞彙代替「超越論的氣學」一詞亦無不可。「本體宇宙論」是現代的詞彙，筆者從牟宗三先生處借來。「道體論」一詞則依張載「由氣化有道之名」而立論。這些詞彙的稱呼不同，如語其實，可謂同出而異名。

　　在理學第三系的光譜中，張載是首位提供超越論氣學架構的儒者。他在自然的總體中，照耀出宗教意義的向度，自然即氣化流行即為道之展現，他賦予自然嶄新的向度。可惜長期以來，他的主張卻一直沒有受到善待，從他生前直至明亡為止，基本如此。雖然17世紀中葉以後，有王夫之繼承其志，踵事發揮。民國以來，也有熊十力、唐君毅諸先生能同情地理解他。即使1949年以後的大陸學界，晚近也有陝西哲學界的丁為祥、林樂昌諸先生對鄉賢張載哲學的超越面向，作了很好的詮釋。但以張載哲學在理學體系所占的比重之高，以及他的思想可能彰顯的現代意義——包含政治意義，張載哲學更精緻的研究仍是必要的。

　　王雪卿博士的《當代張載學》一書即是後出轉精的一部著作，此書由她的博士論文改寫而成。任何讀過張載著作及第

二手研究的人大概都會承認張載之學的難度相當高，理路不易澄清。王雪卿博士此書的長處恰好在理路清晰，不閃躲張載氣學的複雜論述。「氣學」在當代中國哲學界仍是爭議不斷的議題，最近二十年來，台灣學者的參與尤深。在這波氣學研究的思潮中，莊子、張載、王夫之是最常被討論的三位大師，張載居間，扮演了關鍵性的轉換器的角色。王雪卿博士多年來也參與相關會議的討論，並以博士論文作了回應。此書可視為在此理論思潮中湧現的一部重要論著，是「預流」之作。對張載之學或「氣學」這些概念感興趣的讀者，應當都可從中得到一些啟示。

# 自序

　　本書對張載的關懷集中在「心性論」與「氣化論」的交涉此一主題上。眾所周知，佛、老刺激是宋明理學崛起的一大事因緣。對儒學來說，佛、老刺激不是壞事，因為佛、老雖然帶給儒家學絕道喪的創傷，卻也促進了儒家心性論與形上學的發展。理學家回應佛、老的同時，也建構起儒家的心性論與形上學，這堪稱是一個儒學史上的英雄冒險旅程，並且有效地幫助儒者們建立起儒學也可以窮盡本源的煥然自信。張載是北宋理學宗師，他的思想在心性論與形上學之外，相當特殊的是同時使用了大量的氣論文字，這在他的哲學定調之作《正蒙》中尤為明顯。從理學史到當代，張載學術性格的爭議性，幾乎都和他的氣論語言有關。為什麼要特別談「氣」？佛、老喜談「空」說「無」，張載是在佛、老對辯的脈絡下重談「氣」的。「氣」作為一種交感生生的精微動能，張載從氣的存有連續與開顯來談天道性命相貫通，氣所帶出來的超越性、連續性與一體性，跨越了精神與物質的界線，也抹平天人、體用之間的斷裂，由此所形成的「大有」哲學，正是張載對抗佛道「空」、「無」之學的利器。張載是在氣化流行中說明世界誠

明、物與無妄。因此,切割張載大量氣論文字,以之為濁滯、不諦,在筆者看來無疑違反了張載談「太虛即氣」的《正蒙》初心。「氣」在破「二氏崇虛之見」中扮演相當重要的角色,「太虛即氣」正是張載刻意把氣帶入天道性命的論域,所產生的嶄新哲學命題,這是張載學的特色。可惜的是,理學內部早從程、朱開始,高舉〈西銘〉,卻貶抑《正蒙》,「以氣說道」、混淆形上與形下,成了他們對張載經常使用的批評。張載的氣論沒有被善待,在理學史上可以說是由來已久。除了王夫之以「希張橫渠之正學」自許,繼承了張載氣學,理學史上的張載是被邊緣化的。

筆者對張載的關注,焦點是放在當代的氣學論辯脈絡下來談。相較於理學史上張載學經常被邊緣化的命運,當代的張載學無論是從1949年後唯物論氣學與新儒家心性論,或晚近的新儒家心性論與非唯物論形態氣學(先天型氣學)之間的論辯,張載都是一個不能略過的重要戰場。在這些論辯當中,除了牽涉到對「氣」概念的理解,也摻雜了現實政治上的對立因素,並涉及儒學典範的挑戰(心性主體或形氣主體、體用論或相偶論),一個張載,多種面貌,其間的拮抗張力使得當代的張載研究更加具有困難度與挑戰性。由於冷戰時代形成的新儒家心性論/唯物論氣學對立的框架,張載是「心性論的張載」還是「氣化論的張載」?與張載是「唯心論的張載」還是「唯物論的張載」?兩個原本內涵並不相等的問題,也一路糾結夾雜而同行。張載一向強調兩端一致、兼體無累,筆者相信不僅「唯心—唯物」二元對立框架不適用於張載,也認為「心性論」與「氣化論」之間不必然是二擇一的選擇題。張載反而是理學家

中最具有打破二元框架、平視心物的潛力的，而這有待於重新
檢證張載的「氣學」性格。在「心性論（唯心論）的張載」與
「氣學（唯物論）的張載」之間，是否存在著一種「非唯物
論一非唯心論」的張載？這也是本書關注氣學論爭下的當代張
載學時最感興趣的論題。

　　《當代張載學》此書是在我的博士論文之基礎上改寫並
發展而成。從學位論文的醞釀與書寫，到專書的持續改寫與成
書，在這一條蜿蜒崎嶇的長路裡，心裡十分感謝楊儒賓教授與
賴錫三教授的鼓勵與支持。從《儒家身體觀》到《異議的意
義》、《儒門內的莊子》，筆者一路深受楊儒賓教授的啟發。
因此，當他告訴我很樂意為這本書寫序，實在是讓我非常感
動，此書有幸！錫三老師是我的指導教授，他是當代跨文化莊
子學的重要學者，我對氣論與身體觀的理解來自於他的啟發。
在他的指導下完成我的張載研究，真是一個特別的緣分。當代
的儒家心性論與氣學交涉的過程中，張載、王夫之與莊子是經
常被討論的三位大哲，這也注定了我的張載研究必須面對這樣
的一個對話的場域，錫三老師一開始也擔心我是否有能力去處
理這些議題，它們對我來說也確實是一細緻複雜，需耗費心力
的大工程。但我很感謝他一路的信任、同情、理解與支持，我
的博士論文因而得以在這樣情氣共感的美好氛圍中完成。當代
新儒家唐、牟兩位先生對宋明理學的心性論、體用論的詮釋，
是本書討論張載時的研究基礎與重要參照。由於筆者早年治唐
君毅學的背景，我因此有機會去思考唐先生對張載氣學的肯認
與判斷之意義；以及唐先生所說的具有本體論位階、形上之
氣、非唯物論（唯氣論）形態的張載氣學，他的說法與楊儒賓

教授「先天型氣學」說之間的一脈相承之處。我對張載的理解確實與唐、楊二先生血緣上最為親近。這兩年來雖然一直有改寫博士論文的計畫，但一方面教職工作繁忙，另一方面與張載氣學有關的論題，包括「先天型氣學」是否應退場？「理學新三系」是否成立？相關的論題也仍在持續發酵中，因此，專書改寫工作也就一直延宕下來。4月時，錫三老師從美國芝加哥大學來信關心專書出版情形，在此因緣下，我想即使當代的張載氣學仍是一個未完成，作為一個觀察者，或許還是需要完成這一個階段性任務，就用來拋磚引玉吧！

最後說明本書各章的發表與出版情形：〈導論：通過張載而思〉新作。第一至四章與第六章是在筆者的博士論文《當代張載學：以氣學論辯為核心》（中正大學中文系博士論文，2017）的基礎上改寫而成。第五章〈張載氣學工夫論的爭議與開展──從唐君毅「張橫渠自成一派」談起〉，為2017年科技部專題研究計畫《氣學工夫論之爭議與開展：以張載為例》（計畫編號：MOST 106-2410-H-274-001）研究成果，並刊登於THCI一級期刊《文與哲》33期（2018年12月）。附錄〈唐君毅的朱子學──以「心」概念的理解為核心〉發表於中國四川宜賓學院舉辦「中國文化復興與當代儒學新發展──第七屆儒學論壇」（2018年10月），修改後刊登於《宜賓學院學報》（2019年11月）。

導論

# 通過張載而思

　　重「氣」是張載顯著的特色，同時他的學術性格面目難辨也與之息息相關。如果把視野拉回理學產生的北宋，甚至更早的韓愈、李翱時代，佛老挑戰無疑的理學產生的一大事因緣。佛老批評儒學只是俗諦、世間法，非究竟之學，由於學絕道喪的壓力與時代的創傷，儒學必須證明自己並沒有矮人一截。在儒學的自我重構過程中，理學家們確實喜談天道性命，正是由於他們感受到佛、道二教的超越性強度而來。體用論是理學家重構儒學，批判佛老的一大利器。他們吸收佛老的同時，卻也回過頭來批判佛老所謂的超世間法是一種往而不反，實質上早已超越世間太多，並沒有辦法回到世間來。由此檢證佛老的本源之學，有體而無用，只有儒學的即內在而超越、既超越而內在的思考模式，才是能夠承體而起用的究竟之學，從而得出儒學更勝一籌的結論。張載為什麼要重談「氣」？在張載的立場來看，儒學有體、有用、有力，能夠回應佛老、修正佛老，其前提就在於儒家的本源之學真正的肯定世界。張載談「太虛不能無氣，氣不能不聚為萬物，萬物不能不散為太虛」，他經常使用「氣」這個古老的概念，其用意是在氣化流行中說明世界

誠明、物與無妄，「太虛即氣」、「虛氣相即」即是在與佛老
談辯的脈絡下，回應佛老說「空」、說「無」而提出的新命
題。張載思想具有體用論的超越向度，但他對氣論的重視也相
當明顯，二者並非是對立的選項。可惜的是他的想法並沒有被
善待，這和他喜歡「以氣說道」的表達方式有關。理學史上，
二程批評他：「如『虛無即氣則虛無』之語，深探遠賾，豈後
世學者所嘗慮及也？（自註：然此語未能無過。）」[1]朱子說
他：「本要說形而上，反成形而下」、「縱然指理為虛，亦如
何夾氣作一處？」[2]批評張載混淆了形而上、形而下，從另外
的角度來看，或許也說明了在形上形下、體用、道物之間，
張載「氣論」可能隱藏著兩行的性格。「氣」本來不是一個
形而上、形而下可以完全切割開來的東西，在形而上與形而
下之間，它更接近一個通孔，可以通於「形」，也可以通於
「神」、通於「道」；它溝通「心」、「物」，既「即心即
物」，卻也「非心非物」。

　　從程朱對張載「以氣說道」的批評開始，張載的爭議從
理學史一路而下到當代，從來沒有少過。一如丁為祥《虛氣相
即：張載哲學體系及其定位》一書所描述：「從一定意義上
說，理學研究中人們分歧最大的看法，往往集中在張載哲學之
上。」[3]張載究竟是「理學宗師」？還是「氣學之祖」？「唯物

---

1　〔宋〕程顥、程頤，《二程集‧河南程氏文集卷第九‧答橫渠先生書》
　　（台北：漢京文化，1983），頁596。

2　〔宋〕朱熹著，朱傑人、嚴佐之、劉永翔主編，《朱子語類》卷99，《朱
　　子全書》冊17（上海：上海古籍出版社，2002），頁3336。

3　丁為祥，《虛氣相即：張載哲學體系及其定位》（北京：人民出版社，
　　2000），頁1。

論／唯氣論」者？還是「即存有即活動」的儒家「心性論」、「道德的形上學」？在張載研究史上，一直不乏哲理內涵歧異的詮釋。本來研究者從不同的詮釋角度來解讀文本，而形成差異性理解是一種正常現象。但如果對此思想家根本性格的基本詮釋，一直存在著內涵極端相反，數量卻又旗鼓相當的現象，那麼這個詮釋的歧異似乎也就沒有那麼的尋常。這些從宋代到當代的爭議與標籤，或可歸咎於研究者的詮釋出了問題，但也可能與張載文本具有某些程度的開放性或特殊結構，容許不同解讀有很大關係。張載的特殊性格，使他成為理學與反理學、唯物論與心性論對話與爭辯的一個重要場域。他們的立場顯得處處針鋒相對，卻又往往將張載引為同道。此情況使得張載格外具有研究趣味，這或許也是張載在當代儒學上的學術潛力。

　　在本書開頭，筆者有意仿效郝大維（David L. Hall）、安樂哲（Roger T. Ames）的名著《通過孔子而思》，而以「通過張載而思」作為導論的標題。郝大維、安樂哲說：

　　　我們不會宣稱已進行的是某種純粹「原語境」（in situ）的對孔子思想的重建。毋寧說，我們更強調，如果抗拒這種重建的可能性，而代之以嘗試改變視角，並通過對當下視角的擴展而深入理解孔子思想的方式，才有可能獲得對孔子形象的精確刻畫。[4]

---

4　〔美〕郝大維（David L. Hall）、安樂哲（Roger T. Ames）著，何金俐譯，《通過孔子而思》（北京：北京大學出版社，2005），頁8。

如同郝大維、安樂哲在研究孔子思想所作的思考，對筆者而言，「純粹原語境」下的思想重建，除了涉及到作者原意的獲得是否可能，此一詮釋學上的難題外。更令人在意的是，此一思想重建的意義究竟為何？本書的研究因此主要是以當代的張載學為關注對象，並且認為如果張載對我們而言，仍然具有啟發性，那麼無論是就儒學內部而言，或者是將儒學放入當代世界的處境來說，對張載的探討其目標應該可以是更積極的。對於張載思想在當代儒學中所出現的重大歧異與爭辯，筆者的基本態度是不僅僅將之視為研究者個人方法上的謬誤或誤植，而認為此一「謬誤」、「誤植」背後的思考理路與概念架構，有其來自於時代處境的問題意識與哲學思考。他們的論辯具有積極的意義，並為本書所進行的張載研究提供了重要資源。

本書對張載關注的焦點論域則集中在心性論與氣化論的交涉，此一當代儒學論爭之下而展開論述。作為宋明理學之宗師，與程朱、陸王學派相較，張載一直稱不上是顯學。除了明末清初出現了一個王夫之對張載高度佩戴、推崇，以他的繼承人自居之外，在理學史上，大致可說是長期處於邊陲地帶，甚至被程朱所取代、壓抑或改裝。張載之學門前冷落的際遇，1949年後卻有明顯的突破。這和中國大陸學界受政治氛圍的強烈影響，以馬克思主義作為中國哲學史的學術指導原則，為了建構東方版本的唯物主義體系，而有「氣學」一系的出現有關。從唯物論哲學的角度出發，氣開始被視為是一種物質，「以氣為本」、「天人一氣」、「氣者萬物之一源」這樣的命題一轉，成為可以用來說明世界是由物質所構成，而物質乃是世界的終極基礎之論述。由此，「氣」被賦予了可以和唯心主

義對抗的神聖使命。由於張載、王廷相、羅欽順、吳廷翰、劉宗周、王夫之、戴震等人的著作中,確實都重視「氣」,也有將「氣」提高到作為核心概念的語句,因此,以張岱年為首的中國大陸學者主張從張載以下,一直到王夫之、戴震,中國哲學中別有一個唯物論氣學傳統,此氣學傳統不僅自成體系,而且足以和程朱理學、陸王心學互相抗衡、鼎足為三。在冷戰時期,此一帶有唯物論政治意涵的儒家氣學系譜在台灣學界很難被接受。無論是港台或海外新儒家,一向主張宋明理學乃是心性論、超越論的哲學,「天道性命相貫通」一義被認為是理學共法。在當代新儒家之著作中,牟宗三援用康德哲學進行格義建構出新儒家的「心性之學」,對於張載、羅欽順、劉宗周這樣氣論氣息濃厚的哲學家,他延續了程朱理學將氣限制在形而下之然,而非形而上之所以然的思考,基本上僅將「氣」視為是第二義的概念,而並非是他們的核心理論。牟宗三「心性之學」的唯心論傾向,在面對陸王心學系統之外,不管是程朱理學(尤其是朱子),或張載、王夫之氣學的解釋,都出現幅度不小的貶抑或改造。不同於牟宗三視「氣」為形下的解釋,唐君毅則主張張載、王夫之的「氣」不僅是物質,需要高看、上看,視之為與本體同樣的位階。二者之中,唐、牟對「氣」的看法其實並不盡相同,但他們反對唯物論的心性論立場則一致。也同樣致力於將張載學的定位由唯物論氣學之祖,重新拉回到理學宗師的位置之上。

　　「氣學的張載」與「心性論的張載」,兩種張載,兩種面貌,各自表述。隨著冷戰結束,兩岸學術訊息的密切交流,港台與海外新儒家的解讀回傳中國大陸,由此引起儒學詮釋方向

上的變化，也明顯表現在張載研究的質變上。丁為祥《虛氣相即：張載哲學體系及其定位》突破了「氣本論」、「唯物論」模式，可視為是中國大陸的張載詮釋史轉向的一個重要指標。走出唯物論氣學模式的丁為祥，他的對話對象即是隨著兩岸交流逐漸頻繁而遭遇的牟宗三。[5]林樂昌也提出他對「氣學」的質疑：

　　在張載的理學思想體系之中，是以「天」而不是以「氣」為核心觀念的。張載援道釋儒，借助道家的「太虛」概念以改造儒家之「天」觀，為儒家重建作為超越源頭的宇宙本體和價值根源之「天」。張載借太虛所界定之「天」，既不能如朱熹那樣歸結為「理」，也不能如時賢那樣歸結為「氣」。[6]

林樂昌主張張載非「氣學」而是「天學」。約略可以看出21世紀後大陸的張載研究由唯物論氣學走上客觀、超越的形上學之轉向，其中超越論的定位頗為明顯。

　　而近年來台灣的儒學研究中，卻隱約地有一條由「心性論」走向「氣學」的脈絡。雖然對張載的論述仍在肯定「心性論的張載」此一主軸之上，但是，如何安置張載思想中那些為數頗多、被邊緣化的氣論文字，也出現了不同的聲音。比如陳

---

5　楊立華即認為丁為祥此書乃是接受牟宗三之說而成。楊立華，《氣本與神化：張載哲學述論》（北京：北京大學出版社，2008），頁62。
6　林樂昌，《張載禮學與文獻探研》（北京：人民出版社，2016），頁28。

政揚在批判唯物論氣學的同時，開始檢討牟宗三「體用圓融相即」說對張載氣論的貶抑；他轉而接受唐君毅的應高看、上看張載的「氣」之說。[7]雖然如此，由於唐君毅一方面主張應該高看「氣」，另一方面卻又與牟宗三採取了同樣的心性論立場，反對視張載為「唯氣論」者。承認張載是「氣學」，卻反對他是「唯氣論」，其間「氣」的用法是否不一致？是否存在著理論的缺口？這當中似乎也仍有一些需要釐清的問題。[8]楊儒賓《異議的意義：近世東亞的反理學思潮》以「先天型氣學」與「後天型氣學」兩種不同形態的氣學區分，對此提出解答，他認為兩種氣學應做區隔，分則兩利，以釐析這一路以來「氣」概念的糾葛難解。從而主張「先天型氣學」乃是理學內部的修正系統，具有超越向度，又可分為心學的氣論（劉宗周）、理學的氣論（羅欽順）、泛存在的氣學（張載）三型；「後天型氣學」則逸出理學的範圍，是自然主義、唯氣論的氣學，此中以王廷相為大家，系譜包括吳廷翰、高拱、陳確、顏元、戴震等人。[9]經由「兩種氣學」的分判，楊儒賓以「先天型氣學」一詞為張載、王夫之的學術性格定調。如此一來，再回頭檢視

---

7　陳政揚，《張載思想的哲學詮釋》（台北：文史哲出版社，2007）。

8　陳榮灼指出：「然而與牟宗三一致，唐氏亦反對以『唯氣論』來解釋橫渠之學。相當清楚，唐氏亦將『唯氣論』理解為『唯物論』之同義詞。顯然，於此一場合中，『氣』一詞只被唐氏了解為『形物』或『物質』義。由此可見其在『氣』一詞之使用上實存有歧義。」陳榮灼，〈氣與力：「唯氣論」新詮〉，收入楊儒賓、祝平次主編，《儒家的氣論與工夫論》（台北：臺大出版中心，2005），頁53。

9　楊儒賓，《異議的意義：近世東亞的反理學思潮》（台北：臺大出版中心，2012），頁85-172。

唐君毅說張載在理學中自成氣學一派，卻又堅持張載非唯氣論，就不再糾葛難解，由此可以確立張載的理學合法性，而不須切割他大量的氣論文字。楊儒賓所描述的張載圖像是一個非「唯物論氣學的張載」，也非「心性論的張載」，而是「先天型氣學的張載」。其用意雖然主要在批判以「唯物論氣學」視角理解張載極為不恰當；但在另一面向上，延續了氣論與身體觀以來的一貫思路，他也同樣檢討了牟宗三心性論模式對張載的判讀。可以說「先天型氣學」除了批判唯物論氣學，另一個更重要的關懷是試圖擺脫1949年以來，「心學」（唯心論）與「氣學」（唯物論）無法化解的緊張與對立，重新反思心、物關係，以克服當代新儒家過於集中強調心性主體、道德主體在主體性範式所遭遇的問題。因此，相較於唐君毅仍傾向於以心性論立場批判唯物論／唯氣論，楊儒賓談張載與王夫之形態的儒家「先天型氣學」，其論述焦點已移轉至如何藉由溝通身／心、心／物之間的氣化論，突破唯心論傾向的心性主體形上學，其間已有一主體範式的移轉，藉由更注重身體與物質向度的「心－氣－形（物）」主體概念的建構，重新檢視氣、身體與物質在儒學中的意義，並嘗試會通社會主義的唯物論向度。[10]

---

10 此會通儒家與社會主義唯物論的用意，由楊儒賓後來對「物的存有論」、「物學」的關注可見其一二，如楊儒賓在《喚醒物學：北宋理學的另一面》一文，主張中國哲學常被視為主體性的哲學，中國文化常被視為心的文化，佛教入華以後，以無限心為主導的思想更被當成三教的主軸。他指出先秦哲學與理學都有「物的哲學」，先秦儒道兩家的「物的哲學」指向以五行為代表的物，五行之物既是聖顯，也是原型。理學的物學興盛於北宋，此源於理學家對佛教緣起性空的反動，北宋理學以《易經》、《中庸》為核心經典，所謂「物與無妄」即是將「物」視為太極創生的「無

何乏筆指出楊儒賓「兩種氣學」的區分在當代儒學研究中具有重要的意義，他說：

> 　　牟宗三在思考中國哲學現代化問題時所不能克服的難題：唯心論（理想主義）與唯物論（自然主義）的意識形態糾結。相較之下，楊儒賓跨出了一大步，透過兩種氣學的區分，打開了當代新儒家與儒家氣學的唯物論解讀之間的溝通管道。他所觸及的關鍵問題之一乃在於，張載和王夫之的「氣學三系」能否成立？[11]

　　「先天型氣學」的提出，除了牽涉張載學術性格的判定之外，也觸及理學分系中第三系「氣學」是否成立的問題。楊儒賓主張理學中確實有「氣學三系」存在，但並不是指唯物論氣學系譜的「氣學三系」。他除了確立「先天型氣學」此形態的儒家氣學在理學中具有合法性地位之外，同時主張張載、王夫之形態的「先天型氣學」，作為理學內部的修正系統，相較於原來理學的體用論，在面臨各種反理學的相偶論典範挑戰時，

---

妄」之物，「物」因此具有本體論的真實之意。楊儒賓認為以邵雍的「以物觀物」為例，此可視為是理學的「物學的工夫論」，觀物說是以遮撥的途徑讓物自顯，主體的虛靜與物的自然狀態同時成就。楊儒賓，〈喚醒物學──北宋理學的另一面〉，《漢學研究》35卷2期（2017年6月），頁57-94。另見楊儒賓，《五行原論：先秦思想的太初存有論》（新北：聯經出版公司，2018）。

11　何乏筆，〈氣化主體與民主政治：關於《莊子》跨文化潛力的思想實驗〉，《中國文哲研究通訊》22卷4期（2012年9月），頁73。

最具有以體用論消納相偶論的潛力。[12]

　　「兩種氣學」的區分與「先天型氣學」的提出，問題的複雜性來自於楊儒賓同時有兩個對話對象——唯物論與牟宗三。其中的兩面對話張力，也帶來台灣儒學界內部的緊張關係。林月惠的書評〈「異議」的再議——近世東亞的「理學」與「氣學」〉，可視為牟宗三弟子對「先天型氣學」說的質疑與批判。[13]楊、林的氣學論辯中，「先天之氣與理學第三系」可以說是其中的焦點議題。楊儒賓將先天型氣學的理論內涵與是否能獨立成為宋明理學第三系，更為集中在張載—王夫之一系來討論。[14]同時也對「先天型氣學」一詞釋名，說明「先天之氣」與「本體宇宙論」的指涉是相同的。因此，「先天型氣學」亦可稱為「本體宇宙論氣學」、「方（以智）王（夫之）之學」、「張載—王夫之系」等等。[15]針對此一「氣學」論爭事件，中研

---

12　理學的體用論與反理學的相偶論，二者在東亞近世展開的論辯，及其理論意義，詳見楊儒賓，《異議的意義：近世東亞的反理學思潮》，頁37-83。

13　林月惠認為「先天型氣學」之說「只具描述功能，不具理論的獨立意義，應該退場。」林月惠，〈「異議」的再議——近世東亞的「理學」與「氣學」〉，《東吳哲學學報》34期（2016年8月），頁97。楊儒賓回應林文的批判，見楊儒賓，〈異議也可以是教義——回應〈「異議」的再議〉〉，《東吳哲學學報》36期（2017年8月），頁145-174。

14　楊儒賓說：「筆者認為從心學出發的學者，如唐鶴徵、劉宗周等人的氣學不宜視為獨立的一支，而當視為心學底下的一個次型。……林教授的評論如果指的是心學意義下的先天之氣的概念只有描述的意義，沒有體系分別的意義，筆者很同意，拙著應該也是這樣主張的。」楊儒賓，〈異議也可以是教義——回應〈「異議」的再議〉〉，頁149。至於「羅欽順的學派定位因與拙著的主旨關聯較小，他的理論問題暫且擱置不論。」（同上，頁150）

15　同前註，頁152。

院文哲所召開《中國哲學的當代論爭：以氣論與身體為中心》
國際學術研討會（2017），林月惠再度發表〈理學的第三系？
氣學的商榷〉，林月惠分析唯物論三系說、牟宗三三系說與楊
儒賓「新三系說」，並對楊儒賓「新三系說」與唐君毅的關係
提出回應，認為「先天型氣學」在「形上之氣」、「氣的感通
性」上，都受到唐君毅的影響與啟發。[16]同時也開始區隔唐君
毅（形上之氣）、牟宗三（形下之氣）對「氣」的歸屬看法不
同。[17]林月惠認為牟宗三將「氣」限制在形而下，才能有效展開
成德之教；並批判楊儒賓（實則包括唐君毅）將氣定位為「形
上之氣」，將無法有效解釋工夫論。

　　在以上儒家氣學的談辯論域中，唐君毅與楊儒賓對張載
的「氣」都賦予極高的地位，但是「氣學」是否足以窮盡張載
學術性格？唐、楊二先生的答案或許並不完全相同。新儒家中
唐、牟一向並稱，他們對於張載哲學形態的理解有殊相，也有
共相。唐君毅對於儒學主體的看法，整體而言仍是持心性論立
場，但是他對於非唯物論形態的「氣學」的確有著高度的同
情。至於楊儒賓談「理學三系」──張、王氣學，其用意則是

---

16　林月惠認為楊儒賓「先天型氣學」受到唐君毅不少的影響與啟發，不同處
　　則在於「楊儒賓『先天型氣學』所要凸顯的宋明理學之學問定位，似乎不
　　是唐、牟共許的『道德的形上學』，而是更有『意義』的具有體用論超越
　　性又能涵攝後天型氣學的『相偶性倫理學』。」林月惠，〈理學的第三
　　系？氣學的商榷〉，中研院文哲所舉辦《中國哲學的當代論爭：以氣論與
　　身體為中心》國際學術研討會論文集，頁10-12。
17　林月惠：「顯然的，唐君毅將『氣』高看成『形上之氣』，牟宗三則不許
　　『氣』概念『渾漫』而無限制地使用，並將『氣』歸屬於『形而下』。」
　　同前註，頁21。

透過可以溝通心、物的氣化論，以擺脫唯心論與唯物論的二元對立難題，並且藉由儒家「先天型氣學」的提出，克服當代新儒家心性主體模式所面臨的困境，進一步思考會通唯物論與社會主義的可能性。楊儒賓與前輩學者的關懷不盡相同，但唐君毅論「氣」的重要說法：「如要親切理會，當說其氣只是一流行的存在或存在的流行，而不更問其是吾人所謂的物質或精神。」[18]此一打破「唯心─唯物」二元框架的氣論主張，卻被繼承下來。在「心性論（唯心論）的張載」與「氣學（唯物論）的張載」之外，是否有一個不落入兩端的「非唯物論─非唯心論」的張載？這也是本書關注張載氣學論辯時經常思考的問題。

　　再回到兩岸的張載學來談，1949年後的中國大陸與港台新儒家，由於地理處境與歷史因緣的不同，所形成的思維方式差異性甚大，二者對張載性格有「唯物論（氣學）」與「心性論」的不同解讀。21世紀中國大陸的張載學已非「唯物論」一詞可以概括，他們標舉：擺脫唯物（唯氣）／唯心兩軍對戰模式以來，受制於西方哲學的詮釋框架，回歸中國傳統的詮釋脈絡，建構出屬於中國哲學自己的思維方式。在這個過程中，大陸學者也開始檢討「唯物論氣學」的詮釋模式，但經常批判牟宗三的「心性論」。如果從林樂昌提出張載非「氣學」而是「天學」來看，相較於當代新儒家心性論所建構出來的「天道性命相貫通」的道德形上學，他們追求的可能是一個更具客觀

---

18　唐君毅，《中國哲學原論：原教篇》（台北：臺灣學生書局，1984），頁91。

性、超越向度的形上學，以作為道德的根源與保障。[19]至於港台
新儒家心性論詮釋系統下的張載，研究焦點明顯集中在天道性
命之學的討論上，優點是能夠發揮了理學的勝場。但由於對氣
的唯物論解讀之惡感，「氣學」一詞經常是被貶抑的，張載的
氣論蘊含的潛力與價值也還有待挖掘。此外，聚焦於天道性命
之學，相對而言，較為忽視宋明理學與原始儒學間在政治社會
文化實踐上，有其一脈相承的共相。置於張載研究來看，理學
史上張載素以躬行禮教著稱，在港台儒學高度聚焦於天道論、
心性論的討論上，對於與政經社會文化等具體血肉密切相關的
張載禮學，顯得較為疏離。如同藉由唐君毅的觀察來看，重
「禮」的理學家亦多重「氣」，張載、王夫之皆是如此。[20]氣
學與禮學正是張載當時用來批判佛老不能肯定世界之真實、人
文之價值的兩大利器。張載禮學與氣學密切相關，同樣是構成
其思想的有機整體。在筆者看來，張載的禮學不僅是他的外王

---

19 其實在林樂昌「天學」說提出之前，丁為祥就曾針對牟宗三的「本體宇宙
　論」形上學，而有一個「宇宙本體論」的提法。丁為祥認為牟宗三「本體
　的宇宙論」所理解的本體，實際上只是一個以心性本體通過對宇宙的觀照
　與統攝，所形成心靈觀照下的「主體宇宙論」，本體不具客觀性、外在
　性。而他所建構的張載哲學是一個「客觀的宇宙論」，他稱之為「宇宙的
　本體論」。用意在檢討當代新儒家心性論的理學解釋模式，將道德生發之
　源僅歸結於心性，並質疑孤懸將導致寡頭主義與對客觀天道的疏忽。從而
　主張客觀、外在、超越的「天」，才是道德性命的最後根源。丁為祥，
　《虛氣相即：張載哲學體系及其定位》，頁192-194。

20 唐君毅：「今當泛論禮，皆為人德行之表現于形色；則不重形色之氣，禮
　之分量自不得而重。此由古代儒者之重禮者，皆重氣，可以證之矣。船山
　所宗之橫渠者，宋代儒者中重禮者，亦重氣者也。」《中國哲學原論：原
　教篇》，頁635。

學，也是工夫論；是內聖學的工夫起點，也是外王學儒家事業
的終點。因此，本書除了關注氣學與心性論交涉的議題之外，
也特別關注張載的禮學。

　　這些張載的詮釋語境或許早已超出如何藉由文本，正確的
理解作者原意的範圍了。即使是那些宣稱他們進行的是一種符
合張載原來思想體系的研究，似乎也不那麼容易能脫離歷史條
件與地理因素的影響。當代中國哲學研究者對張載的熱度，其
旨趣與其說是聚焦於張載本身，更大的成分似乎是帶著一種返
本開新的期待。如同郝大維、安樂哲選擇以當代視角研究孔子
思想時所說：

　　　　我們尋求理解孔子的思想，是通過借助當代西方哲學內
　　部產生的問題——這些確然可以認為孔子顯然沒有經歷的
　　問題——來開展討論的。儘管這種方法需要不斷借助這些
　　時代誤置的資源，但我們最終目的卻是要建構出獨立於該
　　參照的基礎，以便對孔子思想進行更為精確的剖析。……
　　我們當然不能假設自己站在限定我們文化品格或者限定種
　　種文化間關係的論爭之外。儘管孔子本人顯然定不會關心
　　到我們現在遭遇的問題。但恰恰正是頭腦中孔子思想與這
　　些問題的融會、貫通，才使得我們發現其哲學建構的特質
　　與啟發意義。21

郝大維、安樂哲認為儘管當代的問題並不是孔子曾遭遇或關心

————————
21　〔美〕郝大維、安樂哲著，何金俐譯，《通過孔子而思》，頁9。

過的問題，但恰恰正是透過當代的提問與孔子思想融通，在此
碰撞中才能使我們發現孔子哲學的特質與意義，他們因此提出
「跨文化時代誤植（cross-cultural anachronism）的方法」[22]來
稱呼此當代視角的研究方法。郝大維、安樂哲的思考，筆者認
為在張載身上同樣適用。在張王氣學的提法中，王夫之氣學在
當代儒家倫理學與工夫論的重構中扮演著相當重要的角色；張
載則被視為是通往王夫之氣學的橋梁。關注當代以張載（包括
王夫之）氣學性格為核心的儒學論爭，觸及的議題包括：心性
論與氣化論、體用論與相偶論、理學的分系說等。它將張載研
究帶往豐富、複雜又有挑戰性的方向，同時也是一個深化儒學
倫理學以回應當代世界的實驗。即使張載無法親見千年後的儒
學發展，為當代所遭逢的問題提出解答，但對於立足於此時此
地的研究者而言，儒家倫理學與工夫論的格局與方向該如何思
考？儒家氣學與心性論形上學間的緊張關係，只能是對反的宿
命？還是可以兩行？這些問題複雜卻也很有啟發性。本書以張
載的現存文獻為基礎，從當代張載學的詮釋向度出發，作為張
載儒學語境重建之起點。聚焦於氣學與心性論，延伸至禮學、
工夫論等論域。氣學是張載思想中最具創造力，也最為聚訟紛
紜之處，關注張載氣學性格及其當代論辯，並非期待找到一種
關於張載的定調，而是認為環繞著張載氣學論爭而展開的議
題，有助於深化張載的研究，連結儒學與當代哲學的對話。以
下說明各章的論述重點與其間的相互聯繫。
　　第一章〈當代的張載學──心性論與氣化論的交涉〉，

22　同前註，頁8-9。

筆者從張載在儒學史的研究概況與遭遇的問題談起，作為討論的起點，主要的內容致力於呈現1949年後中國大陸、港台與海外張載學的重要研究成果。由於當代張載研究成果乃是本書討論的基礎，因此，筆者選擇了一個幾乎不避煩瑣的態度來進行回顧與評介。對於大陸張載學，從20世紀後半張岱年、馮友蘭、侯外廬開啟的唯物論氣學形態之張載研究模式談起，再將視角下移到1980年後的姜國柱、陳俊民、程宜山與龔杰，基本上可視為唯物論氣學主流觀點的延續。其後隨著兩岸學術交流日益頻繁，當代新儒家思想回傳中國大陸，21世紀開始，表現在張載學的影響是大陸學者雖然不盡然接受當代新儒家的心性論模式，他們也批判新儒家過於集中探討天道性命之學，但對於以往的唯物論氣學模式確實有較大的反思，其中筆者較為關注的是丁為祥與林樂昌。丁為祥以「天人合一」定位張載格局，他以「虛氣相即」談太虛本體與形下之氣「體用不二」，讓人強烈聯想到牟宗三。林樂昌對張載觸及的面相頗多，他的著名主張為張載是「天學」，非「氣學」。1949年後港台的張載學，則以當代新儒家牟宗三、唐君毅兩先生的詮釋最具影響力。唐、牟哲學立場一致以反對唯物論氣學為主調，都將張載定調為儒家心性論與道德形上學。在此思想共相之下，二者對張載天道論的「太虛」與「氣」之關係，尤其是「氣」的看法並不相同。由於「氣」在過去使張載的道論被視為唯物論的歷史，牟宗三堅持本體的根源義與超越性，論述張載道體重在創生義，而非氣化義，進而判定張載學仍是符合宋明儒學大宗旨「即存有即活動」的「本體宇宙論的實體之道德地創生的直貫之系統」（縱貫系統）。唐君毅同樣也強調張載非唯物論氣

學，在相同的基調下，他的「虛氣不二」論卻主張不應只將張載的「氣」視為形下之氣，而應高看、上看此氣；視之為「流行的存在」、「存在的流行」。唐、牟之間，很大程度上受到唯物論的影響，牟宗三把「氣」看壞，不願視張載為「氣學之祖」，卻又無法消化張載的大量氣論文字，造成道、氣之間雖然體用圓融，卻形成實質的割裂。唐君毅雖然肯定氣的價值，承認張載自成氣學一派，但又堅持張載非唯氣論。後來的研究者一致反對視張載為唯物論者，但在牟說或唐說之間各有不同取捨。整體而言，港台張載學者無論是朱建民、黃秀璣、胡元玲、陳政揚，基本上都是以唐、牟——尤其是牟宗三為主旋律而展開，形成了一個以天道論、心性論為主的基本取向。隨著儒學界對身體觀的關注，氣論與工夫論議題逐漸發酵，部分學者開始對唐、牟新儒家與唯物論之間兩軍對戰式的詮釋模式是否完全適用於張載，開始採取另一種方向的嘗試與思考，其想法是：張載哲學是只能在兩者間二擇一的選擇題？抑或有第三種選項？這主要表現出以一種反對將氣論與唯物論二者畫上等號，主張應重新詮釋「氣學」的研究，如：陳榮灼的「唯氣論」新詮與楊儒賓的「先天型氣學」之說，都是值得注意的重要表述。至於海外的張載研究，日、韓學者之外，美國葛艾儒（Ira E. Kasoff）《張載的思想（1020-1077）》，是西方人研究張載思想的第一本專著。德裔學者何乏筆則將張載放到當代問題場域，從跨文化哲學的角度探索張載、王夫之與儒家氣論的當代性。何乏筆主張當代漢語哲學的張載氣論研究，應該是「非唯物論」也是「非牟宗三」的，他批評牟宗三因為形上學與唯物論的對立主張，卻忽視儒家氣論對當代哲學的重要潛

力。

　　整體而觀，當代張載的詮釋即是在心性論模式與氣化論模式的交涉下展開，從20世紀後半唯物論與唯心論的對峙，到21世紀，大陸張載學由唯物論氣學走向超越論形上學。晚近台灣部分學者修正牟宗三對氣的過度貶抑，則是由心性論形上學走向非唯物論氣學的重新肯認。「心性論的張載」與「氣學的張載」，二者充滿了相逆的拮抗與張力，但同時也有著辯證的弔詭與迴圈。在當代張載學的回顧中，本書對張載的思考是：在「心性論（唯心論）的張載」與「氣化論（唯物論）的張載」之間，是否存在著一種「非唯物論─非唯心論」的張載？此「非唯物論─非唯心論」的張載圖像，有待於儒家在縱貫軸的天道性命相貫通之外，同時肯定氣與身體、物質的意義，才能以一種較為平視心、物關係的態度檢視張載，也才能夠重新衡定張載體用論模式的特殊性格與價值。

　　第二章〈世界的真實與體用論建構：張載的儒學語境重建〉，本章從張載的時代關懷、問題意識，以及由此形成的特殊思想與語言結構談起，作為理解其儒學語境重建的背景。張載是北宋新儒學運動中的重量級代表人物，儒學並不是張載思想的前提或預設。為什麼是儒學？怎樣儒學？在張載思想的動態發展中，形成與原始儒學傳統間的連續與更新，為了承載此一儒學傳統的連續與更新，張載也調整、轉化了他用來詮釋儒學的語言、概念與思想結構。《易經》與《中庸》是北宋儒學的核心經典，筆者對於張載思想的展示工程，首先採用呂大臨著名的讀《中庸》──出入佛老──反求六經的三階段辯證歷程說，作為討論的骨架。因為這種曲折的經歷，不僅發生在張

載身上，也常見於後來的理學家，它以濃縮的形式反映了從原始儒學到宋明理學歷史發展的基本線索，蘊含著理學產生的祕密。這是一個儒學史上的英雄冒險旅程，張載由研讀《中庸》而開啟他對「性命之學」的思考。「性命之學」一向被佛老視為非儒學之擅場，張載初讀《中庸》所遭遇的「猶未以為足也」是一個很真實的感受。這也意味著儒學必須重新建構作為究竟之學的語言與思想系統。佛、老刺激儒家心性論與形上學的發展，但是關懷世界的初心卻決定張載治學的基本路數。張載的學術方向不同於佛、老以「空」、「無」作為經驗的出發點與結尾的非存在形態形上學，他要求「性命之學」必須順成人文世界，以闡明人在天地間的價值意義與應盡的性分，所有的超越性都必須在人間奮鬥才能完成。因此，出入佛老，張載終返《六經》。《六經》中影響最大的關鍵經典是《易》，最終確立他對世界誠明的信念。王夫之因此提出張載之學是《易》學，也指出張載以《易》學來貫通《六經》與《論》、《孟》的特質。

佛、道教的挑戰，意味著儒學必須進一步在天道性命之學的論題上做出更有力的回應，並且重新整理、建構出儒學即是究竟之學的語言與思想系統。范仲淹勸讀《中庸》，等於一開始就把張載的學術提升到向上一路，讓張載直接面臨與承接當時儒學發展最尖端的課題：如何把仁義禮樂提到天道性命的高度進行哲學的論證？如何確立儒學之體以與佛老相抗衡？而這個儒學之「體」又必須是具有能夠創造仁義禮樂價值的「用」，以保障世界的真實無妄？張載確認佛老非道，批判佛老即是他重建儒學語境的起點。其批判有兩大方向，一是在天

道性命層次上批判佛老謬誤；一是在社會文化層次上批判佛老缺乏禮學造成嚴重的社會問題。另一方面，他的正面表述同時也由此展開：以「氣學」破空、無，肯認世界之真實，建構儒家的天道性命之學；以「禮學」合內外，發揮儒學傳統在實存世界的真實作用。由「氣學」與「禮學」的交互涵攝，建構出一種足以涵蓋存有到道德實踐的新儒學「體用論」。這個張載儒學重建的大工程中，張載哲學的爭議與潛力幾乎都和「闢佛老」所形成的特殊談辯論域有關，他的重要命題的形成也多來自於「闢佛老」的對反構設。在佛老刺激的場域下，「闢佛老」是一個特殊的歷史條件，對治佛老的語言表達，往往是有所創建亦有所制約，即限制即表現的同時，也因此將更多新的哲學命題與語言思維帶入儒學傳統中，為儒學打開更多對話空間，注入更多異質的養分。在張載的詮釋史上，不同立場的說法似乎都可在張載思想中找到部分根據。此源自於張載的思想結構在「闢佛老」的過程中，從兩種語言系統從對抗到交流互滲，形成了一個從語言表達、思維方式的變化。原有中國哲學傳統的漢語思維方式以整體論思維方式保留下來，卻也帶入了佛教梵語思維下的體用論模式，而形成張載思想同時具有整體論與體用論，而兩者以「不一不異」方式同時被安置於他的思想體系中。因此，只從體用論思維強調形上、形上兩層結構的差異性，或只從整體論思維強調道、氣的同一性都不能充分處理張載獨特的思維方式。此兩重思維結構的同時並存，在天道與性命的討論上特別明顯。因此，太虛與氣既不一又不異，如若要切割氣，將張載定調為客觀、超越、絕對的形上學；或切割太虛，將張載定調為沒有超越向度、只有差異性的氣學，恐

怕都無法在張載文本中做出整體性的詮釋。

　　第三章〈「太虛」是如何「即」「氣」的？——張載氣學的倫理關懷與存有開顯〉，筆者以「太虛即氣」此一《正蒙》最著名的氣論論題為核心，展開對張載氣學的理解與描述。回到「闢佛老」視域探討張載氣學的性格之外，特別檢視了張載氣學與《孟子》／《易經》、《莊子》氣論間的關係。張載氣學性格的複雜性，來自立基於三教戰場中，有所繼承、有所批判的對話與創造。佛教以「一心」批判儒、道「一氣」的氣化世界觀，在佛教看來，「氣」的感通乃至於氣化萬物的現象，無一為究竟真實。重講「氣」的契機正在於此，在張載看來，佛教「以心法起滅天地」，不能肯定世界的真實存在，是一種存有的遺忘，遺落了身體與物質，也遺忘了生活世界。與佛老較是非、計得失，他因此提出「太虛即氣」此一核心命題。《孟子》作為儒家天道論與氣論的最重要源頭，張載氣學與《孟子》氣論自有一脈相承的關係，但由於孟子談「氣」的倫理關懷大過於存有論的興趣，因此，當張載想建構出一套足以與佛老爭世界解釋權的語言時，他所援引的資源即不僅於此。他一方面使用了道家系統的「太虛」概念，把「太虛氣化」帶入儒家天道論的視域中；同時他也吸收了更多來自《易經》與《莊子》的氣思想。張載與《易經》的淵源最深，但筆者認為談張載氣學，不宜忽略《莊子》的重要影響。《莊子》的性格歷來看法不一，從宋代開始即不時有「莊子儒門說」出現，在張載（包括後來的王夫之、方以智）這樣的《易經》、《中庸》形態儒學中，他們對《莊子》的吸收與連結相當明顯。借助於《易經》與《莊子》的氣論資產，張載視「氣」為一種精

微動能與存有連續，可以交感創化的真實存在。在存有論層次上說，張載談「天人合一」、「通天下一氣」，從氣的存有連續與開顯來談天道性命的貫通向度時，氣所帶出來的超越性、存有連續性與一體性，可以跨越精神與物質界線，抹平了天人、體用之間的斷裂。此「形—氣—神」一體之氣，所形成的「大有」的積極哲學，正是張載認為可以對抗佛老「空」、「無」的消極哲學之利器。氣在破「二氏崇虛之見」中扮演極為重要的角色，「太虛即氣」正是張載刻意把氣帶入天道性命的論域，所產生的嶄新哲學命題。

　　太虛與氣新關係的建立成為張載使用來與佛老較是非的利器；也是他建構儒家天道性命之學而構設的理學新論述，「太虛即氣」經常被視為是一種體用論的語言，氣在張載思想體系的核心位置可見一斑。由於太虛是本體的概念，而作為精微動能的「氣」又具有極度接近本體的位階，對於張載「氣」的判斷，筆者認同唐君毅的應高看、上看張載的氣，視之為一真實存在的說法。如何理解「太虛」與「氣」的相「即」？檢視張載對虛、氣關係的使用，其間確實存在體用「不一」與「不異」的兩種表述方式，「體用不一」與「體用不二」的同時存在，這使得「太虛即氣」的「即」如何理解頗有爭議性。其中牟宗三作為當代張載學最受重視的典範，他使用虛氣「不即不離」、「體用圓融相即」來消解此間的緊張關係。但由於牟宗三堅持本體的根源義與超越性，他重視的是在縱貫向度的「天道性命相貫通」義理架構中，彰顯道體、性體、心體三體之通一無二；並且透過將太虛上提為氣化活動的本體，進而判定張載學仍是符合宋明儒學大宗旨，屬於「即存有即活動」說

的「本體宇宙論的實體之道德地創生的直貫之系統」（縱貫系統）。因此，他認為張載「太虛即氣」的格局與進路，應是一超越的形上「太虛神體」與形下的材質之「氣」，「體用圓融相即」的「道德的形上學」。在太虛與氣的「不一」與「不異」之間，他重視的其實是「不一」義，「太虛」與「氣」是異質異層的關係，二者在本體論位階實則判然不淆。然而張載以氣說道的文字確實不少見，牟宗三因此常以「著於氣的意味太重」、「滯辭」批評張載。對於張載的氣論文字，唐君毅卻有相當不同的評價，如果說在太虛與氣的「不一」與「不異」之間，牟宗三重視的是「不一」義，唐君毅重視的則是「不異」義。唐君毅認為張載的「虛氣不二」在發揮《易傳》感通義上另有其重要貢獻，周濂溪的進路乃是「由上而下的進路」，所採取是「縱貫的向度」；而張載卻能在「縱貫的向度」外，兼顧「橫攝的向度」。「橫攝的向度」的水平視角將人平放於萬物之間，作為萬物之一的人如何在真實的、具體的與萬物共感共通中擴充主體性的內涵。在橫攝面倫理學向度中，氣正是感通的重要媒介。以此作為倫理學的起點，有助於說明儒家倫理學除了是在縱貫向度的道德主體面進行超越的體證外，也應該在主體與他人間的互動同情、交感共振中產生。楊儒賓討論「太虛即氣」時，同樣也將之視為體用論語言，但修正牟宗三的氣論觀點。他肯定張載氣學中有本體概念的介入，也將「即」視為是「不即不離」的悖論，但由於楊儒賓將張載的氣視為一種作為本體動能的「先天（超越）之氣」，他因此將張載氣學性格定位為「先天型氣學」。論述張載「太虛即氣」的「不即不離」、「非一非異」，他不採用牟宗三兩層

存有論結構下的體用論，而主張張載此形態的體用論氣學是
「體用論的整體論」，最具有攝相偶論的潛力。整體而言，筆
者對張載氣學的看法在唐君毅「虛氣不二」說之外，受楊儒賓
「先天型氣學」影響最深，但由於考慮到「先天」二字雖有
「先天而天弗為，後天而奉天時」的《易經》背景，卻較容易
令人有道教內丹論氣的聯想，因此，本書偏向於使用「本體宇
宙論氣學」一詞以指稱「張王一系」的氣學性格。

　　第四章〈張載禮學：身體、倫理與儒家生活世界〉，本章
從張載的重禮形象談起，以凸顯禮學在張載思想的重要性。禮
學原本就是儒家勝場，亦是張載「闢佛老」時的另一大利器，
張載談禮除了繼承原始儒家「四端之禮」與「禮樂之禮」的兩
大傳統外，也加入體用論的新觀點來思考。筆者認為重禮與重
氣二者之間有著連貫的脈絡，因此，對於張載禮學的研究，基
本上延續了前章的氣學論述而說：張載的本體宇宙論氣學在氣
的感通交滲互攝之中，十字打開了一個縱貫向度攝水平向度、
體用論攝相偶論的格局。在此格局下，人可以縱貫的天道性命
相貫通，也可以水平的在真實、具體的與他人、萬物情氣共感
中擴充主體性的內涵。由此，張載談「天人合一」，也能談
「民胞物與」。道德實踐的主體不僅是心性主體，也是形氣主
體、身體主體。禮的實踐具有「身一禮」一體的結構，正說明
所有的精神修養必須連著身體。此外，形氣主體的擴充與感通
牽涉到一種建立關係的過程，主體與他人建立關係，此一本質
的繫聯正是禮的深層結構。禮是一個公共性的概念，蘊含著一
個倫際性、間主體性的向度。禮的性質意味著它不能切割他人
而由孤立的主體獨自進行，因此，將禮的相偶性放到張載的氣

學倫理學格局中理解，如何建構儒家的形上本源之學，而又能夠貞定世界的意義、開顯人文化成的真實作用？在張載除了在縱貫面談道德主體對超越天理的體證外，也在橫攝面的主體與他人間的互動同情、交感共振中產生，張載的體用論事實上也正是在相偶論向度上表現，離開相偶論的體用論將無法發揮其全體大用，因此，本體宇宙論氣學類型的體用論，也必須表現為相偶論，張載氣學的具體表現正是禮學。

　　張載重氣又重禮，氣學與禮學並重同行，禮是張載氣學的表現，其禮學正是本體宇宙論氣學格局下的體用論禮學。禮學不僅是張載的外王學，同時是張載的內聖學；既是個體身心修煉的工夫，也是張載對於倫理、社會和政治的關懷。「禮」徹上下、通內外，應被視為是一個全面性的概念，氣學的主體是「形—氣—心」主體，就工夫論而言，「變化氣質」是張載最著名的工夫論，而「變化氣質」的下手處並不落在氣本身，而是落在於心／身兩端，於此張載談「虛心／大心」與「得禮」。張載除了提出「大心」說，此一繼承自孟子學的心性工夫外；「六有」說則是禮學工夫，從身體的禮儀實踐談「變化氣質」，這是對孟子學的補充。對禮儀實踐的身體向度的重視，乃是因為他的工夫不僅是心性工夫，而同時是身體的。道德實踐必須嚴肅的與禮對戲，才能帶著形氣而上，達到「變化氣質」的成效。此外，由於「禮」概念具有公共性、社會性結構，作為人際性的表達而存在的「禮」因此往往是相偶性的，此意味著：理學家的「性命之學」不可能只在極高明、極幽深的性天交界處作工夫，而拒絕參與具有公共性意涵的社會文化實踐。雖然理學家對天道性命之學的體驗特深，但主體必須在

與他人相關的社會脈絡中進行修養。張載的主體是「形─氣─
心」主體,也是「涉身─涉世」主體。如果說張載本體宇宙論
氣學的結構是體用論攝相偶論,那麼張載對禮學的高度重視,
則說明體用論也應該表現為相偶論。氣學與禮學並重同行,除
了批判佛老,也為儒學傳統如何結合「天道性命相貫通」與
「人倫禮樂相通」兩種路徑,提供一個重要的思考方式。

　　第五章〈張載氣學工夫論的爭議與開展——從唐君毅「張
橫渠自成一派」談起〉,筆者聚焦於晚近台灣儒學中的儒家氣
學與心性論的論爭,並關注「張、王氣學」作為宋明理學第三
系的合法性論題;而將重心放在探討張載氣學工夫論的內涵之
上。張載哲學形態是否為氣學與宋明理學如何分系,二者原本
是有交集但卻未必相涵蓋的問題。但是由於中國大陸學界將
張載視為唯物論版本的理學第三系「氣學之祖」的歷史,這兩
個問題因此一路同捆共行。對於理學分系問題,港台學界則以
牟宗三「三系說」、勞思光「一系三階段說」最具代表性。批
判唯物論框架的同時,也批判「理學」、「心學」、「氣學」
三系說,長久以來,幾已形成港台學者對於理學研究的共同底
蘊。在此共同底蘊下,唐君毅雖然對理學分系問題興趣不大,
但他卻曾經提出一個程朱理學、陸王心學之外,「張橫渠自成
一派」(包括王夫之,其中心概念是氣)的說法。筆者認為唐
君毅此說相當特別,而且可能意義重大,因為這意味著唐君毅
除了肯定張、王氣學在宋明理學內部的合法性之外,同時也關
注到張、王氣學的獨立性。雖然如此,在冷戰政治氛圍的儒家
心性論、唯物論氣學二元對立格局下,唐君毅肯定張載氣學
(「非唯物論」氣學)自成一派之說,確實顯得相當另類,也

沒有得到太多關注。「非唯物論」形態的張載、王夫之氣學在宋明理學中自成一系，此看法的真正顯題化，與楊儒賓《異議的意義：近世東亞的反理學思潮》提出「兩種氣學」——「先天型氣學」與「後天型氣學」的區分有關。「先天型氣學」即是指以張載、王夫之為核心的本體宇宙論形態之氣學。氣論之成學謂之氣學，除了有氣學的本體論，也要有足以成學的工夫論。唐君毅的研究進路被視為是「德性工夫的詮釋進路」（鄭宗義判語）；至於楊儒賓也自我表述：「工夫論是分判先天型氣學與後天型氣學最方便的法門，而且先天型氣學得以證成的依據也要建立在工夫論上。」因此，在當代儒家氣學的發展中，筆者關注的焦點從唐君毅對氣的性格（形上或形下、精神或物質）的論述，到楊儒賓對儒家主體模式（心學的「心性主體」或氣學的「形氣主體」）的反思與建構，在本章中也延伸到工夫論的問題。張載氣學作為「理學第三系」，不同於理學、心學，他可以辨識檢別的工夫論是甚麼？把張載放進這樣的一個當代哲學論爭的場域，張載氣學工夫論是甚麼？同時也是本書對當代儒家氣學論爭的回應。

　　張王氣學確實不像程朱理學的「格物窮理」、陸王心學的「致良知」一樣，有一個單一核心的工夫論語彙，作為其工夫論的宗旨。但是理學的主要工夫論命題，幾乎都成立於北宋，張載即是其中的主要提供者，可以說理學工夫論的不少重要設準都來自於張載。因此，藉著張載氣學如何回答「氣非形下而違理如何產生？」此「惡之來源」問題，而展開張載氣學工夫論的討論，並透過「兼體無累」，「虛心」、「得禮」以「變化氣質」，「大心」與「體物」等工夫論語彙，說明張載氣學

工夫下的形氣心三位一體結構，以及超克心物二元關係的特色。其中張載將「大心」與「體物」並舉，一方面凸顯他的工夫論除了主體修養外，和心學相較，明顯的更重視客觀面的物之存在價值，相較於《孟子》談「盡心則知性知天」凸顯縱貫向度的倫理學高度，張載接著《孟子》而說，除了從「太虛氣化」為孟子的「盡心則知性知天」之說，提供一個存有論的解釋之外；張載「大其心則能體天下之物，物有未體，則心為有外」的主張，說明了「大心」與「體物」連結的必要性，更進一步地肯定「物」對於道德實踐具有重要價值。心並不自外於物，對張載來說，沒有不需要「體物不遺」，就能「盡心則知性知天」的。「體物不遺」是在「盡心則知性知天」之向上超越、縱貫軸的「人與終極關懷的本質之繫聯」之外，同時要求主體進行橫攝軸的「人與萬物的本質之繫聯」的工夫。張載的感通主體——「虛心」，同時也是一個「體物而不遺」的「大心」，將人的視角不只放在縱貫軸的「天道性命相貫通」，也水平軸的平放於他人與萬物之間，在氣的感通與相偶之中，主體不斷地躍出，從而擴大主體。《西銘》是張載的境界論，其中著名的「民胞物與」之說，即是張載在氣化流行與主體修養繫聯的前提下，表現出來的一具有「人與終極關懷的本質之繫聯」（乾稱父，坤稱母）之外，同時要求主體進行「人與他人的本質之繫聯」（民吾同胞）、「人與萬物的本質之繫聯」（物吾與也）的一體之境。張載走的不是一個直接頓悟本心的工夫進路，是因為道德本心要真能感應無間，並不能略過「物」，而不做體物的工夫。聖人在觀物、體物（本體宇宙論意義的「物」）中體會《易》之「不有兩則無一」、「兼體而

不累」，此可以視為是「氣學工夫」或「物學工夫」。張載的氣學工夫論和後來的程朱理學、陸王心學相較，確實表現出較多的對氣論與物論之重視。張載非唯物論，也非唯心論，當代儒學如何不落入唯物論與唯心論兩端的對立難題？既可以不為唯物論攝去？也不為唯心論所攝去？張載氣學工夫中兩端一致、超克心物二元的特質，或許可以為當代儒學提供一個重新思考心、物關係的可能性。

　　第六章〈結論：當代的張載氣學〉，筆者最後總結了從大陸唯物論與當代新儒家心性論之間的論辯，到晚近台灣儒學研究中「心性論」與「氣化論」的兩種思想道路的潛在爭論，從而將當代張載學的詮釋模式做了一個類型學上的區分。20世紀後半葉以來，張載研究的爭議焦點集中在大陸唯物論與當代新儒家心性論間的論辯，其中又分成唯物論、牟宗三與唐君毅三種詮釋模式。「氣」是張載最顯題化也是最受爭議的思想，整體而言，牟宗三心性論確實是當代張載學為最重量級的對話對象，但唐君毅「存在之流行，流行之存在」之說，指出氣通形上與形下，應被視為張載的核心概念；以及看出張載與王船山之間的連貫性，提出張載、王夫之應被視為獨立一系的提法等等，這些重要洞見對於當代的張載研究皆極具啟發性，也為儒家氣學的發展提供了重要的養分。21世紀開始，當代張載學值得注意的發展，則是出現在台灣學界的一個儒家氣學與當代新儒家心性論之間的再對話。楊儒賓的「先天型氣學」，主張道德主體不只是心性主體，而是形氣主體，此「形—氣—心」三位一體的新主體的提出，正是在牟宗三心性之學的兩層存有論的主體模式，切割了形氣、身體，將道德主體視為心性主體、

意識主體，因而無法充分正視氣論與身體、氣論與工夫論在儒學系統的正當性與積極價值之後進行的反思，其說乃是針對心性論詮釋中所造成的本體與工夫的遺漏而發。楊儒賓對張載、王夫之氣學類型應被視為「先天型氣學」的提法，延續他在氣論與身體觀的關注上一路以來對牟宗三心性主體的反思，而有一個「新主體模式」的理解。從類型學的角度來觀察，除了楊儒賓的「先天型氣學」，筆者也特別留意何乏筆以「兼體無累工夫」來探討張載氣學的說法。相較於楊儒賓，何乏筆談張載時表現了一種更為重視水平軸的、平視心物兩端的思考，筆者稱之為「兼體無累氣學」。放入本書所關注的體用論與相偶論交涉的脈絡來看，牟宗三的張載學是體用論，楊儒賓是體用論攝相偶論，何乏筆則是相偶論。張載哲學性格的歸屬與判讀，確實是儒學研究中最具聚訟紛紜的問題，但這也使得張載具有不可忽略的當代性。因此，筆者以當代張載氣學論辯的回顧與展望，作為本書的收束。

最後，本書也將〈唐君毅的朱子學——以「心」概念的理解為核心〉一併收入，作為附錄。當代新儒家中唐、牟並稱，但是唐、牟除了共相，殊相也不少，唐、牟之間義理詮釋上的分歧，所帶來的張力對於宋明理學研究之繼往開來、推陳出新很有啟發性。除了張載，他們對朱子的判定也差異甚大，二先生無論在朱子的理氣論、心性論、工夫論上都表現相當不同的看法。在張載的專書中收錄此文，看似不相關卻也延續了筆者對唐、牟宋明理學詮釋異同的關懷。從「心」概念切入，是因朱子之「心」兼理氣、統性情，實居樞紐之位。唐君毅論朱子的「心」，在「心乃一方面屬於氣，而為氣之靈。而具理

於其內，以為性者。」的原則性總綱下，其詮釋存在著前、後期的變化。前期他認為朱子的心屬氣，後期則更重視心具理，從而提出朱子論「心」亦有「本心」、「心體」的涵義，並對「心為氣之靈」說提出再詮釋。朱子曾說：「心比性微有跡，比氣自然又靈」、「吾以心與理為一，彼（佛）以心與理為二耳。」唐君毅主張朱陸異同不在「心與理一」，而在「心與理一」之工夫進路不同。雖然朱子有時也說「心與理為二」，是因其關切處在氣稟之雜。不言直下察識心體，不等於否定道德本心。因此，朱子的心不僅是牟宗三詮釋系統下的形而下經驗意義的認知心。唐先生肯定朱子「本心」義，如何處理「氣之靈」說？從「心為『氣』之靈」到「心為氣之『靈』」，其詮釋重心由重「氣」，轉而重「靈」。唐先生一向主張「氣」可上下其講，此心氣為超越性的特殊之氣。心屬於氣，也是道德本心，朱子「心比性微有跡，比氣自然又靈」之「心」，或許可稱之為「氣之靈的心體」。朱子的「心與性，似一而二，似二而一」，在方法論上以易學的辯證邏輯去處理「本心」與「氣之靈」間的緊張性，兩個面向的「不一致」，或許未嘗相離而同為一體。「本心」與「氣心」是否截然二元對立，可以重新反思。或許也可以作為本書關注宋明理學的心性論與氣化論交涉論題的一個補充。

第一章

# 當代的張載學
## 心性論與氣化論的交涉

## 一、前言：從理學史上的張載到當代的張載

　　張載（橫渠，1020-1077）是北宋理學的宗師，關學的奠基人，晚年將其一生言論精要集結成《正蒙》一書，此書堪稱是北宋理學中最有系統的造道之作。張載逝世後，弟子蘇昞仿效《論》、《孟》體例，將《正蒙》編訂為17篇。弟子們對他的思想開始進行評論，張載思想此時即已揭開研究的序幕。其中最有代表性的是呂大臨（與叔，1042-1092）〈橫渠先生行狀〉和范育〈正蒙序〉。呂大臨評論張載之學「窮神化，一天人，立大本，斥異學」。[1]范育指出張載思想與佛老對辯的特質：

---

1　呂大臨，〈橫渠先生行狀〉，〔宋〕張載著，林樂昌編校，《張子全書》（西安：西北大學出版社，2015），頁457。關於張載著作的版本問題，1978年北京中華書局章錫琛編校出版的《張載集》，被認為是較為完整可靠，而廣被使用的張載文獻。2015年林樂昌點校《張子全書》出版，此書在中華版《張載集》基礎上，除了原來《張載集》所根據的清代《張子全書》版本之外，另搜求宋明古本、善本以作為校勘。另外補入三種張載

　　　　浮圖以心為法，以空為真，故《正蒙》闢之以天理之
　　大，又曰：「知虛空即氣，則有無、隱顯、神化、性命通
　　一無二。」老子以無為為道，故《正蒙》闢之曰：「不有
　　兩則無一。」至於談死生之際，曰「輪轉不息，能脫是者
　　則無生滅」或曰「久生不死」故《正蒙》闢之曰：「太
　　虛不能無氣，氣不能不聚而為萬物，萬物不能不散而為太
　　虛。」（范育，〈正蒙序〉，《張子全書》，頁483）

但他同時也說：

　　　　惟夫子之為此書也，有《六經》之所未載，聖人之所不
　　言，或者疑其蓋不必道。若「清虛一大」之語，是將取訾
　　於末學，予則異焉。（同上）

范育一方面揭示其師希望透過闢佛老，建構出一個「語上極乎
高明，語下涉乎形器」，「本末上下，貫乎一道」之學的企
圖；一方面儘管他不同意所謂的「末學」之批評，但似乎也預
言了張載為闢佛老而苦心亟力構設的新思想，將在日後引發諸
多爭議的宿命。

　　張載學說的爭議隆隆砲火早發於北宋程門。二程雖極力高
舉〈西銘〉，卻輕視張載最重要著作《正蒙》，此一作法無異

---

　　佚書，包括《禮記說》、《論語說》和《孟子說》等。因此，本書採用林
　　樂昌編校的《張子全書》，在張載文獻的引用上皆據此版本，不再另外加
　　註。

是對張載思想的攔腰折斷。[2]二程的弟子們對張載思想則表現出
更多的不滿與批評，此間固然存在宗主、門派的意識[3]，但也說
明關學、洛學確實存在著不同的側重，他們在天道論、工夫論
理解與進路上頗多歧異。這些批評直接影響朱子，作為北宋理
學的集大成者，朱子雖以二程為宗主，但他與張載可說是「最
具『親和性』的一位思想家」[4]，在相當程度上吸收、繼承了張
載的思想。[5]但朱子對張載的論斷基本調性延續二程，對張載的

---

2　二程之說如：「〈西銘〉，顯得此意，只是須得他子厚有如此筆力，他人
　　無緣做得。孟子以後未有人及此文字，省多少言語。」而在〈西銘〉之外
　　尤其是談到張載的天道論，二程則說：「觀吾叔之見，至正而謹嚴。如
　　『虛無即氣則虛無』之語，深探遠賾，豈後世學者所嘗慮及也？（自註：
　　然此語未能無過。）餘所論，以大概氣象言之，則有苦心極力之象，而無
　　寬裕溫厚之氣。非明睿所照，而考索至此，故意屢偏而言多窒，小出入時
　　有之。」〔宋〕程顥、程頤，《二程集・河南程氏文集卷第九・答橫渠先
　　生書》（台北：漢京文化，1983），頁596。
3　二程弟子楊時堅持：「橫渠之學，其源出於程氏，而關中諸生尊其書，欲
　　自為一家。故予錄此簡以示學者，使知橫渠雖細務必資於二程，則其他固
　　可知矣。」〔宋〕張載，《張載集・附錄・呂大臨橫渠先生行狀》（台
　　北：漢京文化，1983），頁385。〈行狀〉後小字引朱熹《伊洛淵源錄》記
　　錄楊時這段話，和朱子對楊時此說的評論。楊時說見《龜山集・跋橫渠與
　　伊川簡》。
4　丁為祥：「在理學中，朱子與張載是最具『親和性』的一位思想家。其心
　　性論、格物致知論，都有繼承張載的思想成分，而其理氣論的宇宙論規模
　　與客觀向度，則直接導源於張載。」丁為祥，《虛氣相即：張載哲學體系
　　及其定位》（北京：人民出版社，2000），頁2。除此，朱子與張載對讀
　　書、文字的重視，重視禮學，以及工夫的苦心亟力之象，相似度頗高。
5　關於朱子對張載的繼承與發展，參見游騰達，《朱子對北宋四子的理解與
　　詮釋》（中壢：中央大學中文所碩士論文，2006）。肖發榮，《論朱熹對
　　張載思想的繼承和發展：以朱熹對《正蒙》的詮釋為中心》（西安：陝西
　　師範大學專門史博士論文，2007）。李勇毅，《朱子理論對張載的承繼與

存有論頗有意見，可以說張載思想在程朱學派中相當程度上是
被壓抑、取代和改裝的。[6]此後，張載在理學史上的地位基本定
型。除了遭遇程朱學派的質疑，也被陸王之徒邊緣化[7]，可以說
在理學史上張載是沒有被善待的。明清兩代的張載學大多以注
解形式出現，如：明代胡廣等奉敕編輯的《性理大全》、呂柟
《張子抄釋》、劉璣《正蒙會稿》、韓邦奇《正蒙拾遺》、劉
璣《新刊正蒙解》、高攀龍、徐必達《正蒙釋》等，清代王夫

---

發展：以「工夫論」為重心》（新北：華梵大學東方人文思想研究所碩士
論文，2012）。當然此一繼承是何種形態與程度的繼承，研究者則持不同
看法。部分學者受到牟宗三對朱子乃別子為宗，只繼承程頤，非北宋理學
集大成者，此一重要論斷的影響，認為朱子的融會、收攝只是表象，他和
張載思想間有著根本性的隔閡。

6　如程子以「理一分殊」解〈西銘〉，朱子相當認同，他說：「〈西銘〉之
作，亦蓋如此。程子以為明理一而分殊，可謂一言以蔽之矣。」（〈西銘
解〉）並且擴大對「理一分殊」的運用。在張載研究史上，「理一分殊」
的詮釋法經常廣泛的被使用，即使到了現在仍然可以看到它的影子，它不
僅被用來解釋〈西銘〉本旨，也被運用於解釋張載整個思想體系。如劉昌
佳以「理一分殊」標示張載學的天道性命思想與方法論。參劉昌佳，〈張
載天道性命的「理一分殊」思想及方法論〉，《理學方法論》（台北：里
仁書局，2010），頁109-160。又如李曉春提出：「張載的體用觀已完全
走出了過去的整體體用觀，……然此一說法並不即是理一分殊，而是理一
分殊的一種特殊形態，因為張載的太虛散而進入萬物，並不是真正進入萬
物，而是由萬物（精粕）反襯顯出太虛之全，如果稱其為理一分殊的話，
也只應稱為負的理一分殊。」「故而其氣論只成就一負的理一分殊的體用
論。」李曉春，《張載哲學與中國古代思維方式之研究》（北京：中華書
局，2012），頁223。這些以「理一分殊」為張載哲學定調的言論，姑先不
討論其適切與否，都可看到程朱對張載的詮釋影響之深遠。

7　唐君毅：「陸王之徒，則於橫渠之學幾全置諸不理。」唐君毅，《中國哲
學原論：原教篇》（台北：臺灣學生書局，1984），頁70-71。

之《張子正蒙注》、李光地《注解正蒙》、王植《正蒙初義》
等。[8]此間最被當代學者重視的是王夫之（船山，1619-1692）。
王夫之對張載高度推崇，以張載的繼承者自居。唐君毅因此
說：「由王船山之重張橫渠，而見張橫渠之精神對宋明理學之
成始成終的價值。」[9]雖然如此，與程朱、陸王相較，同樣作為
理學宗師，張載學可說一直稱不上是顯學。

　　在這一大段漫長時間中，張載在理學史上的重要性或被低
視，或被高舉。但或許如丁為祥所說：「平心而論，張載雖然
不像程朱所壓抑的那樣低，但王夫之的評價確實有對程朱逆反
的心理因素。這是一種反彈、糾偏或矯枉過正，而真正的張載
則有可能正處於兩者之間的中點上。」[10]張載學性質已經出現聚
訟難辨的歧異，此一研究上的困難度除了來自於張載本人的獨
特表達方式外，和程朱哲學語彙與意識形態的強勢介入，所帶
來的糾葛纏繞有相當大的關係。程朱語彙及其背後的義理形態
對張載研究所造成的影響，除了「理一分殊」概念之外，理氣
論架構的介入更為普遍。[11]此一影響連對張載氣學情有獨鍾的王

---

8　關於明清兩代的張載學研究以注解《正蒙》的形式出現的情形及其內容，
　　參方光華、曹振明，〈張載思想研究史〉，《張載思想研究》（西安：西
　　北大學出版社，2015），頁302-314。
9　唐君毅，《哲學論集》（台北：臺灣學生書局，1990），頁212。
10　丁為祥，《虛氣相即：張載哲學體系及其定位》，頁2。
11　陳政揚：「自朱子將〈太和〉中的虛氣關係視為理氣關係後，明清《正
　　蒙》注家不論是否贊成朱子觀點，均從理氣論架構探討太虛與氣之關
　　係。所差別者，在於是否將『氣』視為形而上之存有？太虛與氣是否為
　　『一』？此『一』又是『無外』之『一』？相即不離之『一』？或者是
　　『本一』？」陳政揚，〈論王植對明清《正蒙》注之反思──以「太虛」
　　之三層義為中心〉，《臺大文史哲學報》75期（2011年11月），頁88。以

夫之也沒有完全避免，即使王夫之不認同程朱的張載學詮釋，反對將「氣」僅視為形而下者，但在解釋「知虛空即氣」時，其注解卻是「理在氣中，氣無非理」，仍從理氣論架構中討論「氣」的屬性問題。[12]這或許不只是單純的詞語代換問題，陳政揚指出：

> 設若思想家並非任意的選用概念語詞以處理所面對的哲學問題，則使用某一字詞而非其他字詞作為其思想的核心概念，理當基於此字詞相較於其他字詞而言更適宜釐清所關涉的哲學問題，以及更精準的闡明解決此問題的理論，依此，以「理」取代「太虛」是否合宜？這就不是一個修辭上的問題，而當歸屬於哲學思想上的議題。[13]

因此，核心哲學概念語詞的置換，說明在張載研究史上，形成研究的複雜性與困難度之原因，有一部分可能來自於研究者不自覺的使用不同的義理架構，用來討論張載的哲學議題，形成的一些混淆與錯置。

理學史上程朱、陸王輪流當家作主，張載是被邊緣化的。此情形直到 20世紀前半基本上並沒有太大的波瀾，1949年後卻

---

「理」取代「太虛」，以「理氣關係」詮釋「太虛」與「氣」成為主流詮釋。

12　〔宋〕張載撰，〔清〕王夫之注，《張子正蒙》（上海：上海古籍出版社，2000），頁89。

13　陳政揚，〈論王植對明清《正蒙》注之反思──以「太虛」之三層義為中心〉，頁89。

有明顯的突破。可以說張載學的斷裂性轉向與階段性變化主要集中於20世紀的後50年。此與現實政治上的兩岸隔絕所造成的不同思想發展有關，因此，以下筆者回顧當代張載學的特質與趨向也將分開來討論。

## 二、大陸的張載學

　　張載在中國大陸成為學術界關注焦點和「氣學」（或稱為「氣本論」、「氣一元論」、「氣的哲學」）[14]的提出有關。由張岱年首發，後來得到馮友蘭、侯外廬諸先生支持，其論點主張在傳統心學、理學二分的架構外，要再加上氣學一系，宋明理學的圖像才算完整。但由於馬克思主義哲學體系的研究背景，張、馮站在唯物主義的立場來討論氣學，進而運用唯心／唯物的模式分析張載，張岱年提出：「惟氣的本根論之大成者，是北宋張橫渠（載）。」「張載的本根論，確實可以說是一種唯物論。」[15]馮友蘭提出：「張載的一派是氣學」、「氣學

---

14　關於「氣學」一詞的用法，楊儒賓說：「『氣學』一詞目前還沒有固定下來，學界的用法還沒有得到普遍的共識。類似的詞語有『氣論』、『氣本論』、『氣的哲學』、『氣一元論』之說。」「選用『氣學』，乃因可和『理學』、『心學』形成對照系統。」楊儒賓，《異議的意義：近世東亞的反理學思潮》，頁85。

15　張岱年，《中國哲學大綱・自序》（北京：中國科學社會出版社，1982），頁42-49。張岱年在1935-1937年間寫成《中國哲學大綱》，1950年代後期，張岱年《張載：十一世紀中國唯物主義思想家》問世，他延續前書論點將張載學歸為「氣一元論的唯物論學說」。張岱年，《張載：十一世紀中國唯物主義思想家》（武漢：湖北人民出版社，1956），收入《張岱年全集》第3卷（石家莊：河北人民出版社，1996），頁231-278。

是道學中的唯物主義」[16]，將張載判定為「唯物主義氣論哲學家」，張載哲學的本質被定調為「唯物論」、「氣一元論」、「形下論」；其歷史定位也由「理學宗師」，搖身一變成了「氣學之祖」。[17]此一張載學本質的定位，引起了廣泛的爭論。張、馮、侯的思考自有其理路，但並不適用於理解張載，如林樂昌指出：「該階段張載哲學研究的另一個重要特徵是，錯置了張載哲學的主題，將張載批判佛老的性質視作唯物論與唯心論的鬥爭，甚至認為這是張載那個時代儒者的首要任務。」[18]此階段的張載學幾乎可視為是一個主題的錯置與誤植，但這樣的詮釋模式卻廣泛的影響1949年後的中國大陸。

　　冷戰結束後，部分學者仍延續唯物論氣學主流觀點談張載[19]，但張載研究已經逐漸開始呈現出不同的面貌。丁為祥說：

---

16　馮友蘭，《中國哲學史新編》第5冊（北京：人民出版社，1988），頁125。

17　張岱年：「應該肯定張載的自然觀是氣一元論，……氣一元論是中國古代形下論的重要形式。」「論證了虛空無物的太虛、運於無形的道都是物質性的，太虛、道、神都統一於氣，這樣初步論證了世界的統一性在於物質性的原理。」認定張載被視為「理學大師之一」乃朱熹「按照自己的意圖塗抹歷史。……事實上，張載沒有把『理』作為他的學說的中心觀念。到了明清時代，王廷相、王夫之、戴震才特別發揮了張載的氣一元論哲學。」參張岱年，〈關於張載的思想和著作〉，收入《張載集》（台北：漢京文化，1983），頁3、6、14。馮友蘭，《中國哲學史新編》第5冊，頁126。

18　林樂昌，〈20世紀張載哲學研究的主要趨向反思〉，《哲學研究》2004年12期，頁17。

19　如姜國柱，《張載的哲學思想》（瀋陽：遼寧人民出版社，1982）。姜國柱，《張載關學》（西安：陝西人民出版社，2001）。

　　就大陸半個世紀以來的張載研究來看，80年代以前，基本上是唯物唯心式的定性研究，故有張載是唯物還是唯心亦或是二元論的爭論。80年代中期以後，學界開始擺脫「兩軍對戰」的簡單化模式而採取範疇系列式的研究，這對於張載哲學範疇之間的邏輯關係，固然是一種接近或深入，但由於這裡的「邏輯」並不來自理學，因而仍存在著按圖索驥之嫌。直到90年代，當人們對傳統文化經歷近一個世紀大起大落的兩極性評價之後，……終於開始從傳統文化自身的歷史與邏輯出發來理解傳統文化了。[20]

這當中，陳俊民的《張載哲學思想及關學學派》從關學傳統的角度探討張載。由於大陸對地方學派研究的推動，關學視域下的張載學帶來不少迴響，也填補了當代宋明理學研究中關學學派的空白。[21]程宜山《張載哲學的系統分析》是從研究方法入

20　丁為祥，《虛氣相即：張載哲學體系及其定位》，頁4-5。

21　陳俊民，《張載哲學思想及關學學派》（北京：人民出版社，1986）。此外，陳俊民陸續整理、輯校《關學編》（北京：中華書局，1987）、《關學三李年譜》（西安：陝西師範大學出版社，1992）、《藍田呂氏遺著輯校》（北京：中華書局，1993）、《二曲集》（北京：中華書局，1996）等多種關學文獻。此一從史學角度展開的張載研究擴展到關學傳播史的研究，除了出現不少相關學術論文，如方光華主編，《關學及其著述》（西安：西安出版社，2003）。林樂昌，〈試論「關學」概念結構的三重維度〉，《唐都學刊》29卷1期（2013年1月）；〈張載關學學派芻議〉，《唐都學刊》29卷6期（2013年11月）。此外，也帶動大陸學界對關學文獻的整理，從個別零星的整理，到2015年《關學文庫》問世。林樂昌歸納此一張載學研究的重點與成果為「一是從《正蒙》集釋到張載文獻集成；二是從關學文獻的零散整理到《關學文庫》的編纂；三是關學思想史的深入

手，透過範疇分析法與系統分析法，重新探討張載的重要概念與邏輯結構。[22]龔杰《張載評傳》則有張載非「易學」，而是「四書學」的主張。[23]

在筆者看來，大陸張載學的轉向最具指標意義的當是2000年丁為祥《虛氣相即：張載哲學體系及其定位》問世，此代表大陸學界自覺突破「氣本論」、「唯物論」詮釋模式，以回歸張載哲學的基本面與問題意識為訴求，所呈現出來的一部張載重要專著。丁為祥認為張載哲學的性質長期聚訟不已，其原因有二：一是以往研究以西學為基本座標來進行詮釋；二是研究者從程朱陸王出發對張載以流定源而形成的偏取。因此，他從理學崛起的思潮背景及問題意識出發，以理解張載「天人合一」的哲學體系；再從理論體系比勘張載與後來的重要理學

系統研究。」參林樂昌，〈陝西地域儒學研究的求實創新探索——以張載關學研究為中心〉，《寶雞文理學院學報》（社會科學版）第35卷第1期（總163期）（2015年2月），頁5-11。

22 程宜山，《張載哲學的系統分析》（上海：學林出版社，1989）。他雖然仍受張岱年的看法的影響，但提出「一元二重化的唯物主義自然觀」為張載定位，可視為唯物主義張載學觀點的細緻化，被評論為「以張載哲學為唯物主義一派所有論著中學術性比較突出的研究成果。」林樂昌，〈20世紀張載哲學研究的主要趨向反思〉，《哲學研究》2004年第12期，頁19。相似評價另見方光華、曹振明：「成為反映唯物主義一派張載思想研究取得新進展的著作。」方光華、曹振明，〈張載思想研究史〉，《張載思想研究》（西安：西北大學出版社，2015），頁321。

23 龔杰，《張載評傳》（南京：南京大學出版社，1996）。對於張載學是「四書學」，學界存在著不同的聲音，如胡元玲即持反對意見，而透過《正蒙》與《橫渠易說》之文獻資料比對，試圖證明張載學是「易學」而非「四書學」。參胡元玲，《張載易學與道學：以《橫渠易說》及《正蒙》為主的探討》（台北：臺灣學生書局，2004），頁22、66。

家，程朱與陸王與王廷相、王夫之的異同。其意圖是要從後來
理學發展的分歧與流向，反證張載哲學的理論規模對於整個宋
明理學的發展，具有重大的綱維與定向作用。丁為祥使用「天
人合一」概念定位張載格局，以「體用不二」作為張載研究方
法，透過天人、體用、本然與應然三重關係建構張載哲學體
系。他的重要主張是反對將「太虛」等同「氣」，提出應將二
者視為異質的「相即」關係。[24]走出唯物論氣學模式的丁為祥，
他的對話對象是隨著兩岸交流逐漸頻繁而遭遇的牟宗三。「虛
氣相即」說的太虛形上本體與形下之氣「體用不二」的異質關
係，讓人強烈聯想到牟宗三的虛氣「體用圓融」不二說。[25]但他
顯然認為自己的說法並不同於牟宗三，此不同在於他認為牟宗
三「本體的宇宙論」所理解的本體，實際上只是一個以心性本
體通過對宇宙的觀照與統攝，所形成心靈觀照下的「主體宇宙

---

24 丁為祥此一「虛氣相即」的提法頗受到學界矚目，如楊儒賓說：「丁為祥
　先生討論張載哲學的專書以《虛氣相即》名之，可謂得其要。」楊儒賓，
　《異議的意義：近世東亞的反理學思潮》，頁120。陳振崑亦使用此說，
　稱張載「精心建構了一套虛氣相即、神化一體的本體宇宙論」。陳振崑，
　〈從整體性的觀點與「一體兩用」的思惟理路，重建張橫渠的天人合一
　論〉，《華梵人文學報》第6期（2006年1月），頁160。
25 「虛氣相即」與牟宗三「太虛」與「氣」體用圓融不二論，同樣認為虛氣
　之間為異質關係。二者說法之間的關聯，讓後來的研究者多將丁為祥歸類
　到牟宗三陣營，如楊立華：「晚近出版的張載哲學研究的專著──《虛氣
　相即》一書受牟氏影響甚鉅，在對相關問題的分析上，也完整地秉承了牟
　氏的誤解。」楊立華，《氣本與神化：張載哲學述論》（北京：北京大學
　出版社，2008），頁62。又如李曉春：「內地學者丁為祥也身受以牟宗三
　為代表的『即』系學派思想的影響。」李曉春，《張載哲學與中國古代思
　維方式研究》，頁254。

論」，此本體不具客觀性、外在性。而他所建構的張載哲學是一個「客觀的宇宙論」，他稱之為「宇宙的本體論」，以自別於牟宗三的「本體的宇宙論」。擴大來說，他檢討當代新儒家以「心性論」為出發點的理學解釋模式，提出「天人之學」或「天人合一之學」，以取代當代新儒家的「內聖外王」學。他認為當代新儒家以「內聖外王」規定儒學，將道德生發之源僅歸結於心性，孤懸心性的僭越將會導致寡頭主義與對客觀天道的疏忽，只剩下良知的自我陶醉。因此，客觀、外在、超越的「天」，才是道德性命的最後根源。理學之弊就在於陸王後學走上純粹的心性路線。只有對天的敬畏與關注，儒學才能回到張載、王夫之的博大氣象與寬廣的理論規模。筆者認為「天道性命相貫通」幾乎被視為當代新儒家的通關法語，新儒家不會反對儒學應該是「天人合一」之學，「內聖外王」的提法也未必不能涵蓋「天人合一」。[26]但丁為祥的批評有其意義，這代表

---

26 但是與「內聖外王」相較，以「天人合一」作為定義儒學的概念也可能是一種模糊，如劉笑敢質疑：「很多人多會說中國文化的傳統是天人合一，但是這裡的天人合一是甚麼意思？是哪一個傳統？天是什麼意思？人是什麼意思？合是什麼意思？天是孟子盡心、知性、知天的天，還是董仲舒天人相副的天？是張載天人合一的天？還是程朱存天理、滅人欲的天？……同樣，這裡的人是人道、人心、人性，還是人欲？是自然人還是社會人，是生物人還是文化人？此外，『合一』又是什麼意思？是一致，還是同一？是差異中的統一和平衡，還是毫無矛盾的理想？如果我們對這些基本概念的內涵毫無反省，不求甚解，我們是否能有效地提倡天人合一？」參劉笑敢，〈再論中國哲學的身分、功能與方法——紀念唐君毅先生誕辰一百周年〉，《中國文哲研究通訊》19卷4期（2009年12月），頁34。因此，如果想要以「天人合一」這樣的一個在儒學傳統中被頻繁使用的詞，作為張載有別於漢唐儒學的核心概念，更清晰的釋名和解說可能是必要的。

大陸學界與港台研究取向交手後，對於當代新儒家過於偏重心
性論、主體論模式的主流論述之批判。丁為祥「虛氣相即」、
「天人合一」的張載研究，一方面在氣論上延續牟宗三與大陸
學界視「氣」為形下的作法；另一方面則接受了牟宗三以「太
虛」為形上本體之說，但將此本體更推向客觀、絕對、外在的
超越向度。如此一來，由於「太虛」本體客觀超絕，對「氣」
的多重涵義卻認識不足，那麼在此超絕意義的本體形態下談
「虛氣相即」其實是有困難的，體用如何圓融不二？所形成的
斷裂勢必比牟宗三體系更大。因此，接著丁為祥並與牟宗三對
話的是林樂昌以單篇論文形式呈現結集而成的《張載理學與文
獻探研》。[27]

---

27　林樂昌單篇論文主要有：〈張載對儒家人性論的重構〉，《哲學研究》
　　2000年5期。〈張載佚書《孟子說》輯考〉，《中國哲學史》2003年4期。
　　〈20世紀張載哲學研究的主要趨向反思〉，《哲學研究》2004年12期。
　　〈張載理觀探微——兼論朱熹理氣觀與張載虛氣觀的關係問題〉，《哲學
　　研究》2005年8期。〈許衡對張載人性論的承接與詮釋〉，《孔子研究》
　　2006年12期。〈張載禮學論綱〉，《哲學研究》2007年第12期。〈張載
　　兩層結構的宇宙哲學探微〉，《中國哲學史》2008年4期。〈「為天地立
　　心」——張載「四為句」新釋〉，《哲學研究》2009年5期。〈中國哲學
　　史個案研究的實地調查嘗試——以張載哲學思想和歷史影響研究為例〉，
　　《寶雞文理學院學報》（社會科學版）2009年6期。〈論張載對道家思想
　　資源的借鑑與融通——以天道論為中心〉，《哲學研究》2013年2期。
　　〈張載對孔子仁學的詮釋——以「仁智」統一為中心〉，《唐都學刊》29
　　卷2期（2013年3月）。〈張載的學術歷程及其關學思想〉，《地方文化研
　　究》2015年1期（總第13期）。〈陝西地域儒學研究的求實創新探索——
　　以張載關學研究為中心〉，《寶雞文理學院學報（社會科學版）》35卷1
　　期（總163期），2015年2月。以上諸篇，目前已結集成為《張載理學與文
　　獻探研》一書。林樂昌，《張載理學與文獻探研》（北京：人民出版社，
　　2016）。

　　林樂昌與丁為祥相同的是，他們都認為張載的時代使命在於為儒家建構出一原本缺乏的超越、客觀形上本源以抗佛老異端，因此，二者都具有明顯的超越論傾向。其架構同樣認為「太虛」的性質必須是一具有超越時空、物質之氣的形上本體。他認為丁為祥「虛氣相即」說的問題在於「這無疑是說，太虛的超越性不是由太虛本身的特性和地位確定的，反而要靠形下之氣來『擔當』和『體現』，於是太虛本體的獨立地位和性質在很大程度上便被消解了。」[28]為了更強化本體的超越性，在當代張載研究的「氣本論」與「虛本論」兩種主流詮釋路線中，林樂昌的重要主張是認為應把張載的天道本體地位更加高舉，視張載為「天本論」。因此，他反對「氣學」的提法，主張張載不是「氣學」，而是「天學」。林樂昌也不同意丁為祥「虛氣相即」說，而提出虛與氣有時「相即」，有時「不相即」說。[29]進而將丁為祥的「宇宙的本體論」詮釋加以區分，建構張載的天道觀為「宇宙本體論」（虛氣相即）和「宇宙生成論」（虛氣不相即）的「兩層結構的宇宙哲學」。他認為如此可以完整說明太虛本體與形下之氣間體用關係；並保障「太虛本體超越性的實質恰恰在於其獨立性，亦即不依賴於氣和任何

---

28　林樂昌，〈20世紀張載哲學研究的主要趨向反思〉，《哲學研究》2004年12期，頁21。

29　林樂昌批評丁為祥「虛氣相即」說：「丁著的問題在於，他忽略了張載哲學虛氣關係的複雜性，將其化約為單一的相即關係；忽略了張載哲學宇宙論的結構層次性，將其表述為『虛氣相即』的單一層次。……以本體論與宇宙論為詮釋架構，未能吸收宋儒綜合前人成果的宇宙論思考方式，不足以有效地詮釋張載哲學宇宙論。」林樂昌，〈20世紀張載哲學研究的主要趨向反思〉，頁20。

經驗物而存在的性質。」[30]林樂昌的虛氣有時「相即」，有時「不相即」說，此一提法是順著丁為祥的脈絡而產生的思考。因為如果把「氣」視為形下之氣，本體與作用為異質異層的存在，虛與氣很難完全相即，就會同樣面臨到牟宗三、丁為祥的體用論難題。那麼，此說是否真正彌合了「相即」說無法體用不二的理論缺口？筆者認為並沒有。隨著「太虛」（天）本體與「氣」的有時「相即」，有時「不相即」觀點的建立，體用關係的距離事實上被拉得更大。[31]林樂昌在本體論上以「天學」、「天本論」為張載定調，成一家之言，是晚近大陸張載學的重要表述。此外，他的研究值得關注之處有二：一是多方面探討張載思想，尤其是禮學[32]；二是對張載著作的整理、校注與輯佚。[33]

　　除了丁為祥、林樂昌具有超越論傾向的張載學之外，楊

---

30 同前註，頁21。

31 如方光華、曹振明即認為：「當林先生把『氣』視為『形而下』之時，就同樣面臨著牟宗三的體用難題。」方光華、曹振明，《張載思想研究》，頁322。

32 林樂昌撰寫〈張載禮學論綱〉討論張載禮學思想外，也為新編校出版的《張子全書》作了《禮記說》補遺工作。林樂昌，〈張載禮學論綱〉，《哲學研究》2007年12期。〔宋〕張載著，林樂昌編校，《禮記說》，《張子全書》卷14，頁309-405。補遺一。

33 林樂昌《正蒙合校集釋》（2012）匯合南宋到清11種《正蒙》注本校勘、集釋，並對《正蒙》義理加以辨析，是目前研究《正蒙》相當有參考價值之作。此外，林樂昌編校《張子全書》（2015），此書和最為通行的《張載集》（中華書局出版）相較，內容增加《禮記說》、《論語說》、《孟子說》三種經說佚書。

立華《氣本與神化：張載哲學述論》[34]主張義理的向上一機，必須依靠文本以確定其合法性和可接受性，不引入任何理論框架套用張載文本，也不把張載哲學發展成一種研究者個人的現代哲學。去除現代研究者附加於張載哲學的前見；避免以義理敘事而導致文本邊緣化的混淆和僭越。在此脈絡下，他批評牟宗三「太虛即氣」說悖離張載本旨，也一併批判丁為祥「虛氣相即」說繼承牟宗三的錯誤。對於最具爭議的「太虛即氣」論題，楊立華不同意牟宗三、丁為祥虛氣異質的看法，他繼承陳來「太虛」與「氣」同質的主張，認為二者都是氣，只是「無形之氣」與「有形之氣」的差別。[35]將「氣」視為形下，「太虛」是「氣」，就不能是形上的最高本源，牟宗三的「太虛神體」說在他看來乃是對張載的誤解。[36]此外，他在人性論

---

34　楊立華，《氣本與神化：張載哲學述論》（北京：北京大學出版社，2008）。

35　楊立華說：「對於太虛與氣的關係，陳來師論曰：『太虛之氣聚而為氣，氣聚而為萬物；萬物散而為氣，氣散而為太虛。』其中『即』顯然被解讀為『是』，為等同義。」楊立華，《氣本與神化：張載哲學述論》，頁37。他提出張載的形上、形下之別應分成三個層次：「其一，有形的氣和萬物；其二、無形而有象的太虛；其三、清通而不可象的神。」（同上，頁42-43）太虛與氣都是氣，雖有「無形」與「有形」的差別，但兩者是同質的。

36　由於將太虛與氣等同，所以虛與氣間不會有體用的難題。但是由於楊立華並沒有跳脫唯物論氣學的影響，而視氣為物質、形下之氣的解釋模式，因此，太虛與氣的等同關係，勢必要拉下太虛的形上本體地位，使虛氣關係能更為靠攏。但是他仍然肯定張載思想中有一形上本體，但太虛只能是氣，因此，他反對牟宗三「太虛神體」說，而另外提出「太極神體」作為最高的形上本源。（頁58註2、頁101）楊立華的太虛即氣詮釋模式其實在張載學研究史上亦非孤發，清代李光地《注解正蒙》由於受朱熹視氣為形

上批評牟宗三將「合虛與氣，有性之名」斥為「滯辭」，錯失
張載人性論的意旨。因此，標舉「性與感」以論張載人性論，
並將「合虛與氣，有性之名」的「合」解釋為「參合」，性
之「合」趨向於形體中形成一種朝外的傾向，與他者建立起血
脈的感通。張載人性論的內涵是「通」，而「通」與「感」、
「神」又有內涵上的交織。對於氣學的本體論與理學的道德強
調之間的難題，他認為張載是透過「感」來溝通的，從而標舉
「感」、「通」在張載思想的重要性。[37]李曉春《張載哲學與中
國古代思維方式研究》認為在當代中國哲學研究中，張載最大
的爭議是「太虛即氣」，此命題的爭議不能解決，原因在於近
現代研究者受西方哲學影響，而遺失中國古代思想的精義。因
此，李曉春主張應先建構中國自己的思維方式。從而提出中國
古代有法象思維、體用論與理一分殊三種思維方式與本體論，
從而在此中國古代思維方式的宏觀視野上去定位張載哲學。方
光華、曹振明《張載思想研究》特別注意張載「學政不二」的
性格，提出唯有掌握「學政不二」才能建構出完整的張載學體

---

而下的影響，最後也一樣把太極視為與太虛不同的最高層次的形上道體。
37 楊儒賓認為：「張載《正蒙・乾稱篇》言：『感者，性之神。性者，感之
　體。惟屈伸動靜終始之能一也。』他這個定義很重要，『感者，性之神』
　是貫穿天人、貫穿道體心體共用的法語，也是『識痛癢』的理論依據。」
　楊儒賓，〈理學的仁說：一種新生命哲學的誕生〉，《臺灣東亞文明研究
　學刊》6卷1期（總第11期）（2009年6月），頁49。張載的「感」正是一
　個走出主體的籠罩，變成世界實相的一個重要狀詞。相較於丁為祥談張載
　人性論時之重視「性」與「誠」的關係，楊立華重視的是「性」與「感」
　的連結，這使他對張載的詮釋較為接近海德格的生活世界與存有開顯的思
　路。

系等。38

　　從以上中國大陸學界對張載研究的成果來說，約略可以看出晚近大陸張載的研究走向是：希望擺脫唯物論氣學與唯物／唯心兩軍作戰模式，認為這是長久以來受制於西方哲學的詮釋框架，而標舉回歸中國的傳統脈絡，企圖建構出中國哲學自己的思維方式。並且隨著兩岸學術交流日益頻繁，他們的重要對話對象是牟宗三及當代新儒家的心性論詮釋模式，要求跨出心性論堡壘的大陸張載學，主要表現為「天人合一」與「學政不二」兩種路線。順著「天人合一」縱貫路線發展下的張載學，相較於當代新儒家的「天道性命相貫通」之學，他們傾向於追求更客觀外在、更超越的形上學與本體論的建構，認為如此才能保障張載的高度，其超越論的傾向相當明顯；而順著「學政不二」路線發展而出的張載學，則認為宋代理學的原型與精神和政術的關係必須被視為更加密切，因此，在天道性命之外，也應關注教育思想、政治理論、禮學實踐等面向，研究張載不能只談「體用不二」，也要談「學政不二」。39如此，才能建構

---

38　方光華、曹振明：「張載在尊崇儒家傳統《六經》的同時，對《論語》、《孟子》、《大學》、《中庸》等『四書』也十分重視，並將二者作為思想創造的重要依據，最終建立起以《易》為宗，以《孔孟》為法，以《中庸》為體，以《禮》為用的『學政不二』體系。」方光華、曹振明，《張載思想研究》，頁53。此外，李蕉，《張載政治思想述論》（北京：中華書局，2011）以政治思想作為張載的研究主題。周斌，《張載天人關係新說：論做為宗教哲學的理學》（北京：中華書局，2015）、蒲創國，《天人合一正義》（北京：中華書局，2015），則是以「天人合一」為張載定調所引起的迴響。

39　陳俊民在〈「道學、政術」之間——論宋代道學之原型及其真精神〉指出，儘管「在後現代史學的挑戰下，西方研究『宋明理學』的思想史家

張載的完整體系，彰顯張載哲學的宏大氣象與寬廣格局。

## 三、港台的張載學

1949年後港台的張載學，則以當代新儒家牟宗三、唐君毅兩先生的詮釋最具影響力。牟宗三對張載的討論主要見於《心體與性體》第一冊。[40]唐君毅的論述則集中在《中國哲學原論：原教篇》、《中國哲學原論：原性篇》和《哲學論集》的〈張橫渠之心性論及其形上學之根據〉、〈張橫渠學術述要〉等。[41]相對於大陸1980年前以唯物論氣學為主流定位張載本質的解釋模式，唐、牟的詮釋則和前者顯得針鋒相對。不論是牟宗三以「天道性命相貫通」作為張載的中心課題[42]，或唐君毅以「人道

---

率先以創新的研究成果做出了積極的學術回應。……給我最深刻的認同還是，祇有整體重構宋代道學之原型，才能對它的意蘊做出合情合理的現代詮釋，才可以進行『創造性的轉換』。」因此，他重視張載〈答范巽之書〉後半部的「學政不二」書，指出張載在宋代道學諸子間以「勇於造道」著稱，其創新有二：「他不僅在哲學上明確提出了『體用不二』的方法論原則，而且從政治上論證了『學政不二』的『帝王之道』（內聖外王之學）。」陳俊民，〈「道學、政術」之間——論宋代道學之原型及其真精神〉，《哲學與文化》29卷5期（2002年5月），頁409-425。雖然「學政不二」即是「內聖外王」的又一說，但「學政不二」的提法與當代新儒家「內聖外王」說的焦點，如何由「內聖」開出「民主」、「科學」、一心開二門形態的心性論模式出發的思考並不相同。

40 牟宗三，《心體與性體》第一冊（台北：正中書局，1986）。

41 唐君毅，《中國哲學原論：原教篇》（台北：臺灣學生書局，1984）。《中國哲學原論：原性篇》（台北：臺灣學生書局，1989）。《哲學論集》（台北：臺灣學生書局，1990）。

42 牟宗三：「其中心課題即在本天道性命相貫通以言『知虛空（太虛）即

合天道之道」標示橫渠學的性格[43]，他們的哲學立場一致以反對
唯物論、唯氣論為主調而展開，都將張載定調為儒家傳統意義
下的道德心性論與道德形上學，致力於將張載從唯物主義氣論
哲學家的陣營中再度拉回理學傳統。在此思想共相之下，唐、
牟對張載的詮釋卻出現十分不同的內容，這些歧異主要集中在
對張載天道論的「太虛」與「氣」之關係，尤其是「氣」的看
法上。以下將討論重點刻意置於唐、牟張載學的殊相之上，不
意味他們沒有共同的思想主軸。但由於此一歧異性意義重大，
也關係到整個港台張載學後來的發展。因此，筆者確實認為此
一對唐、牟殊相的關注更有啟發性。

　　牟宗三作為當代新儒家泰斗，他的中國哲學詮釋自是經
典，影響至巨。不例外的，他對張載的解讀同樣是重量級的詮
釋，諸家研究者幾乎很難不與之睹面相遇。牟宗三詮釋張載，
以道體、性體、心體三體通貫為一，「天道性命相貫通」的
「道德的形上學」為架構，總說張載的各項要旨，捍衛「理學
家張載」形象。由於「氣」概念在過去使張載的道論被視為
唯物論氣學的歷史，牟宗三論張載道體重在創生義，而非氣化
義，從而論斷張載非唯氣論。他堅持本體的根源義與超越性，
認為超越性崩潰的哲學將會陷入毫無道德理想的自然主義唯氣

---

　　氣，則有無、隱顯、神化、性命、通一無二』。」《心體與性體》第一
　　冊，頁431。
43　唐君毅：「其雖言天道，實亦以能合天道之人道、聖道，為其背景，……
　　則不致以其言天道，只是為成立一單純之宇宙論，亦不致由其言天道之重
　　日月四時之事，遂以之為一自然主義唯物論之哲學矣。」《中國哲學原
　　論：原教篇》，頁79。

論。在此架構下，牟宗三判定張載「太虛即氣」說所欲陳述者，乃是一超越的形上「太虛神體」與形而下的「氣」，體用圓融相即（「即」非等同義，而是不即不離）的「道德的形上學」。透過將「太虛」上提為氣化活動的本體，進而判定張載仍是符合宋明儒學大宗旨，屬於「即存有即活動」說的「本體宇宙論的實體之道德地創生的直貫之系統」（縱貫系統）。[44]因此，他認為將「氣」視為宇宙創造之實體是錯誤的。他的詮釋系統上提「太虛神體」作為一創生義形上實體，沒有賦予「氣」正面意義，這表現當代新儒家自覺不同於唯物論的一致性立場。由於他對「氣」並沒有太大好感，僅視之為形下材質義；可是張載以氣說道的語言卻又隨處可見。由此要說明張載非一唯物論、唯氣論者，張載文本中為數眾多的氣論文字仍帶來解釋的麻煩。牟宗三因此常評論張載多「滯辭」，「著於氣之氣味太重」，以至於常被誤解為唯氣論者。[45]須在張載言論外，再加上一點東西來「提得住」。因此，儘管大方向上肯定「理學家張載」所言，絕對是「儒家天道性命之至論」，但「滯辭」說卻也頻繁出現在他的評論中。[46]「滯辭」說的出現，

---

44　《心體與性體》第一冊，頁59。
45　同前註，頁437、438、470。
46　牟宗三：「橫渠之措辭亦常不能無令人生誤解之滯辭。」《心體與性體》第一冊，頁470。「此語太糊塗，未透徹也。若說在『氣之偏』未化以前，性體之表現可善可惡，或『善惡混』，則可。（橫渠恐即是此意，惟措辭未能善達。）」（同上，頁515）等等。蔡仁厚《宋明理學‧北宋篇》論及張載亦繼承師說：「其造語固有精澈之美辭，亦有不善巧之滯辭、蕪辭，故不免有伊川『意偏言窒』之處。」蔡仁厚，《宋明理學‧北宋篇》（台北：臺灣學生書局，1985），頁105。

透露出來的訊息是值得注意的。牟宗三對張載的精闢分析與創
新建構，刷新學界對張載的理解；但部分學者也開始質疑他的
張載學雖然極其高明，卻未必是一個夠充分能符合張載文本一
致性的有效詮釋。[47]學者或認為「滯辭」說背後隱藏的問題，可
能是來自於現象與物自身二分的康德道德形上學理路，和中國
哲學「格義」過程產生的扞格。[48]並且也對牟宗三的張載詮釋進
行方法論的反省。[49]

　　和牟宗三張載學受重視程度相較，唐君毅的張載學相形之
下則顯得較為門前冷落。[50]唐君毅認為張載的難解，原因來自於

---

47 如楊立華：「牟宗三《心體與性體》中每以所謂『滯辭』立言，這種作法
　　不是要依某一思想原本的脈絡加以詮釋和開展，倒似要教導古人應該如何
　　道 。」楊立華，《氣本與神化：張載哲學述論》，頁56。此外，陳政揚亦
　　試圖重解「太虛即氣」之「即」，以求「更加能夠符合張載自身行文的一
　　致性」，如此則無須「將張載本人所言視為『滯辭』。」陳政揚，《張載
　　思想的哲學詮釋》（台北：文史哲出版社，2007），頁42。

48 陳榮灼：「牟氏抱怨橫渠常有『不諦之滯辭』，『措辭多有彆扭不通暢
　　處』，但其實此並非橫渠原有之過；而這只是牟氏以康德式立場理解橫渠
　　所產生的不良結果而已。」陳榮灼，〈氣與力：「唯氣論」新詮〉，收入
　　楊儒賓、祝平次主編，《儒家的氣論與工夫論》，頁67。

49 杜保瑞認為牟先生思路的強制性，雖然圓滿了形上學的形象，但是卻滑落
　　了張載變化氣質、下學上達的工夫論意涵，而使張載文義遭受誤解，因此
　　從方法論的角度檢討牟先生對張載的詮釋。杜保瑞，〈牟宗三以道體收攝
　　性體心體的張載詮釋之方法論反省〉，《哲學與文化》37卷10期（2010年
　　10月），頁103-120。

50 大陸近年有兩本由林樂昌指導的相關碩士論文，周兵，《唐君毅對張載思
　　想的現代詮釋》（西安：陝西師範大學中國哲學碩士論文，2009）；林杜
　　杰，《論港台新儒家對張載《正蒙》的詮釋：以方東美、唐君毅為例》
　　（西安：陝西師範大學中國哲學碩士論文，2013）。他們的研究動機都提
　　到此一唐君毅張載學相關研究沒有受到充分重視與開展的情形，如周兵說

他特殊的表達體用關係之方法，此即「合兩義相對者，以見一
義」的兩端精神。他十分重視「兩端」概念的重要性，認為任
何虛氣二元論、唯氣論、虛本論，都非詮釋張載的相應理論。
整體而言，唐君毅的詮釋表現出一尊重張載作為具有完整系統
性的哲學家，不任意割裂顛倒以論其學的高度自覺，此態度使
他的詮釋相當程度上較能忠於張載哲學的原有特色。[51]唐君毅
同樣也在強調不能將張載視為唯物論、唯氣論的基調下立論，
但與牟宗三相較，卻能正視「氣」在張載哲學中的正面意義。
他並沒有像牟宗三一樣以「超越的分析」進路，一刀割分出形
上太虛本體／形下之氣，反而提出「虛氣不二」論。其重要主
張是：不應只將張載的「氣」視為形下之氣，而應高看、上看
此氣；視之為「流行的存在」、「存在的流行」[52]，此一見解
已逐漸獲得學者的認同。[53]唐君毅的張載學除了較常被注意的

---

其研究動機為：「目前國內外學術界，以《唐君毅對張載思想的現代詮
釋》為題的專題研究尚屬空白。國內學者對唐君毅張載思想進行系統研究
的也不多見。」（頁1）林杜杰也說：「在港台新儒家中，以方東美、唐君
毅、牟宗三對張載的論述最為豐富系統。其中關於牟宗三的張載學，學界
十分重視，也有許多成果。對方、唐則不同，他們的張載學值得研究，但
在學界並未引起注意。」（頁1）至於台灣方面對於唐君毅張載學的研究也
不多見，如翁文立，《橫渠思想的當代詮釋：以唐君毅為中心》（嘉義：
南華大學哲學系碩士論文，2009）。

51 陳榮灼認為相較於牟宗三，唐君毅的解釋模式較能避免解釋上的種種困
難，而且相當程度上忠於張載哲學的原有特色，因而對唐說採取高度肯
定。陳榮灼，〈氣與力：「唯氣論」新詮〉，《儒家的氣論與工夫論》，
頁53-68。

52 唐君毅，《中國哲學原論：原教篇》，頁87-90，91及479-485。

53 不少學者認同唐君毅的判斷很精確，如楊儒賓：「唐君毅先生討論宋明儒
的形上學時，已一再指出其中的『氣』當高看、上看，不可視作物質的，

以「流行的存在」、「存在的流行」說「氣」的「虛氣不二」
論之外，還有一個相當重要的觀察：他指出張載的革命性貢獻
在於做到「即虛以體萬物」來言性。正因為氣之清通，所以任
一物皆可與一切物相感，攝入其自己而遇、會、體合之，此為
與萬物一體的天地之性。在唐君毅看來「此似有華嚴宗所謂一
能攝一切之性」的意味。因此，與周敦頤只採一「由上而下」
的進路（top-down approach）相較，張載首先將人平放於萬物
之間，能夠進一步引入「萬殊間，亦彼此能依其氣之清通而互
體，以使萬物相保合，為一太和。」之「橫攝的向度」。這裡
面可以有一個「十字打開的格局」：就「立體」言，基於「天
地之性」的統合力量可以將萬物貫通起來。就「平面」言，每
一物藉其特殊的「氣質之性」與他物相互交往而貞定其本身之
個體性。因此，陳榮灼肯定唐君毅對張載「即虛以體萬物」以
言性的詮釋，他高度評價唐君毅「此一『辯道論』式分解可謂
功比萊布尼茲之『辯神論』，並且可進一步勾畫出張橫渠之
『氣論』中所涵的『工夫論』之基本方向。」[54]唐君毅對張載蘊

---

而是具有形上的意涵。筆者認為唐先生的判斷非常精確。他的斷語用於宋
明儒固可，用於先秦的『浩然之氣』、『精氣』之說，一樣也可以成立。
這種氣可上下其講的情況早就存在。」楊儒賓，《異議的意義：近世東亞
的反理學思潮》，頁94。又如蔡家和：「縱使張子的一氣流行之義理，還
是有其理想性、超越性，只要把氣高看便可，氣若能高看，則自然因果，
便是自然天道形上的自由之展現（不需於氣外找超越之體）。」蔡家和，
〈張載「太虛即氣」義理之再探──以《正蒙》為例〉，《當代儒學研
究》第4期（2008年7月），頁19。

54 陳榮灼，〈氣與力：「唯氣論」新詮〉，《儒家的氣論與工夫論》，頁
61。

含「十字打開的格局」的洞見，除了關係到氣學「工夫論」的可能方向外，對於儒家倫理學的格局與走向也提供了相當重要的思考。此外，學者對唐君毅張載學的反思與檢討，同樣也是集中在「氣」的用法上。這是因為唐君毅視「氣」為唯一形上之真實存在，給張載的「氣」概念很高的位階，但同時卻反對視張載為唯氣論者的獨特立場所致。此間如何取得理論的一致性，也遭受到一些來自不同立場的質疑。[55]

朱建民《張載思想研究》是較早期的張載專著。[56]他從天道觀和心性論探討張載，在天道論上，以「太虛即氣」體用不二圓融義為中心觀念，釐清後人對太虛與氣的關係之誤解，指出太虛是一個動態的「即活動即存有」的實理，而氣則是「一名而兼有三義，即存在義、流行義、與作用義」[57]；並闡明張載心性論的中心觀念是「心能是性」，由此肯定心性是一。指出

---

55 此一質疑包括同情氣論的學者，如陳榮灼指出：「然而與牟宗三一致，唐氏亦反對以『唯氣論』來解釋橫渠之學。相當清楚，唐氏亦將『唯氣論』理解為『唯物論』之同義詞。顯然，於此一場合中，『氣』一詞只被唐氏了解為『形物』或『物質』義。由此可見其在『氣』一詞之使用上實存有歧義。」同前註，頁53。也包括部分新儒家後學站在牟先生思路下所做出的批評，如鄧秀梅：「即使唐先生判定張載哲學不是唯氣論，但他的詮釋理路實在也是以氣化為主，只不過他把傳統視氣化為形而下之存在給高看了。」鄧秀梅，〈唐、牟二氏對張載哲學的詮釋比較〉，《鵝湖月刊》第35卷第3期（總號411）（2009年9月），頁29-30。

56 朱建民，《張載思想研究》（台北：文津出版社，1989）。文後並收錄附錄〈太虛與氣之關係之衡定〉、〈張載的外王思想〉、〈先秦儒家的外王之道〉等三篇論文。其中〈太虛與氣之關係之衡定〉為朱建民早年的學位論文，正文則是在此基礎上改寫而成。

57 同前註，頁22。

　　張載客觀的說「太虛」與「性」，與主觀的說道德本心，二者實是同一實理的兩面。值得關注的是朱建民對「氣」的看法前後期的變化，他早期接受牟宗三之說，視「氣」為形下之氣[58]；後期則不再使用牟宗三的「氣」詮釋，而提出「氣一名而兼有三義，即存在義、流行義、與作用義。」這其中接受唐君毅「氣」觀點的痕跡十分明顯。[59]作為牟、唐弟子，他延續牟宗三道體、性體、心體三體通貫為一的詮釋主軸，而在氣論上吸收唐君毅「流行的存在」、「存在的流行」的氣思想。

　　黃秀璣的《張載》從比較哲學視角探討張載，重視會通中西哲學。他反對以「唯物主義」的觀點談張載，認為張載的實體「太虛」或「氣」並非機械性存在或抽象概念，其宇宙充滿倫理道德的價值。因此，對於張載的宇宙論偏重氣概念引發的爭議，黃秀璣主張與其稱之為「唯氣論」，他寧願接受牟宗三對張載的看法，認為此是張載「著於氣之氣味太重」所造成的結果，並非表示張載停留在氣化論層次，忽略了形上學。他也反對將張載定位為「唯心論」，因為張載並不認為心靈是自然界最基本的實體。從對「唯物（氣）論」與「唯心論」的檢討，也一併批評其他以二元論或史賓諾沙式的一元論詮釋張載

---

58　朱建民：「太虛就體而言，乃形而上者；氣就用而言，乃形而下者。然此體用不可分離，故張載曰：『太虛不能無氣』。」同前註，頁157。

59　朱建民：「如果我們同意唐君毅先生的說明，則不必與精神或物質去了解氣，亦不必把氣當做某種粒子，而只由存在與流行這兩層意思了解氣。氣本身為一真實存在，而且是第一義的存在概念；由此而了解天地萬物之存在，則天地萬物只是第二義的存在概念。……總之，在本書的討論中，我們以為，氣一名而兼有三義，即存在義、流行義、與作用義。」同前註，頁22。

的主張。60

　　胡元玲《張載易學與道學：以《橫渠易說》與《正蒙》為主之探討》61，透過《易經》、《橫渠易說》與《正蒙》互文對照，說明《正蒙》的核心概念如天道論中的「太虛」與「氣」，境界論中的「精義入神」、「窮神知化」等，多來自於《橫渠易說》，由此主張張載道學出於易學。對於張載的道學，其看法是「掌握住『太虛即氣』，即能理解張載道學之大要。」胡元玲認同牟宗三的形上、形下「體用圓融相即」之說。對於「太虛即氣」的爭議，主張以往討論的焦點是「即」字解釋不同，由此而分成：即是、就是派（唯氣論、唯物論）與相即不離派（牟宗三）。她的看法是不應只討論「即」，重點也在「太虛」的性質上，從而指出：「太虛是本體，氣之聚散變化形成宇宙間各現象，太虛與氣是相即的關係，亦體用相即之意。」62對於張載哲學中道體性質的判斷，在唯氣論、唯物論與牟宗三的分判模式下，同樣也採取了牟宗三的解釋模式。

　　陳政揚《張載思想的哲學詮釋》則是台灣學界在張載「氣」概念的詮釋上，接受唐君毅詮釋模式的研究成果。63陳政

---

60　黃秀璣，《張載》（台北：東大圖書股份有限公司，1987），頁27-71。

61　胡元玲，《張載易學與道學：以《橫渠易說》與《正蒙》為主之探討》（台北：臺灣學生書局，2004）。

62　同前註，頁139-141。

63　李曉春：「台灣學者陳政揚服膺唐君毅的思想，認為張載思想中的『太虛與氣』乃是『一而有分』之關係。……如他說氣是『存在之流行』，這基本上延續了唐君毅的思想。」因而在張載的「太虛與氣」關係研究之三系中，將陳政揚劃入以唐君毅為首的「即是」系。李曉春，《張載哲學與中國古代思維方式研究》，頁261。

揚認為「氣論」被認為是張載哲學的核心，也最難解，因此，針對當代有關張載氣論研究的一些爭議性課題，予以澄清與重釋。論述「太虛」與「氣」關係時，他認為「太虛即氣」說的提出在於強調「天人整全」的一體觀，以駁斥異學的天人二本說。檢證唯物說、牟宗三體用圓融說、唐君毅虛氣不二說等當代著名論點，並且對唯物說與體用圓融說的缺失作提出評論。陳政揚認為以唯物論說「太虛即氣」，並無法呈現張載言氣的創生義、整體義、價值義。而體用圓融說，儘管能清楚梳理出張載思想中「天道性命相貫通」的儒家性格，但此一詮釋卻需大幅拆解張載關鍵概念。唐君毅「虛氣不二」說指出「氣」非靜止、孤絕之實體，而是一真實的存在之流行；又肯定當從氣上說虛，主張虛氣不可分說。因此，從理論概念的經濟性，或天人一體說的鞏固而言，陳政揚認同唐君毅的主張較能合乎張載理論預設的目標。但由於唐君毅「虛氣不二」說較少釐析虛氣相異之處，他主張應在唐說基礎上，進一步釐析太虛與氣是「一而有分」的關係。此外，陳政揚認為張載作為一重要思想家，其思想應具有整體性與內在一致性。張載應是在氣論基礎上，統攝其人性論、教育觀、生死觀與禮學等其他部分的思想，並依此承繼與開展出儒家「天道性命通貫為一」的義理架構。但是當代的張載研究並非如此，儘管多數學者同意「氣論」是張載最突出的部分，也同意「禮學」在張載的重要性，但是二者的關聯，卻缺乏專題性的說明，使得張載的「禮學」與「氣論」兩個最重要的成分斷裂為二，而形成研究上滑轉與割裂為「禮學的張載」與「氣學的張載」。延續唐君毅高看、上看氣的思路，在儒家「天道性命相貫通」的義理架構中，重

新詮釋張載的氣論；和以往以天道論、心性論為張載研究主要
內容的作法相較，要求張載的研究光譜應該由天道性命之學為
核心輻射到禮學等其他面向，以見張載思想體系的一致性、完
整性。《張載思想的哲學詮釋》之後，陳政揚陸續發表〈張載
「大心」說析論〉、〈「盡心何以知性知天？」──論張載氣
學對《孟子》思想的詮釋與開展〉、〈張載與王廷相理氣心性
論比較〉、〈從相偶論反思張載天地之性說的倫理向度〉等[64]，
延續氣論為核心的相關討論之外，也關注張載對孟子的繼承與
開展。在心性論上，探討張載與另一氣論類型的代表王廷相氣
學的異同；也注意到「相偶論」的研究視角[65]，以檢視張載人性
論在程朱學者與反朱學者（如王廷相與戴震）陣營中所引發的
爭議。《明清《正蒙》思想詮釋研究：以理氣心性論為中心》[66]
則是陳政揚將張載研究視角，下移到王船山、李光地、王植等
明清《正蒙》注解者的《正蒙》詮釋史研究。他認為張載氣論
被視為是影響明清哲學的一個重要源頭，如忽略明清《正蒙》
注解對張載氣論的詮釋，意味著研究者採取了一種割裂的研究

---

64　陳政揚，〈張載「大心」說析論〉，《東吳哲學學報》第17期（2008年2
　　月）。〈「盡心何以知性知天？」──論張載氣學對《孟子》思想的詮釋
　　與開展〉，《經學研究期刊》第12期（2012年5月）。〈張載與王廷相理氣
　　心性論比較〉，《清華中文學報》第12期（2014年12月）。〈從相偶論反
　　思張載天地之性說的倫理向度〉，《哲學與文化》第41卷第8期（2014年8
　　月）。

65　相偶論之說，依作者所述，援用自楊儒賓說。楊儒賓說見《異議的意義：
　　近世東亞的反理學思潮》，頁37-84。

66　陳政揚，《明清《正蒙》思想詮釋研究：以理氣心性論為中心》（台北：
　　臺灣學生書局，2017）。

方式，將不足以理解明清氣學的動態發展。以明清《正蒙》的
注解觀點，作為當代張載研究的參照，對聚訟不已的虛氣關係
等議題，提供一個不同的觀看視角。

　　在上述的思想史家與專書作者之外，綜觀港台張載學的關
注焦點，可以說大方向上，研究者的張載詮釋普遍以反對唯物
論、唯氣論（並將二者等同）的立場作為出發點，而在唐、牟
兩種詮釋模式之間作取捨，這幾乎構成了1949年後港台張載學
的基調。[67]雖然如此，晚近學者逐漸對唐、牟當代新儒家與唯

---

67　如：陳振崑〈從整體性的觀點與「一體兩用」的思惟理路，重建張橫渠的
　　天人合一論〉，批判「唯物、唯心二元對立的氣本論」（陳俊民）與「以
　　心性主體性為判準的天道觀」（反對宇宙論與形上學的勞思光），此兩種
　　張載詮釋。他主張應以「一物兩體」、「一體兩用」的辯證思維貫串張載
　　「虛氣相即」、「神化一體」的本體宇宙論思想體系，認為張載思想是一
　　個心物一體、天人合一、心性氣合一，涵括天道觀、人性論、修養理論的
　　整體理論。約略可看出他基本上延續牟宗三以道體義、性體義、心體義為
　　主軸的作法，但更強調應以辯證思維作為張載研究方法，以見其理論的整
　　體性。又如王林偉〈論張橫渠之「太虛即氣」說──對諸哲學史家之詮釋
　　的考察〉，取馮友蘭、侯外廬、牟宗三、唐君毅四位哲學史家，分成兩
　　類做評論，致力於瓦解馮、侯之說，而肯認唐、牟的詮釋。鄧秀梅〈唐、
　　牟二氏對張載哲學的詮釋比較〉，採取牟宗三哲學體系為發言基礎，在重
　　視張載神化義、貶抑氣化義的立場，檢討唐君毅張載學觀點。蔡家和〈張
　　載「太虛即氣」義理之再探──以《正蒙》為例〉，也反對唯物論的解
　　釋，他認為由於張載的「氣」有存在義、能動義、自動義與歷程性，而唯
　　氣論沒有張載氣論中的價值取向與創生性，因此，張載思想並沒有唯氣論
　　的嫌疑。而對於唐、牟的張載詮釋，他在牟宗三「太虛即氣」詮釋中做了
　　檢擇，贊同其虛氣圓融合一說，而反對虛氣超越區分說，認為牟宗三對氣
　　的看法乃是受程朱理氣論的影響，因而把氣看壞。對於如何處理張載思想
　　中大量氣論文字？使天道下貫聖人之道的莊嚴性、理想性、超越性不被減
　　殺？他認為只要如唐君毅高看此氣即可。因此，在當代新儒家張載學兩種

物論氣學之間所形成的兩軍對戰式的詮釋模式，是否完全適用
於詮釋張載開始進行另一種方向的思考，其想法是：張載哲學
是只能在兩者間二擇一的選擇題？抑或有第三種選項？這主要
表現出以一種反對將唯氣論與唯物論二者畫上等號，主張應重
新詮釋「唯氣論」的氣學立場之研究。陳榮灼〈氣與力：「唯
氣論」新詮〉[68]，即是此一研究視角的表述。不同於唐、牟以
反對唯物論、唯氣論為主調，將張載定調為儒家傳統意義下理
學正宗的道德形上學之立場，陳榮灼則試圖從氣學的角度，勾
勒出另一種理解張載（包括王船山）的「元氣論」氣學模式。
一方面對唐、牟的張載詮釋做出批判性檢視，他指出牟宗三不
斷批評原作者說法有缺陷的「滯辭」說背後隱藏的問題，可能
是來自康德道德形上學和中國傳統哲學之間，在「格義」過程
中所產生的扞格。而唐君毅的解釋模式則能夠避免牟說的困
難，因此他對唐說高度肯定。但認為唐君毅的缺失在他重視張
載氣學卻反對「唯氣論」，顯示其在「氣」一詞的使用上有歧
義；而且偏重「氣」的「精神」義，未能照顧屬於「自然」之

詮釋模式中，蔡家和認同唐君毅的氣學論述。陳振崑，〈從整體性的觀點
與「一體兩用」的思惟理路，重建張橫渠的天人合一論〉，《華梵人文學
報》6期（2006年1月），頁149-184。王林偉，〈論張橫渠之「太虛即氣」
說──對諸哲學史家之詮釋的考察〉，《當代儒學研究》第11期（2011年
12月），頁189-213。鄧秀梅，〈唐、牟二氏對張載哲學的詮釋比較〉，
《鵝湖月刊》第35卷第3期（總號411）（2009年9月）。蔡家和，〈張載
「太虛即氣」義理之再探──以《正蒙》為例〉，《當代儒學研究》4期
（2008年7月），頁1-22。
68 陳榮灼，〈氣與力：「唯氣論」新詮〉，《儒家的氣論與工夫論》，頁47-
77。

根本面。在檢討唐、牟詮釋後，陳榮灼支持他們反唯物論立場，但反對將唯物論與唯氣論畫上等號；並修正唐、牟對張、王「元氣論」的解釋。此外，他更大的意圖是：透過張載、王船山的「元氣論」與萊布尼茲「自然哲學」比較，指出張、王「氣」概念的提出，在傳統中國哲學中產生一「反實體主義的轉向」。有助於勾畫一條重建中國自然哲學之道，並彰顯傳統儒學的「智慧實踐」；由「氣論」談到自然哲學，以開出近代物理學。69

　　楊儒賓以氣論與身體觀，為當代儒學研究打開一扇重要的視窗，其《異議的意義：近世東亞的反理學思潮》中的〈檢證氣學——理學史脈絡下的觀點〉、〈兩種氣學、兩種儒學〉70，可視為是21世紀後台灣學界對張載氣學定調的重要表述。對於唐、牟與唯物論氣學之間的論戰，即使是最同情張載氣學的唐君毅，亦不免急於劃清張載與唯氣論的界線，導致陳榮灼批評唐君毅「氣」的用法不一致。在唐君毅那裡被批評為不一致的「氣」，楊儒賓將之顯題化，提出「先天型氣學」與「後天型氣學」兩種不同形態的氣學，以梳理氣論之糾結，認為兩者應做區隔，分則兩利。楊儒賓主張「先天型氣學」乃是理學內部的修正系統，具有超越向度，又可分為心學的氣論（劉宗周）、理學的氣論（羅欽順）、泛存在的氣學（張載）三型；

---

69　在筆者看來，陳榮灼此文頗具洞見，但由於議題頗大，因此，是否能將張載、王船山的「氣」與萊布尼茲的「力」做一結構性的比附，藉由萊布尼茲的「自然哲學」作為媒介，可以接引中國自然哲學開出近代物理學，則有待更進一步的研究。

70　楊儒賓，《異議的意義：近世東亞的反理學思潮》，頁85-126，127-172。

「後天型氣學」則逸出理學的範圍，是自然主義、唯氣論的氣學，此中以王廷相為大家，系譜包括吳廷翰、高拱、陳確、顏元、戴震等人。經由「兩種氣學」的提法，再回頭檢視唐君毅何以堅持張載在理學中自成氣學一派卻非唯氣論，就不再糾葛難解，由此可以確立張載的理學合法性，而不須切割他大量的說氣文字。「先天型氣學」說的提出，除了批判中國大陸以唯物論定位張載形態的氣學解讀之外，同時也挑戰了牟宗三切割氣論的心性論詮釋模式，在台灣學界引發不小的爭議與迴響，涉及的議題包括「先天型氣學」成立與否、「張王氣學」是否是「理學第三系」等等。[71]楊儒賓「先天型氣學」三型說的提出最早不僅針對張載學而發，但所引發的論辯最後確實聚焦於張載（包括王夫之）身上。此外，楊儒賓的〈變化氣質、養氣與觀聖賢氣象〉[72]是在儒家的身體觀[73]研究成果上展開的理學中的「氣」工夫論研究。在形—氣—神（心）三位一體的架構之下，探討氣化論的身體與工夫論的身心轉化，以張載「變化

---

71　此一以張載、王夫之氣學為核心的「先天型氣學」論辯，見林月惠，〈「異議」的再議——近世東亞的「理學」與「氣學」〉，《東吳哲學學報》34期（2016年8月），頁97-144。為了回應林文的批判，楊儒賓則以〈異議也可以是教義——回應〈「異議」的再議〉〉一文作為回應。楊儒賓，〈異議也可以是教義——回應〈「異議」的再議〉〉，《東吳哲學學報》36期（2017年8月），頁145-174。以及林月惠，〈理學的第三系？氣學的商榷〉，《中國哲學的當代論爭：以氣論與身體為中心》國際學術研討會論文集（台北：中央研究院中國文哲研究所，2017年9月12日）。

72　楊儒賓，〈變化氣質、養氣與觀聖賢氣象〉，《漢學研究》19卷1期（2001年6月），頁103-136。

73　楊儒賓，《儒家的身體觀》（台北：中央研究院中國文哲研究所籌備處，1996）。

氣質」、二程「養氣」、「觀聖賢氣象」為核心,進行有關
「氣」的工夫之討論。就張載而言,「變化氣質」是必須體現
到學者的體表,深入氣性,徹底轉化全身形氣神結構的任何不
自覺成分才能完成極艱鉅的工程。在此形一氣一神(心)一體
的身體觀結構下,楊儒賓針對張載為何以「禮」作為「變化氣
質」的重要方法展開討論,提出具體的人就是被「禮」所滲
透、構成的人,「變化氣質」必須與「禮」進行嚴肅的對勘,
這當中包含主體與身體、世界的互動,此身此世皆是絕對的真
實。筆者認為楊儒賓對於「氣」與「禮」在張載工夫論之意義
的思考,代表儒學研究視角的轉變,他所肯認的儒家倫理學與
工夫論方向,在牟宗三突出縱貫面的「天道性命相貫通」外,
此一思考更強調「天道性命相貫通」的光圈應照射在此身此
世,包含主體與此世的價值體系之互動,這是一種同時也將焦
點置於橫攝面的、共在互滲的身體與世界之中的思考。[74]

　　學者關注「氣學」或「氣學工夫論」等相關論題而展開的
張載研究,還有:林永勝〈惡之來源、個體化與下手工夫——
有關張載變化氣質說的幾個思考〉[75]、〈張載「太虛即氣」重

---

74　此一對橫攝面向度儒家哲學方向之思考,進一步表現在楊儒賓對於所謂
　　「反理學」學者的同情,他認為相對於理學強調「天道性命相貫通」的體
　　用論縱貫的思維模式,反理學學者選擇的是人倫之間才有的相偶論橫攝的
　　思維模式。此一橫攝不是認知型的橫攝,而是共在互滲的橫攝。不同於以
　　往的新儒家將他們定位為「不見道」或「異端」,楊儒賓認為反理學學者
　　的論述也代表一種儒學的類型,應該要正視其意義與價值。楊儒賓,《異
　　議的意義:近世東亞的反理學思潮・序》,頁iii-xi。
75　林永勝〈惡之來源、個體化與下手工夫——有關張載變化氣質說的幾個思
　　考〉,此文回應勞思光以心性論的價值哲學架構,將張載定位為由漢儒宇

釋──兼論兩種型態的非一非異之說〉[76]、〈氣質之性說的成
立及其意義──以漢語思維的展開為線索〉[77]等，林永勝以楊

────────────

宙論架構返回孔孟心性論架構的過渡者之說。作者則認為張載思想具有比
勞思光所說更豐富的意涵，提出張載的思考是一種健動的、歷程式的架
構，藉由不間斷的兼體、合兩工夫以回歸道體，由此而展開對張載變化氣
質工夫論的研究。他將張載著作中關於心性與禮樂的兩大類內容，透過
「虛心」與「得禮」變化氣質工夫論的角度，建立一個有機串聯；並從
冥契主義觀點說明變化氣質的結果，會有一種「全身都是心，全心都是
氣」、萬物一體的神祕經驗。由冥契語言的「不可言說」與「悖論」，去
理解張載的神祕經驗為何會被沒有類似經驗的思想家批評為「滯辭」，提
出一個解讀牟宗三、勞思光對張載「太虛即氣」說之批評的另類觀點。林
永勝，〈惡之來源、個體化與下手工夫──有關張載變化氣質說的幾個思
考〉，《漢學研究》28卷3期（2010年9月），頁1-34。

76 林永勝〈張載「太虛即氣」重釋──兼論兩種型態的非一非異之說〉，提
出張載道論有兩重結構，作為「實體」（「太和」或「氣化」）的道與作
為「本體」（「太虛」或「神」）的道。而主張其道論之所以會呈現這種
結構，前者來自於繼承中國古代道論／氣論的傳統，以「總合義」言道；
後者是受到佛教真如之說的刺激而產生，以「分解義」來言道。兩重道論
之間呈現出一種「非一非異」關係，此關係亦貫穿張載其他理論。林永
勝，〈張載「太虛即氣」重釋──兼論兩種型態的非一非異之說〉，收入
鄭吉雄、林永勝主編，《易詮釋中的儒道互動》（台北：臺大出版中心，
2012），頁244-269。

77 林永勝〈變化之性說的成立及其意義──以漢語思維的展開為線索〉，延
續「非一非異」兩重道論結構的觀察，以討論張載的性論。並從語言視角
解釋何以張載會形成如此的結構。佛教入中國後，梵語、漢語兩種語言與
思維的碰撞與視域融合，形成張載等理學家新的二重式思維形態，由此
解釋張載的性論何以能解決兩漢以來的人性論辯；也試圖以此為「太虛即
氣」的道論之糾葛難解提出解決之道。即必須超越兩種看法：只以古漢語
的概念為優先，認為理學家說法非儒學本義（如戴震等考據學家與伊藤仁
齋等古學派學者）；與以梵、漢融合的思維為優先，而認為漢儒之說是儒
學倒退（如牟宗三以「天道性命相貫通」作為儒學核心）。檢視儒學史上
的漢、宋之爭，與牟宗三的宋明理學詮釋形態，他認為從梵、漢語的碰撞

儒賓的儒家身體觀與氣學思想為底蘊，回應牟宗三的宋明理學
詮釋系統。其張載研究提出兩種「非一非異」說，以「兩重道
論」結構下的「非一非異」說與牟宗三「兩層存有論」形態的
「非一非異」進行對話；並從梵語、漢語兩種語言思維的碰撞
與視域融合的視角，試圖為「太虛即氣」的道論難題提出解決
之道。張永儁〈莊子泛神論的自然觀對張橫渠氣論哲學的影
響〉[78]，關注張載氣論與莊子之間的連結，由莊子泛神論的自
然觀與道教思想發展的歷史脈絡談張載的氣論哲學，論述張載
「太虛即氣」說對莊子思想的沿襲與改變。至於其他從張載
氣學與明清氣學的異同進行比較者，如：王昌偉〈求同與存
異——張載與王廷相氣論之比較〉[79]、郭寶文〈從《橫渠易說》

---

與融合而形成的兩重結構檢視張載理論，可以發現更多值得思考的地方。
林永勝，〈變化之性說的成立及其意義——以漢語思維的展開為線索〉，
《臺大中文學報》48期（2015年3月），頁1-38。

78　張永儁〈莊子泛神論的自然觀對張橫渠氣論哲學的影響〉，認為在中國哲
學中「氣」一詞具有無可比擬的承載意義，而氣論思想的重大突破，其實
是在道家。因此，主張「『太虛』是從根源義、形上義、實體義上來正名
立義；而其『氣』是從流行義、作用義、實現義上來正名立義。」「『太
虛氣化』即是『天道』，兩者一體二名，不可分說。」就其本體而言謂之
「太虛」，就其作用而言謂之「氣」，本體的創生歷程謂之「天道」，本
體的自我開顯謂之「氣化」。「太虛」與「氣」都是形上的最高實有，是
一體二分的關係，有體有用，即體即用，體立用行。他認為應從體用圓
融，虛氣相資去理解張載的「太虛即氣」思想。張永儁，〈莊子泛神論
的自然觀對張橫渠氣論哲學的影響〉，《哲學與文化》33卷8期（2006年8
月），頁83-99。

79　王昌偉〈求同與存異——張載與王廷相氣論之比較〉，此文反對把同樣有
「氣一元論」取向的張載與王廷相，劃入同一氣學陣營，提出二者的氣論
本質不同。張載的氣同時是形上道體與形下材質，承認萬物具體差異的同

到《正蒙》：張載論本體之一貫脈絡——兼論張載與戴震氣學進路之差異〉等。[80]

　　港台張載學是以唐、牟為主旋律——尤其是以牟宗三為核心而展開。牟宗三以道體、性體、心體三義詮釋張載，從朱建民而下基本上也形成一個以天道論、心性論為主的格局。很大程度上受到唯物論的影響，牟宗三把「氣」看壞，不願視張載為「氣學之祖」，卻又無法消化張載的大量氣論文字，造成道、氣之間體用圓融，卻實質割裂。唐君毅肯定氣的價值，承認張載自成氣學一派，但又堅持張載非唯氣論。後繼者雖然一致反對視張載為唯物論者，但在牟說或唐說之間各有不同取捨。延續唐君毅高看氣之說，晚近部分學者不再排斥視張載為「氣學」，楊儒賓以「兩種氣學」進一步釐析「氣」在理學與反理學者身上可能存在著不同涵義，氣學未必等同於唯物論，由此說明張載氣學在宋明理學中仍有其合法性。整體而言，港台張載學其研究主力是集中在天道性命之學的關懷上，在此格

---

時，不放棄追求更高層次的合一，是「求同」的哲學；王廷相否認至善道體，只重視實然之氣，必然形成萬物的差異不齊，則是「存異」的哲學。王昌偉，〈求同與存異——張載與王廷相氣論之比較〉，《漢學研究》23卷2期（2005年12月），頁133-159。

80 郭寶文〈從《橫渠易說》到《正蒙》：張載論本體之一貫脈絡——兼論張載與戴震氣學進路之差異〉，乃是透過比較《橫渠易說》與《正蒙》，提出張載是「以氣為本」的氣學家，論本體有其一貫脈絡，以一氣的運作分言形上形下，而以形上之氣為主。因為此一重視形上本體的思想傾向，使張載與戴震同為以氣為本體的氣學家，卻呈現「回歸」與「發展」兩種相異的思想傾向，正顯示兩種氣學不同的思想脈絡。郭寶文，〈從《橫渠易說》到《正蒙》：張載論本體之一貫脈絡——兼論張載與戴震氣學進路之差異〉，《淡江中文學報》23期（2010年12月），頁171-206。

局下，雖有照著講與接著講的不同，亦各顯精采。

## 四、海外的張載學研究

　　兩岸之外，張載也受到海外學者的關注。以日、韓學者而言，20世紀後半日本學者的張載研究多從張載與唯物論的關係談起，也關心張載的氣論。肯定張載具有唯物論性格者，如宇野哲人《支那哲學史：近世儒學》即認為張載言「虛即氣」，應被視為是有唯物論傾向的哲學家。[81]赤塚忠則持不同看法，他批評張岱年研究法的缺陷乃是抽離時代的因素，在唯物論的光環中，其研究是片面的，所以無法說服其反對者。[82]山根三芳同樣也質疑唯物論的詮釋模式，他以侯外廬《中國思想通史》為例，說明使用唯物史觀與唯物辯證法進行論述，有淪為公式主義之嫌疑。他認為如果從《正蒙》思想內容——深入進行考察，將會發現唯物一元論的立場，有難以解決的不清晰處存在。[83]山根氏認為詮釋「氣」概念，不能只以現在科學範疇理解為唯物論，應考慮中國的思維方法，並且根據《繫辭傳》的一些觀念來立論。從而指出對於張載通過生命的體驗而理解太虛為天，不是以自然現象為天。作為道德、自由原理之「天」，

81　〔日〕宇野哲人，《支那哲學史：近世儒學》（東京：寶文館，1954），頁74、77、93。

82　〔日〕赤塚忠，〈張岱年的「張橫渠的哲學」與「哲學研究」〉，《東京支那學報》第3號（1957），頁202-207。

83　〔日〕山根三芳，〈張橫渠思想研究序說〉，《廣島文學部紀要》第22卷1號（1963），頁129-142。

在張載思想中具有優位性，天的本質可視為人的本質。他認為在此唯物論的意味很稀薄，而可以見到所謂的泛神論思想。[84]除了氣論，山根氏對張載禮學也有關注。[85]大島晃提出張載的思考方法為：理解主體本質的過程中，通過客觀的「氣」之思考，以求個別到普遍、私到公的轉換，而說「虛」、「虛心」。[86]此外，大島晃在《氣的思想：中國自然觀與人觀的開展》書中主張雖然張載說「太虛即氣」，但是只有「虛」本身在張載思想才占有最本質的地位。「太虛」才是支撐「天性」的普遍性之物，從「太虛」與「神」的關係來說，氣的運動被理解為只是以「太虛」為根據的。[87]佐藤富美子對張載氣論也有所討論，指出張載研究者一向慣於將「氣」視為唯物論概念，「性」視為唯神論概念。並對此一簡單地切割方式提出質疑，從而主張應視張載的「氣」是超越物質、非物質的。其中無形之氣（創生世界）是超越一切對立的一元，有形之氣（現實世界）則是一元所展開的二元對立；由此指出張載氣論是徹底的氣一元論。[88]至於韓國學者的張載研究，趙吉惠、劉學智主

84　〔日〕山根三芳，〈張橫渠的天人合一思想〉，《日本中國學會報》19集（1967），頁144-158。

85　〔日〕山根三芳，〈張橫渠之禮思想研究〉，《廣島文學部紀要》24卷1號（1964）。山根三芳，〈張子禮說考〉，《日本中國學會報》22集（1970）。

86　〔日〕大島晃，〈關於張橫渠的「太虛即氣」論〉，《日本中國學會報》27集（1965）。

87　大島晃〈張載的氣的思想〉見小野澤精一、福永光司、山井湧編著，《氣之思想：中國自然觀與人觀的展開》（東京：東京大學出版會，1978），頁409-416。中譯本為李慶譯，上海人民出版社出版（1990），頁395-403。

88　〔日〕佐藤富美子，〈關於張橫渠的性之概念〉，早稻田大學《フィロソ

編的《張載關學與南冥學研究》，可視為中、韓張載學交流的
研究成果。[89]透過張載學與韓國南冥學之比較，為當代張載學
提供了一個不同的視角。韓國學者趙南浩則將目前韓國的張載
研究分為四類：一是理學者立場的研究，論者將程、朱與張載
對峙格局分為理學與氣學，並批判氣學的內容與限制。相關研
究如：李賢仙《張載與二程兄弟的哲學》、〈二程對張載修養
論的批判〉、〈張載哲學中神概念與心之問題〉等；二是本體
論立場上的研究，此研究主張程頤、朱熹是進行橫攝系統的研
究，張載則追求縱貫系統的本體，如：黃甲淵、田炳述譯牟宗
三的《心體與性體》；三是對張載修養工夫論的研究，如：張
閏洙〈張載哲學中大心之工夫論〉、安載晧〈張載心知學說淺
析〉、黃棕源《張載哲學》等；四是從唯物論立場的研究。此
為針對中國學界將張載歸類為唯物論者所進行的研究，主張氣
概念本身乃是關聯於物質與精神，亦即氣中最粗糙的是物質，
最純粹、最清的是精神，因此，此研究主張從唯物論來界定張
載哲學是有所限制的。如：安載晧〈張載性命學說之批判〉
等。[90]

---

フィア》71期（1984），頁157-174。

89  趙吉惠、劉學智主編，《張載關學與南冥學研究》（北京：社會科學文獻
    出版社，2004）。其中收錄多篇韓國學者論文，如：金忠烈〈張橫渠「心
    統性情」說直解──兼介曹南冥「心統性情圖」及其要義〉、高康玉〈曹
    南冥「心統性情圖」與《中庸》「率性之謂道」之比較研究〉、黃俊淵
    〈張載與韓儒徐敬德的氣論比較〉、韓相奎〈十六世紀朝鮮南冥學之形
    成〉、張閏洙〈張載哲學的心論〉、權相佑〈張載之「理一分殊」思想〉
    等等。

90  〔韓〕趙南浩，〈張載之氣學與修養工夫論〉，發表於「中國哲學的當代

　　至於西方對張載的研究成果，美國學者葛艾儒（Ira E. Kasoff，或譯為卡索夫）《張載的思想（1020-1077）》[91]是西方研究張載思想的第一本專著。葛艾儒認為張載作為11世紀中國最重要的三位哲學家之一（另兩位是二程），在中國歷史上卻一路被程朱學者所建構出來的學派系譜混淆與吸納，終至乏人問津；明清兩朝雖有學者重新對張載產生興趣，乃至近年來大陸學者視其為唯物主義思想家而喜歡上他，在他看來張載哲學並沒有被完全理解，在西方學界自然就更不為人知，因此本書是使用英語書寫，希望讓西方學界了解張載之作。葛艾儒主張「氣」是張載的根本範疇，並將他視為「氣本論」。他認為11世紀儒家學者關懷兩個主題，即如何在理論上回應並反駁佛教理論？與如何在理論上強化本身的天人「一貫」之道？在他看來，張載是以「氣」來回應。用「氣」駁斥佛道的存在論，說明世界是真實的存在；並由此一併回答人性論與工夫論等延伸

論爭——以氣論與身體為中心」國際學術研討會（台北：中央研究院中國文哲研究所，2017年9月），頁1-20。韓國學界的張載研究見〔韓〕李賢仙，《張載與二程兄弟的哲學》（首爾：文史哲，2013）。〈二程對張載修養論的批判〉，《哲學思想》卷26（2007）。〈張載哲學中神概念與心之問題〉，《哲學研究》卷102（2013）。牟宗三著，〔韓〕黃甲淵、田炳述譯，《心體與性體》2（首爾：소명출판〔Somyong Publishing〕，2012）。〔韓〕張閏洙，〈張載哲學中大心之工夫論〉，《哲學研究》卷88（2003）。〔韓〕安載晧，〈張載心知學說淺析〉，《陽明學》第32號（2012）。〔韓〕安載晧，〈張載性命學說之批判〉，《中國學報》卷65（2012）。〔韓〕黃棕源，《張載哲學》（首爾：文史哲，2010）。
91　〔美〕葛艾儒（Ira E. Kasoff），《張載的思想（1020-1077）》（上海：上海古籍出版社，2010）。此書原為葛艾儒的博士論文，完成於1982年。1984年由英國劍橋出版社出版。

的問題。葛艾儒同時檢討程朱與牟宗三對張載氣論的誤解，他認為二者批評張載立足於同樣的前提，即視「氣」為形下，忽略張載對「氣」所做的重新界定，形上與形下間的相互關聯。為了避免混淆，他使用「氣」、「気」、「气」的不同寫法，以區分「氣」概念的複雜涵義。[92]並由此建構張載的體系。簡單的說，張載的「氣」有兩種：不可見、形而上的「太虛」渾沌之「氣」與形下的凝聚之「氣」。「神」概念與「易」、「道」一樣，在文獻中指神妙莫測，宏大非凡的運化過程，因此，「太虛」之「氣」可以稱之為「神」，而形下的凝聚之「氣」則不是。由此，透過對「氣」概念的重新界定，建構張載的宇宙觀，張載認為天地萬物都是由「氣」構成，是由源自於「太虛」的無形之「氣」，凝聚而成形下之氣而成器。此基本理論為張載哲學找到11世紀學者關注的兩大問題的解決之道。既能貫通天人、有無、形上形下兩大領域，也能批判佛教的夢幻人世的世界觀。葛艾儒的優點是對張載「氣」概念的說明相當清楚，「氣」有兩種，而且貫通形上與形下。以梳理程朱對張載「氣」概念的誤解，並檢討牟宗三視「氣」為形而下，「太虛」是「神」不是「氣」之「滯辭」說，具有一定的解釋力。

　　不同於葛艾儒希望向西方世界介紹中國哲學家張載之訴求，德裔學者何乏筆則是以「當代漢語哲學」概念，從「跨文

---

92　其中「氣」指張載哲學中原始未分的初始之氣（太虛之氣，形上之氣）；「気」指凝聚、有形之氣（氣質、形氣，形下之氣），「气」則指雙重涵義或難以區分之氣。同前註，頁42。

化哲學」（transcultural philosophy）的研究進路，展開他對張載
的關注。在何乏筆看來，當代歐洲哲學中有反形上學、去等級
化的趨勢，而在中國修養史上則表現在對「氣」概念的轉化之
上。當代儒學研究中，不論對傳統形上學或唯物論陣營而言，
「氣論」的解釋與歸屬都是一個兵家必爭之地，張載及其《正
蒙》特別受到重視，與自然氣化論與道德神化論的張力如何調
解的問題有關。何乏筆〈何謂「兼體無累」的工夫——論牟宗
三與創造性的問題化〉[93]關注的問題是：如何在傳統形上學與唯
物論之外另開出一條路，而這條路可以平等的對待心與物或身
體與意識的關係。由此，他將張載放到當代問題場域，從跨文
化哲學的角度探索張載、王夫之與儒家式氣論的當代性。藉由
比較牟宗三與王夫之對於《正蒙》的詮釋，探究一種既是非形
上學的又是道德的創造性之可能。他認為牟宗三以「道德的形
上學」立場，反駁將張載視為唯物論、唯氣論、自然主義的論
點，是因為對牟宗三來說真正的創造性是基於標準的形上學，
因而全面否定《正蒙》的氣學詮釋。他肯定牟宗三對《正蒙》
注解的細緻分析與創新重建，但批評牟宗三因為形上學與唯物
論的對立主張，忽視儒家氣論對當代哲學的重要潛力。因此，
就突破形上學與唯物論的僵局而言，何乏筆認為相較於牟宗
三，王夫之的《正蒙》詮釋反而提供了一個新的可能。因為王
夫之強調「氣」的重要性，卻同時保持了「神」的優先性，因
此能夠避開形上學在氣論中的消失，並將此理論進一步朝非形

---

93　何乏筆，〈何謂「兼體無累」的工夫——論牟宗三與創造性的問題化〉，
　　《儒家的氣論與工夫論》，頁79-102。

上學的模式發展。[94]他認為當代儒家式氣論的發展,也同時要構想出氣論與工夫論的另類關係,也就是由理學的「復性」工夫模式,轉向「兼體無累」工夫的當代模式。[95]氣論工夫論不再只是視「氣」為負面因素,以限制與掌控氣能活動,而是要更能發揮「氣」的潛力。[96]透過牟宗三與王夫之對張載《正蒙》的不同詮釋,何乏筆嘗試建立一條非形上學的「道德的創造性」之論述,他的創造性與形上學的對話,同時也是歐洲近代哲學與當代新儒家的對話。張載如果是具有當代意義與價值的研究,除了一再被聚焦的張載究竟是理學正宗,或是唯物主義哲學家之問題,他提出另一種跨文化哲學的思考方向。

　　何乏筆透過對牟宗三張載詮釋之批判,而提出氣論與工夫論之思考,在〈能量本體論的美學解讀:從德語的張載研究談起〉[97]中有進一步的發揮。何乏筆對張載的關注,在於張載氣學如何與當代哲學的議題連結,使當代哲學與儒家氣學之間能夠產生歷史呼應的可能,而能夠具有跨文化哲學的動力。他以當代歐洲德語哲學與法語哲學的張載研究為討論基礎,展開跨文化研究的構思。關於德語研究,何乏筆介紹歐陽師(Wolfgang

---

94　何乏筆則認為氣論的潛力,在於提供唯神論與唯物論(精神優先或物質優先)之外的另一種可能性。為了發展氣論的潛力,突破形上學與唯物論的僵局是必要的,他說這「並非意味將更強化其唯物論內涵,因為唯物論(形下學)只不過是一種倒置的形上學。」同前註,頁99。

95　同前註,頁100。

96　同前註,頁101-102。

97　何乏筆,〈能量本體論的美學解讀:從德語的張載研究談起〉,《中國文哲研究通訊》17卷2期(《德語之中國哲學研究專輯》)(2007年6月),頁29-41。

Ommerborn）在1996年所出版一本有關張載氣論的專書。在他看來，德語的張載研究經常只是介紹性的，缺乏明確的問題意識與跨文化哲學的動力。[98]相較於此，于連《過程與創造》中對張載和王夫之的研究，「在法國當代哲學的背景下產生，因而反應著對後形上學之內在性概念的反思，以及對於『變易』（devenir）和力量關係的哲學探尋。」[99]對於促使儒家思想和當代歐洲哲學的連結與碰撞，後者更為重要。但由於于連採用「對比詮釋學」方法所產生的局限[100]，並不能夠真正進入跨文化研究領域，將張載放在當代問題場域來探索。何乏筆因此以「能量的內在性哲學」[101]說明此一可能性，除了延續歐陽

---

98 此傾向何乏筆認為是由於1954年後歷史的震撼與創傷所造成。德語哲學的保守傾向反映在歐陽師對張載的討論中，哲學和當代脈絡的關係顯得相當疏離。因此，德語的張載學研究「經常只是介紹性的」、「缺乏明確的問題意識，以及跨文化哲學的動力」。同前註，頁29。

99 同前註，頁30。

100 何乏筆認為于連的研究採用「對比詮釋學」的方法，將中國及中國思想視為「一種促進當代歐洲哲學之自我反省的『外在性』」所產生的局限是「表面上尊重異文化的作法，實際上卻是封殺異文化對己文化發生影響的可能性。」如此一來，「雖然宣稱將要透過『中國的外部性』來反省自己的文化，不過一旦要透過張載的研究放在當代問題場域之中來進一步反思，甚至發展當代法國哲學的變易思想時，他的討論便顯得無能為力。」同前註，頁31、34。

101 關於此「能量的內在性哲學」，何乏筆說：「內在性哲學首先是指在歐洲的啟蒙時代所形成的哲學趨勢，亦即對一種非形上學且更是非宗教之哲學的尋求。將超越性視為內在性的一部分的哲學乃是非形上學的，因為試圖擺脫精神與物質的僵固二分，以便充分面對現代創造性的動力和衝擊……。同時這種哲學是美學的而非宗教的；這不只是因為在其中精神經驗與物質經驗可產生平等的和動態的互相滲透關係，也是因為內在超越性迫使重新思索『可能性』與『現實性』的關係。因此，一種既是能量的又

師及于連的討論，對張載氣論的唯物論解釋有所保留，同時也避開為了反駁唯物論所提出的形上學解讀，如牟宗三在《心體與性體》所進行的相關討論。對歐陽師及于連而言，他們不使用形上學與本體論分析張載，因為絕對超越性的觀點正是張載氣論所要避開的。何乏筆主張如果採取一種較為廣泛的本體論概念，允許「能量本體論」的可能，擺脫存在與變易對立的形上學陷阱，將可進一步發展出一種當代而且跨文化的「變易哲學」或「能量哲學」。那麼，由氣論可以促使一種「另類美學」的構想，此一「美學」是指精神經驗與物質經驗，不可知覺與可知覺、無形與有形、不可見與可見的平等關係的現代生命美學。經由「氣」的美學涵義、「氣」與「理」（能量／結構）的關係、「氣」與修養關係的再詮釋，張載氣論在跨文化視域下的能量美學面向下，可具有當代性的意義與動能。

在海外的張載學中，學者多在氣本論（唯物論）與心性論的立場之間各自表述。其中何乏筆以跨文化哲學的立場，對心性論與唯物論分別提出批判與質疑。他對張載（包括王夫之）氣學與歐洲哲學間的跨文化當代對話，以牟宗三「道德的形上學」詮釋模式，作為批判的對象；其立場並非贊同唯物論氣學，而是主張當代漢語哲學的張載，應該是「非唯物論」與「非牟宗三」的。他對張載的思考一方面關注儒家倫理學的現代轉化；同時也延續了西方哲學對傳統形上學的批判。

---

是美學的本體論如何可能的問題便萌生。」同前註，頁31。

## 五、結語：「心性論的張載」與「氣學的張載」的拮抗張力與兩行反思

　　當代張載研究史上曾經頻繁出現種種「滯辭」說、「矛盾」說。對於張載在當代研究上出現的重大歧異與爭辯，筆者的基本態度是不僅止於將之視為研究者個人方法上的謬誤或誤植，而認為此一「誤植」背後的思考理路與概念架構，有其來自於時代處境的問題意識與哲學思考。他們的論辯具有積極的意義，並為本書即將進行的當代張載學研究提供了重要資源。張載的特殊性格，使他成為理學與反理學、唯物論氣學與心性論，乃至心性論與非唯物論形態的儒家氣學對話的一個重要場域。他們的立場顯得處處針鋒相對，卻又往往將張載引為同道。此情況使得張載在當代儒學研究上，格外具有學術潛力。本章所以不厭煩瑣的，對大陸、港台，乃至於海外的張載研究進行個別討論，選擇此一表述方式是因為筆者認為分析這些研究的殊相與共相，可以看出一些不僅是張載學的，也是當代儒學發展方向的深層而豐富的訊息。以兩岸的張載學來談，從大陸學界對張載的研究方向來看，晚近大陸張載學的走向是：希望擺脫唯物（唯氣）／唯心兩軍作戰模式以來，受制於西方哲學的詮釋框架，標舉回歸中國傳統脈絡，企圖建構出中國哲學自己的思維方式。在此一過程中，他們的重要對話對象是深受德國觀念論影響的牟宗三。他們往往批判牟宗三當代新儒家所說為「心性論詮釋模式」，而要求儒學應跨出心性堡壘，更重視政治與社會文化的實踐。時至今日，大陸張載學已非「唯物論」一詞可以概括（可惜的是港台張載研究者經常批判大陸研

究仍聚焦於此），其視張載的學術格局為「天人合一」與「學政不二」，是走向超越論與社會文化實踐的。「天人合一」張載學，相較於當代新儒家的「天道性命相貫通」之學，追求的其實是一個更具客觀、超越向度的形上學之建構；而「學政不二」張載學，顯然認為宋代理學原型（或者說儒學原型）與政術的關係必須被視為更加密切，才能建構張載的完整體系，彰顯張載學的高度與廣度。

　　港台當代新儒家談內聖原本就是通向外王的，大陸張載研究者凸顯張載「學政不二」命題的意義，或許在於他們主張儒家的「內聖外王」關係，不是「內聖通外王」，而是「內聖即外王」。[102]批判港台新儒家過去對宋明理學的研究，過於凸顯其「心性論詮釋模式」的面相，此雖是理學之擅場，但也相對忽視宋明理學與原始儒學間在政治社會文化實踐上，有

---

[102] 「內聖通外王」與「內聖即外王」用法參見賴錫三，〈「港台新儒家」與「大陸新儒家」的「兩行」反思〉，錢永祥主編，《思想（29）：動物與社會》（新北：聯經出版公司，2015年10月），頁290。關於此兩種「內聖外王」路線的不同，賴錫三說：「有大陸學者提到，港台新儒家和大陸新儒家的差異，或許約可類比為宋學、漢學之爭。前者雖強調心性內聖實踐必然要通向政治外王實踐，但後者更堅持政治儒學的精神於在政治社會文制的經世濟民，亦即道德的修養實踐直接就在於外王推擴中，未必要先有內聖再通外王。……大陸新儒家的經學強調，除了認定它自身有學術史的根據外，即原本先秦儒學和經學、禮學完全不分開，而外王實踐就必然要依託在經禮學的傳統政經社會文化等具體血肉中。」「我們不宜太低估大陸新儒學對照於台灣新儒學的歷史性和理論性意義。回到先秦儒學的道德實踐傳統來看，孔子與六經傳統、周文禮教的密切關係確實也有它的根據，那時的儒學實踐似乎未有：先復性見體再推擴外王的本體論優次順位。所以大陸新儒家那種政治儒學平行於甚至優先於心性儒學的強調，似乎也有它學術史的判斷根據。」（同上，頁288-289）

其一脈相承的共相，而此一共相在港台當代新儒家是集中在天道性命之學上。批評當代新儒家僅是一孤守高懸的心性堡壘之心性儒學，雖未必是事實，但也有其脈絡。[103]置於張載研究來看，理學史上張載素以躬行禮教著稱，在港台儒學高度聚焦於天道論、心性論的研究視域下，與政經社會文化等具體血肉密切相關的張載禮學，顯得相當疏離。相較之下，大陸對闡發張載天道性命之外其他面向，如教育思想、政治理論、禮學等較為關注，此對於建構較為完整的張載思想而言，不失為一個值得正視的方向。此外，從丁為祥的自別於牟宗三「道德的形上學」，要求將張載的本體地位至於更客觀、更超越的位置；或是林樂昌的標舉張載不是「氣學」而是「天學」來看，他們的超越論性格相當鮮明，也都有一種走向「中心化」的形上學堅持。筆者認同賴錫三〈「港台新儒家」與「大陸新儒家」的「兩行」反思〉的觀察：

---

103 此脈絡如黃進興說：「清末以來，傳統禮制備受攻擊，因此有心闡發儒家義理者，恆捨『禮』而就『仁』；譚嗣同（1865-1898）的《仁學》便是最經典的代表。自此以往，蔚為風潮。民國以來，自詡為新儒家者，從第一代至第三代，幾乎無一例外。因此，『仁學』被奉為近代儒學的圭臬思想。……禮崩越壞之後，梁漱溟（1893-1988）說的得當：『禮樂是孔教唯一重要的作法，禮樂一亡，就沒有孔教了。』既無外顯的形體（禮），毋怪後起的新儒家只得高揚『心性之學』，朝『仁』的超越層面，尋求內在心靈的寄託。……換言之，徒有精神層面的『仁』，而無有踐形的『禮』，儒家難免成為無所掛搭的遊魂，與現實社會兩不相涉。職是，晚近的新儒家復受西方啟示，只顧抉發形上層面的『宗教性』、『精神性』，顧此失彼，其前景委實令人堪憂。」黃進興，〈研究儒教的反思〉，《從理學到倫理學：清末民初道德意識的轉化》（台北：允晨文化，2013），頁252-253。

　　這兩種差異的思維方式，或許反應了港台新儒家和大陸新儒家兩種不同的地理處境和歷史經驗：大陸向來習慣於世界中心、春秋一統的主體想像，而百年文化的挫折也終究不能中斷其文化主體復歸中位的形上渴望；反觀台灣向來位處邊緣的虛待之位，因此具有容易吸收多元文化而虛懷納物的傾向。這兩種不同時空處境，或許也會影響兩種回應西方現代性文明的潛在模型：台灣相對容易接受跨文化的內在多元性而對文化的本質主義較為警覺，大陸相對容易走向中心一統化、文化主體性的形上堅持。[104]

　　21世紀開始後，大陸的張載學由唯物論氣學走向客觀、超越的形上學，隱約之間，一種「同一性」與「中心性」傾向，及其背後所隱含的國族認同、文化認同的建構意圖是明顯的。

　　而近年來的港台張載學，卻相反的有一條由心性論的「道德的形上學」走向「氣學」的脈絡。牟宗三作為當代張載學最重要的對話對象，其援用康德哲學進行格義建構出來的新儒家「心性之學」，作為推動中國哲學的現代化之重要資產，與累積出來的跨文化潛力，「心性之學」的貢獻委實不容抹滅。[105]

---

104 賴錫三，〈「港台新儒家」與「大陸新儒家」的「兩行」反思〉，《思想（29）：動物與社會》，頁288。

105 以「跨文化」方法研究中國哲學的何乏筆因此說：「中式王道政治只能藉由徹底的反現代化來構思，而西式自由民主則只能採取全盤西化的激進話語來構思，因此，實現的可能不大。對比之下，當代新儒家的優點和『迷惑性』，恰巧在於『西化儒家』的混雜性和跨文化性。」何乏筆，〈新儒家、自由主義與社會主義是否會通？〉，《思想（29）：動物與社會》，頁298。

此脈絡下的研究，相對的表現出容易接受跨文化的多元性，而對文化的本質主義有著較為警覺的優點。但從大陸儒學或海外儒學對牟宗三的批判火力來看，以「心性之學」作為儒學的核心有時也被視為存在著一種理論上的偏頗。因為「心性之學」的唯心論傾向，尤其是在面對陸王心學系統外，不管是程朱理學（尤其是朱子），或張載、王夫之氣學的解釋，都出現幅度不小的貶抑或改造。港台親近新儒家的部分張載研究者從朱建民開始，即展開對牟說不同程度的修正之路。其間唐君毅高看氣的詮釋，最常被使用來修正牟宗三對張載氣化論的過度貶抑。唐君毅承認張載、王夫之應被視為理學、心學外，自成一派的「氣學」，依唐君毅的定義「氣」是「存在的流行，流行的存在」，而不論其心、物，此乃唐君毅的重要洞見，據此，張載氣學在唐君毅的主張之中應該是一個不著兩端，即心即物，卻也非心非物的「非唯物論」（同時也是「非唯心論」）氣學。但由於特殊的歷史情境，唐君毅卻採取了與牟宗三相同的反唯物論／唯氣論立場，也因此被質疑他對氣的立場可能不一致，此事源自於他們共同的對心性論形上學的信念與堅持。隨著歷史條件的轉移，相較於與唐君毅批判唯物論／唯氣論的態度，晚近台灣的儒家氣學之發展是以楊儒賓「先天型氣學」為焦點，重談張載氣學。楊儒賓除了延續對唯物論氣學的批判之外，其研究旨趣已逐漸移轉至如何突破唯心論傾向的心性論主體模式，從而建構出一種新的主體範式，對於此一主體範式的移轉，何乏筆說：

　　這並非意味著，儒家氣學「具有神奇的功效，能包

治百病」，但藉由溝通心物之間的氣化論，來思考「神（心）—氣—物（形）」的主體概念，或能有助於革新心性論的主體範式，也有助於新儒家會通社會主義的唯物論向度。[106]

從心性主體到更注重身體與物質向度的「神（心）—氣—物（形）」主體的建構[107]，以及由理學的「體用論」到反理學的「相偶論」[108]，氣、身體與物質的意義重新被檢視，並成為新的論述焦點。張載與王夫之的儒家氣學，則被視為建構此新主體範式的重要橋梁。

　　理學史上的張載氣學，可以說在程朱理學與陸王心學各據山頭下成為邊陲地帶，一路被有意無意的忽視。而當代中國哲學研究者對張載的熱度，其旨趣與其說是聚焦於張載本身，更大的成分似乎是帶著一種返本開新的期待。1949年後的大陸與港台新儒家，由於地理處境與歷史因緣的不同，而形成差異性的思維方式。如何定調當代的張載學？21世紀開始，大陸由唯物論氣學走向超越論形上學，港台反而由心性論形上學走向非唯物論氣學。雖然港台學者強調這是「兩種氣學」，大陸學

---

106 同前註，頁300。

107 此一由心性主體到更注重身體向度與「氣」的「神（心）—氣—形」三位一體的新主體範式的建構，為楊儒賓的重要主張。詳見楊儒賓，《儒家身體觀》。

108 理學的「體用論」與反理學的「相偶論」，二者在東亞近世展開的論辯，及其理論意義，見楊儒賓，《異議的意義：近世東亞的反理學思潮》，頁37-83。

者也不會認為二者是同一種形上學。但這使得兩岸在氣學與形
上學之間徘徊的張載詮釋，充滿了拮抗、張力，既相逆而行，
卻又有一種隱約走向對方的迴圈與弔詭。儒家氣化論與心性論
間的緊張關係，二者只能是對反的宿命？還是可以兩行？在
「心性論（唯心論）的張載」與「氣學（唯物論）的張載」之
間，是否存在著一種「非唯物論─非唯心論」的張載？這個問
題對於儒學的發展而言，有挑戰性，也有啟發性。當代新儒家
「心性之學」之後，儒家倫理學與工夫論的格局與方向該如何
思考？對張載的關注，可以參與其中。在本章對當代張載學進
行回顧與展望的研究基礎上，以下筆者將以張載氣學為核心論
題，進一步對張載思想做一個整合與發揮。此外，筆者也討論
張載的禮學。因為筆者並不認為可以逕行切割張載禮學，而能
單獨探討其天道論、心性論、工夫論，也反對僅將禮學視為張
載的外王學。禮學如張載的夫子自道乃徹上徹下，成始成終
者，既是內聖學上工夫的起點，也是外王學上儒家事業的終
點；正是他當時用來批判佛老夢幻人世，不能肯定世界之真
實、人文之價值的兩大利器。張載氣學與禮學，連體共生、密
切相關，同樣是構成其思想的有機整體。

第二章

# 世界的真實與體用論建構
## 張載的儒學語境重建

## 一、前言：為什麼是儒學？

　　進入張載的思想體系之前，我打算先進行一個張載學思歷程的展示工作，論述其學術關懷與思想抉擇，以作為理解張載的背景。作為北宋新儒學運動中的重量級代表人物，儒學並不是張載思想的前提或預設，而是一個自我對話、反覆思辨的結果。為了回應他極為特殊的時代課題，形成了張載思想與原始儒學傳統間的連續與更新；為了承載此一儒學傳統的連續與更新，張載也調整、轉化了他用來詮釋儒學的語言、概念與思想結構。為什麼是儒學？怎樣儒學？經由張載學思歷程的展示，有助於理解他何以選擇成為儒者，以及他為何選擇那樣的表述方式。

　　探討張載的學思歷程，最早的張載傳記資料，當屬呂大臨（與叔，1042-1092）〈橫渠先生行狀〉[1]。作為張載最忠實的入

---

1　根據《張載年譜》，〈橫渠先生行狀〉現存本撰成時間為「宋神宗元豐二

室弟子[2]，呂大臨是這麼說的：

> 少孤自立，無所不學。與邠人焦寅游，寅喜談兵，先生說其言。當康定用兵，時年十八，慨然以功名自許，上書謁范文正公。公一見知其遠器，欲成就之，乃責之曰：「儒者自有名教，何事於兵？」因勸讀《中庸》。先生讀其書，雖愛之，猶未以為足也，於是又訪諸釋、老之書，累年盡究其說。知無所得，反而求之《六經》。嘉祐初，見洛陽程伯淳、正叔昆弟於京師，共語道學之要。先生煥然自信曰：「吾道自足，何事旁求！」乃盡棄異學，淳如也。（〈橫渠先生行狀〉，《張子全書》，頁455-456）

理解張載學思歷程的轉變，呂大臨的這一段文字是最常被引用的文獻。後來朱熹作〈橫渠先生像贊〉說：「早悅孫吳，晚逃佛老，勇撤皋比，一變至道。精思力踐，妙契疾書。訂頑之訓，示我廣居。」[3]其中對張載的描述，無疑是對〈行狀〉之說

---

年己未（1079）」，即張載卒後二年。張波，《張載年譜》（西安：西北大學出版社，2015），頁100。

2　儘管張載死後，呂大臨東入洛陽跟隨二程，但程頤是這麼說他的：「與叔守橫渠說甚固。每橫渠無說處皆相從，才有說了，更不肯回。」〔清〕黃宗羲著，全祖望補，〈呂范諸儒學案〉，《宋元學案》（北京：中華書局，1986），頁1110。

3　〔宋〕朱熹著，〈六先生畫像贊〉，《晦庵先生朱文公文集》卷85，朱傑人、嚴佐之、劉永翔主編，《朱子全書》冊24（上海：上海古籍出版社，2002），頁4003。

的提煉語。《宋史・張載傳》也幾乎照搬〈行狀〉之說。[4]依〈行狀〉所述，張載思想共經歷三階段的轉變：

1. 讀《中庸》：張載早年熱中兵法，在國家多事時想為國效力，求見當時最有軍事貢獻的范仲淹。經范仲淹的規勸，把他從事功的追求，引導至儒家「名教」上，而《中庸》是范仲淹給他的入門指引。

2. 訪諸釋、老：雖然研讀《中庸》，但張載對儒家並未全然信受，因而轉求釋、老，企圖透過不同的教理，解答他對生命之困惑。

3. 反求《六經》：張載努力鑽研釋、老之說，但並無所得。最後再度回到《六經》上，發現儒家之言超越釋、老，建立對「道」的強大信心，拋棄「異學」。此過程中與二程論《易》發揮很大的影響力。

呂大臨的敘事乃是他對張載思想的理解與詮釋，其間涉及張載學術淵源、思想結構與旨趣等問題。這段記載顯示，張載的學術淵源與范、程關係最大。後來也引發張載究竟是「高平

---

4　《宋史・張載傳》：「張載字子厚，長安人。少喜談兵，至欲結客取洮西之地。年二十一，以書謁范仲淹，一見知其遠器，乃警之曰：『儒者自有名教可樂，何事於兵？因勸讀《中庸》。載讀其書，猶以為未足，又訪諸釋、老，累年究極其說。知無所得，反而求之《六經》。嘗坐虎皮講《易》京師，聽從者甚眾。一夕，二程至，與論《易》。』次日與人曰：『比見二程，深明《易》道，無所弗及，汝輩可師之。』撤坐輟講。與二程共語道學之要。煥然自信曰：『吾道自足，何事旁求！』於是盡棄異學，淳如也。」《宋史・張載傳》的論述架構明顯採錄〈行狀〉之說。參見《張子全書》，〈附錄一張子傳記資料〉，頁459。

門人」<sup>5</sup>與「張子之學，其源出於程氏」<sup>6</sup>，兩種著名說法的論
爭。張載確實受范仲淹啟發，在探討他的學思歷程時，此事意
義頗為重大。但這個啟發是否足以構成一種師承關係？或許仍
須採取保留的態度。因為除了在現存張載思想內容上，找不到
與范仲淹的直接繼承關係外；如從張載見范仲淹之後，並未完
全聽從其勸告，對軍事兵法依然持續地保持高度關注，亦可見
一斑。<sup>7</sup>至於二程，程頤如此描述成學後的張載在關中講學的特
色：「關中之士，語學而及政，論政而及禮樂兵刑之學。」<sup>8</sup>此
外，研讀《中庸》似乎沒有直接使張載契悟，立刻接受儒學，
他仍然企圖在其他選項中尋找答案，並且經歷了一段相當漫長

---

5　將張載的學術淵源直接視為是范仲淹門人的如《宋元學案》。〔清〕黃宗
　　羲著，全祖望補，〈橫渠學案上〉，《宋元學案》，頁662。

6　如程門高弟楊時：「橫渠之學，其源出於程氏，而關中諸生尊其書，欲自
　　為一家。」〔宋〕楊時，〈跋橫渠先生書〉，《龜山集》卷26（福州：福
　　建人民出版社，1993），頁612。朱熹稍微修正楊時之說：「橫渠之學，實
　　亦自成一家，但其源則自二先生發之耳。」雖肯定張載思想自成一家，但
　　仍堅持張載「原於程氏」。朱熹，《伊洛淵源錄》卷6，《朱子全書》冊
　　12，頁1002。

7　從張載見范仲淹後兩年（1042年，23歲）所作〈慶州大順城記〉內容來
　　看，張載對兵法軍事的熱情是持續的。此外，張載說：「兵謀師律，聖人
　　不得已而用之。其術見三王方策，歷代簡書。惟志士仁人為能識其遠者大
　　者，素求預備而不敢忽忘。」《張子全書·拾遺》，頁303。對兵學的重
　　視，也表現在張載對文本價值的判斷上。張載討論讀書時，對文本的簡擇
　　標準往往一分為二，以是否為儒家聖賢經典，判斷書是否具有可讀的價
　　值。唯一例外就是「兵謀師律」。凸顯了張載現實關懷的強度。參黃美
　　珍，《張載讀書論研究》（台南：成功大學中文所碩論，2001），頁13-
　　15。

8　〔宋〕程顥、程頤，《河南程氏粹言》卷1，《二程集》（台北：漢京文
　　化，1983），頁1195。

的思想旅行。視張載為「高平門人」，恐怕不如朱熹說的「粗發其端」[9]，更為接近事實。至於程門弟子喜言的「張子之學，其源出於程氏」，作為當事人的程頤早就糾正過弟子之說：「表叔平生議論，謂頤兄弟有同處則可，若謂學於頤兄弟則無是事。頃年屬與叔刪去，不謂尚存斯言，幾於無忌憚。」[10]從張載經常俯讀仰思、苦力經營，精思力踐、求於己心的情形來看，張載似乎更適合被視為是一個獨立自學的思想家。

## （一）讀《中庸》

這一位獨立的思想家其思想的努力奮鬥，艱辛過程如同一場英雄冒險旅程，堪稱曲折而坎坷。繞了一個大圓圈，學者已多指出張載的學術經歷有近於黑格爾辯證法的正、反、合三階段，如余敦康說：

> 依據儒家的經典來探索名教之樂，這是正題。離開儒家

---

9　關於張載的學術淵源與范仲淹的關係，南宋時朱熹與汪應辰就曾針對此問題有過爭辯。汪應辰提到：「范文正公一見橫渠奇之，受以《中庸》，謂『橫渠學文正，則不可也』，則不可也，更乞裁酌。」〔宋〕汪應辰，《文定集》卷15（台北：新文豐出版公司，1984），頁172-173。可以推論朱熹剛開始應有「橫渠學文正」的看法，二人反覆回信論辯後，朱熹說：「至其（筆者案：指二程）入處，則自濂溪，不可誣也。若橫渠之於文正，則異於是，蓋當時粗發其端而已。」朱熹，〈答汪尚書六〉，《晦庵先生朱文公文集》卷30，《朱子全書》冊21，頁1305。朱熹對於張載與范仲淹間的學術關係，論斷大致底定。張載學於范仲淹應視為是一種「粗發其端」的人格啟蒙關係，和二程作為濂溪後學，受學於濂溪的情況不同。

10　〔宋〕程顥、程頤，《河南程氏外書》卷11，《二程集》，頁414-415。

的經典而訪諸釋老，這是反題。最後又回到儒家的經典，感到「吾道自足，何事旁求」，使探索取得成功，這是合題。其中第二階段的反題最為重要，如果沒有反題，就沒有合題，同時也就形成不了理學。北宋五子的理學思想都是經歷了這三個階段而後才形成的，無一例外。[11]

如果張載以及其他理學家們認同儒家名教的價值，為什麼又對經典所云，普遍地感到無法滿足？這是理學家的理解力問題？或是儒家經典本身確實存在著某一些缺陷？以至於他們明知佛老被視為「異學」，仍要接受「異學」的洗禮？如果是理學家們的理解力有問題，為何這些人跨越不同時空，不約而同的發生同樣的難題？如果是儒家經典本身確實存在著某一些缺陷，為何他們在經過佛老多年的洗禮之後，仍會恍然大悟，相信他們眾裡尋他千百度的精神歸宿還是儒學？經過出入佛老反題洗禮過後的理學等同於原始儒學？或者，多了哪些新的思想成分？理學家的這種曲折的經歷，可以說是「以濃縮的形式反映了儒學自先秦以迄於宋代的歷史發展的基本線索，蘊含著理學產生的祕密。」[12]從呂大臨對張載學思歷程的時序性重構中看來，張載一出現在歷史的舞台，就是為了北宋邊患。一個想要為國效力的熱血青年，「慨然以功名自許」的滿腔子熱情，顯

---

11　余敦康，〈張載哲學探索的主題及其出入佛老的原因〉，《中國哲學史》1996年1-2期，頁136-137。其實不僅北宋五子，到了明代的王陽明身上也同樣經歷了此一辯證歷程。

12　余敦康，〈張載哲學探索的主題及其出入佛老的原因〉，頁137。事實上不僅北宋五子，即使到了明代，王陽明仍經歷出入佛老此三段式辯證歷程。

露出青年張載積極想要投入現實世局，關切實存世界的強烈意向。11世紀中國哲學家們的時代關懷所形成的學術氛圍，美國學者葛艾儒（Ira E. Kasoff）《張載的思想（1020-1077）》一書中稱之為「擔當意識」，他說：「他們具有一種使命：發明並且踐行先聖之道。這種使命，促使他們步入政壇，並且嘗試著踐行其道。」[13]北宋前期儒學領袖范仲淹的名言：「先天下之憂而憂，後天下之樂而樂」，就是一個在政治與軍事上表現知識分子的「擔當意識」，並由此踐行聖賢之道的典型例子。但是，當時軍事上最有事功的范仲淹卻反對青年張載從軍報國的主張，反而把他的生命激情拉回儒家「名教之學」的主軸上，並且勸他讀《中庸》。

　　為什麼關切世局應該要進入儒家「名教」？為什麼要理解儒家「名教」，又需研讀《中庸》？而不是其他經典？此事頗堪玩味。「名教」一詞最早見於《管子》的〈山至數〉篇，其意義與周公制禮作樂有關。[14]《世說新語‧德行》記載「李元禮風格秀整，高自標持，欲以天下名教是非為己任。」[15]魏晉

---

13　〔美〕葛艾儒（Ira E. Kasoff），《張載的思想（1020-1077）》，頁17。

14　《管子‧山至數》言：「桓公問於管子曰：『昔者周人有天下，諸侯賓服，名教通於天下，而奪於其下，何數也？』」〔清〕王仁俊撰，《管子集注》（上海：上海古籍出版社，2002）（《續修四庫全書》，據遼寧圖書館藏稿本影印），卷22，頁534。

15　《世說新語‧德行》出現「名教」一詞有二，除了李元禮條之外，另有「王平子、胡母彥國諸人，皆以任放為達，或有裸體者。樂廣笑曰：名教中自有樂地何為乃爾也。」見余嘉錫，《世說新語箋疏》（台北：華正書局，1989），頁6、24。

時期「名教」已成為儒學的代名詞[16]，泛指儒家思想的整個人倫秩序。[17]從孔子強調「正名」以來，儒家一向重視名分、名節，並以之獎勵氣節、教化萬民。透過以「名」為教，從而維繫整個人倫結構與社會政治秩序的穩定，這是儒家對「名教」一詞的理想論述。勸青年張載沉潛，用心於儒家「名教」，應是范仲淹看過五代不重名節的亂象後，在「名教」與「事功」間如何取捨所作的本末判斷。肯定儒家「名教」具有維持現實世界的秩序與結構之價值，但在歷史現實上卻也不乏儒家「名教」，被不當的統治者濫行的現象。魏晉時期玄學因此以「自然」的概念，對「名教」提出批判與反思。這也意味著儒家透過「名教」穩定現實政治社會秩序的同時，必須對「名教」的內在合理性，提出更深刻的回應。范仲淹要張載進入儒家的「名教之樂」，何以獨拈出《中庸》一書？如何善體箇中義理？此事並沒有留下太多的紀錄。但如分別就主、客觀面向來看，或許可再進行一些推測。前者從范仲淹早年應試取功名時，所作的〈省試自誠而明謂之性賦〉的行文與內容來看，范

---

16　儒家的「名教」與道家的「自然」，形成一組經常相連而對舉的概念。「自然」與「名教」對舉而成哲學範疇，如魏晉名士喜以「自然」與「名教」的異同觀點，表示自己的政治態度或思想傾向。之後發展出王弼「名教本於自然」、嵇康「越名教而任自然」及郭象「名教即自然」三階段說。蔡振豐，〈魏晉玄學中的「自然」義〉，《成大中文學報》26期（2009年10月），頁1-34。

17　余英時：「魏晉所謂名教乃泛指整個人倫秩序而言，其中君臣與父子兩倫更被看作全部秩序的基礎。」余英時，〈名教危機與魏晉士風的演變〉，《中國知識階層史論》（新北：聯經出版公司，1980），頁332。

仲淹對《中庸》早就有過深入的研究。[18]雖然身為朝廷柱石，平時忙於政事，但《中庸》對范仲淹來說應是極為熟悉的經典，因此，手授張載《中庸》一書似乎不難解釋。就後者來看，除了范仲淹個人與《中庸》的關係外，勸讀《中庸》一事也有濃厚的時代氛圍作支柱。《中庸》原為《禮記》的一篇，但它與《禮記》的其他篇章相較，性格顯得十分特殊。它除了很早就以單篇的形式行於世[19]，此外，就它與《禮記》的子母關係來看，《中庸》應作為「治禮之書」；但它具有「治性之書」的成分，卻也一直沒有被忽略。[20]唐以後，儒者逐漸注意此書，如梁肅（752-793）、權德輿（759-818）、劉禹錫（772-842）

---

18　范仲淹〈省試自誠而明為之性賦〉說：「自誠而明者，生而非常；自明而誠者，學而有方。生而得者，實茲睿聖；學而及者，惟彼賢良。顏生則自明而臻，謂賢人而可擬；夫子則自誠而至，與天道而彌彰。……且夫明乃誠之表，誠乃明之先，存乎誠而正性既立，貫乎明而盛得洒宣，有感必通，始料乎在心為志，不求而得，終知乎受命於天。……由至誠而達至明，是謂聖人之性。」〔宋〕范仲淹，《范文正公集》（台北：臺灣商務印書館，1979），《四部叢刊正編》第40冊，卷20，總頁150。范仲淹雖然沒有完全跳脫漢唐儒論性模式，仍將聖人之性視為「生而非常」者，但全文以「誠明」、「明誠」作為論述核心，說明二者殊途同歸，所流露的氣息與關注的焦點與漢唐儒迥然不同，已經具備《中庸》論天道性命之規矩。

19　關於《中庸》的單篇形式行世，秦漢時有人著《中庸說》二篇，六朝時戴顒、梁武帝皆曾注解《中庸》。參見《漢書》（台北：鼎文書局，1979），卷30，〈藝文志〉，頁1709。《隋書》（台北：鼎文書局，1983），卷32，〈經籍志〉，頁923。

20　《中庸》開宗明義即標舉「天命之謂性，率性之謂道，修道之謂教」，與此有關，《中庸》因此很早就被認為是一部講天道性命之學的書。相關討論見洪淑芬，《儒佛交涉與宋代儒學復興：以智圓、契嵩、宗杲為例》（台北：大安出版社，2008），頁369。

等人都有零散敘述，這些敘述比起後來宋儒的著作，楊儒賓認為雖然「不管於質於量，皆顯得相當不足。但再怎麼不足，這些人心目中的《中庸》已具有心性形上學的內容，而且是可借之於修身養性、安身立命的性命之書。」[21]李翱（774-836）著名的〈復性書〉已注意到《中庸》的誠明思想，並且與《易》的動靜說合言，開啟儒者以《易》、《庸》言性的模式與風氣。[22]北宋初年包括胡瑗（993-1059）、石介（1005-1045）、李覯（1009-1059）等人，對《中庸》思想亦已多所著墨。除了儒者，當時論述《中庸》的大家還有佛教的智圓（976-1022）、契嵩（1007-1072），智圓自號「中庸子」[23]，契嵩亦獨契《中庸》。[24]在此交流與互動中，佛教徒致力於推動《中庸》，藉著

---

21　楊儒賓，《從《五經》到《新五經》》（台北：臺大出版中心，2012），頁196。

22　李翱〈復性書〉說：「方靜之時，知心無思者，是齋戒也。知本無有思，動靜皆離，寂然不動者，是至誠也。《中庸》曰：『誠則明矣。』《易》曰：『天下之動，貞夫一者也。』」〔唐〕李翱，《李文公集》（台北：臺灣商務印書館，1979），《四部叢刊正編》第35冊，卷2，〈復性書〉中，頁9。李翱〈復性書〉之論雖然被認為禪佛氣味較濃，但開啟結合《庸》、《易》討論性命之源的思考方式，對於後來宋明理學的發展，具有一定的歷史貢獻。

23　陳寅恪：「北宋之智圓提倡《中庸》，甚至以僧徒而自號中庸子，並自為傳以述其義（孤山《閒居編》），其年代猶在司馬君實作《中庸廣義》之前（孤山卒於宋真宗乾興元年，年47），似亦於宋代新儒家為先覺。」智圓對於北宋《中庸》學發展的重要性，由此可見。陳寅恪，《金明館叢稿二編》（北京：三聯書局，2001），頁284。〈中庸子傳〉見〔宋〕釋智圓，《閒居編》（台北：中國佛教會影印《卍續藏經》委員會，1968），《卍續藏經》第101冊，卷19，頁56上。

24　契嵩對《中庸》的研究相關討論，參見洪淑芬，《儒佛交涉與宋代儒學復

《中庸》來進行儒佛會通，試圖化解雙方之對立；而在儒門，歷代《中庸》注解者亦多歸宗於佛教，他們的注解《中庸》也被認為可能受到佛教的啟示。[25]《中庸》成為儒門重要的經典，背後正有著儒、佛合作與交涉的推波助瀾。在儒、佛的密切交流滲透下，《中庸》被視為可用來修身養性、安身立命的「性命之書」，契嵩就有「儒書之言性命者，而《中庸》最著」的說法。[26]可以說，在理學興起以前，《中庸》的詮釋者與佛教的關係相當密切，此開創了一個特殊的「談辯境域」。[27]在儒、佛競爭又合作的文化氛圍下，《中庸》順著「性命之書」的性質不斷的發展，在此，范仲淹勸張載讀《中庸》並非孤明先發，他將張載引到儒學之路上，卻特別勸讀《中庸》，似乎應該放到此一時代氛圍去理解。

　　回到張載初讀《中庸》的情形來談，〈行狀〉描述他「讀

---

　　興：以智圓、契嵩、宗杲為例》，頁413-482。

25　宋代以前，如戴顒、梁武帝、梁肅、權德輿、劉禹錫等人，皆帶有佛教色彩。見楊儒賓，《從《五經》到《新五經》》，頁196。此情況在宋初亦然，洪淑芬指出太宗、真宗二朝，不少《中庸》學者是朝廷官員，亦與僧侶往來密切，如宋初的宋太初（946-1007）、曾會（生卒年不詳）、陳充（944-1013）等人皆是。洪淑芬，《儒佛交涉與宋代儒學復興：以智圓、契嵩、宗杲為例》，頁397-413。

26　〔宋〕釋契嵩，〈非韓子上〉，《鐔津集》（台北：臺灣商務印書館，1981），《四庫全書珍本》第10集，卷17，頁17下。

27　余英時認為追溯道學的起源時不應視為單線直上的關係，張載與二程所繼之「韓」與所闢之「佛」，早已輾轉經其前與同時士大夫之手，他們「無論是『談禪』還是牽連及於心、性討論，已展開了一個探索『內聖』的共同風氣（或『談辯境域』）。」余英時，《朱熹的歷史世界：宋代士大夫政治文化的研究》上篇（台北：允晨文化，2003），頁115。

其書，雖愛之，猶未以為足也」，反而因此踏上訪諸釋、老之
路，但此並不意味著《中庸》對張載而言，非最根源性的典
籍。根據張載後來的夫子自道，他對《中庸》是長期精細而
循環研讀的，足以說明此書一直被他放在極為核心的位置之
上。[28]若然，那麼要如何看待張載初讀《中庸》的「猶未以為
足也」？儒者讀《中庸》的「猶未以為足也」，此情形似乎也
不僅發生在張載一人身上，中唐的劉禹錫（772-842）描述他讀
《中庸》的感受也是一個很有代表性的表述。[29]劉禹錫說：

> 曩予習《禮》之《中庸》，至「不勉而中，不思而
> 得」，悚然知聖人之德，學以至於無學。然而斯言也，猶
> 示行者以盧之奧爾，求其徑術而布伍，未易得也。晚讀
> 佛書，見大雄念物之普，級寶山而梯之，高揭慧火，巧熔
> 惡見，廣疏便門，旁束邪徑，其所證入，如舟沿川，為
> 始念於前而日遠矣，夫何免而思之邪？是余知突奧於《中
> 庸》，啟鍵關於內典，會而歸之，猶初心也。[30]

---

28　張載：「某觀《中庸》義二十年，每觀每有義，已長得一格。《六經》循
　　環，年欲一觀。」《經學理窟・義理》，《張子全書》，頁85。
29　如余敦康就注意到劉禹錫的表述之價值，他認為此表述「具有很大的代表
　　性，值得仔細玩味，是極為珍貴的思想史的資料，我們也可以據此來推想
　　數百年後的北宋五子為什麼要『出入於老釋』的原因。」余敦康，〈張載
　　哲學探索的主題及其出入佛老的原因〉，《中國哲學史》1996年1-2期，頁
　　139。
30　〔唐〕劉禹錫，〈贈別君素上人〉，《劉夢得文集》（上海：上海書店，
　　1989，《四部叢刊初編》據商務印書館1926年重印），卷7，頁1b。

劉禹錫的感受是，《中庸》雖然樹立「聖人之德」的深奧境界，卻沒有登堂入室的階梯。相較之下，佛教提供了一套完備的心性修養理論與方法，透過佛教的理論與方法，可以彌補儒學本身的缺陷，更可以實踐《中庸》所說的聖人之德。劉禹錫並不認為援佛入《中庸》有何不妥，反而認為繞了一圈，取徑於佛學，更能真正讀懂《中庸》之奧祕。張載初讀《中庸》「猶未以為足也」，要從儒學出走，繞道至佛老，當然亦可將原因歸諸於張載本人身心狀態仍未做好承接《中庸》的準備；但從以上《中庸》的學術氛圍，也略可窺測一二。《中庸》成為儒門「性命之書」的過程中，佛教曾發揮重要作用，但並不代表他們對《中庸》的價值毫無保留的肯定。與張載同時代的契嵩是很好的觀察點，契嵩〈萬言書上仁宗皇帝〉說：

> 《中庸》曰：「自誠明，謂之性；自明誠，謂之教。」是豈不與經所謂「實性一相」者似乎？《中庸》但道其誠，未始盡其所以誠也。……又曰：「惟天下至誠，能盡其性；能盡其性，則能盡人之性；盡人之性，則盡物之性，以至與天地參耳！」是蓋明乎天地人物，其性通也。豈不與佛教所謂「萬物同一真性」者似乎？《中庸》雖謂其大同，而未發其所以同也。……其又曰：「至誠無息，不息則久，久則徵，徵則悠遠，以至悠久所以成物。博厚配地，高明配天，悠久無疆。如此者，不見而彰，不動而變，無為而成。天地之道，可一言而盡矣。」是不與佛所謂「法界常住，不增不減」者似乎？《中庸》其意尚謙，

未踰其天地者也。[31]

契嵩雖然肯定《中庸》是儒書言性命之最著者，但又認為《中庸》對天道性命問題的討論，其實只論其然而不能論其所以然。契嵩透過與佛教教理的比附來闡釋《中庸》，認為其所論雖近似佛教所說的實相、真性、法界，但並不能達到佛教的高度。其間護法護教的意圖十分明顯，他作〈中庸解〉最終目的也不在於發揚《中庸》，而是因為「以《中庸》幾於吾道，故竊而言之。」[32] 雖然他們的深入論述帶動《中庸》學的發展，但骨子裡認為儒家《中庸》稱不上是究竟之學。儒學非究竟之學的說法，唐代的華嚴五祖圭峰宗密（784-841）早已清楚的表述過，宗密說：「策萬行，懲惡勸善，同歸於治，則三教皆可遵行；推萬法，窮理盡性，至於本源，則佛教方為決了。」[33]宗密進行的是判教的工作，他認為儒家自豪的道德教化，基本上僅是一種作為三教共法層次的「世法」；至於「窮理盡性」等深層的本源問題，儒家是缺乏的，因此，儒學不具備成為究竟之學的資格。質疑儒學缺乏對「本源」問題的思考，這是個怎麼樣的論題？蘇轍（1039-1112）說：「東漢以來，佛法始入中國，其道與老子相出入，皆《易》所謂形而上者。」[34]在《易》

---

31　〔宋〕釋契嵩，〈萬言書上仁宗皇帝〉，《鐔津集》（台北：臺灣商務印書館，1981），《四庫全書珍本》第10集，卷9，頁9下。

32　〔宋〕釋契嵩，〈中庸解〉，《鐔津集》，卷4，頁14上。

33　〔唐〕宗密，《原人論・序》，《大正新脩大藏經》第45冊（台北：新文豐出版公司，No.1886），頁1。

34　蘇轍語見〈歷代論〉。〔宋〕蘇轍，〈歷代論〉，《欒城後集》（台北：

傳系統下的「形而上」論題就是道論，本源之學大致上可以被
視為是《易傳》所謂形而上學討論的範圍，形上學在中國哲學
的用法中，基本上被視為是討論天道性命的學問。[35]契嵩把儒家
非究竟之學的看法進一步帶到《中庸》的論域，他比張載大13
歲，此處借用契嵩對《中庸》之論，筆者並無意探討契嵩其說
對張載是否存在著具體的影響，但的確認為在儒、佛既交融滲
透又磨合衝撞的談辯境域中，既然佛教徒對《中庸》一書的談
論顯得細緻而且張力十足，那麼張載在研讀《中庸》時，不大
可能完全沒有接收到佛教徒深入「性命之書」內部，入室操戈
挑戰儒學的聲音。儒者在研讀《中庸》時，似乎特別容易在向
上一路的問題上遭遇與佛教的短兵相接。儒家不僅被佛教定位
為「方內之學」或「外學」，此劃分甚至也被第一流的儒家知

---

臺灣商務印書館，1965，四部叢刊影明活字印本）卷10，頁572。《周易‧
繫辭傳》：「形而上者為之道，形而下者為之器。」

35 「形上學」一詞是一個常被使用，卻顯得含混的概念。自從近代以「形上
學」一詞翻譯西方哲學的metaphysics後，「形上學」的內容通常包括本體
論與宇宙論兩部分，也往往帶入了西方哲學的二元論傳統，被視為是一種
超驗概念。郝大維、安樂哲指出：「西方文化傳統中超驗概念的無所不在
使我們的概念庫充塞了眾多分離性概念──上帝／世界、存在／非存在、
主／客、心／身、實在／現象、善／惡、知識／無知，不一而足。這些概
念，儘管都不適用於分析中國古典哲學，卻無疑嚴重污染了我們借助來說
明該哲學的那些語言。儒家宇宙構成之初各要素──天、地、人──之間
相互內在性排除了對超驗語言的使用，因而也戒絕了任何有害的二元對
比。」〔美〕郝大維、安樂哲著，何金俐譯，《通過孔子而思》，頁18。
中國哲學傳統中所使用的「形上學」，以儒學傳統而言，《周易‧繫辭
傳》：「形而上者為之道，形而下者為之器。」「形上學」雖保留對形下
經驗的優先性，但並不具有被視為一外向超驗概念與原理的意涵。

識分子所接受。[36]

　　相較於儒家，道教徒卻更早在性命之學的論題上與佛教進行種種複雜的交涉與磨合。[37]佛、道在歷史上的交涉雖然並不愉快，但對照於儒家的位置，他們都自居於最高的宗教真理位階之上。佛教初入中國即是假《老子》而行，如支道林用格義方式將佛理引入《老子》的討論，從而獲得玄學家的認同，使用來作為清談的談資，逐漸確立佛教在內學的地位。在此能與佛教進行交鋒展開激烈論辯的是道教，尤其是一批以陸修靜（406-477）為首的重玄派道士。[38]林永勝指出：

　　　　從南朝到盛唐，是佛道激烈辯論的時期，而當時站在

---

36　楊儒賓認為：「即便歷代反佛的著名儒者，從傅奕到韓愈，他們反佛的立場事實上還是站在這種業已先入為主的內外之別上的，只是他們不認同所謂的『方外』之學能獨占真理而已。」楊儒賓，《從《五經》到《新五經》》，頁24。

37　關於六朝到隋唐佛、道交涉與融合的相關研究成果，見謝世維，〈融合與交涉：中古時期的佛道關係研究回顧〉，《清華中文學報》第8期（2012年12月），頁263-299。謝世維指出：「我們需要試著從新思考早期學者討論佛教如何『征服』、『影響』道教或者是佛教『中國化』的研究模式，指出這些模式抽象化『佛教』與『道教』，忽略佛道教兩者實際上更為複雜細緻的交融滲透、磨合與轉化，也因此忽略信仰者及信仰現象。」（同上，頁275）

38　以陸修靜為首一批天師道士，積極參與佛道辯論活動，並將佛教概念引入其《道德經》注疏中，所言有特定宗旨，與其他道士有異。初唐成玄英說當中「孟智周、臧玄靜以道德為宗。」晚唐杜光廷則說：「孟智周、臧玄靜……皆明重玄之道。」後來即將他們稱為種玄學或重玄派。說參見林永勝，〈二重的道論：以南朝重玄派的道論為線索〉，《清華學報》新42卷第2期（2012年6月），頁234-235。

二教辯論前鋒的，正是這批重玄道士。從佛教徒的記載來
看，重玄道士的經典及語彙常被佛教徒指出有襲用佛經之
處，在辯論時也常居於下風，但即使如此，他們還是必須
去辯論、必須去吸收，因為不這樣做，就無法取得發言的
位置。當時的儒家學者因為較少進行吸收與辯論的嘗試，
所以從六朝到盛唐時期，鮮少士人認為儒家具有內教的價
值，當時士人的心理結構通常呈現為「外儒內佛」或「外
儒內道」的傾向。[39]

在此學術氛圍下，青年張載轉而訪諸佛老，似乎有跡可循。張
載由研讀《中庸》而開啟他對「性命之學」的思考，而「性命
之學」卻又被佛、道教視為非儒學之擅場，張載初讀《中庸》
的「猶未以為足也」是一個很真實的感受。除了可以是張載自
己生命的關懷仍未被儒學所完全安頓；也意味著儒學必須進一
步在「性命之學」的論題上更有力的回應佛、道教的挑戰，並
且重新整理、建構出儒學即是究竟之學的語言與思想系統。

## （二）出入佛老

如果以上對張載求見范仲淹，到勸讀《中庸》的鋪陳可
以成立，那麼，范仲淹所做的是將青年張載激情而躁動的事功
之心，收攝在學術上，因此把儒學帶進這位心懷天下的青年視
域。張載從范仲淹那裡接受《中庸》，此事對張載本人來說確

---

39 同前註，頁235。

實有扭轉乾坤的意義。中國歷史上少了一位可能出現的名將，卻多了一位具有創造性的重量級哲人。在這一前後相連的脈絡中，張載始則關切世局、由關切世局而重視「名教」、由重視「名教」而探求「性命之學」，讀《中庸》是一種生命沉潛的要求。如前所說，儒學僅是他的選項之一。而當時佛、老兩大顯學在性命之學與形上本源問題的談論更顯精微，張載因而轉向去研讀佛、老之學，這是不難理解的行為。張載研讀佛、老的情形如何？是否如呂大臨所說的「盡究其說」？無從而知。但這一段時間確實很漫長，如果依朱熹所說：「夫子蚤從范文正公受《中庸》之書，中歲出入於老、佛諸家之說，左右採獲，十有餘年。」[40]那麼，張載訪諸釋、老的時間前後長達十幾年之久，以21歲求見范仲淹為起點算起，大約是張載21歲到30多歲。形上本源問題原是佛、老勝場，那麼，為什麼它們僅成為張載學術經歷中的反題，而不是他的最終選擇？同樣是儒者讀《中庸》「猶未以為足也」，轉而求助於佛老之學的例子，在劉禹錫與張載身上卻出現截然不同的結果。劉禹錫認為用佛理去研讀《中庸》，幫助他實現了「初心」，是可行的；張載卻感受到巨大的矛盾與衝突，後來乾脆承認在反題階段的出入佛老是「累年盡究其說，知無所得」。不僅否定儒、佛會通的可行性，甚至開始採用極為嚴厲批判的態度來對抗佛、老之學。箇中原因，從張載大量批判佛、老文字的內容看來，大概可以反推回去。他對佛教的不滿，主要論點都集中在佛教的

---

40　朱熹，《楚辭集注・楚辭後語》卷6，《朱子全書》冊19，頁308。〈鞠歌第五十一〉。

「夢幻人世」上。張載說：

> 釋氏妄意天性而不知範圍天用，反以六根之微因緣天
> 地。明不能盡，則誣天地日月為幻妄，蔽其用於一身之
> 小，溺其志於虛空之大，所以語大語小，流遁失中。其過
> 於大也，塵芥六合；其蔽於小也，夢幻人世。謂之窮理
> 可乎？不知窮理而謂盡性可乎？謂之無不知可乎？（《正
> 蒙・大心篇》，頁19）

> 釋氏語實際，乃知道者所謂誠也，天德也。其語到實
> 際，則以人生為幻妄，〔以〕有為為疣贅，以世界為陰
> 濁，遂厭而不有，遺而弗存。就使得之，乃誠而惡明者
> 也。（《正蒙・乾稱篇》，頁56）

張載反覆駁斥佛教不能肯定人生的真實、世界的價值，把現實
世界與人生看成幻妄、疣贅、陰濁，以心法起滅天地，不承認
世界是一個具有意義感與價值性的真實存在。張載對道教的批
判，則多集中在「有無」之說，張載說：

> 若謂虛能生氣，則虛無窮，氣有限，體用殊絕，入老氏
> 「有生於無」自然之論，不識所謂有無混一之常。（《正
> 蒙・太和篇》，頁2）

> 諸子淺妄，有有無之分，非窮理之學也。（《正蒙・太
> 和篇》，頁2）

　　《老子》第40章說「天下萬物生於有，有生於無」[41]，明確地指出萬物之「有」，即從「無」而來。王弼的《老子注》在此解釋為：「天下之物，皆以有為生。有之所始，以無為本。將欲全有，必反於無也。」[42]而提出「以無為本」、「以有為用」等玄學命題，其主張被稱為「本無」、「貴無」論。王弼認為「有」是一種受限制的狀態，「有」的存有論位階在「無」之下，如果想要轉化，必得借助「無」消除限制的作用。既然「有」是一種被限制的狀態，那麼「有」所存在於世間的「象」均是「暫存」，最終仍然要歸本於「無」。以「有無」這一組概念來討論道與物關係一直是道教的核心理論，到道教重玄派亦以「有無」為核心展開與佛教的論辯。[43]張載對道教的批評大多集中在「有無」的問題上，他認為「有無」之說，如果是「有生於無」，以虛無言道體，「無」的位階最

41 丁重祜箋注，《老子道德經箋注》（台北：廣文書局，1975），頁54-55。

42 〔魏〕王弼原注，《老子》（台北：金楓出版，1987），頁139。

43 唐高宗時孟安排《道教義樞‧有無義》即引述了他們對「有無」之說的各種討論，當時主要說法有四種：「一者，有有名，無無名。名本召體，有體可召，所以有名。無體可召，所以無名。二者，無有名，有無名。有是假偽，未足可名。無是真實，始是可名。……三者，具如孟法師釋，亦是有無之名，相待故有。四者，體了有無，畢竟清淨。俱不思議，故並無名。」〔唐〕孟安排著，王宗昱校勘，《道教義樞》，收入王宗昱，《道教義樞研究》（上海：上海文化出版社，2001），頁352-353。孟安排所整理的四種說法中，前兩種「有無」之說為佛教的有宗與空宗所持的論點，皆為《道教義樞》所不取；後兩種為重玄派的說法，第三種說法出自孟智周，言有法與無法相待而有，也就是勝諦無俗諦亦不得立。第四種是從體證的經驗立論，從體證到「妙有」與「妙無」後，之一切畢竟清靜，而不可言說，故「有無」俱泯，而以智慧為道體。說見林永勝，〈二重的道論：以南朝重玄派的道論為線索〉，頁243。

高，那麼即使與佛教相比，道教肯定有「有」的存在，還有存有的意涵，但仍會導致體用之間的斷裂，並無法保障形上道體能在現實世界開展真實的作用。

　　佛、老的形上學雖然在嚴格意義上並不等同，但佛教入中國能一路假老學而行，也是因為它們有個一個共同關注「非存在或無（nonbeing）」的性格，它們揭示了經驗實在的一個既微妙又新奇的思想維度。日裔美籍學者Kenneth Inada（稻田龜男）稱呼佛、老形上學為「深層形而上學（depth metaphysics）」，他說：

　　　　佛家對於這種經驗實在的觀念在梵文中表達為「sūnyatā」，或被譯為英文的「空」（emptiness）、「無」、「空虛」（voidness），等等。道家的說法則是「無」，被譯為英文中的「無」（nothingness）、「虛空」（vacuity）、「非實體」（nonentity），等等。當然，無與空（sūnyatā）並不完全相同；但是他們在實現和成就經驗實在的整體論的無執本性方面扮演著很近似的角色。在這方面，他們都否認存在概念的優先地位。但是，它們又穿透和吸收了存在的領域。這樣一個在無或空的境遇中的存在的內動源永遠是所有經驗的出發點和結尾。由於佛教的長期影響，中國人能理解「空」的涵義並將它與道家的「無」結合起來。因此，無與空在很多情況下成為可互換的概念；儘管中國人更喜歡用「無」來表達真切的整體論

　　　的經驗。[44]

　　不論是佛教的「緣起性空」，或老子的「有生於無」，佛、老以「空」、「無」作為經驗出發點與結尾的「非存在」形態之形上學，主要的任務是將存在收容至非存在之中，此雖然開啟另一個直探本源的精神方向——此為原來的儒學傳統所不及，也因此刺激並促進了儒學的形上學發展。[45]但佛、老的「非存在或無」性格所開展出來的精神方向，與張載青年時期很早就表現出來的關懷現實意向是相違背的。關懷現實世界的「擔當意識」是張載為學的初心，事實上也幾乎一開始就決定張載治學的基本路數。宗密所說的佛教能「窮理盡性，至於本源」，在張載看來，其「本源」之學有體而無用，根本不能稱上是「窮理盡性」。不同於佛、老以「空」、「無」作為經驗的出發點與結尾的形上學，張載的學術方向要求必須順成人文世界，以闡明人在天地間的價值意義與應盡的性分。所謂的「究竟之學」，其前提必須是能夠發揮「全體大用」的；所有的「性命之學」的超越性也都必須要放在人間世中的奮鬥才能完成。因此，張載在訪諸佛、老十餘年後，他的結論是：佛、老非「道」。經過出入佛、老的歷程，張載最終「反而求之《六

---

44　〔美〕Kenneth Inada（稻田龜男），〈道、佛關於經驗的形而上學及其挑戰〉，陳鼓應主編，《道家文化研究》第6輯（上海：上海古籍出版社，1995），頁399。

45　唐君毅指出佛學風行對宋明儒學的影響，大致在於刺激宋明儒自覺地反省先秦儒學的生命智慧，或是宋明儒對人生負面之關注，刺激宋明儒家重形上學的發展。唐君毅，《中國哲學原論：原道篇》卷三（台北：臺灣學生書局，1990），頁424。

經》」，進入他學術探索辯證過程中的合題階段。

## （三）反求六經

　　張載30多歲出佛、老，回歸儒學，開始循環研讀六經。
他描述自己的閱讀過程：「《詩》、《禮》、《易》、《春
秋》、《書》，六經直是少一不得。」「唯六經則須著循環，
能使晝夜不息，理會得六、七年，則自無可得看。若義理則
盡無窮，待自家長得一格則又見得別。」（《經學理窟・義
理》，《張子全書》，頁85、86）用了6、7年的工夫，對六經
進行完整系統的研究，奠定了他的學術基礎。此時，大約37
歲。六經之中對張載影響最大的關鍵經典是《易》，他也悟出
劉禹錫等前輩儒者沉溺於佛老不能自拔的原因，就在於不識
《易》之道，他說：

> 不悟一陰一陽範圍天地、通乎晝夜、三極大中之矩，
> 遂使儒、佛、老、莊，混然一途。語天道性命者，不窒於
> 恍惚夢幻，則定以「有生於無」，為窮高極微之論。入德
> 之途，不知擇術而求，多見其蔽於詖而陷於淫矣。（《正
> 蒙・太和篇》，《張子全書》，頁2）

如果說劉禹錫認為自己是以佛理來讀懂《中庸》，從而安頓了
自家身心；那麼張載則是「以《易》為宗去讀《中庸》」[46]，最
終確立他對世界誠明價值的信念。張載從《中庸》的「天命之

---

46　說見余敦康，〈張載哲學探索的主題及其出入佛老的原因〉，頁140。

謂性，率性之謂道，修道之謂教」三命題引發出來的問題，最終是在《易》找到答案，也找到解決問題的一套理論與方法。「以《易》為宗去讀《中庸》」不是理論的任意比附，因為在張載看來二者的天道性命之說原本就是「同質同宗」，可以互相印證。[47] 甚至不僅是《易》與《中庸》這兩部經典，整個六經與《論》、《孟》也都是「同質同宗」，皆可以《易》來貫串。王夫之《正蒙注·序論》說：

> 《周易》者，天道之顯也，性之藏也，聖功之牖也，陰陽、動靜、幽明、屈伸，誠有之而神行焉，禮樂之精微存焉，鬼神之化裁出焉，仁義之大用興焉，治亂、吉凶、生死之數準焉，故夫子曰：「彌綸天下之道以崇德而廣業」者也。張子之學，無非《易》也，即無非《詩》之志，《書》之事，《禮》之節，《樂》之和，《春秋》之大法，《論》、《孟》之要歸也。[48]

王夫之除了提出張載之學是《易》學之外，也指出張載以《易》學來貫通六經與《論》、《孟》的性質。王夫之的判斷很精確，正是因為悟出這些經典本質上的同質同宗，張載晚年

---

47 楊儒賓指出：「作為儒教系統下的儒者，張載對《易經》、《中庸》的天道性命說自然等同視之，視為同質同宗。因此，其著作《正蒙》引《易經》的語彙，或其經學主要著作《橫渠易說》所述及的道之作用，都可視為對《中庸》天道性命說的闡揚。」楊儒賓，《從〈五經〉到〈新五經〉》，頁209。

48 〔清〕王夫之，《張子正蒙注·序論》（北京：中華書局，2011），頁4。

作《正蒙》時，也經常使用不同經典來進行互相印證與詮釋。
37歲時張載開始在京師講《易》，也在這一年遇見二程。[49]《宋
史・張載傳》說：

> 嘗坐虎皮講《易》京師，聽從者甚眾。一夕，二程至，
> 與論《易》。次日語人曰：「比見二程，深明《易》道，
> 吾所弗及，汝輩可師之。」撤坐輟講。與二程語道學之
> 要，煥然自信曰：「吾道自足，何事旁求。」於是盡棄
> 異學，純如也。（《宋史・張載傳》，《張子全書》附錄
> 一，頁459）

雖然這一段經歷在理學史上曾引發張載之學是否源於二程的論
辯，但從當時張載「講《易》京師，聽從者甚眾」的描述，卻
也說明張載早有自己的學術根柢。[50] 如若擺脫門戶之爭，把與
二程切磋視為一種彼此對「道」的印證，此次會面對張載之學
的成熟確實產生極為重要的作用。透過與二程兄弟以《易》

---

49 根據《年譜》：「張載在京師講《周易》，與二程共語道學之要。」為宋
　　仁宗嘉祐元年丙申（1056），張載37歲。張波，《張載年譜》，頁39。
50 林樂昌參照程頤晚年自述：「吾四十歲以前讀誦，五十以前研究其義，
　　六十以前反覆紬繹，六時以後著書。」當時程顥26歲，程頤25歲，與張載
　　思想演進的時間座標互為參照，他認為：「京師論學時，無論是張載還是
　　二程都未形成獨立的學說，思想遠未成熟，各自也沒有形成學派。張載與
　　二程對《周易》及『道學之要』的討論，只是幾位有志於復興儒學的青
　　年學者之間的切磋。在雙方學說都尚未形成的情況下，遽然判定張載之學
　　發源於二程，不是門戶之見，就是誇誕之詞。」林樂昌，《張子全書・前
　　言》，頁3。

為核心而展開「道學之要」的論辯、切磋與印證，張載建立起對「道」的強大自信，確信「道在是」；也確信佛、老非「道」，於是「盡棄異學」。他除了信服儒家聖人之言，並以批判佛、老之學作為哲學起點，由此在理論與實踐上重建與更新儒家之學，終成一代大儒。

## 二、體用論：張載的儒學語境重建之路

### （一）韓愈與李翱：兩種儒學路徑之反思

　　呂大臨〈行狀〉描述的勸讀《中庸》──出入佛老──反之《六經》，此三階段學術經歷，跨越的時間點從張載21歲到37歲。順成實存人文世界的取向，使張載結束他在三教之間的游移與探索，佛老的「空」、「無」──非存在形上學將「存在」收容到「非存在」之中，在張載看來這種形態的學問有體而無用，無法貞定經驗實存世界之價值，儒學於是成為他的最終選項。那麼，怎麼儒學？余敦康指出北宋儒學的環境是在繼承韓愈與李翱的業績下展開的，他們的歷史經驗為北宋新儒學提供不少可參考的資源。余敦康說：

　　　韓愈的探索，其成功之處在於高舉孔孟道統的大旗，在外王層面維護了儒學的名教理想。其不足之處則表現在哲學理論的薄弱，提不出一套新的心性之學來與佛老相抗衡，可以說是離體而言用，只看到了外王，而忽視了內聖。李翱的探索，其思路與韓愈恰恰相反，可以說是離用

而言體，只看到了內聖，而忽視了外王。李翺認為，《中庸》是儒學僅存的一部性命之書，應該依據這部著作來開出誠明之源。這個看法對理學家有很大的啟發，是他的真知灼見。但是，由於他只是簡單地採用「以佛證心」的方法來詮釋《中庸》，而沒有立足於儒學的名教理想進行創造性的轉化，所以他所建構的那一套滅情以復性的理論，實質上不過是佛教的清靜寂滅之道的翻版，只能引導人們脫離人倫日用之常，而不能據以開出外王。[51]

韓愈與李翺這兩種思路各有所長，亦各有所短。北宋前期受慶曆新政與熙寧變法的影響，以經世之學為主流，關注的重心在如何吸取韓愈之所長而去其所短，由外而內，由用以明體，由經世致用的社會文化實踐之需求來規定心性之學的內容；熙寧以後，理學思潮興起，心性之學提升到主流地位，北宋後期更關注的問題是如何吸收李翺之所長而去其之所短，由內而外，立體以達用，通過心性之學的精密理論建構，為儒家社會文化實踐的外王事業建立一個堅實的理論基礎。雖然各有所側重，北宋新儒學運動中人們的探索幾乎都是致力於如何結合此二者而展開他們的論述。作為理學興起前，北宋新儒學運動前期的領袖，范仲淹門下同時聚集了這兩種不同學術傾向的人物，包括李覯的經世之學與胡瑗、孫復、石介的心性之學。這意味著范仲淹推行新政改革、注意經世外王之學外，也很重視心性之學。雖然如此，這兩條路線如何結合，仍有待於進一步的探

---

51　余敦康，〈張載哲學探索的主題及其出入佛老的原因〉，頁141。

索。關鍵在於「如何把仁義禮樂提到天道性命的高度進行哲學的論證，如何確立儒學之體以與佛老相抗衡。」[52]而這個儒學之「體」又必須是能夠創造仁義禮樂之價值，保障世界的真實無妄。范仲淹勸青年張載讀《中庸》，等於一開始就把張載的學術提升到向上一路，讓張載直接面臨與承接當時儒學發展最尖端的課題。

　　張載在確認佛老非道後，批判佛老，尤其是批判佛教，反而是他重建儒家哲學的起點。成為儒者的張載如此描述他的時代危機：

　　　自其說熾傳中國，儒者未容窺聖賢門牆，已為引取，淪胥其間，指為大道。乃其俗達之天下，致善惡知愚，男女臧獲，人人著信。使英才間氣，生則溺耳目恬習之事，長則師世儒崇尚之言，遂冥然被驅。因謂聖人可不修而至，大道可不學而知。故未識聖人心，已謂不必事其跡；未見君子志，已謂不必事其文。此人倫所以亦（亦）〔不〕察！庶物所以不明，治所以忽，德所以亂，異言滿耳，上無禮以防其偽，下無學以稽其弊。（《文集抄・與呂微仲書》，《張子全書》，頁282）

他的批判有兩大方向，一是在形而上層次的天道性命之學上指出佛教的謬誤；一是在社會文化層次上指出佛教缺乏禮學所造成的嚴重社會問題。同時他的正面表述也由這兩個大方向展

---

52　同前註，頁141。

開，以「氣學」破空、無之說，肯認世界之誠明，建構儒家的
天道性命之學；以「禮學」合內外，修身、齊家、為教、化
俗、養民、治國，發揮儒學傳統在實存世界的真實作用。由
「氣學」與「禮學」的交互涵攝，建構出一種涵蓋存有與道德
實踐的儒家之學。《宋史・張載傳》對張載的學術性格作了如
此的斷語：

> 故其學尊禮貴德，樂天安命，以《易》為宗，以《中
> 庸》為體，以孔、孟為法，黜怪妄，辨鬼神。其家婚喪葬
> 祭，率用先王之意，而傅以今禮。又論定井田、宅里、
> 發斂、學校之法，皆欲條理成書，使可舉而措諸事業。
> （《宋史・張載傳》，《張子全書》附錄一，頁459）

　　《中庸》是張載研讀儒學的起點，《易》則是與二程切磋
道學的核心經典，從《中庸》出發，止於《易》，從而建立對
孔、孟儒學的信仰。《宋史・張載傳》的斷語，大致符合張載
思想的發展脈絡。這當中也正貫穿張載與佛、老在天道性命、
世界價值等問題的對話，與對儒學傳統的反省。
　　在天道性命的本源問題之思考上，范育〈《正蒙》序〉做
了更集中焦點的描述：

> 自孔子沒，學絕道喪千有餘年，處士橫議，異端間作，
> 若浮圖老子之書，天下共傳，與六經並行。而其徒侈其
> 說，以為大道精微之理，儒家之所不能談，必取吾書為
> 正。世之儒亦自許曰：「吾之六經未嘗語也，孔孟未嘗及

也」，從而信其書，宗其道，天下靡然同風；無敢置疑於
其間；況能分一朝之辯，而與之較是非曲直乎哉！（范育
〈《正蒙》序〉，《張子全書》附錄三，頁483）

天道性命的本源問題到底在儒學能不能談？怎麼談？張載的儒
學理論建構的步驟，首先是回到原始儒學，說明天道性命議題
在儒學傳統具有合法性。

## （二）「性與天道」論題的合法性

張載的儒學理論建構之步驟，首先必須說明天道性命議題
在儒學傳統具有合法性。為什麼回應佛、老挑戰的天道性命議
題，需要在儒學傳統找到根據？這是因為「傳統」在中國哲學
是一種重要的詮釋語境，早從孔子開始，就以「述者」自居，
而非純創者。在後來的儒學發展脈絡中，也往往出現一種調和
式的轉化與吸收，新成分在一開始就被給予了一種「傳統」的
詮釋。郝大維、安樂哲以「傳統」和「歷史」兩種不同的文化
類型來比較中國與西方，提出了他們的觀察：

　　個性在西方社會中是作為創造性和獨創力的標誌而受
　到珍視的；在中國，個性發展的目標則關涉通過實現個體
　之間共享的整體情感獲得彼此信賴。……傳統，作為有效
　實踐的根本標準，其主導地位會束縛那些有可能會打斷歷
　史連續性，建立新思想、新制度的個體新貢獻。歷史因抗
　拒、特殊創造和發明而充滿生機。而傳統社會高度頌揚體

現和闡明過去思想、行為的傳承性。中國和歐洲思想發展
史很好地表明了這一區分。中國哲學中，偉大思想家的標
誌是能夠運用過去思想家的智慧且使之與自己的時代相關
聯。[53]

不同於西方哲學對原創性的強調，儒學中任何新思想的出現幾
乎無一例外的需要處理它與傳統間的連續性關係，「傳統」一
方面似乎擁有一種抗拒、貶抑原創者這樣的保守制約力量，掩
蓋了文化更新與非連續性的創造價值；但另一方面由於後來的
思想家不斷地將新的時代問題與思考帶入傳統的脈絡中尋求解
答，新成分與傳統之間又具有一種張力。這使得孔子成為一個
「傳統」，而此「傳統」同時又是後來不斷產生的新思想的媒
介。[54]因為，當「傳統」作為中國哲學的詮釋語境時，不同時代
的思想家往往將孔子這樣的原創思想家的智慧與自己的時代問
題相關聯，並且透過融合、轉化，新思想成分又為原來的傳統
所吸收消納。

　　天道性命等形上學論題，就是一個顯著的例子。在形上本
源問題的討論上，與《論語》相較，儒學傳統中早在《中庸》
就已經開始表現出更高的興趣，並被初步轉化與吸收到原來的

---

53　郝大維、安樂哲，《通過孔子而思》，頁23-24。
54　郝大維、安樂哲說：「孔子一直被用來作為隱藏無數創造性個體的新思想
　　的媒介；另一方面，他或許實際上就是一個『集體人』，在文化價值傳承
　　從未間斷的過程中，由於後來思想家的參與而不斷需要從新的路向來看
　　待。如此觀之，『孔子』就是一個社群、一個社會、一個生動的傳統。」
　　同前註，頁26-27。

儒學傳統中。郝大維、安樂哲因此說：「儘管孔子在《論語》中似乎一再避開對形而上學問題表達明確的態度，完全形而上學的《中庸》卻仍然經由他的孫子子思之手而被『歸結於』他的思想。」[55]如前所述，《中庸》正是張載最熟悉、淵源甚深的儒門經典，張載說：「由太虛，有天之名；由氣化，有道之名；合虛與氣，有性之名；合性與知覺，有心之名。」（《正蒙・太和篇》）這段重要文字被視為是張載討論「天」、「道」、「性」、「心」問題的四句綱領，其中脫胎自《中庸》首章「天命之謂性，率性之謂道，修道之謂教。」的痕跡極為明顯。如同《中庸》的形上興趣被歸結於孔子傳統，張載要在儒學傳統中探討天道性命之學，棘手的問題是需要處理來自於《論語》的一條著名文獻：「夫子之文章，可得而聞也。夫子之言性與天道，不可得而聞也。」（《論語・公冶長》）「性與天道」的形上學關懷在孔門「不可得而聞也」，這又該如何理解？如果此事是孔子所不說，那麼宋儒在此大說特說，並與佛、老進行論辯、較是非，其依據何在？對此，張載提出他的解釋：

> 子貢曰：「夫子之文章，可得而聞也。夫子之言性與天道，不可得而聞也。」子貢曾聞夫子之言性與天道，但子貢自不曉，故曰：「不可得而聞也」。若夫子之文章，則子貢自曉。聖人語動，皆示人以道，但人不求耳。（《張子語錄》，《張子全書》，頁248）

---

> 子貢謂：「夫子所言性與天道，不可得而聞。」既云
> 夫子之言，則是居常語之矣。聖門，學者以仁為己任，不
> 以苟知為得，必以了悟為聞。因有事說。明賢思之。（同
> 上）

張載的詮釋是──「性與天道」等形上議題，孔子並非不說，
反而是「居常語之」。孔子常說，而子貢不「聞」，問題不
在孔子，而在於子貢對儒門的形上本源之奧祕無法充分「了
悟」。原因在於「性與天道」的「聞」，並不是認知範疇的理
解，而是一個工夫實踐上「了悟」與否的問題。張載對以了悟
為「聞」的重新詮釋，在不違背儒學傳統的連續性與整體性的
前提下，為形上本原之學的思想新成分之展開，找到與原始儒
學間的銜接點，此銜接對後來宋明理學的發展影響至關重大。
　　除了重解《論語》的「性與天道」說，孟子的「盡心知性
知天」，在宋儒天道性命之學的發揮上也是很常被提及的重要
文獻。張載同樣回到儒學傳統中，將天道性命之學歸諸於孟子
的「知性知天」。他說：

> 孟子所論知性知天，學至於知天，則物所從出當源源
> 自見，知所從出，則物之當有當無莫不心喻，亦不待語
> 而知。諸公所論，但守之不失，不為異端所劫，進進不
> 已，則物怪不須辨，異端不必攻，不逾期年，吾道勝矣。
> （《文集抄・答范巽之書》，《張子全書》，頁280）

對於天道性命之學的關懷而言，《孟子》的「知性知天」說，

相較於《論語》「性與天道，不可得而聞也」確實是更有力的
正面表述。張載以《孟子》的「知性知天」說，作為儒學可以
而且必須窮究本源的理論根據。如此，儒學從《論語》的「夫
子所言性與天道，不可得而聞」，到了宋代「性與天道」反而
一躍成為儒學傳統中最核心的論題。楊儒賓說：「理學所代表
的儒學體系可能是國史上飛躍幅度最大的一種思想冒險。」[56]在
此思想冒險中，「儒者慢慢建立起一種可以和佛老對抗的世界
觀，這個世界觀包含儒家一向較薄弱的天道性命之體系，更確
切的說，天道性命反而成了宋代以後儒學的主要內容。」[57]張載
的策略性詮釋在此做了一個至關重要的轉化與改造。

## （三）「天人合一」：張載對佛老與漢唐儒學天人、體用割裂 之批判

　　為天道性命議題找出儒學傳統的合法性位置之後，張載的
第二個步驟是左右開弓，一方面批判佛老在形上本源問題的錯
誤；同時也一併回到儒學傳統，檢討漢唐諸儒的偏滯。對於佛
老天道觀的謬誤，張載說：

---

56　楊儒賓，《異議的意義：近世東亞的反理學思潮》，頁21。楊儒賓認為經
　　此思想的轉化與改造後，「性與天道」成為宋明理學最顯著的特徵，在理
　　學家而言此轉化固可視為潛存的義理之朗現，但這種「思想冒險」也被不
　　同立場的「反理學」儒者視為是一種背離原始儒學精神的改造。因為「夫
　　子的『性與天道，不可得而聞也』，從反理學儒者的眼光看，理學版的儒
　　學著作，包含《四書》、《五經》等一切經典的詮釋在內，卻是只見『性
　　與天道』，其他一無所有。」同上，頁23。

57　同前註，頁20。

　　若謂虛能生氣，則虛無窮，氣有限，體用殊絕，入老氏「有生於無」自然之論，不識所謂有無混一之常。若謂萬象為太虛中所見之物，則物與虛不相資，形自形，性自性，形性、天人不相待而有，陷於浮屠以山河大地為見病之說。此道不明，正由懵者略知體虛空為性，不知本天道為用，反以人見之小因緣天地。明有不盡，則誣世界乾坤為幻化。（《正蒙・太和篇》，《張子全書》，頁2）

　　「有生於無」是老子所提出的命題，魏晉時成為玄學的重要論題。勞思光說：「宋儒本《易傳》以立說，而能自覺到『有生於無』之論為不可接受者，則應以橫渠為最早。」[58]依勞思光的觀察，張載是宋儒中最早能就老學、玄學的重要命題加以批判的道學家。張載認為如果「無」能生「有」，那麼本體無窮，作用有限，天人體用之間勢必斷裂為兩橛，此道體將無法發揮在現實世界的真實作用。至於佛教原本就視人生與世界如夢幻泡影，如何發揮天道在現實世界的作用本非佛教的關懷重點，張載的批判因此更常針對佛教發言：

　　（佛教）以人生為妄見，可謂知人手？天人一物，輒生取捨，可謂知天乎？孔孟所謂天，彼所謂道者。惑者指「游魂為變」為輪迴，未之思也。（《文集抄・與呂微仲書》，《張子全書》，頁281）

---

58　勞思光，《新編中國哲學史》三上（台北：三民書局，1987），頁176。

張載認為佛教在天道性命問題的思考上，看似精闢，事實上既不「知人」，也不「知天」。佛教最大的問題在於不能肯定人生的價值，因而人倫不察，庶物不明，也就是在天人關係中不「知人」。「天人一物」之說，意味著張載認為天與人是一體的，此一體性思維，強調的是形上界與形下界的連續性。佛教因為不「知人」，也影響到他們對天道的理解，因此也稱不上能夠「知天」。

張載不滿佛老在天人、體用關係的割裂，認為此二者皆是有體無用之學。並且將同樣的質疑也帶回儒學內部一併做檢討，張載指出如若要說儒學有弊，其弊在漢唐儒學。他說：

> 知人而不知天，求為賢人而不求為聖人，此秦、漢以來學者之大弊也。（《宋史・張載傳》，《張子全書》附錄1，頁459）

張載所說的「知人而不知天」指的是漢唐儒者智不窮源，他們關心社會倫理與文化價值，對漢唐儒者而言，道德實踐的焦點並不在於對自我本質作超越的體證，也不在於形上理境的終極追求；而是在文化傳統所體現的世界作倫理的奉獻。漢唐儒者的道德實踐被視為是「社會文化的實踐模式」。[59]儒者的本質不會反對道德應在人與人間做倫理的奉獻，應在社會文化實踐中展開，但張載顯然認為此一模式固然可以安立社會政治秩序，建立人文世界的價值，但缺乏向上一機。如此所形成的格局，

---

59　楊儒賓，《從《五經》到《新五經》》，頁31。

將僅是佛教所論的「策萬行，懲惡勸善，同歸於治」之「世法」或「外學」，面對「異端」的攻擊是無力回應的。此弊也表現在漢唐儒「求為賢人而不求為聖人」上，漢唐儒學從董仲舒、王充、劉劭以下，以才性、氣性說聖人，視聖人為氣成命定、獨得中和之氣，不與人共的神聖物。但宋儒從周敦頤之回答：「聖可學乎？曰：可。有要乎？曰：有。請問焉，曰：一為要。一者，無欲也。」[60]以及邵雍的〈一等吟〉：「欲出第一等者，須有第一等意。欲為第一等人，須作第一等事。」[61]一路到南宋的朱子說：「且如為學，決定是要做聖賢，這是第一義。」[62]儒學是「聖學」，但同時也要「學聖」；儒學不僅要「知人」，也要能「知天」。張載肯定漢唐儒「知人」，意味著他肯定「社會文化的實踐模式」對儒學的價值，但同時也批判漢唐儒不求「知天」以窮究本源，所形成的凝滯、偏蔽，正是使儒學無力對抗佛老的最重要原因。漢唐儒者缺乏對高深精微的天道性命之學的正確理解，也缺乏成為聖人的終極追求，終為「異端所劫」，造成儒學淪喪衰微千百年。因為不「知天」，所以事實上漢唐儒也不真的能夠「知人」。

　　批判佛老不「知人」，無法開顯出人文化成世界之真實妙用；也批判漢唐儒不「知天」，以至於儒學千年學絕道喪，那麼，如何是「知人」又「知天」？張載認為：

---

60　〔宋〕周敦頤，《通書》，《周敦頤集》（北京：中華書局，1990），頁29-30。

61　〔宋〕邵雍，《擊壤全書》（台北：廣文書局，1972），卷19，頁5b。

62　〔宋〕朱熹，《朱子語類》卷15，《朱子全書》第14冊，頁462。

> 悟則有義有命，均死生，一天人，惟知晝夜，道陰陽，
> 體之不二。（《文集抄‧與呂微仲書》，《張子全書》，
> 頁281-282）

> 儒者則因明致誠，因誠致明，故天人合一，致學而可以
> 成聖，得天而未始遺人，《易》所謂不遺、不流、不過者
> 也。（《正蒙‧乾稱篇》，《張子全書》，頁56）

天人、體用，乃至於死生、晝夜、陰陽等等，其間不應有任何
一方被割裂；「天人合一」即是他建構儒家天道性命之學的正
面主張。天人如何合一？能夠得天而不遺人？張載肯定《易》
的生生創化之德，《中庸》的誠明之道；再由天道論為中介，
歸宗於孔孟仁義之說。在張載「天人合一」之學當中「氣」是
極其重要的概念，進而提出「太虛即氣」說。在「太虛即氣」
的動態氣化的本體宇宙論中，說明何以天人能合一、體用本不
二，建立儒家的形上本源之學，同時肯定全幅人文世界真實存
在的價值。

## （四）「太虛即氣」：存有的動能、世界的真實與體用論的建構

在建構儒家「天人合一」之學的過程中，由於張載認為
佛老只談形上本源問題，遺落生活世界，造成「天人二本」、
「體用割裂」；而且再加上他們崇虛尚無的本質，佛老的本源
之學並無法安立人倫秩序，也不能肯定生活世界與文化的價
值；張載反對佛老的空、無形上學，他認為佛老之謬誤在「彼

欲直語太虛」。[63]但他在批判佛老崇虛尚無的論辯過程中，卻同樣使用了佛老常用，而儒學傳統中罕見的「太虛」一詞，用以指稱儒家的形上本源，並且對虛氣關係作了重新的衡定。他說：

> 由太虛有天之名，由氣化有道之名。合虛與氣有性之名，由性與知覺有心之名。（《正蒙‧太和篇》，《張子全書》，頁3）

「太虛氣化」一詞即是「天道」的同體異名。張載既然反對「彼欲直語太虛」的思考模式，那麼他對「太虛」的用法其內涵首先就不可能是一個可以隔離、割棄形下界的超越的形上本體，「太虛」並不隔絕於「氣」。唐君毅因此說：

> 「由太虛有天之名」，即是說：由「太虛即氣」有天之名。不可離氣以言此太虛。[64]

如何建構儒家的形上本源之學，而此道體又能夠貞定實存世界之意義？開顯道德實踐與人文化成之真實作用？在天道論上張載對於「太虛」與「氣」的關係，提出的最重要之哲學命

---

63 張載：「大率知晝夜、陰陽則能〔知〕性命，能知性命則能知聖人，知鬼神。彼欲直語太虛，不以晝夜、陰陽累其心，則是未始見《易》。」《正蒙‧乾稱》，《張子全書》卷2，頁56。「太虛」是張載用語，意指形上道體。

64 唐君毅，《中國哲學原論：原教篇》，頁97。

題即是「太虛即氣」。張載說：

> 知太虛即氣，則無無。故聖人與性與天道之極，盡於
> 伍之神，變易而已。（《正蒙‧太和篇》，《張子全
> 書》，頁2）

「太虛即氣」是張載刻意把「氣」帶入天道性命的論域，而產生的重要哲學命題。此命題是以闢佛老崇虛尚無為起點，所展開儒家天道性命之學乃至虛為實的建構，目的是「無無」。張載以「太虛即氣」說明「空」、「無」——「不存在」不可能存在，來說明存在的真實。「無無」就是「有」，存在即是道，張載正是以「絕對有」來對治佛老的「空」、「無」。[65]張載以「太虛即氣」命題所建構的，是一個「絕對有」的哲學。王植（懋思，1682-1767）《正蒙初義》說：

> 《太極》一圖本《易》，「易有太極」數語建圖屬書以
> 發所見，其說由理而氣而形，從原頭說下因端竟委以極其
> 義。所謂太極云者，說云不離乎氣，而實以其不雜乎氣者
> 而言。故形而上下之分劃然不淆，而意之周匝言之簡盡，
> 皆純粹以精而無之可疑。太虛之云，則因二氏崇虛之見而

---

[65] 林永勝指出：「『無無』一語，正可以表示張載思想的特色，也就是存在即是道，萬物都是氣之所化，一切存在皆是真實無妄，這是一種『絕對有』的哲學。」林永勝，〈張載「太虛即氣」重釋——兼論兩種型態的非一非異之說〉，收入鄭吉雄、林永勝主編，《易詮釋中的儒道互動》（台北：臺大出版中心，2012），頁255。

為之說，以訂其蒙，其說由虛而氣而形，蓋氣有清濁，濁
者滯於形象而不能通，清者則虛空洞達神妙莫測，足以超
乎形象之外，而為天地人物之本，故名以命之曰：「太
虛」。[66]

王植指出作為建構儒家的天道性命之學而提出的本體概念，張
載「太虛」的提法另有關懷，是為了對治佛、老的崇虛尚無而
說。「太虛即氣」正是反對佛、老將「存在」收納於「不存
在」之中，而主張「不存在」其實是「存在」的一個狀態而
說，因而張載用心於以「存在」來吸納「不存在」。「太虛」
與「氣」的連說，其立意並非是要以形上、形上的異質關係，
來建立道體的絕對性與超越性而已；因為若是如此，則又落入
張載所批判的「虛無窮，氣有限」、「體用殊絕」的困境之
中。

　　與佛老「空」、「無」之學針鋒相對，張載透過「太虛
即氣」命題提出一個「絕對有」的儒學形上學，在「太虛」與
「氣」的「相即」中，「『太虛』是從根源義、形上義、實體
義上來正名立義；而『氣』則是從流行義、作用義、實現義上
來正名立義。」[67]因為「太虛即氣」，存在的真實無妄得以展
開。張載說：

---

66　〔清〕王植，《正蒙初義》（台北：臺灣商務印書館，1983，《文淵閣四
　　庫全書影印本》），卷1，頁1-2。
67　張永儁，〈莊子泛神論的自然觀對張橫渠氣論哲學的影響〉，頁91。

　　知虛空即氣，則有無、顯隱、神化、性命，通一無二。
顧聚散、出入、形不形，能推本所從來，則深於《易》者
也。（《正蒙・太和篇》，《張子全書》，頁2）

這一段話語乃是張載對於他所體悟到的《易》根本宗旨的解
釋，也是他對天道性命之學的究竟之談。北宋理學家多具天道
論情懷，《易經》、體用論思考模式與理學的天道論，三位一
體，同時生起。這三位一體的理學體用論語言被視為是一種
「共同論述的知識類型」，意味著他們明確追求一種「縱貫天
人的生活世界」。[68]透過體用論的思考模式，樹立道體的形上、
超越向度，張載在此並沒有例外，但張載卻明確反對將道體的
超越性視為是一種超絕於萬物的關係。他更強調的是體與用之
間，形上界與形下界之間，同時必須是一個「通一無二」、
「兼體無累」的連續性整體。他認為《易》所談的天道論是
「太虛即氣」，而「太虛即氣」之中，虛氣關係呈現出一個很
特殊的即體即用、體用不二的體用論結構，以同時保證存有的
動能與世界萬有的真實。楊儒賓說：

　　在張載徹底的體用論的架構下，超越的本體（太虛）
與其發用（氣）乃是一體的兩面，而且兩者永遠處在動態
的統一、生生的創化之中。在這種動態的統一的世界圖示
中，萬物同時參與大化的流行。因為既然說到「氣」，就
不可能有界限，就不可能不感應，就不可能不與存在界的

---

68　楊儒賓，《異議的意義：近世東亞的反理學思潮》，頁47。

任何事物有種內在的共享關係。這種有機體的世界觀被視
為世界的實相。[69]

張載不滿佛老對生活世界的遺落，也批判漢唐儒對終極關懷的
忽略，在「太虛即氣」的氣化世界觀之下，人與存有、人與
人、人與萬物、人與自然、身與心之間，因「氣」的虛靈、清
通，有著本質上的繫聯。張載以「太虛即氣」命題，一天人、
通有無，建構其「知人」又「知天」的「天人合一」新儒學，
從而療癒了儒學非「本源究竟之學」的時代創傷。

## （五）「知禮成性」：在倫理教化與政治關懷中顯現的性命之學

張載除了由氣論說天道性命，在形上學論域展開與佛老的
對話外，不論是從〈行狀〉或宋史本傳的內容來看，張載表述
的另一重點是「禮」。為什麼張載在高揚《庸》、《易》的天
道性命議題的同時，他特別重視《禮》？當然儒家原本就有一
個重視「禮」的傳統，芬格萊特（Herbert Fingarette, 1921- ）
甚至主張儒家的中心主題是「人性在人類禮儀行為中的充分展
開」，他說：

孔子所說的精神的貴族也就是君子，就是那種把社會規
範（禮）和原生態的（raw）個人的存在鎔鑄在一起而辛

---

69 楊儒賓，〈變化氣質、養氣與觀聖賢氣象〉，《漢學研究》19卷1期（2001
年6月），頁106。

> 勤勞作的「煉金術士」（alchemy），……人的道德是在
> 人際交往的具體行為中實現的，這些行為都具有一個共同
> 的模式。這些模式具有某些一般的特徵，所有這些模式的
> 共同特徵在於「禮」：它們都是「人際性」（man-to-man-
> ness）的表達，都是相互忠誠和相互尊重的表達。[70]

在儒家傳統，道德實踐不會僅是一種個體與外在隔離式的自我
修持，不管這種修持能內沉到多幽深不可測的性命深處，或上
揚到高妙不可攀的、超越的形而上天道高度。張載批判佛教喜
空言道說心，卻無禮無學，他對「禮」的強烈重視，基本上也
正延續此一儒學傳統。宋明理學家喜言天道性命，但天道性命
並不是一個可與歷史文化、倫理關懷切割的孤立之虛靈堡壘，
二者之間具有一種「內在連續性之互相涵攝之關係」；「性命
之學的內涵要在倫理教化事件中顯現，而倫理教化事件的本質
也要在性命之學當中顯現」。[71]從對「禮」的高度重視，說明
張載致力於建構儒家天道性命理論的同時，同時也肯定漢唐儒
者在「社會文化實踐」上的用心，後來的儒學發展史上雖然以
「社會文化實踐模式」與「心性論實踐模式」兩種路線，作為
漢學與宋學之爭的代名詞，但這種對立，並不存在於張載身
上。

　　筆者擬回到張載的學思歷程，以談論他對禮的重視。出入

---

70　〔美〕赫伯特・芬格萊特（Herbert Fingarette）著，彭國翔、張華譯，《孔
　　子：即凡而聖》（南京：江蘇人民出版社，2002），頁7-8。
71　楊儒賓，《從《五經》到《新五經》》，頁31。

佛老、反之六經，他的哲學也由此進入發用期與成熟期。嘉祐
二年（1057），張載38歲，舉進士，可能也在這一年，與他同
榜登進士第的呂大鈞問學於張載，執弟子禮。[72]《伊洛淵源錄》
記載：

> 君諱大鈞，字和叔。……蓋《大學》之喪廢絕久矣，自
> 扶風張先生倡之，而後進蔽於俗尚，其才俊者急於進取，
> 昏塞者難於領解，於是寂寥無有和者。君於先生為同年
> 友，及聞先生之學，於是心悅誠服，賓賓然執弟子禮，扣
> 請無倦，久而亦親，自是學者靡然知所向矣。[73]

呂氏乃關中名門望族，呂大鈞此舉發揮很大的影響。不久後包
括呂氏兄弟呂大忠、呂大臨，以及蘇昞、范育等更多的學者紛
紛投入張載門下，形成關學一派。張載學術有兩大主軸，除了
天道性命之學的關懷外，他極重視禮學實踐。這也成為張載關
學的重要學風，並且被延續下來，黃宗羲編《明儒學案》時即
以「躬行禮教」概括關學之特色。[74]從呂大鈞問學張載的內容來
看，他最佩服的即是張載對古禮的理解與實踐。呂大鈞後來撰
寫《呂氏鄉約》、《鄉儀》，並在其鄉京兆藍田實際推行，此
成為歷史上把張載禮學貫徹的最為徹底的代表之作。至於張載

---

72 張波，《張載年譜》，頁41-42。
73 〔宋〕朱熹，〈藍田呂氏兄弟·行狀略〉，《伊洛淵源錄》卷8，《朱子全
　　書》冊12，頁1028-1029。
74 〔清〕黃宗羲著，沈芝盈點校，《明儒學案·師說》（北京：中華書局，
　　2008），頁11。

本人，他對「禮」的實踐是全面性的，張載在理論上留下的禮
學著作有《橫渠張氏祭禮》、《冠婚喪祭禮》、《禮記說》、
《儀禮說》、《周禮說》等，皆為其禮學專著，但均已亡佚；
傳世者只有《正蒙》中〈樂器〉、〈王禘〉等專論禮學的篇
章，與《經學理窟》的〈周禮〉、〈禮樂〉、〈祭祀〉、〈喪
紀〉等篇。此外，不論或仕或隱，儒禮如何落實、推行都是他
最為關注的重點。

　　〈行狀〉對於張載後期學思歷程的展示，相當大的篇幅集
中在描述張載的禮學實踐之上。呂大臨作了張載生活起居的報
導：

> 　　橫渠至僻陋，有田數百畝以供歲計，約而能足，人不
> 堪其憂，而先生處之益安。終日危坐一室，左右簡編，俯
> 而讀，仰而思，……。學者有問，多告以知禮成性、變化
> 氣質之道，學必如聖人而後已，聞者莫不動心有進。……
> 近世喪祭無法，喪惟致隆三年，自期以下，未始有衰麻之
> 變；祭先之禮，一用流俗節序，燕褻不嚴。先生既遭期功
> 之喪，始治喪服，輕重如禮；家祭始行四時之薦，曲盡誠
> 潔。聞者始或疑笑，終乃信而從之，一變從古者甚眾，皆
> 先生倡之。……其家童子必使灑掃應對，給侍長者，女
> 子之未嫁者，必使親祭祀，納酒漿，皆所以養孫弟，就成
> 德。嘗曰：「事親奉祭，豈可使人為之！」（〈行狀〉，
> 《張子全書》附錄一，頁457）

禮學用於個人修身，也被使用來治家接物，在家禮的實踐上張

載特別注重喪、祭禮，即使推行時遇到不小阻力，仍然堅持古
禮，而最終得以達到「關中學者用禮漸成俗」，以禮化俗的
成效。除了教學與家禮實踐，張載也期待能修身、齊家進而治
國。如他在出仕雲巖令時：

> 政事大抵以敦本善俗為先。每以月吉具酒食，召鄉人
> 高年，會於縣庭，親為勸酬，使人知養老事長之義，因問
> 民疾苦，及告所以訓誡子弟之意。（〈行狀〉，《張子全
> 書》附錄一，頁456）

出仕時，禮學實踐即是張載的外王事業，他也期待在制度面上
議禮、制禮、行禮，他希望有機會在國家治體的制度面上實踐
「禮」，此願望讓張載晚年獲知被徵召任職太常禮院時，充滿
興奮之情。呂大臨記載當時的情形：

> 會有言者欲請行冠婚喪祭之禮，詔下禮官。禮官安習故
> 常，以古今異俗為說，先生獨以為可行，且謂「稱不可非
> 儒生博士所宜」，眾莫能奪，然議卒不決。郊廟之禮，禮
> 官預焉。先生見禮不致嚴，亟欲正之，而眾莫之助，先生
> 亦不悅。會有疾，謁告以歸，知道之難行，欲與門人成其
> 初志，不幸告終，不卒其願。（〈行狀〉，《張子全書》
> 附錄一，頁458）

雖然張載終究失望，沒能在國家制度上實現他的禮學，但其念
茲在茲的儒者情懷確實令人印象深刻。從冠婚喪祭這些生活禮

學，乃至於井田、封建、經界等政治制度禮學，無一不是張載終其一生持續關注、研究，期待能得其「位」以實際實踐的「禮」。

張載對禮關注是全面性的，也是連續性的，這就是他在〈答范巽之書〉所說的：「朝廷以道學政術為二事，此正自古之可憂者。……學與政不殊心而得矣。」（《文集抄》，《張子全書》，頁280）張載以「勇於造道」著稱，陳俊民指出其創新有二：「他不僅在哲學上明確提出了『體用不二』的方法論原則，而且從政治上論證了『學政不二』的『帝王之道』（內聖外王之學）。」[75]方光華、曹振明認為完整的張載學體系是：

> 張載在尊崇儒家傳統《六經》的同時，對《論語》、《孟子》、《大學》、《中庸》等「四書」也十分重視，並將二者作為思想創造的重要依據，最終建立起以《易》為宗，以《孔孟》為法，以《中庸》為體，以《禮》為用的「學政不二」體系。[76]

張載思想的完整面貌既是關注存有的動能與世界萬有之真實的「天人合一」之學，也是關心生活禮學、社會文化與政術治體的「學政不二」之書。

---

75　陳俊民，〈「道學、政術」之間──論宋代道學之原型及其真精神〉，《哲學與文化》29卷第5期（2002年5月），頁412。

76　方光華、曹振明，《張載思想研究》，頁53。

## （六）《正蒙》：「天人合一」、「學政不二」的體用論

　　如何回應佛老挑戰下的儒學危機？張載以氣學與禮學為兩大主軸，從天道性命的形上學論域到社會文化政治的實踐面向提出他的解答。張載思想最重要的結晶──《正蒙》完成於宋神宗熙寧九年（1076），這一年張載57歲，也是他辭世的前一年。〈行狀〉說：

　　　　熙寧九年秋，先生感異夢，忽以書屬門人，乃集所立言，謂之《正蒙》。出示門人曰：「此書予歷年致思之所得，其言殆於前聖合轍！大要發端示人而已，其觸類廣之，則吾將有待於學者。正如老木之株，枝別固多，所少者潤澤華葉爾。」（〈行狀〉，《張子全書》附錄一，頁457）

　　《正蒙》一書，朱子謂其「規模廣大」，范育稱其「有六經之所未載，聖人之所未言」，張載亦自謂「如晬盤示兒，百物俱在，顧取者如何耳。」[77]此書是張載晚年總結自己一生思想的定調之作。不少內容採擷自張載較早書院講學時留下的諸《經說》，但經過張載本人的檢擇、修正、增補，而成一系統性著作。《正蒙》所顯示的內容明顯的具有兩大面向，一是對天道性命的分析與闡揚，如〈太和〉、〈參兩〉、〈誠明〉、

---

77　林樂昌，《正蒙合校集釋》上（北京：中華書局，2012），頁1。《正蒙》解題，劉璣語。

〈大心〉、〈乾稱〉等篇；一是對禮樂教化的重視與提倡，如〈有司〉、〈樂器〉、〈王禘〉等篇。雖然學者一向較重視前者，但張載著作中確實同時存在這兩個明顯的面向。[78]這也是張載一路行來，其儒學重建之路的兩大主軸。

　　張載批判佛老與漢唐儒天人二本、體用割裂後，他認為儒家的道德實踐之學，如果要突破佛老的兩路夾殺，必須提出一套足以貫穿形上面、主體面與文化面之價值的理論，此即張載苦心疲力為儒學重建工作提出的「天人合一」之學與「學政不二」之書。他以承體起用的「體用論」思維模式展開論述，除了為儒學做了一個形上學的改造、補強工程，也強調形上界與形下界的整體性、連續性，以及「客觀面的天道與主體面的心體或性體以及顯現於世界的行為或文化乃同根而發。」[79]這是一種體用論的，同時也是整體論的思維。張載的哲學具有本體論的關懷，並且表現出解釋一切存在的企圖。此來自於張載認為人的道德實踐並不僅是心性主體的命題，而與世界的真實具有本質性的關聯。楊儒賓說：

　　　　如果我們看《正蒙》一書的構造，不難看出其書從形上
　　　　的「太和」之道一路逶迤說來，後來論及「有司」、「樂
　　　　器」、「王禘」等文化領域之事，其構造完全依體用論的
　　　　格局展開。而且這種體用論即理即氣，寓創造於變化，動

---

78　林永勝，〈惡之來源、個體化與下手工夫──有關張載變化氣質說的幾個
　　思考〉，《漢學研究》28卷3期（2010年9月），頁18。

79　楊儒賓，《異議的意義：近世東亞的反理學思潮》，頁38。

能特強。[80]

張載「天人合一」哲學追求一種縱貫天人的生活世界，唐君毅
因此說張載：

> 其雖言天道，實亦以能合天道之人道、聖道，為其背
> 景，……則不致以其言天道，只是為成立一單純之宇宙
> 論，亦不致由其言天道之重日月四時之事，遂以之為一自
> 然主義唯物論之哲學矣。[81]

其哲學性質用楊儒賓的話說：「不可能是自然主義的唯氣論，
也不是超絕的道論，而是承體起用的體用論。」[82]此「承體起
用」的體用論，既要「明體」也要「達用」，「明體」是了解
客觀面的道體與主觀面的心體、性體三體本質是一，同根同
源，此即牟宗三所說「天道性命相貫通」的理學通關法語。牟
宗三因此說張載的學術性格：「其中心課題即在本天道性命相
貫通以言『知虛空（太虛）即氣，則有無、隱顯、神化、性
命、通一無二』。」[83]由於儒學的「天道性命相貫通」意義下
的「體」，不同於佛、老的體用論多就空、無言「體」，張載
所談的儒家本體其涵義取自《易》、《庸》與孔孟之說，具有
強烈的道德屬性與生生、創化的涵義，因此動能特強。在張

---

80　同前註，頁46。
81　唐君毅，《中國哲學原論：原教篇》，頁79。
82　楊儒賓，《異議的意義：近世東亞的反理學思潮》，頁46。
83　牟宗三，《心體與性體》第一冊，頁431。

載看來，佛、老之學言「體」不及「用」，不能成就世界的真實、人倫教化的價值；而儒家的「體」是可以「達用」的，從個人的倫理生活到社會文化實踐、政治制度的建立等，這些文化面的或者用傳統術語說的「外王」事業，都是「用」的範圍，也可以稱之為廣義的禮學，張載在此強調的是「學政不二」。他的體用論是「明體達用」、「承體起用」，也是「全體大用」；其縱貫論述是「天人合一」，全幅展開則是「學政不二」、「內聖外王」。張載的天道論情懷與禮學實踐精神特強，因此，他所建構的儒學體用論所形成的格局，在理學家中也顯得規模特別宏闊。[84]

　　如何是儒者本懷？怎樣是儒家事業？張載以天人、體用的交叉統一作為其造道的規模與基本方向，體用論的架構撫平了理學家面對佛、老挑戰而來的「性命之學」的焦慮與創傷，也為儒家的倫理教化、社會文化乃至政治實踐找到了源頭活水。張載「天人合一」、「學政不二」，同時也是「萬物一體」的思想，表現在《西銘》「乾父坤母」、「民胞物與」的襟懷與格局上，並且完成「為天地立心，為生民立命，為往聖繼絕學，為萬世開太平。」的文化使命。

---

84　丁為祥即認為張載的「天人體系」對理學的奠基作用就表現在理學規模的開拓上，他說：「在北宋五子中，張載是最富於『造道』精神、理論規模最為『闊大』的一位。」丁為祥，《虛氣相即：張載哲學體系及其定位》，頁344-348。

## 三、從張載重「氣」與重「禮」談體用論攝相偶論

　　張載是北宋理學的開山宗師，《正蒙》的成書，代表張載真正完成自己的思想系統，是他的哲學定調之作。但理學內部早在程門，就已經開始對張載《正蒙》以氣論闡發天道性命的思想表達質疑，程頤說：

　　　　觀吾叔之見，至正而謹嚴。如「虛無即氣則虛無」（案：當作「則無無」）之語，深探遠賾，豈後世學者所嘗慮及也？（自註：然此語未能無過。）餘所論，以大概氣象言之，則有苦心極力之象，而無寬裕溫厚（一作和。）之氣。非明睿所照，而考索至此，故意屢偏而言多窒，小出入時有之。[85]

　　　　子曰：「橫渠立言誠有過，乃在《正蒙》，至若〈訂頑〉，明理以存義，擴前聖所未發，與孟子性善養氣之論同功，豈墨氏之比哉？〈西銘〉理一而分殊，墨氏則愛合而無分。」[86]

　　〈西銘〉精神境界極高，卻是張載由《正蒙》承體起用的體用論，完整的建構與實踐而得來的結晶，所以將〈西銘〉

---

85　〔宋〕程顥、程頤，〈答橫渠先生書〉，《河南程氏文集》卷9，《二程集》，頁596。
86　〔宋〕程顥、程頤，《河南程氏粹言》卷1，《二程集》，頁1202。

與《正蒙》作切割，此對張載思想來說無異是一種攔腰折斷、只截取中間一段的作法。張載過世後兩年（1079），其門下的首席弟子呂大臨和他的兩位兄弟，以及其他關學弟子東入洛陽，轉師二程，成為二程的弟子。其間的問答被呂大臨記載下來成為重要的〈東見語錄〉。關學、洛學之間的差異性最典型的集中體現在呂大臨的身上。從呂大臨入程門，被程頤批評為「守橫渠說甚固。」[87] 但到最後又與謝良佐、游酢、楊時，在程門號為四先生。小程稱其「深潛縝密」，朱熹讚其「高於諸公」，呂大臨一生的思想經歷正是關學洛學化的一部縮影。[88] 張載的關學隨著三呂東入洛陽，而逐漸被洛學取代，在理學史上，不僅程朱學派，陸王亦同樣不重張載思想。張載在理學史上的非中心位置除了宗派之爭，也意味著理學探索重心的嬗遞，丁為祥即認為張載以天人、體用的交叉統一作為其造道的規模與基本方向，被二程從人生的角度做一橫取，「張載貫通天人的體系就被二程沿主客兩向分解了；而理學規模的收縮以及此後所謂的『偏枯』之病，由此也就種下了病根。」[89] 自此以下，不論是南宋的朱、陸之爭，到明代的王陽明（1472-1529）心學與羅欽順（1465-1547）、王廷相（1474-1544）的氣學之爭，都是理學沿著天人、主客兩方向一再分化的結果。從張載的「天人合一」兼「學政不二」的體用論格局，經過二程、朱、陸，到王陽明等，理學的體用論格局呈現逐漸縮小的

---

87　〔宋〕程顥、程頤，《河南程氏遺書》卷19，《二程集》，頁265。

88　丁為祥，《虛氣相即：張載哲學體系及其定位》，頁215。

89　同前註，頁347。

趨勢。到了明代，體用論的焦點落在主體上，成為「心學的本體─工夫模式」，「它從『與萬物誠明的關係』處脫落，變得是『如何呈現本心或良知』的問題。」[90]「心」、「良知」等意識主體成為儒學最重要的概念。一直到陸王一派思想極盛，王夫之為了糾正程朱陸王之流弊，於是再度走回張載的道路上。對於宋明理學這樣的發展趨勢，唐君毅因此說：「由王船山之重張橫渠，而見張橫渠之精神對宋明理學之成始成終的價值。」[91]

隨著理學心性之學的發展，有另外一群同樣篤信儒學的儒者，對理學家的體用論模式提出反動，根本性的批判理學家的天道性命相貫通之學。此一反理學思潮，楊儒賓概括稱之為「相偶論」。關於「相偶論」此概念的涵義，楊儒賓說：「『相偶性』一詞是筆者取自丁若鏞『二人為仁』與阮元『相人偶』之說而成。」[92]是對人存在狀態的現象學描述與對主體的重新界定。相偶性倫理學是對形上學與心性論的反動，它主張真正的道德不在「超越的彼岸」也不在「內心世界」，而是存在於「相偶域」──人與人之間的互動性與關聯性中。他認為反理學儒者對理學的反動雖然關懷不一，有側重生命能量的學派，如陳亮（1143-1194）、顏元（1635-1704），日本江戶初期的山鹿素行（1622-1685）；有的從制度面立論，如葉適（1150-1223）、蘐園學派的荻生徂徠（1666-1728）；以及最具深度的

---

90　楊儒賓，《異議的意義：近世東亞的反理學思潮》，頁57-58。
91　唐君毅，《哲學論集》，頁212。
92　楊儒賓，《異議的意義：近世東亞的反理學思潮》，頁356。

一支，側重情性論、倫理學的反理學學派，包括中國的氣學、
戴震（1724-1777）、日本古義學、朝鮮丁若鏞（1762-1836）
等。雖然反理學儒者反制理學的重點與論點未必一致，但可以
使用「相偶論」來定義反理學思潮。因為「相偶論」理論內涵
廣、層次多，反理學儒者的理論通常預設了「相偶論」的前
提。[93]「相偶論」主張道德存在於人與人之間的互動與關聯中，
當中有一個不同於理學家的主體思考，楊儒賓說：

> 相偶的主體就是「間主體」、「際主體」、「與主
> 體」、「相主體」，是「主體+間際」的情境主體，其構造
> 彷如海德格的「在世存有」（Dasein-with-the world）的構
> 造。很明顯地，只有關係語彙介入了，我們才可以看出相
> 偶說的有機特色，相偶性不是建立在原子論的個體主義之
> 基礎上，而是建立在流動性的情境主體上，相偶性主體沒
> 有特別的疆域，它是不斷躍出的。[94]

楊儒賓認為「相偶論」的提出是因為反理學儒者認為當理學家
深入佛、老勝場，以不同於原始儒家的另一種形態的承體起用
之縱貫模式，賦予倫理與文化本體論之價值，同時卻也在無形
中受到佛、老的制約。對治此弊，相偶論儒者因此另闢蹊徑，
「以橫向交感的模式，安頓儒家倫理與文化的價值。」楊儒賓
主張：

---

93　同前註，頁40-41。
94　同前註，頁62。

　　不能不承認在現實的基礎上，相偶論有其優先性，因為人的本質就其氣化性、語言性、社會性來看，都是相偶性的，都帶有脫自體化的躍出（ecstasy）的性格。而由於儒家特別強調道德情感的共感性，尤其孝悌的共感性，並由此向外擴充到其他的人倫關係，因此，放在儒家的系統內考量，相偶論在其實踐的程序上也有其優越性。[95]

雖然反理學儒者過去往往被理學儒者批評為不見道，但是「相偶論倫理學」在儒學傳統不見得沒有根據，亦可以自成其說。除此之外，楊儒賓認為相偶論的近代性格特濃，在米德「泛化的他人」、巴赫金的「對話論」、馬丁布伯「我與汝論」、馬克思論「關係」的本質性、列維那斯「他者論」中，都可看到反單子論的個體性，重視人與他者共在性的本質繫聯。如果再進一步把「人與他者的共在性」擴充到「人與世界的共在性」，那麼海德格論「此在」的「與世同在性」，梅洛龐帝論身體主體與世界的「逆迴性」，都是其中有名的論點。[96]反對孤立的意識主體，以倫理的相偶性取代道德的絕對性，強調「與他者共在」、「與世界共在」的相偶論在當代已經不難被理解，很容易找到眾多相呼應的理論。

　　理學的體用論與反理學的相偶論兩種思潮之間，雖然長久以來一直處於對立與緊張的狀態，但楊儒賓主張兩者不應該也不必然是矛盾的，而且可以相輔相成。反理學的相偶論論述

---

95　同前註，頁78。

96　同前註，頁77。

不一定真能反掉理學的體用論，因為在主流理學的論述中，本體與對偶的關係並不是對立的。在存有論位階上本體雖然具有超越性，但在實際存在的秩序中，本體卻從來沒有超越陰陽對偶。張載說：

> 兩不立則一不可見，一不可見則兩之用息。（《正蒙・太和篇》，《張子全書》，頁3）

張載在此早已說明本體與對偶的依存關係，「合兩義以見一義」的「兩一」思想正被視為是張載最重要的詮釋方法。[97]也就是說從張載的思路來看，理學的體用論性格並不會否認道德實踐應在相偶性的倫理架構中呈現。只是相較於相偶論的倫理關懷與主體結構並沒有逸出「人類」的範圍，體用論卻多預設了「人與萬物的本質聯繫」與「人與超越的本體之聯繫」，其理論更為廣大、精深。[98]楊儒賓因此認為體用論可以幫助相偶論充分發展其潛力，是可以涵攝相偶論的。

　　以上筆者簡單的回顧理學內部對張載的看法與理學體用論格局的縮小，同時借助楊儒賓近年對反理學相偶論的研究成果，重新檢視相偶論在儒學傳統的價值。楊儒賓肯認相偶論在儒學傳統的合法性與價值的同時，也勢必要處理長久以來相偶論對體用論的挑戰。他進而提出理學體用論可以融攝反理學相

---

97 關於張載的「合兩見一」詮釋法，見唐君毅，《中國哲學原論：原教篇》，頁77。

98 楊儒賓，《異議的意義：近世東亞的反理學思潮》，頁76-83。

偶論，相偶論與體用論應該是一個可以互相補充、相輔相成的
關係。筆者認為帶入「相偶論倫理學」與「體用論融攝相偶
論」的思考，可為當代的張載學提供一個很好的研究視域。[99]如
前所述，張載之學旨在建立一個足以與佛、老相抗衡的「天人
合一」兼「學政不二」的體用論新語境，那麼，通過體用論攝
相偶論如何可能，對於思考張載「天人合一」與「學政不二」
的並舉，同樣具有積極的意義。體用論可以幫助相偶論突破限
制，但相偶論倫理學的思考，同樣也有助於理學體用論跳脫形
上學與心性論的陷阱，回到人的存在現象與血肉真實上。

　　相偶論討論人的本質時重視其氣化性、語言性、社會性，
那麼以此來看張載，將會發現他的體用論性格極為特殊，它原
本就涵攝著相偶論的倫理向度。張載使用大量的氣論文字來討
論天道性命論題，這使得他在理學史上經常沒有被善待，在當
代新儒家的研究中亦頗受批評[100]；而反理學陣營中如王廷相、

---

99　當代張載研究中注意到「相偶論」可以為張載「天人合一」思想打開不
　　同的倫理向度，據筆者所見有陳政揚的〈從相偶論反思張載天地之性說
　　的倫理向度〉一文。陳政揚說：「借助楊儒賓先生近年所提的『相偶論倫
　　理學』，重新從張載天人合一思想的倫理向度，嘗試解消『天地之性與氣
　　質之性』架構內部所引發的緊張關係。」陳政陽，〈從相偶論反思張載天
　　地之性說的倫理向度〉，《哲學與文化》第41卷第8期（2014年8月），頁
　　136。

100　如牟宗三：「然以『野馬氤氳』來形容太和，則言雖不窒，而意不能無
　　偏。蓋野馬氤氳是氣之事，若以氣之氤氳說太和，說道，則著於氣之意味
　　太重。……其與《易傳》窮神知化之大義不能無距離，不如濂溪之由誠體
　　說天道為簡潔精微而復能提得住也。」牟宗三，《心體與性體》第1冊，頁
　　437。

吳廷翰（1491-1559）反而將他引為同道。[101]唐君毅在此曾別具
隻眼的指出：

> 在濂溪之系統中，有一太極之誠，立於萬物之各自正命
> 處，然未嘗言萬物之間，皆原有一依其氣之清通，以相體
> 合一之性。此中便只有「一本散為萬殊，而立於萬殊中」
> 之一度向，而無「萬殊間，亦彼此能依其氣之清通，而互
> 體，以使萬物相保合，為一太和」之一度向。此即橫渠言
> 性與天道之進於濂溪者也。[102]

唐君毅認為這是因為「中國傳統思想從《易經》一系統下來之
自然觀，都是以物之互相影響關係，為一感通而相涵攝之關
係。但直到張橫渠，才更明白確切的指出此感通而涵攝之可
能，本於氣之原有虛於其內部；此氣之虛，即物與物互相感通
涵攝之根據。」[103]氣的流動性除了具有可以貫通形上、形上的
功能外，也能夠作為水平面的主體與主體間互相感通、涵攝的
根據。在唐君毅看來，周濂溪的太極說雖是天道性命相貫通的
理學至論，但是其進路乃是一個「『由上而下』的進路（top-
down approach）」，所採取只是一「縱貫的向度」；而張載

---

101 王廷相、吳廷翰氣學將張載引為同道的情形，與論述兩種氣學的不同，相
　　關討論見楊儒賓，《異議的意義：近世東亞的反理學思潮》，頁85-172。另
　　參陳政揚，〈張載與王廷相理氣心性論比較〉，《清華中文學報》第12期
　　（2014年12月），頁103-151。
102 唐君毅，《中國哲學原論：原性篇》，頁346。
103 唐君毅，《哲學論集》，頁222。

由氣論討論天道性命，卻能夠進一步在「縱貫的向度」之外，兼顧「橫攝的向度」。[104]「橫攝的向度」在儒家倫理學中有其重要意義，它的視角是將人平放於萬物之間，作為萬物之一的人，如何以具體的血肉，在與萬物共感共通、交互滲透中，擴充主體性的內涵，以此作為倫理學的起點，同時也是工夫論的起點。因此，唐君毅肯定就儒家倫理學橫攝面的向度來看張載，他確實有超過周濂溪之處。儒家倫理學除了是縱貫向度的道德主體面對超越天理的體證外，也應該在主體與他人間的互動同情、交感共振中產生，在水平面倫理學向度中，「氣」可以是「感通」的重要媒介。在氣化世界觀中，身與心，人與人、人與萬物、人與自然之間，因為氣的虛靈、清通，它們之間自然而然地會有一種本質上的繫聯，形成綿延不絕的、生機連續的網脈。

除了氣學，張載在建構「天人合一」之學的過程中，他對「禮」的高度重視同時也是極其明顯的標誌。張載禮學一般被視為其思想體系中的形下之學，如林樂昌說：「張載學說中形上學部分的綱領，其內容包括天道論和心性論兩個層次；而其形下學部分，則主要指張載面向現世社會、範導個體行為、社群關係和國家政治秩序的禮學。」[105]但由於張載一向強調形上與形下的「通一無二」，「禮」在張載哲學中究竟處於何種位階，扮演怎樣的角色，其實也還有可以進一步討論的空

---

104 此為陳榮灼對唐君毅論張載氣論的價值與貢獻所做的綜述。陳榮灼，〈氣與力：「唯氣論」新詮〉，頁58。

105 林樂昌，《張子全書・前言》，頁6。

間，實際的情況可能更為複雜。儒家的「禮」一詞基本上就是一個「社會關係的概念」[106]，是一種「『人際性』（man-to-man-ness）的表達」[107]，「禮」的概念一成立，就不可避免的含有公共規範之意，而帶有相偶論所強調的社會性。雖然在儒學史上「仁」與「禮」的關係相當複雜，用杜維明的話說：在儒家傳統中這是一個「作為人性化過程的『禮』」。在「禮」的人性化過程中，孟子繼承孔子的「攝禮歸仁」，完成了「禮」的內在性；但是「禮」同時仍保留著其結構中的他性，即蘊含的公共性與社會制度意涵；這意味著道德實踐不僅是個體的內在精神，而與「他人」有著很大的關聯性。[108]宋儒所認為的「禮」，是全面性的。[109]「禮」可以被認為是社會制度、政治哲學或傳統所謂的「外王之學」，但又不單單僅

---

106 杜維明：「大致地說，我們可把『仁』看作是古典儒學思想中有關個人道德的概念和宋明理學中的形上學理具的概念，而『禮』基本上則是社會關係的概念。」杜維明，《人性與自我修養》（新北：聯經出版公司，1992），頁7。

107 芬格萊特說：「孔子所說的精神的貴族也就是君子，就是那種把社會規範（禮）和原生態的（raw）個人的存在鎔鑄在一起而辛勤勞作的『煉金術士』（alchemy），……人的道德是在人際交往的具體行為中實現的，這些行為都具有一個共同的模式。這些模式具有某些一般的特徵，所有這些模式的共同特徵在於『禮』：它們都是『人際性』（man-to-man-ness）的表達。」〔美〕郝大維、安樂哲著，何金俐譯，《孔子：即凡而聖》，頁7-8。

108 杜維明，《人性與自我修養》，頁21-48。

109 從朱子所著《儀禮經傳通解》，分成《家禮》、《鄉禮》、《學禮》、《邦國禮》、《王朝禮》的結構看來，「禮」不僅是冠婚喪祭，井田、封建、經界、社倉等制度，也都是「禮」的事務，張載也是如此看待。朱子，《儀禮經傳通解》，《朱子全書》冊2-5。

是如此；他們對於禮的制度面和主體性間的關係，有著複雜的思考。「禮」通常並不被設想為一種與主體性完全脫鉤的制度，這也牽涉到儒家倫理學的性格，與對人的本質之看法。張載一方面接受孟子學「禮內在」的觀點，認為「禮」出於「性」、原於「心」，這是從心性論的立場著眼，但也加入了體用論的觀點。他同時認為「禮」出於客觀、超越面的「天」和「理」，它們是「禮」的形上根源，在存有論位階上「理」高於「禮」。但由於「禮」是聖人依據「理」所制作，「禮」與「理」又具有同質性。因此，日常生活中的禮儀實踐雖然看似極卑、極實，但由於「禮」—「氣」—「心」—「性」—「天」—「理」的同構性，張載的「禮」既具有內在性，亦有超越性，學者學「禮」可以「上下達」。除此之外，「禮」所照管的還有另一個水平面的人際、社會向度。在儒家道德實踐的過程中，「禮」代表自我與整個社會聯繫的能力與責任感，是人格建構的核心因素，而在人格建構的動態過程中，以「禮」進行自我修養同時也就承認：自我不能忽略他人的真實性，他人與社會是構成自我人格建構的有機成分，個體與社會、主體性與社會性密不可分。「禮」作為工夫，意味著儒者道德實踐的性質必須是即身、即事、即世的。張載對「禮」的具體構想與實踐，始於個人治氣治身，到「家禮」之建立與宗族禮制之重建，再進而至地方「鄉禮」的實踐，到政治上規畫恢復周禮井田制。張載「躬行禮教」所涵蓋的範圍層面甚廣，包括他整個由內聖到外王的實踐，無一不在其中。雖然理學家對天道性命之學的體驗特深，但主體必須在與他人相關的社會脈絡中進行修養，因此，張載說：「修持之道，既須虛心，又

須得禮，內外發明，此合內外之道也。」（《經學理窟·氣質》）學者的禮儀實踐是一個動態的歷程，一方面必須以自我為中心，修身、齊家、治國、平天下，延伸的、漸進的、涵攝的層層遞進輻射出去，「小我」不斷擴大成為「大我」，透過實踐「禮」主體可以「虛其心」、「大其心」。但另一方面，「禮」所具有的公共性、社會性結構，也正是個體無法「純粹的隔離」，截斷眾流、置身其外的一個隱闇向度。道德主體不獨自存在於天地與人間。

　　張載之學以氣學與禮學兩大主軸展開其儒學重建之路，意味著張載對道德主體的思考不僅是一個心性主體，也是一個「涉身——涉世的主體」（embedded subject）。[110]「形—氣—心」三位一體，同體而共構，張載對「氣」的高度重視意味著道德實踐的主體同時帶著氣與身體的向度，心性主體同時也是形氣主體。而且由於氣具有感通、交互滲透的特質，氣的貫通與繫聯事實上不僅是縱貫面的天人合一向度而已，也包括水平面的人與他人、物、自然的同情共感，此主體同時也是一個「感通主體」。因為氣的互滲共感，張載的道德實踐有著〈西銘〉「乾父坤母」的天道論情懷，也有著「民胞物與」的倫理學關懷。可以說張載的禮學正是其氣學的表現，張載重視氣，又高度關注禮，他的道德哲學在「天道性命相貫通」的縱貫面

---

110 此用語引用自楊儒賓，《異議的意義：近世東亞的反理學思潮》，頁74。楊儒賓的譯法強調此具體的主體不同於心性主體之處在於一方面要經由形氣（身體）的中介項，但也要經由社會規範（禮）的中介項，此主體才可以獲得行動所需的動力因（形氣）和形式因（禮），因此，不僅將embedded subject譯為「涉身的主體」，而譯作「涉身—涉世的主體」。

維度思考之外，禮儀實踐表現了他對水平面的倫際性倫理問題
的關懷。在禮之中，主體與社會之間有一個複雜的、交響曲式
的結構，先驗的內在主體的動力與社會共同體的價值意識雙方
辯證的發展，並且剛健有力的朝向成聖之路。

　　筆者沒有能力處理，也無意論斷相偶論與體用論這兩種理
論的孰高孰下。帶入相偶論倫理學向度，來檢驗張載的氣學與
禮學，並非將張載的性格定位為相偶論，因為筆者仍然認同張
載具有本體宇宙論的超越向度，是天道性命相貫通的體用論。
但張載的體用論格局確實特別開闊，而且動能特強。格局的開
闊與本體的強大動能，正來自於他的體用論從來就沒有切割相
偶論，而且是一開始就融攝著相偶論的。[111]由於帶著氣化的能
量與對社會性的重視，此融攝不是垂直式的直線一體關係，而
是道德意識帶著形氣主體，經由在人倫與禮樂世界的互動過程
中，既向下扎根，又反過來強化主體的能量，愈動愈出，在人
倫互動中的形氣主體，愈有向上超越的能量與力道，達到「上
下與天地同流」的境界。張載體用論的性格融攝相偶論，他的

---

111 其實不僅是張載，楊儒賓認為：「在主流的理學論述中，本體雖然在本體
　　論的位階上居有更根本的也是更高的位置。但在實際存在的秩序中，本體
　　從來沒有超越陰陽對偶，而且還是要以陰陽對偶的形式出現的。」雖然理
　　學與反理學雙方對是否要追求向上一機看法不同，但對偶性是兩股思潮共
　　享的前提。楊儒賓，《異議的意義：近世東亞的反理學思潮》，頁79-80。
　　雖然理學主流論述中體用論並不排斥對偶性原理，也承認相偶說有倫理實
　　踐上的優先性，但本體與相偶之間如太極與陰陽，在存有論位階上形上與
　　形下兩層分明，偏向呈現垂直式的一體關係。而在張載由於對氣與禮的極
　　度重視，他的本體論與相偶性之間更常以一種不一不異的悖論式形態出
　　現。

思想除了體用論重視的縱貫的向度，也兼顧相偶論強調橫向交感的水平、橫攝的向度，而形成一個可以十字打開的倫理學格局，此倫理學格局使張載談「天人合一」與「民胞物與」同樣顯題。

## 四、「闢佛老」下的語言與思維結構

本章最後想討論張載語言與思維結構的特色。張載興繼儒學一路在與佛、老「較是非、計得失」中展開論述，佛老之學正是張載的對治目標。闢佛老的現實需要所形成的歷史條件，影響張載思想的構成，尤其是形而上論題的設辭用語。范育《正蒙序》早已清楚表述張載的語言與闢佛老的密切關係，范育說：

> 惟夫子之為此書也，有《六經》之所未載，聖人之所不言，或者疑其蓋不必道。若「清虛一大」之語，是將取訾於末學，予則異焉。……浮圖以心為法，以空為真，故《正蒙》闢之以天理之大，又曰：「知虛空其氣，則有無、隱顯、神化、性命通一無二。」老子以無為為道，故《正蒙》闢之曰：「不有兩則無一。」至於談死生之際，曰「輪轉不息，能脫是者則無生滅」或曰「久生不死」故《正蒙》闢之曰：「太虛不能無氣，氣不能不聚而為萬物，萬物不能不散而為太虛。」（〈正蒙序〉，《張子全書》，頁483）

張載的設辭用語與論述策略，比如「太虛即氣」、「不有兩則無一」等，這些命題與語言並不見於六經，而與佛、老辯難的意味極強，呈現出與佛老理論的對反性，而形成一個「對反構設」。[112]范育的答辯說明當時早有人對此論述方式提出質疑。張載的「對反構設」更被南宋葉適（1150-1223）批評為「以病為藥」。[113]葉適認為周、張等理學家為了和敵對學說辯論，而使用佛老的命題，他們所關心的議題與說法，卻在不知不覺間染上敵對陣營的色彩。後來出現的批評理學家援佛老入儒、陽儒陰釋等等，雖然論者立場未必相同，但基本上的結論都與葉適不謀而合，簡單的說他們認為理學家就是打著儒家旗號的

---

112 「對反構設」一詞為祝平次語。祝平次認為張載、程顥、朱熹等道學家攻擊佛、老的意圖，常先於理論之完備而存在。這是由於他們都曾出入佛老，在完全認同儒學時，雖然本身的理論還處於發展的起點，但對佛、老的態度、意識卻已經很清楚。此意向性「使宋明理學家在構設自己理論時，預先決定了其理論某些重要論點與佛老理論的對反性。」祝平次，《朱子的理氣心性說與明初理學的發展》（台北：臺灣大學中國文學研究所碩士論文，1990），頁2。
113 葉適說：「范育序《正蒙》，為此書以《六經》所未載，聖人所不言者，與浮屠、老子辯，豈非以病為藥，而與寇盜設郛郭，助之捍禦乎？」他的〈總述講學大旨〉正是針對范育《正蒙序》而作，論述目的正是從反駁張載《正蒙》的理論而展開。葉適認為：「本朝承平時，禪說尤熾，儒釋共駕，異端會同。其間豪傑烈士，有欲修明吾說以勝之者，而周張二程出焉，自謂出入於佛老甚久，……大抵欲抑浮屠之鋒銳，而示吾所有之道若此。然不悟〈十翼〉非孔子作，則道之本統尚晦；不知夷狄之學本與中國異。」〔明〕黃宗羲，《宋元學案・水心學案》上，卷54。原載於《習學記言》卷49，見〔宋〕葉適，《習學記言序目》（北京：中華書局，1977），頁740。延續葉適的「以病為藥」喻來說，如果說佛老是宋儒眼中的時代之病，那麼筆者認為張載的「對反構設」，在理學家的立場或許更適合被譬喻為「因病予藥」。

佛老。牟宗三曾針對葉適〈總述講學大旨〉的說法提出答辯：
「周、張、程、朱等……弘揚孔子之傳統。雖其對於佛教亦無
甚深之鑽研，然而大界限則甚清楚，立場謹嚴而甚堅定，純從
立以為破者也。」[114]說他們是打著儒家旗號的佛老、陽儒陰釋
之類的批評，在張載這樣的宋代理學家身上是很難成立的。張
載反佛的立場很堅定明確，王夫之認為張載之學，不僅不具有
「陽儒陰釋」的成分，反而是儒學中最有力量可以解決佛老問
題的思想家。[115]

　　張載提出的許多命題，對理學乃至近代思想都產生極為
重要的影響，最著名的如天地之性／氣質之性，此一性氣二分
的提法，一舉解決儒家人性論史上自孟、荀以來千年的人性論
戰，並且廣為儒、道二家所接受。[116]但是為什麼兩漢以來試圖

---

114 牟宗三，《心體與性體》第1冊，頁313。牟宗三強力反對葉適「皇極一元
　　論」立場下對理學的論斷，為此，其《心體與性體》特闢專章一一回應葉
　　適的論點。見〈對於葉水心「總述講學大旨」之衡定〉，《心體與性體》
　　第1冊，頁225-319。

115 王夫之認為如果真要在理學內部找出有「陽儒陰釋」這種成分的理學家，
　　首推王陽明；若要再溯源就是陸象山，張載無此弊。王夫之說：「遂啟姚
　　江王氏陽儒陰釋、誣聖之邪說；其究也為刑戮之民，為閹賊之黨，皆爭附
　　焉。」「使張子之學曉然大明，以正童蒙之志於始，則浮屠生死之狂惑，
　　不折而自摧，陸子靜、王伯安之蓁然者，亦惡能傲君子之所獨知，而為浮
　　屠作率獸食人之倀乎！」〔清〕王夫之，《張子正蒙注・序論》（北京：
　　中華書局，2011），頁2-4。

116 林永勝，〈變化之性說的成立及其意義——以漢語思維的展開為線索〉，
　　《臺大中文學報》48期（2015年3月），頁24。道教的《青華秘文》也使用
　　了「氣質之性」一詞。關於《青華秘文》的年代，有成書於北宋或是明初
　　的爭議，此引起了究竟是張載的「氣質之性」源自道教，或道教的「氣質
　　之性」受張載影響二說。學界多採認《青華秘文》應是明初之作，如橫手

解決人性爭論的儒者不在少數，但所有的解釋其結果都只是又增加了一種說法而已，而張載為何獨獨能夠平息人性論上的爭論？為什麼先秦兩漢以來的思想家都沒有提出天地之性／氣質之性的觀點，而張載卻突然提出這樣的思考？此外，張載思想同時也一向被認為複雜難解，充滿矛盾、滯辭、弔詭，尤其是在探討「太虛即氣」的虛氣關係問題上。張載思想的重要貢獻與出名難解，和儒學傳統與佛教異文化的撞擊、交涉，關係都至為密切。林永勝的〈氣質之性說的成立及其意義——以漢語思維的展開為線索〉[117]一文，從梵、漢語思維的交涉說明理學的成立，並為理解張載思維架構提供了一個思考的角度，林永勝說：

　　理論的提出來自觀念的建構，而觀念的形成又受到思維方式的範疇，而思維又是通過語言來進行的，不同的語言有著不同的世界觀。因此，若從古漢語思維與梵語思維的交涉角度來思考這個問題，對於陳寅恪所說的理學之成立是一「大事因緣」之說，應該會有更深刻的體會。古漢語所展開的哲學思考有其豐富內容，但亦存在某些理論難題，這些理論難題很難單靠古漢語的思維方式得到解決，

---

裕著，黃崇修編修，〈道教於「本然之性」與「氣質之性」之言說——兩種的「性」與「神」為核心〉，《興大歷史學報》17期（2006年6月），頁27-40。此文否定氣質之性源自道教說，提出儒教的「本然之性／氣質之性」在道教文獻中被運用，所形成的基本形態之觀察。

117 林永勝，〈變化之性說的成立及其意義——以漢語思維的展開為線索〉，頁1-38。

而這些問題在魏晉以降越發明顯。隨著對梵文佛典的翻譯，由梵語所構築的概念、思維模式與世界觀以漢語的形式被引入中土，而在翻譯與對話的過程中，兩種不同的語言與思維產生了碰撞，先是誤解、再重新理解、再逐漸接受、最後融攝出新的概念語彙。藉由兩種語言與思維模式的接觸與視域融合過程，漢語引入了大量新的詞彙、理解的範疇也得以擴充，從而產生了一種新的、有別於古漢語的思維方式，而國人以此種思維方式再去重新理解古代經典，也產生了新的詮釋，最後遂有理學的成立。[118]

語言對於思維方式的影響很大，語言有著各民族在思考問題時的內在邏輯，由此形成不同的表述方式與世界觀。以漢語來說，林永勝認為「漢語是單音獨體的形式，常用字的字數也有一定限制，因此對一些問題的整體性思考，常是寄附在一個字詞上，如天、道、性、命等字。而隨著時間的推移，這種涵義寄附的動作也不斷在進行，因此一些核心的字詞，常會寄附著數十種重要的意涵，這些意涵在使用過程中也會逐漸融合，從而又產生更多新的意涵。」[119]佛教入中國，在佛經的傳播與使用漢語翻譯的過程中，也面臨了上述的問題。當譯經者使用漢語原來的核心字詞來進行佛典翻譯，隨著對佛經內容的掌握，一方面吸收了梵語的概念與概念背後所構築的世界觀；但由於仍然使用同樣的核心字詞，漢語的使用者在閱讀時並不會將字

---

118 同前註，頁34-35。
119 同前註，頁23。

詞原本的涵義去除，天、道、性、命等核心字詞原有的涵義，在閱讀理解過程中仍會浮現，此為「梵漢融合後的思維」。漢語的使用者帶著「梵漢融合後的思維」去閱讀先秦儒家、道家經典時，也會產生一種新的視野。因此，理學家在儒學傳統中被認為創新的意味特濃，與佛教對話過程中梵語思維的撞擊有關。

　　張載哲學一路在批判佛教中展開，在此一對話過程中，梵語、漢語兩種語言與思維的碰撞與視域融合所打開的新視野，此歷史條件所形成的特殊場域，為張載提供更多的語言與思維的資源。學者已多指出宋代理學家出現一種二分式的思維為先秦儒學所罕見，如理學家喜用的體／用這組概念，早在清初李二曲即已指出它與佛教的淵源。[120]張載在闢佛老、重建儒學的過程中，有著與佛老爭世界解釋權的用意，他的回應是全面性的，其二分式語言架構除了道論上的體／用外，也貫穿張載的其他理論，還包括心性論與認知問題的天地之性／氣質之性、天德良知／聞見之知、大心／象心、大體／小體等等。而這些二分式語言架構可能是一方面繼承自原來漢語思維的傳統，一方面又加入梵語思維刺激產生新的概念意涵。二分式語言其概念與概念之間其結構卻不是二元論式的對立，而是一種「兩重式的思維形態」，以一種「非一非異」、「兩端一致」的詭辭

---

[120] 李二曲：「《繫辭》暨《禮記》『禮者，體也』等語，言『體』言『用』者固多，然皆就事言事，拈體或不及用，語用則遺夫體，初夫嘗兼舉並稱。如內外、本末、形影之不相離，有之實自佛書始。」〔清〕李顒撰，陳俊民點校，〈答顧寧人先生〉，《二曲集》（北京：中華書局，1996），卷16，頁149。

形態來安置彼此，使用張載自己的語言來表達，稱之為「兩不立，則一不可見；一不可見，則兩之用息」（《正蒙・太和篇》）。唐君毅曾注意到張載的思維方式與詮釋法的特殊性，他說：

> 　大率橫渠之融《中庸》《易傳》之言之義，更自立新義，以成其書，多是合兩義相對者，以見一義。所謂兩義相對者，如以誠與明相對，性與命相對，神與化相對，仁與義相對、中正與大相對、太虛與氣之實相對⋯⋯。凡於此兩義相對者，橫渠皆欲見其可統於一義。橫渠言「兩不立，則一不可見；一不可見，則兩之用息」。此語義正可還用以說橫渠所立之義之兩者若不立，則其義之一亦不可見；其義之一不可見，則其所立之兩義，亦並成無用。[121]

唐君毅很重視「合兩見一」概念對於理解張載思想的重要性。在張載的「兩一」思想中，唐君毅較重視合於「一」義，而對於張載何以處處立相對的「兩」義，其間的積極意涵較少發揮。若再進一步說，張載除了談「合兩見一」，也談「一物兩體」（《正蒙・參兩篇》）、「兼體而無累」（《正蒙・乾稱篇》），「非有異不必合」，張載「天人合一」之學的建立，正是透過差異性的「兩」的二分式架構，與兩重式的思維形態，提供解決問題的理論基礎。它們不是完全同質的「一」，也不是完全異質的「異」，而是不著兩端、兩端一致的「非一

---

121 唐君毅，《中國哲學原論：原教篇》，頁77。

非異」。在佛經傳譯與儒者闢佛的過程中，兩種語言及語言背後的概念、思維模式與世界觀，經過碰撞、誤解或理解、接受或拒絕，到逐漸互滲融攝，新的詞彙被創造出來，思想理解的範疇也得以擴充。張載兩重式的語言與思維，是一種梵、漢語融合後的新思維結構。此兩重式的思維形態的「非一非異」詭譎關係，造成張載思想的糾葛難解，尤其是在討論「太虛即氣」的道論上此情形特別嚴重；但它所提供的視域，也為儒學帶入新的思考方向，使張載與前儒相較更有機會解決原來的儒學傳統內部的問題，又能有效批判佛教在理論與實踐上的困境。

## 五、結語

本章的張載思想展示工作，首先從讀《中庸》——出入佛老——反求六經的學思辯證過程談起，探討張載作為一個獨立的思想家，在其精神冒險的旅程中如何選擇了儒學作為目的地，而自成一家之言。范仲淹勸讀《中庸》開啟他對性命之學的思考，而性命之學卻又被佛老視為非儒學之擅場，張載初讀《中庸》「猶未以為足也」的真實感受；正是意味著儒學必須進一步在天道性命之學的論題上，更有力的回應佛老挑戰，並且重新整理、建構出儒學即是究竟之學的語言與思想系統。佛老重視「空」、「無」的非存在形上學形態，其主要的任務是將「存在」收容至「非存在」之中，此雖然開啟另一個為原來的儒學傳統所不及的直探本源之精神方向，但關懷現實世界的「擔當意識」是張載為學的初心，也一開始就決定了張載治學

的基本路數。張載的學術方向強烈要求必須順成人文世界，所謂的「究竟之學」要能夠發揮「全體大用」，所有的「性命之學」的超越性都必須要放在人間、此世中的奮鬥才能完成，經過出入佛老的歷程，最終「反而求之六經」，歸宗於《易》。張載在確認佛老非道後，批判佛老，尤其是佛教，是他重建儒家哲學的起點。其批判有兩大方向，一是在形而上層次的天道性命之學上指出佛教的謬誤；一是在社會文化層次上指出佛教缺乏禮學所造成的嚴重社會問題。同時他的正面表述也由這兩個大方向展開，以「氣學」破空、無之說，肯認世界之誠明，建構儒家的天道性命之學；以「禮學」合內外，修身、齊家、為教、化俗、養民、治國，發揮儒學傳統在實存世界的真實作用。由「氣學」與「禮學」的交互涵攝，建構出一種涵蓋存有到道德實踐的新儒學。

張載「太虛即氣」的命題是以「闢佛老」崇虛尚無為起點，由此以說明存在的真實，展開儒家天道性命之學乃至虛為實的建構，張載正是以「絕對有」的哲學來對治佛老的空、無之學，是他體悟到的《易》根本宗旨之解釋，也是他對天道性命之學的究竟之談。張載以天人、體用的交叉統一，作為其造道的規模與基本方向，體用論的架構撫平、治療了理學家面對佛、老挑戰而來的「性命之學」的焦慮與創傷，也為儒家的倫理教化、社會文化乃至政治實踐找到了源頭活水。張載思想的完整面貌是關注存有的動能，與世界萬有之真實的「天人合一」之學，也是關心生活禮學、社會文化實踐與政術治體的「學政不二」之書。

雖然張載旨在建立一個足以與佛老相抗衡的「天人合一」

兼「學政不二」，承體起用、全體大用之體用論模式，但本文認為張載的體用論性格極為特殊，相偶論討論人的本質時重視其氣化性、語言性、社會性，如若從張載論「氣」與「禮」的諸多文字做檢驗，將發現它原本就涵攝著相偶論的倫理向度。張載的體用論格局確實特別開闊，而且動能特強，格局的開闊與本體的強大動能，正來自於他的體用論從來就沒有切割相偶論，而且是一開始就融攝著相偶論的。由於帶著氣化的能量與對社會性的重視，此融攝不是垂直式的直線一體關係，而是道德意識帶著形氣主體，經由在人倫與禮樂世界的互動過程中，既向下扎根，又反過來強化主體的能量，愈動愈出，在人倫互動中的形氣主體，愈有向上超越的能量與力道，達到「上下與天地同流」的境界。張載體用論的性格融攝相偶論，他的思想除了體用論重視的「縱貫的向度」，也兼顧相偶論強調橫向交感的「橫攝的向度」，而形成一個可以十字打開的倫理學格局，此倫理學格局使張載談「天人合一」與「民胞物與」同樣的顯題。

　　本章最後討論張載的語言與思維結構的特色，張載哲學一路在批判佛教中展開，在此一對話過程中，梵語、漢語兩種語言與思維的碰撞與視域融合所打開的新視野，此歷史條件所形成的特殊場域為張載提供更多的語言與思維的資源。張載「天人合一」之學的建立，正是透過二分式語言來進行，道論上的體／用外，也貫穿張載的其他理論，如天地之性／氣質之性、天德良知／聞見之知、大心／象心、大體／小體等。二分式語言架構繼承自原來漢語思維的傳統，又加入梵語思維刺激而產生，其結構卻不是二元對立，而是一種兩重式的思維形態。此

兩重式思維形態「非一非異」的詭譎關係，造成張載思想的糾葛難解，尤其是在討論「太虛即氣」的道論上情形特別嚴重；但它所提供的嶄新視域，也為儒學帶入新的思考方向，使張載與前儒相較更有機會解決原來的儒學傳統內部的問題，又能有效地批判佛教在理論與實踐上的困境。

　　儒學傳統內部經常以一種穩定的、調和的姿態進行文化更新，容許以傳統作為前提、預設下進行創造。張載的哲學論述在儒學史上的特殊性來自於佛教異文化的強勢介入，使得傳統的延續與文化的更新之間的緊張性更高，震盪的幅度也更大。在此一特殊的歷史條件下，更多的新的哲學命題與語言思維被帶入儒學傳統中，對治佛老的語言表達，消極的說可以形成一種歷史條件的限制；但積極的來說，在歷史條件形成制約與限制的同時，卻也往往是即限制即表現。張載反佛的立場既真誠又明確，「陽儒陰釋」的批評不是事實，也使得問題過於被簡化；但如若一刀兩斷式的切割它與佛老的關係，也無法充分理解張載思想的意義與價值。宋代理學之所以能為長期低迷的儒學傳統注入新的動能與活力，發展成為儒家思想史上的第二次高峰，甚至影響整個東亞世界，卻也正是在佛老刺激這樣的特殊場域下得到表現，為儒學打開更多對話空間，注入更多異質的養分。

第三章

# 「太虛」是如何「即」「氣」的？
## 張載氣學的倫理關懷與存有開顯

## 一、前言

　　「氣」是張載最顯題化也是最受爭議的思想，唐君毅說：
「宋明理學中，我們通常分為程朱陸王二派，而實則張橫渠乃
自成一派。程朱一派之中心概念是理。陸王一派之中心概念是
心。張橫渠之中心概念是氣。」[1]主張應高看張載的「氣」，
並有張載、王夫之應被視為是理學、心學外，自成一派的氣學
之說。「氣」在張載思想體系的核心位置可見一斑。張載氣論
的複雜性在宋明理學中獨樹一格，不易理解，以至於在理學史
上長期被邊緣化。明末王夫之繼承並開展張載氣學，作為批判
陽明心學的利器，形成格局開闊而且動能特強的「張、王氣
學」。從大陸唯物論與當代新儒家之間的論辯，到晚近台灣儒
學中「心性論」與「氣化論」的兩種思想道路的潛在爭論[2]，張

---

1　唐君毅，《哲學論集》，頁211。
2　關於晚近台灣儒學內部的「心性論」與「氣化論」兩種思想道路的爭論，

載都占據一席之地，說明張載氣學具有不可忽略的當代性。[3]

　　本章將先回到「闢佛老」視域檢視張載氣學的性格，以及張載論氣與《孟子》、《易經》、《莊子》的關係。此作法是因為筆者認為張載氣論性格的複雜性，乃是因為立基於三教戰場中，有所繼承、有所批判，從而做出的回應與創造。《孟子》是儒家天道論與氣論的最重要源頭，但由於孟子談「氣」的倫理關懷大過存有論興趣，因此，當張載想建構出一套足以與佛老相抗衡，爭世界解釋權的語言時，他使用了道家系統的「太虛」概念，把「太虛氣化」帶入儒家天道論的視域中；他也吸收更多來自《易經》與《莊子》，作為精微動能與強調存有連續性的氣論資產。最後，張載提出「太虛即氣」此一核心命題，以與佛老較是非、計得失。張載論虛氣關係，他的說法複雜而有模糊性，歷來爭議甚多，筆者將指出張載氣學應被視

---

　　學者或稱之為「二王之爭」。語見楊儒賓、何乏筆，《兩岸儒家・前言》，收入錢永祥主編，《思想（29）：動物與社會》（新北：聯經出版公司，2015年10月），頁271。另見何乏筆，〈新儒家、自由主義與社會主義能否會通？〉，《思想（29）：動物與社會》，頁300。所謂「二王之爭」（王陽明心學與王夫之氣學）的提法，乃是晚近部分學者對「心性論」有所保留，試圖藉由「氣化論」來反省當代新儒家所面臨的問題。其討論脈絡「大體離不開港台當代新儒家對中國現代化的哲學反思，試圖在批判性繼承的原則下，促使當代新儒家形成別開生面的發展。」楊儒賓、何乏筆，《兩岸儒家・前言》，《思想（29）：動物與社會》，頁271。

3　如何乏筆認為：「當代新儒家在肯定自律主體的基礎上，能接納自由民主，能接納社群主義，但殊難思考社會主義與唯物論的關聯性。在這方面，儒家氣學（尤其是張載和王夫之）可能扮演著重要的橋樑角色。」何乏筆，〈新儒家、自由主義與社會主義能否會通？〉，《思想（29）：動物與社會》，頁300。

為是具有「天道性命相貫通」關懷的本體宇宙論形態的氣學
（先天型氣學）。[4]因為相較於自然主義形態的氣學（後天型
氣學），張載的氣論有「本體」概念介入，它是一個具有縱貫
向度、立體等級的體用論；但如若將張載氣學與理學、心學相
較，張載更重視對存有的整體性與連續性之說明，在縱貫向
度外，也同時表現為一重視「感」的橫攝向度之關懷。縱貫天
人、橫攝物我，張載的「氣」通形上與形下，而且形一氣一神
（心）三位一體，帶著氣的向度所談的道德實踐主體模式，不
僅是意識主體、心性主體，而是形氣主體。他把「氣」在儒學
的存有論位階，與倫理學、修養論的重要性，提升到一個十字
打開的新格局。

## 二、「太虛」概念的釐清

　　「太虛即氣」是張載刻意把「氣」帶入天道性命的論域，

---

4　楊儒賓認為「氣學」有兩種，「先天型氣學」相對於自然主義的「後天型
　氣學」，是指一種有本體概念介入、有超越義的氣學，兩種氣學本質的差
　異在於有沒有「天道性命相貫通」此一核心因素。楊儒賓說：「我們可以
　說它具有追求存在的本源之本體論的概念，同時也蘊含了『轉換意識以證
　本體』的工夫論構造。而且前者的呈顯要建立在後者的基礎上，此之謂天
　道性命相貫通。相對之下，『後物理學』乃是對自然作後設的反省，完全
　沒有天道性命相貫通的關懷。」楊儒賓，〈檢證氣學——理學史脈絡下的
　觀點〉，《異議的意義：近世東亞的反理學思潮》，頁125。「先天型氣
　學」為楊儒賓用語，即「本體宇宙論」形態的氣學。筆者在使用時由於考
　慮到「先天」二字，雖有「先天而天弗為，後天而奉天時」的《易經》背
　景，卻較容易令人有道教內丹論氣的聯想，因此，本書偏向於使用「本體
　宇宙論氣學」一詞以指稱張載的氣學性格。

所產生的重要哲學命題。此命題在理學史上引起的爭議糾葛甚
多，而且與朱子的關係頗為密切。先來看以下這段被記載於
《朱子語類》的著名公案：

> 問：「橫渠有『清虛一大』之說，又要兼清濁虛實。」
> 曰：「渠初云『清虛一大』，為伊川詰難，乃云『清兼
> 濁，虛兼實，一兼二，大兼小』。渠本要說形而上，反成
> 形而下，最是於此處不分明。如參兩云，以參為陽，兩為
> 陰，陽有太極，陰無太極。他要強索精思，必得於己，而
> 其差如此。」又問：「橫渠云『太虛即氣』，乃是指理為
> 虛，似非形而下。」曰：「縱指理為虛，亦如何夾氣作一
> 處？」[5]

在這段公案顯示朱子從理氣論的思路，表達對張載「太虛即
氣」說的不滿。朱子的「理」是形而上的本體概念，「氣」則
是形而下的作用，在理氣論的體用論結構中形上與形下的界線
劃然而分；雖然在作用層上可以談理不離氣，但存有層上理氣
不可夾雜。因此，朱子認為張載把「氣」帶入「太虛」概念
中，虛氣夾雜作一處，沒有清楚的「理」超越於「氣」之上，
形上與形下的兩層關係，是「其差如此」，而且此「差」不僅
是「說的差」而已，而是「見的差」，其批判可謂嚴厲。朱子
的詮釋進路對於後來明清的《正蒙》詮釋者產生很大的影響，
以「理」代「太虛」成為主流詮釋之一；並且進而以理氣關係

---

5　〔宋〕朱熹著，《朱子語類》卷99，《朱子全書》冊17，頁3335-3336。

來理解太虛與氣的關係。[6]對於以「理」取代「太虛」，乃至於以理、氣關係取代虛、氣關係，所引起的張載氣論詮釋上的問題，陳政揚說：

設若思想家並非任意的選用概念語詞以處理所面對的哲學問題，則使用某一字詞而非其他字詞作為其思想的核心概念，理當基於此字詞相較於其他字詞而言更適宜釐清所關涉的哲學問題，以及更精準的闡明解決此問題的理論。依此，以「理」取代「太虛」是否合宜？就不是一個修辭上的問題，而當歸屬於哲學思想上的議題。[7]

「太虛」作為張載哲學的核心概念，不可替換為其他概念——不論此概念是「理」或「太極」。王植《正蒙初義》主張掌握「太虛」概念是理解《正蒙》思想的關鍵[8]，並且提出一

---

6　前者如劉儓《新刊正蒙解》直言：「太虛，理也。」〔明〕劉儓，《新刊正蒙解》（上海：上海古籍出版社，1995年據嘉靖二十四年刻本影印），卷1，頁2。後者影響更為深遠，陳政揚即認為自從朱子將張載的虛氣關係理解為理氣關係後，明清《正蒙》注家不論是否贊成朱子觀點，幾乎都從理氣論架構來探討太虛與氣的關係。即使是王夫之，他儘管不認同「氣」僅是形而下者，但對於「知虛空即氣」的注解卻是「理在氣中，氣無非理。」相較之下，王植《正蒙初義》對於「太虛」概念不同於「理」或「太極」，必須被視為一個不可輕易置換的哲學概念，則有較高的自覺。相關研究參陳政揚，〈論王植對明清《正蒙》注之反思——以「太虛」之三層義為中心〉，《臺大文史哲學報》75期（2011年11月），頁88-89。

7　陳政揚，〈論王植對明清《正蒙》注之反思——以「太虛」之三層義為中心〉，頁89。

8　王植：「『太虛』二字是看《正蒙》入手關頭，於此得解，以下迎刃而

個重要的觀察：

> 《太極》一圖本《易》，「易有太極」數語見圖屬書以
> 發所見，其說由理而氣而形，從原頭說下因端竟委以極其
> 義。所謂太極云者，說云不離乎氣，而實以其不雜乎氣者
> 而言。故形而上下之分劃然不淆，而意之周匝言之簡盡，
> 皆純粹以精而無之可疑。太虛之云，則因二氏崇虛之見而
> 為之說，以訂其蒙，其說由虛而氣而形，蓋氣有清濁，濁
> 者滯於形象而不能通，清者則虛空洞達神妙莫測，足以超
> 乎形象之外，而為天地人物之本，故名以命之曰：「太
> 虛」。[9]

王植意識到作為建構儒家天道性命之學而提出的本體概念，
「太極」與「太虛」之間並不能互相替代；因為這兩個概念所
形成的「理—氣—形」與「虛—氣—形」結構看起來雖然相
似，實質內容卻不相同。周濂溪的「太極」由誠體談天道性命
相貫通，當中的「理—氣—形」結構直貫而下，強調的是一個
由上而下的縱貫向度之進路。因此，「太極」與「氣」之間有
一個名為「不離」實為「不雜」，形上、形下兩層結構的關
係。但是「太虛」與「氣」的連說，其用意並非是要以形上、
形下兩層的異質關係，來建立道體的絕對性與超越性，張載

---

解。」〔清〕王植，〈臆說〉，《正蒙初義》（文淵閣四庫全書影印本）
（台北：臺灣商務印書館，1983），卷1，頁2。
9　〔清〕王植，《正蒙初義》，卷1，頁1-2。

的「太虛」概念其實另有關懷。張載的天道性命之學，首要的關懷在於肯定世界的誠明無妄，「太虛」概念是為了「無無」——破「二氏崇虛之見」而設，徹底的否定空無的同時，張載說：「大易不言有無，言有無諸子之陋也。」（《易說下》）他斷然拒絕接受「有無」之分，並且提出「蓋為氣能一有無」（《易說下》）。「氣」在破「二氏崇虛之見」中扮演了更重要的角色，張載要談一個具有存有的連續性之「有」的積極哲學，割裂了「氣」即是不可理解的。他的「虛—氣—形」結構中，「氣」有清、濁之別，其中濁氣固然屬於形而下者；但清氣「虛空洞達神妙莫測」，乃是「天地人物之本」，此種「氣」為形上之氣，即是「太虛」。王植注意到張載的「氣」概念同時具有形而上與形而下兩種性格，某些狀態下太虛不是氣，某些狀態下太虛亦是氣。雖然他談的乃是「太虛」作為本體概念與「太極」的不同，但用來檢視「太虛」與「理」概念的不可替代也同樣適用。從朱子的批評與王植所作的概念釐清來看，張載的「太虛」相較於「太極」或「理」，它與「氣」的關係確實密切多了，也複雜多了。

　　張載主張「由太虛，有天之名」，而「天」在儒學傳統中又經常被視為道體，那麼他為什麼要使用「太虛」一詞來說「天」？既然反對佛老崇虛尚無，何以又偏偏拈出「虛」一詞作為本體概念來展開論述？這些問題如果脫離「氣」都是不可理解的。張載談「太虛」往往與「氣」緊密相連，他說「太虛不能無氣，氣不能不聚為萬物，萬物不能不散為太虛」（《正蒙·太和篇》）以三個「不能」強烈表述「氣」在太虛與萬物現象界之間的重要性。隨著「氣」的聚散作用，太虛—氣—形

的形上與形下本體論式的創生圖式被銷融，形成一個循環往復的整體圖式。因此，張載「太虛」與「氣」的關係，更進一步被表述為「太虛即氣」、「虛空即氣」命題。「太虛」與「氣」二者「通一無二」，並不是形上與形下兩層的異質關係。但是由於張載同時也說：「太虛無形，氣之本體。其聚其散，變化之客形爾。」（《正蒙・太和篇》）在存有論位階上視「太虛」為本體，「氣」為作用的語言似乎也不少。「太虛」與「氣」的關係因而呈現出有時「不一」，但有時又「不異」的詭譎狀態。這種「太虛」與「氣」存有論位階上的極度接近，被朱子批評為太虛「夾氣作一處」。張載「太虛」與「氣」關係的夾雜與複雜，除了早在宋代理學內部即已被程朱批評為「有過」、「見的差」；到了20世紀也引發各種「矛盾說」、「滯辭說」的批評。持肯定看法者則認為將氣論帶入天道性命的領域，以「氣」貫穿儒學的天、道、性、心諸概念正是張載存有論的特色，也可能是張載氣學的動能與潛力所在。

　　由於張載在處理儒家形上學課題時，使用了一套有別於傳統儒者所共許的語言，張載何以要如此作？對於儒學傳統來說是否只是「聖人不如此說」的多此一舉？或者確實有其重要價值？他又是從何處援引這套概念語言？以下將回顧「太虛」與「氣」概念的淵源，作為討論張載氣學的核心語言——「太虛即氣」說的背景。而在進入「太虛」此一借自道家、道教的概念，與何以張載要在氣化論的老傳統中重談「氣」之前，筆者將先回到儒家傳統中天道論與氣論的重要源頭《孟子》的脈絡來談張載何以要提出「太虛即氣」。因為，在筆者看來，張載談「太虛即氣」、「變化氣質」對照於《孟子》的「盡心知性

知天」與「吾善養吾浩然之氣」，其間具有一個「接著講」的
關係。10

## 三、張載氣學與《孟子》傳統

張載與《孟子》學一向淵源甚深11，劉璣（1452-1523）
《正蒙會稿‧序》評論《正蒙》一書說：「孟子之所謂盡心知
性，無不備於此矣。」12探討張載氣論不宜忽略他與孟子的關
係。理學家談天道性命相貫通的根據，源自於孟子的「盡其
心，知其性也。知其性，則知天矣。存其心，養其性，所以事
天也。」（《孟子‧盡心上》）之說。但由於孟子談心一性一
天重視的是人在道德實踐中的身心體驗之實存感受和價值意
義，未必有思參造化、直探形上本源的思想旨趣。13因此，當張

10 范育說：「孟子常勤闢楊朱、墨翟矣，若浮圖、老子之言聞乎孟子之耳，
　焉有不闢之者乎？故予曰，《正蒙》之言不得已而云也。」范育的說法也
　間接印證了張載對於孟子「接著講」，而非「照著講」的意圖。〔宋〕范
　育，〈《正蒙》序〉，《張子全書》附錄3，頁483。
11 《正蒙‧大心篇》中，張載即引用孟子「盡心知性以知天」，作為闡述儒
　家「心性天通而為一」之理的依據，此外，張載與孟子學的淵源也出現
　在其他學者的評價中，認為張載深得孟子義理精髓，如伊川說：「《西
　銘》之為書，推理以存義，擴前聖所未發，與孟子性善養氣之論同功。」
　〔宋〕程頤，〈答楊時論西銘書〉，程顥、程頤，《河南程氏文集卷第
　九》，《二程集》，頁609。
12 〔明〕劉璣，《正蒙會稿》（北京：中華書局，1985），頁1。
13 對於孟子是否蘊含形上學的性格，在當代儒學研究中看法並不一。牟宗三
　肯定孟子盡心知性知天為一「道德的形上學」，此說認為「天」並非一外
　在於人心的超越實體（天道或上帝）而說人有道德的創造性；而是人透過
　盡心知性以證知天的造化之功。而勞思光則認為孟子非持形上學立場，而

載志在駁斥佛老的崇虛尚無，與佛老爭世界解釋權時，「盡心何以知性知天？」此問題正是張載在闡發孟子思想時所提出的設問。[14]張載除了以「大其心則能體天下之物」（《正蒙‧大心篇》）回應孟子「盡其心」之義外，他更試圖以氣論為經典詮釋的基礎，直接從存有論的角度說明儒家經典中，原已蘊含肯認宇宙萬化皆真實無妄之思想。張載說：「由太虛，有天之名；由氣化，有道之名；合虛與氣，有性之名；合性與知覺，有心之名。」（《正蒙‧太和篇》）正是對《孟子‧盡心上》中「心─性─天」關係的存有論說明，與對「盡心何以知性知天？」的回答。[15]張載把「太虛」與「氣」這兩個概念帶入孟

---

是取心性論立場言知性知天；而主張當孟子言「天」時，並非將「天」視為心性的形上根源，而是泛指萬事萬物之理的「本然理序」而已。除了道德形上學與心性論的詮釋觀點外，袁保新則另外從海德格的存有學脈絡，反對將孟子的「天」抽象的解讀為西方形上學的「第一因」、「超越實體」，擔負著萬物存在變化的解釋之責。而主張「『天』作為造化根源，或造化自身，在《孟子》書中，主要是在說明生活世界中各種遇合的意義。換言之，我們應當在存有學的脈絡下，將『天』詮釋為以歷史為呈現場域的『意義無盡藏』，而等同於海德格的『存有』。」上述諸說詳見牟宗三，《從陸象山到劉蕺山》（台北：臺灣學生書局，1990），頁345。勞思光，《新編中國哲學史》第一冊（台北：三民書局，1987），頁194-197。袁保新，〈從海德格、老子、孟子到當代新儒學——一項從詮釋學角度展開的自我反思〉，《中國文哲研究通訊》第15卷第11期（2005年3月），頁130。

14 陳政揚：「緊接著而來的思想議題當是：設若人是有限的存在個體，又如何能通過『盡其心』、『知其性』，進而知無限之存在根源──『天』呢？」陳政揚，〈「盡心何以知性知天？」──論張載氣學對《孟子》思想的詮釋與開展〉，《經學研究集刊》12期（2012年5月），頁138。

15 朱子在《孟子集注‧盡心章句上》即指出張載對孟子「盡其心，知其性也。知其性，則知天矣。存其心，養其性，所以事天也。」此段引文的詮

子「天」的論域中，以「太虛氣化」說天道，論述此一「太虛氣化」之天道如何具體而微地落實為個體的性、心，成為人可以經由道德實踐復歸「天地之性」而「天人合一」的根據，並且提出「太虛即氣」此一嶄新命題，用來完成儒家駁斥佛老崇虛尚無、「溺於空，淪於靜」（《正蒙・神化篇》）的時代使命。

孟子是談氣的，事實上儒家氣論最重要的理論來源即是孟子，日本學者小川侃甚至把孟子視為是中國氣論思想的源頭。[16] 小川侃說：

> 氣的思想的源頭是孟子。孟子有所謂「浩然之氣」的思想，這是非常深奧的思想，這個思想不僅只是深奧，更充斥於整個世界中。究竟孟子說的浩然之氣是什麼呢？……孟子對於想用「浩然之氣」這個字來闡述兩件事，即氣與道。氣無法以語言形容，並充滿於世界和「身」當中。人們說氣無所不在。要養此正氣必須要做到兩件事，第一件

---

釋，是立基於《正蒙・太和篇》：「由太虛，有天之名；由氣化，有道之名；合虛與氣，有性之名；合性與知覺，有心之名。」一段中，對「心一性一天」關係的說明。〔宋〕朱熹著，《四書章句集注》，《朱子全書》冊6，頁425-426。

16 小川侃以孟子為中國氣論的源頭，賴錫三對此則持不同意見。認為此說「並不精確，而《孟子》對氣的討論也不及《莊子》的全面與複雜。」賴錫三，〈《孟子》與《莊子》兩種氣論類型的知識分子與權力批判——「浩然之氣」與「平淡之氣」的存有、倫理、政治性格〉，《道家型知識分子論：《莊子》的權力批判與文化更新》（台北：臺大出版中心，2013），頁86。

事是時時刻刻行為正直，並有自信只做正直的事，而不做
傷天害理之事。另一方面，氣可說是充斥於天地間的虛無
之道。氣是充滿於人的「身」內的活力、精力、氣力、精
神力，人們更說這種氣滿溢於天地之中。由此看來，氣充
斥於世界，也就是天地之間的同時，也充斥於我們「身」
的內部。氣在意味著行為正直的同時，也意味著世界以真
理而呈現。用比較艱澀的講法來表現的話我們可說，在氣
當中，倫理學和存在論合而為一。[17]

小川侃認為孟子是中國氣論源頭的說法事實上並不正確，因為
「氣」一詞的使用更為歷史悠久。孟子的氣思想並不是憑空生
起的，它繼承著早先的傳統而來。《左傳‧昭公六年》有「天
有六氣」、《國語‧周語上》有「夫天地之氣，不失其序。」
的記載[18]，說明早在孔、老興起之前，「君子時代」的中土君子

---

17 〔日〕小川侃，〈氣與吟唱——「身」的收縮與舒張〉，《臺灣東亞文明
　研究學刊》第5卷第1期（總第9期）（2008年6月），頁233-234。

18 「氣」語詞的出現事實上更早，學者多已注意到甲骨文、金文就已經出現
　「氣」的用法，但還不能從中直接發現氣概念的原型。前川捷三認為：
　「明確的追究物和心的問題，把人氣和天氣、地氣視為同一的思考；明確
　地追究人類的存在，把人視為萬物的一種，把人也視為與萬物一樣，都是
　以氣作為構成要素的想法，那是後來的事。」〔日〕前川捷三，〈甲骨
　文、金文中所見的氣〉，小野澤精一、福永光司、山井湧編，《氣的思
　想：中國自然觀與人的觀念的發展》（上海：上海人民出版社，2007），
　頁26。因此，要探討「氣」概念的起源，相較之下，《左傳》與《國語》
　則較為學者所注意，被認為「所蘊含的自然哲學思想，在中國先秦時代的
　氣論思想上是一重要的歷史指標。」張永儁，〈莊子泛神論的自然觀對張
　橫渠氣論哲學的影響〉，頁84。

對於「氣」這個概念早已非常熟悉。[19]先秦諸子中，儒家除了孟子有「養氣」之論外，孔子亦有「血氣」之說，荀子則有「治氣養心」之術；道家中老子主張「專氣致柔」、「負陰抱陽沖氣以為和」，莊子則一再強調要「遊心於淡，合氣於漠」、「游乎天地之一氣」；陰陽家透過天人感應的關係言「助宣氣」；醫家談論「治血氣」；兵家重氣，談「治氣」、「占氣」、「望氣」等等。[20]因此，至少在戰國時期，「『氣』已成先秦諸子公共話題（common discourse）」。[21]儘管不同的時代和不同的領域，「氣」表現的狀況和起的作用未必相同，各有差異，但「『氣』的思想概念，就宏觀而言，可以視為是組成人和自然的生命、物質運動的能量。」[22]在佛教傳入中國前，氣化論宇宙觀與身體觀可說是中國思想與文化中大小傳統所共享

19 楊儒賓說：「兩周時期，氣被視為盈滿天地之間的物質性材料，其時有『元氣』之說；但氣也是構成人身的基本東西，它與『血』並稱，合稱為『血氣』。氣除了見於人身與自然之外，兩周時期的君子又主張『人助宣氣，與天地參。』換言之，當時已有某種的『治氣』、『養氣』的工夫。孟子的氣的思想不是憑空生起的，它繼承著早先的傳統而來。」楊儒賓，《儒家身體觀》，頁12。

20 楊儒賓編，〈導論〉，《中國古代思想中的氣論與身體觀》（台北：巨流圖書公司，1993），頁3-59。

21 賴錫三：「在戰國時期，『氣』已成先秦諸子公共話題（common discourse）。舉凡世界觀、身體觀、認識論、心性修養等重要課題，均可透過氣論視域得到說明，課題之間甚至透過『氣』之存有連續特質，亦可達成『道通為一』的融貫。氣論頗可承擔起、發展出解釋中國思想與文化的基礎模型。」賴錫三，《道家型知識分子論：《莊子》的權力批判與文化更新》，頁43。

22 〔日〕小野澤精一，〈原序〉，小野澤精一、福永光司、山井湧編，《氣的思想：中國自然觀與人的觀念的發展》，頁5。

的文化胚胎。

　　雖然視《孟子》為氣論源頭的說法未必能成立，但《孟子》氣論在儒學發展史上確實具有極為重大的意義。《孟子》論氣的文字主要見於〈公孫丑上〉：

> 「夫志，氣之帥也；氣，體之充也。夫志至焉，氣次焉。故曰：『持其志，無暴其氣。』」「既曰『志至焉，氣次焉』，又曰『持其志無暴其氣』者，何也？」曰：「志壹則動氣，氣壹則動志也。今夫蹶者趨者，是氣也，而反動其心。」「敢問夫子惡乎長？」曰：「我知言，我善養吾浩然之氣。」「敢問何謂浩然之氣？」曰：「難言也。其為氣也，至大至剛，以直養而無害，則塞於天地之間。其為氣也，配義與道；無是，餒也。是集義所生者，非義襲而取之也。行有不慊於心，則餒矣。我故曰，告子未嘗知義，以其外之也。必有事焉而勿正，心勿忘，勿助長也。無若宋人然：宋人有閔其苗之不長而揠之者，芒芒然歸。謂其人曰：『今日病矣，予助苗長矣。』其子趨而往視之，苗則槁矣。天下之不助苗長者寡矣。以為無益而舍之者，不耘苗者也；助之長者，揠苗者也。非徒無益，而又害之。」

　　在這段既重要又出名難解的文字中，《孟子》提出影響後來儒家氣論發展方向的許多重要命題，包括「浩然之氣」、「其為氣也，配義與道」、「夫志，氣之帥也；氣，體之充也。」、「志至焉，氣次焉」、「持其志無暴其氣」等等。在孟子氣論

的理論框架中一方面預設了「心」對「氣」的等級性與優先性（志至焉，氣次焉），這是一個在個人氣性上「以意志主宰軀體」具有精神優先性的哲學命題，而且意志要道德化（集義）才有力量轉化形、氣（率氣、踐形）；但另一方面，由於孟子同時預設了形—氣—志（心）三位一體、同體共構，因此「道德意志要走完全程，使志、氣、形同質化，必須預設著有種特殊性質的『氣』居間溝通兩者。」形—氣—志（心）三者不斷地滲透、轉化，最終「個人的氣擴充至極，其氣會逸出『個人』的範圍之外，與天地之氣同流，內外合而為一。」23楊儒賓說：

　　「氣」的介入，無疑是孟子言良知時一項很突出的特色，就「自覺」作工夫而言，提撕本心，當下認取，無疑地是人實踐時應走的方向。但就此工夫存有論的依據而言，「氣」是超自覺的，是與良知同根，但比良知的心理湧現更基源的基礎。氣，乃體之充也，但其性質絕不能只以「物質」視之。在孟子看來，人身之氣，也有道德的涵義，因此，氣如能「配義與道」，氣即可獲得與自己存在的性格呼應的展現。它擴而充之，即可徹底朗現潛能。但氣除了具備道德意義外，他還是一種前知覺的存在，在這種存在中，人與世界是種同質性的合一。24

---

23　楊儒賓，《儒家身體觀》，頁146-147。
24　同前註，頁151。

楊儒賓的說法呼應了小川侃對於孟子「浩然之氣」具有「在氣當中，倫理學和存在論合而為一」的觀察，並且為這種「在氣當中，倫理學和存在論合而為一」的可能，提供了更為基源性的說明：孟子的「浩然之氣」理論是築基於形一氣一志（心）一體的身體觀。他認為孟子「強調『志至焉，氣次焉』、強調『志一則動氣，氣一則動志』的心氣交互理論；強調完美的氣（『浩然之氣』）、完美的形軀（『踐形』）與完美的意志（『盡心』）同時升起。」[25]而且由於「『氣』概念原來即具有動態的生生與真實的內涵，學者只要養氣有成，世界連帶的也就改變它的性格，鳶飛魚躍，物與無妄。」[26]賴錫三也肯定小川侃從孟子「浩然之氣」談「在氣當中，倫理學和存在論合而為一」的觀察是一種洞見，因為孟子對氣的觀點「一方面既深入了人的主體身心之內在而有其深奧性，另一方面氣又是擴及世界一切處而有著浩瀚性。前者與最內在的身心互滲為一，後者又與最超越的天道同流為一。氣這種既內在（主體性）又超越（超主體性），並使內外通貫為一的力量，可以說是存有的天理開顯，也是倫理實踐的泛愛動能。」[27]

---

25 楊儒賓，〈變化氣質、養氣與觀聖賢氣象〉，《漢學研究》第19卷第1期（2001年6月），頁134。

26 同前註，頁134。

27 賴錫三，《道家型知識分子論：莊子的權力批判與文化更新》，頁86-87。賴錫三雖然不同意小川侃視孟子為中國氣論源頭的說法，但肯定小川侃對於孟子的「浩然之氣」具有「在氣當中，倫理學和存在論合而為一」的觀察確實是一個洞見。他認為孟子對氣的討論並不像莊子那麼全面與複雜，但同樣作為儒、道二家氣理論的最重要建設者，孟、莊對氣的觀點有其相似性。

因此，孟子是談「氣」的，而且孟子對「氣」所提出的那些命題，幾乎也都成為後來理學家立論的共同基礎。[28]孟子一邊說「盡心以知性知天」，一邊談「吾善養吾浩然之氣」；張載則是一邊說「大其心以體天下之物」，一邊也說「太虛即氣」與「變化氣質」。設若張載思想的義理結構明顯地繼承自《孟子》的傳統。那麼，在理學史上張載論氣為何引發諸多爭議？范育〈正蒙序〉說：

> 惟夫子之為此書也，有《六經》之所未載，聖人之所不言，或者疑其蓋不必道。若「清虛一大」之語，是將取訾於末學，予則異焉。（〈正蒙序〉，《張子全書》，頁483）

范育雖反對批評者的「不必道」之說，但卻也點出張載《正蒙》確實有六經未載，聖人不曾言說的語言與思想——以「清虛一大」說天道，以及他所提出的「知虛空即氣」、「太虛不能無氣」等等，這些氣論語言都不見於孔孟。這裡產生兩個問題：在《孟子》天道論、氣論的基礎上，張載使用了有別於傳統儒者所共許的語言概念，來處理儒家的形上學課題，他為什麼要如此做？以及，張載這一套語言概念又是從何處得來？

---

28 楊儒賓認為雖然理學家的具體修煉法門受惠於佛老，但是「理學家『養氣』、『變化氣質』的義理結構不是來自佛老，很明顯的，他們完全繼承了孟子的傳統。」〈變化氣質、養氣與觀聖賢氣象〉，頁134。

## 四、「一心」還是「一氣」：張載重講「氣」的契機

　　對於張載為何需要使用新的「氣」之語言概念來探討儒家義理，先來談談佛教對「氣」的態度，因為張載重講「氣」的契機正在於此。相較於儒、道各家共享的氣化論老傳統，「氣」在佛教並不作為核心概念被使用。在譯經過程中，甚至很少見到「氣」的用例，此是三教交流中的事實。何以如此？除了「氣」是中國獨有的概念，印度沒有對應的概念之外；嫌其帶有道教的色彩，故意不使用也是重要的因素。[29] 道教徒以氣言道，在六朝佛、道論辯的場合中，此說經常成為佛教徒攻擊的焦點。如梁代僧順〈答道士假稱張融三破論〉中就是以「道者氣」為目，對道教的教理進行批判。除了僧順，劉勰（約465-520）〈滅惑論〉中也批判「道以氣為宗」之說，一直到初唐法琳《辯正論》說：「君子曰：『原道所先以氣為體。何以明之？案《養生服氣經》云：道者氣也。保氣則得道，得道則長存。』」[30]仍然針對道教之說提出辯駁。佛教如何看待

---

29　福井文雅指出從東漢到唐代在漢譯佛典中「氣」的用例幾乎沒有；甚至在密教等部中，作為梵語音寫的字似乎常使用到「氣」字，但令人吃驚的是「氣」字卻完全未出現，沒有被發現有那樣的例子。而「氣」的用例如此少的理由有二：「一、由於氣完全是中國獨有的概念，印度沒有對應的概念，二、由於道教中多被使用，嫌其帶有道教的色彩，故意不使用。」〔日〕小野澤精一、福永光司、山井湧編，《氣的思想：中國自然觀與人的觀念的發展》，頁311-315。

30　〔南朝梁〕釋僧順，〈答道士假稱張融三破論〉，見〔唐〕釋道宣輯，《廣弘明集》，收入《大正新修大藏經》（台北：新文豐出版公司，1983，大正一切經刊行會排印本），第52冊，卷8，頁53下。劉勰，〈滅惑論〉，見〔唐〕釋道宣輯，《廣弘明集》，收入《大正新修大藏經》，第52冊。相關

「氣」，其正面的主張是什麼？宗密（784-841）的說法有助於進一步了解三教論戰史上佛教對「氣」的立場。宗密說：「元亨利貞，乾之德也，始於一氣；常樂我淨，佛之德也。本乎一心。」[31]宗密認為「氣」對於儒、道二教，與「心」對於佛教一樣，都是其教義中最本源的根核概念。他使用「一氣」的概念統攝儒道二教的思想特性後，接著就開始對「氣」提出批判，宗密說：

> 疏先於諸法者，儒道二教所說，人畜草木萬物，以天地為先，天地又以混沌一氣最為其先，故立元始之號。又老子云：「有物混成，先天地生。」意云天地人畜萬物，皆從混沌而有。今正教所明，則天地人畜是別業所感。所感能感，皆從自己妄識之所變起，則以妄識為先。妄識由迷圓覺真心故有，則以圓覺為先，故下經云：「種種幻化，皆生圓覺妙心，至於虛空，亦從識變。」當知唯有圓覺是最先之義，故云先於諸法也。[32]

宗密將儒、道合併而論，理由是他們的世界觀中無論是人畜草木萬物皆生於氣，而將「元氣」視為是萬物的本源。但在佛教看來，「氣」的感通，乃至於氣化萬物的現象，都是由於「真

研究參見林永勝，〈二重的道論：以南朝重玄學派的道論為線索〉，《清華學報》新42卷第2期（2012年6月），頁237。

31 〔唐〕宗密，《大方廣圓覺經大疏·序》，《卍續藏經》第14冊（台北：新文豐出版公司，1994），頁216。

32 〔唐〕宗密，《圓覺經略疏之鈔卷》卷5，《卍續藏經》第15冊，頁266。

心」或「圓覺妙心」一念不覺而成的妄識所變現。因此,佛教言「一心」比儒道言「一氣」究竟。宗密在《原人論》說:

> 然所稟之氣,展轉推本,即混一之元氣也;所起之心,展轉窮源,即真一之靈心也。究實言之,心外無別法,元氣亦從心之所變,屬前轉識所現之境,是阿賴耶識相分所攝,從初一念業相,分為心境之二。[33]

宗密採用《大乘起信論》的「如來藏」之說,主張心外無別法,元氣是由真如妙心起動而產生的。從佛教思想的構造來說,「氣」的能感所感都是虛妄,無一為究竟真實,它不是根源之物。宗密以「一心」與「一氣」來分判佛教與儒、道之差異,並進而否定所有氣化論傳統中「以氣說道」的正當性,氣化論中萬有存在的實體性也因此被取消。

對於佛教視「氣」、「感」為幻妄;以「一心」來取消「一氣」所化的世界真實存在之價值,張載對於這樣的世界觀極度反感,並且反覆提出他的批判:

> 釋氏不知天命而以心法起滅天地,以小緣大,以末緣本,其不能窮而謂之幻妄,真所謂疑冰者歟!(《正蒙·大心篇》,《張子全書》,頁19)

---

33 〔唐〕宗密,《原人論》會通本末4,《大正新脩大藏經》第45冊(台北:新文豐出版公司,1983),頁710。

　　釋氏以感為幻妄，又有憧憧思以求朋者，皆不足道也。
（《易說・咸》，《張子全書》，頁160）

從《正蒙》出現的大量批判佛教幻妄說的內容來看，他的問題
意識相當清楚。張載批判佛教，所涉及的領域焦點幾乎都集中
在「世界是否誠明」的問題上，他重談「氣」的目的首先是要
反駁佛教「以心法起滅天地」，視「氣」、「感」為幻妄，從
而否定現實世界存在之真實的說法，這是一種存有的遺忘，遺
忘了生活世界，也遺落了身體、物質。張載透過「氣」與佛教
展開論辯，《正蒙・乾稱篇》張載對佛教發動猛烈抨擊：

　　釋氏語實際，乃知道者所謂誠也，天德也。其語到實
際，則以人生為幻妄，〔以〕有為為疣贅，以世界為陰
濁，遂厭而不有，遺而弗存。就使得之，乃誠而惡明者
也。儒者則因明致誠，因誠致明，故天人合一，致學而可
以成聖，得天而未始遺人，易所謂不遺、不流、不過者
也。彼語雖似是，觀其發本要歸，與吾儒二本殊歸矣。道
一而已，此是則彼非，此非則彼是，固不當同日而語。其
言流遁失守，窮大則淫，推行則詖，致曲則邪，求之一
卷之中，此弊數數有之。大率知晝夜、陰陽則能（一）
〔知〕性命，能知性命則能知聖人，知鬼神。彼欲直語太
虛，不以晝夜、陰陽累其心，則是未始見易。未始見易，
則雖欲免陰陽、晝夜之累，末由也已。易且不見，又烏能
更語真際？捨真際而談鬼神，妄也。所謂實際，彼徒能語
之而已，未始心解也。（《正蒙・乾稱篇》，《張子全

書》，頁56）

與佛、老在「大道精微之理」論域上較量，重新取得儒家的發言權，一直是張載念茲在茲的意圖，也是張載《正蒙》著書立說的歷史因緣與心理背景。[34]他的思想以「闢佛老」之崇虛尚無為起點，說明存在的真實，最終的目的在展開儒家天道性命之學乃「至虛為實」的建構。為了與佛老較是非，重新肯定世界之真實與價值，並且回應、消納二教對儒家不能窮究本源的質疑，從而建構出一套儒家的天道性命之學，張載使用「太虛」與「氣」這組語詞，並對虛氣關係重新作了衡定。

「太虛即氣」乃是張載的自鑄偉辭，其氣論思想之所以被質疑是「六經未嘗語也，孔孟未嘗及也」，也正在於此。因為「太虛」一詞最早的使用者並不是儒家，而是道家，它出自《莊子‧知北遊》：「外不觀乎宇宙，內不知乎大初，是以不過乎崑崙，不游乎太虛。」[35]「太虛」在此指的是廣漠無垠的宇宙空間，具體的說即是天空的形象。《黃帝內經》也多次提

---

34 范育作為張載門人最為熟悉張載的心思，他在《正蒙》序中早已點出其師的想法，佛、老之徒一向不認為儒家有資格談論「大道精微之理」，甚至儒者本身也認可其說。范育〈《正蒙》序〉因此說：「自孔子沒，學絕道喪千有餘年，處士橫議，異端間作，若浮圖老子之書，天下共傳，與《六經》並行。而其徒侈其說，以為大道精微之理，儒家之所不能談，必取吾書為正。世之儒亦自許曰：『吾之《六經》未嘗語也，孔孟未嘗及也』，從而信其書，宗其道，天下靡然同風；無敢置疑於其間；況能分一朝之辯，而與之較是非曲直乎哉！」〔宋〕范育，〈《正蒙》序〉，《張子全書》附錄3，頁483。

35 〔清〕郭慶藩，《莊子集釋‧知北遊》（北京：中華書局，1961），頁759。

到「太虛」，如：「太虛寥廓，肇基化元，萬物資始，五運終天。」[36]採取的是老子「有生於無」之義，以「無」即無限廣大的「太虛」作為天地萬物的始源，「太虛」在此已不僅作為天空的形象被理解，而具有根源義。對於此具有根源義的「太虛」，《淮南子》則表述為：「道始於虛霩，虛霩生宇宙，宇宙生氣，氣有涯垠，清陽者薄靡而為天，重濁者凝滯而為地。」[37]「太虛」開始與「氣」結合，並且逐漸形成一個「虛生氣」的命題。唐玄宗時道士吳筠（？-778）《玄綱論》說：

　　太虛之先，寂寥何有？至精感激，而真一生焉；真一運神，而元氣自化。元氣者，無中之有，有中之無。曠不可量，微不可察。氤氳漸著，混茫無倪；萬象之端，兆朕於此。於是清通澄朗之氣，浮而為天；濁滯煩味之氣，積而為地。[38]

　　「虛生氣」的命題在《玄綱論》中透過一種「無中之有，有中之無」，介在有、無之間的氤氳、混茫之「元氣」來解決無如何能生出有的難題。[39]張永儁指出：「虛生氣，這是一個

---

36 姚春鵬譯注，《黃帝內經・天元紀大論篇》（北京：中華書局，2009），頁205。

37 劉文點撰，《淮南鴻烈集解・天文訓》（北京：中華書局，1989），頁79。

38 〔唐〕吳筠，《玄綱論・元氣章》，收入〔明〕張宇初編撰，李一氓主編，《道藏》第23冊（上海：上海書店、文物出版社、天津古籍出版社聯合出版，1994），頁667。

39 林永勝指出在六朝道教中對於以「虛」作為道／氣的本體，已有不少討

嶄新的命題轉換，它與《管子》、《呂氏春秋》中『精氣』、
『靈氣』、『血氣』、『神氣』諸詞結合起來，承襲了莊子的
泛神論而在自然觀、生命觀與鍊氣養生術諸方面有了很深的
歷史傳承。這種思想始於《淮南子》，而盛行於唐宋之際的道
教。」[40]張載之前，在道家、道教典籍中頻繁出現的「太虛」用
語中，可以觀察到「太虛」與「氣」經常連用，「太虛」並且
作為「氣」的本體被使用著；以及道徒似乎從老子的「有生於
無」（《老子》40章）處得到靈感，而逐漸形成「虛生氣」命
題。從《淮南子》開始，盛行於唐宋之際道教的「虛生氣」之
說，相較於老莊思想之所以是一個新命題，在於它一方面既是
宇宙生成論的語言，同時也是一個道教養生術的修煉語彙。宇
宙的生成既然是太虛透過精─神─氣以化生天地萬象，那麼修
煉者經由「鍊精化氣，鍊氣化神，鍊神還虛」的煉丹術，將可
以逆返先天而得以不老長壽。[41]除了道徒，佛教也有使用「太

---

論。而其中一種形態是「將虛視為一種實體性的概念，由此虛體再化生出
道與氣，較明顯的代表是《西昇經》‧〈虛無章第十五〉言：『老君曰：
虛無生自然，自然生道，道生一，一生天地，天地生萬物。』但此說的問
題在於，虛無之體又是由何而來，仍然無解，也同樣會面臨佛教徒的批
評。」林永勝，〈張載「太虛即氣」重釋〉，收入鄭吉雄、林永勝主編，
《易詮釋中的儒道互動》（台北：臺大出版中心，2012），頁248-249。相
較於《西昇經》所留下來的虛無如何能生出有的問題，在《玄綱論》中則
透過介在有、無之間的氤氳、混茫之「元氣」，來解釋有如何生於無。

40 張永儁，〈莊子泛神論的自然觀對張橫渠氣論哲學的影響〉，《哲學與文
化》第33卷第8期（2006年8月），頁90。

41 張永儁指出：「從魏伯陽的《周易參同契》而後，道教的思想混合了道
家、周易與原始巫術，在『鍊精化氣』、『鍊氣化神』、『鍊神還虛』的
煉丹養生而成仙的宗教企求下。對莊子的泛神論卻有很大的發揮，我們試

虛」或「虛空」來說明「四大皆空」、「緣起性空」之理的例
子，藉以說明世界萬象的空幻不實。[42]

　　日籍學者山井湧認為《玄綱論》對「太虛」與「氣」的
議論影響了張載，但是這種影響應不應被視為是一種繼承的關
係？實際的情況可能更複雜些。[43]因為張載討論「太虛」而提
出「太虛即氣」的命題，恰巧是對「有生於無」、「虛生氣」
的生成論之否定。張載對「虛生氣」明顯地持批判之態度，他
說：

　　　若謂虛能生氣，則虛無窮，氣有限，體用殊絕，入老氏
　　「有生於無」自然之論，不識所謂有無混一之常。（《正
　　蒙・太和篇》，《張子全書》，頁2）

---

　　讀隋・蕭吉的《五行大義》、宋初張君房的《雲笈七籤》、張伯端的《悟
　　真篇》，可知一般。」同前註，頁95。
42　張永儁，〈莊子泛神論的自然觀對張橫渠氣論哲學的影響〉，頁90。另見
　　山井湧：「佛教，尤其是禪家作為心性的類比，使用『虛空』、『太虛
　　空』之詞，而張載的『太虛』也有著與這些相聯繫的一面。」〔日〕小野
　　澤精一、福永光司、山井湧編，《氣的思想：中國自然觀與人的觀念的發
　　展》，頁387。
43　山井湧雖然主張：「張載是怎樣意識到《首楞嚴經》所象徵的佛教的想法
　　而構築其理論的，同時還可以注意到，前面所述《玄綱論》、《關尹子》
　　的議論在這裡也被繼承了。」同前註，頁387。他點出了張載對「太虛」
　　的思考主要目的在表達儒、佛立場的不同，乃張載為了與佛教心性論對
　　抗而提出。雖然儒、道在氣的存在論立場上較為接近，但山井湧也注意
　　到：「張載主張『太虛即氣』。也就是把『太虛』作為氣；否定虛無、空
　　無……這儘管也有吳筠的影響，卻意味著對『有生於無』（《老子》40
　　章）、『虛霩生宇宙，宇宙生（元）氣』」（《淮南子・天文訓》，《太
　　平御覽》作『元氣』）這種生成論的否定。」同上，頁383。

張載反對「虛能生氣」即是反對將「太虛」視為是一種在「氣」之上，由虛體再化生出氣的實體性概念[44]，他論「太虛」的義理內涵與結構並不來自於佛老。但山井湧的觀察確實點出了張載其學來源駁雜，出入釋老而復歸返儒門的特質。張載使用「太虛」與「氣」說天道，與道家、道教有歷史淵源，因為相對於佛教，儒、道二家在對「氣」的態度上立場，確實較為接近。張載接受道教將「太虛」與「氣」連用，以及六朝道教中以「虛」作為道／氣之本體的思考，《正蒙》也出現「太虛無形，氣之本體」（《正蒙・太和篇》）的文字；與一些形容「太虛」作為本體的形而上、超越性格之描述，如：

---

44　林永勝則進一步將道教「以虛作為道／氣的本體」的兩種形態，以及張載對這兩種形態的道教「太虛」（或虛無、虛寂）本體說的不同承續關係做區分，林永勝說：「以虛作為道／氣的本體，並非張載所創，在六朝道教中已有不少討論，而其中主要呈現為兩種形態，一是將虛視為一種實體性的概念，由此虛體再化生出道與氣，較明顯的代表是《西昇經》・〈虛無章第十五〉言：『老君言：虛無生自然，自然生道，道生一，一生天地，天地生萬物。』但此說的問題在於，虛無之體又是由何而來，仍然無解，也同樣會面臨佛教徒的批評。南朝宋時期的陸修靜則有不一樣的解釋，虛被界定為道之本體，《道教義樞・道德義》引述到：陸先生云：『虛寂為道體，虛無不通，寂無不應。』即是指道體寂然不動的狀態，也就是張載所說的無感，由此虛寂道體再去感通感應，才有客感客形的出現。由此來看，張載所言無感無形的太虛本體，其內涵與陸修靜所說的虛寂道體，應該有某種承續關係。」林永勝，〈張載「太虛即氣」重釋〉，《易詮釋中的儒道互動》，頁248-249。林永勝之說區分道教的「虛作為道／氣的本體」有不同形態的作法，在張載出入佛老的事實下，他對道教虛氣說應有相當的了解，林永勝由此提出張載的虛氣論接近於陸修靜的重玄派之說。除上說之外，由於「道體虛無不通，寂無不應」之說本來就有《易傳》色彩，張載也有可能直接受《易傳》的思想啟發。

> 天地之道，無非以至虛為實。……金鐵有時而腐，山
> 岳有時而摧，凡有形之物即易壞，惟太虛無動搖，故為至
> 實。（《張子語錄・語錄中》，《張子全書》，頁263）

> 太虛者，氣之體。氣有陰陽，屈伸相感之無窮，故神之
> 應也無窮；其散無數，故神之應也無數。雖無窮，其實湛
> 然；雖無數，其實一也。（《正蒙・乾稱篇》，《張子全
> 書》，頁57）

雖然如此，張載堅持反對道教的「虛能生氣」之說。反對「虛
能生氣」除了是反對宇宙生成論形態的「有生於無」外，主要
的理由是如此一來「虛無窮，氣有限」，將造成「體用殊絕」
（《正蒙・太和篇》），使「用」不能成為真實作用、全體大
用之「用」。因此，「太虛」除了不能是西方古典形上學那種
作為「第一因」、「超越的實體」概念意義下的「本體」，也
可能不是牟宗三形上與形下兩層存有論意義下的「天道」。

　　張載將「太虛」與「氣」這組概念帶入儒家經典中，用
來詮釋「天」、「道」、「性」、「心」等論題。《孟子》的
「盡其心，知其性也。知其性，則知天矣。」（《孟子・盡心
上》）與《中庸》的「天命之為性，率性之為道，修道之為
教。」[45]等儒家天道性命之學的核心論題，被張載重新表述成

---

45 在天道性命的本源問題之思考上，《中庸》正是張載最熟悉、淵源甚深的
儒門經典，張載《正蒙・太和》：「由太虛，有天之名；由氣化，有道之
名；合虛與氣，有性之名；合性與知覺，有心之名。」這段重要文字被視
為是張載討論「天」、「道」、「性」、「心」問題的四句綱領，除了與

為《正蒙・太和篇》的「由太虛,有天之名;由氣化,有道之名;合虛與氣,有性之名;合性與知覺,有心之名。」張載以「太虛」、「氣化」說「天」、「道」,他事實上已經賦予這兩個概念一個創造性的詮釋,陳政陽指出:

> 張載是通過氣論將心、性、天、道的連續性關係完整呈現。在張載思想中,「天」作為造化根源,其無限性與創生性,亦即視同等於氣論架構中的最高存有概念:「太虛」。在氣論的詮釋架構中,張載先以「氣」為真實實有,次以「太虛亦是氣」否定以世間為幻化之說(「無無」,即是「沒有絕對空無」,乃是對絕對空無之存在可能性的否定)。再以太虛即是「氣」之清通無礙的本然,一方面藉以澄清太虛與氣乃是「一而有分」的關係,呈顯「太虛」的無限性與創生性;另一方面,則由氣之真實無妄義,進而呈顯「天」之真實義。這是張載何以由太虛而統攝「天」之意義的關鍵之一。[46]

「太虛」與「氣」新關係的建立,成為張載用來與佛老「較是非」的利器;也是建構儒家天道性命之學的理學新論述。此過程中,「太虛」與「氣」不「體用殊絕」,張載必須同時賦予「氣」更接近本體的存有論位階,重新詮釋「氣」。

---

《孟子》的關係,其中脫胎自《中庸》首章「天命之謂性,率性之謂道,修道之謂教。」的痕跡也極為明顯。

46 陳政揚,〈「盡心何以知性知天?」——論張載氣學對《孟子》思想的詮釋與開展〉,頁141-142。

以下筆者將嘗試由張載與《易經》、《莊子》的聯繫，來談張載的「氣」概念。

## 五、《易經》、《莊子》攜手下的張載氣學

### （一）「絪縕」與「野馬」：交感生生的精微動能

《孟子》的氣論雖然是理學家談「養氣」、「變化氣質」的重要資源，他所提出的命題也構成理學家共同的思想基礎。但是當張載「闢佛老」而重談「氣」時，明顯使用一些《孟子》不曾用過的新語言概念與論述方式，原因是《孟子》論「吾善養吾浩然之氣」時，重視的是「氣」在道德實踐中的身心體驗與實存感受，勝過於直探造化本源，提出一套泛存有論解釋的思想旨趣。「浩然之氣」之說雖然隱含以「氣」解釋萬物存在的訊息，但《孟子》主要關懷並不在此。[47]因此，在與佛老爭世界解釋權的企圖之下，張載並沒有完全照著《孟子》的氣論路數談，從而選擇以一種「接著講」的姿態，表現了更多的從存有論角度去解釋「氣」的興趣。

---

47 賴錫三說：「《孟子》的立場，並非將氣純然視為解釋萬物形體的客觀實在論，他著重的毋寧是：氣在道德實踐中的身心體驗之實存感受和價值意義。如《孟子》所強調的：『其為氣也，配義與道』。……這裡要強調的是：『氣，體之充也』便隱含以『氣』解釋萬物存在的訊息，只是《孟子》顯然志不在此，也不以此見精采。《孟子》重心在於將『氣』的力量收攝在『志』（心之所之）的價值引導上，所謂『志，氣之帥也』，便透露《孟子》希望給予氣之能量一種價值趣向、倫理性格。」賴錫三，《道家型知識分子論：莊子的權力批判與文化更新》，頁45。

　　從《正蒙》的內容來看，影響張載氣學的重要來源當屬
《易經》與《莊子》。張載與《易經》淵源最深，他確實也是
因為《易經》而重返儒門，並且產生「道在是」的煥然自信。
因此，當張載試著從存有論向度對「氣」展開新論述時，最重
要來源自然是《易經》，這是容易理解的。但是，除了《易
經》，還有一條不能忽略的線索，就是《莊子》。事實上學界
對張載的「氣」思想與《莊子》氣論之間的相似性，甚至可能
存在著承繼關係並沒有完全忽略。[48]陳政揚〈張載與莊子氣論比
較〉指出：

　　　　從概念語言的使用上，我們有理由相信張載氣論曾受到
　　莊子哲學的啟發與影響。……張載身為北宋理學之先驅，
　　尤以闢佛排老、顯揚儒教為己任。然而，橫渠排老甚力，
　　卻責莊甚微，其直接駁斥莊子之言者，僅見於《正蒙・神
　　化》以「神人」之說為謬見。更重要的是：張載氣論中最
　　為關鍵的幾個概念語言，都曾出現在《莊子》書中，例
　　如：「太虛」見於《莊子・知北遊》，「太和」見於《天
　　運》，而《正蒙・太和》說：「知虛空即氣，則有無、
　　顯隱、神化、性命，通一無二」，則與《莊子・知北遊》
　　「通天下一氣」之說十分相似。此外，張載以「野馬」情
　　狀遊氣之升降飛揚未嘗止息，張載更直陳是出於莊子之言

---

48　如張永儁，〈莊子泛神論的自然觀對張橫渠氣論哲學的影響〉，頁83-99。
　　陳政揚，〈張載與莊子氣論比較〉，《張載思想的哲學詮釋》，頁57-94。

（《正蒙・太和》）。[49]

陳政揚注意到張載氣論與《莊子》語言概念的相似之處，肯定
二者「皆由『氣』之動用流行說明萬物之運動變化，也從氣之
虛而待物、清通無礙陳述人之修養工夫，並同將人之生死視為
氣之聚散。」[50]雖然如此，由於陳政揚立論的重點在於釐清張載
以《莊子》氣論語言詮釋儒學的合法性，以避免張載氣論陷入
「以莊解儒」的困境。因此，他的詮釋偏重於比較莊、張氣論
的異同，從而將二人之異歸諸於「自然回歸」與「道德承擔」
之別。[51]但莊、張是否能以「自然回歸」與「道德承擔」之異來
判別？或許沒有那麼容易做區隔。[52]因為，歷來對《莊子》的學
術性格，以及他與儒家的關係，並不只存在著一種看法。[53]因

---

49　陳政揚，《張載思想的哲學詮釋》，頁58。

50　同前註，頁91-92。

51　同前註，頁91。

52　如賴錫三就主張莊子論氣同樣涉及倫理的關懷，他說：「氣在《莊子》，
　　開始便和存有論相關，然後漸顯存有開顯與倫理實踐的一體性。」賴錫
　　三，《道家型知識分子論：《莊子》的權力批判與文化更新》，頁52。

53　如蔣禮鴻《莊子發微引》說：「莊子之書一溺於道家，再溺於神仙家而其
　　旨晦。其溺於神仙家，學者能辨之；其溺於道家，鮮有能辨者。韓退之、
　　蘇子瞻，或以為周之學出於子夏，或以為周之於孔子陽抑而陰助，乃與世
　　之論莊周者異。然亦但求之於文，未能會通莊書之蘊與其宗本，未知周之
　　內聖外王之學乃宗於孔氏而為顏淵之傳也。」見鍾泰，《莊子發微》（上
　　海：上海古籍出版社，1988），引，頁1。此說指出從唐、宋時韓愈、蘇
　　軾即提出莊子之學非道家，而是出自子夏之學的說法。到明末清初出現
　　更多的「莊子儒門說」，詳細介紹參徐聖心，〈「莊周尊孔論」系譜綜
　　述——莊學史上的另類理解與閱讀〉，《臺大中文學報》17期（2002年12
　　月），頁21-66。即使到當代莊子研究，對於莊學性格亦有不同解讀，如畢

此，如果不急著解決「以莊解儒」的焦慮，那麼《莊子》對於張載氣論的啟發與影響，或許有更多的思考空間。

　　張載談「氣」與《莊子》的關聯可以分成兩個問題來談，第一個問題是：張載一向以儒者自居，批判佛老堪稱出名嚴厲，為何在批判佛老的同時，卻毫不避諱的使用《莊子》的語言概念？在嚴斥佛老的過程中何以「排老甚力，卻責莊甚微」？將此一矛盾放到理學家對《莊子》的態度上看，亦有其脈絡可說。因為理學家雖然護教意識強，但沒有爭議的是他們眼中的「異端」主要是指佛教，相形之下，批判道教的烽火少了許多。[54]再以老、莊相對來看，《莊子》背負的罪名又輕了許多，理學家對《莊子》的態度一般而言相當友善，甚至出現了不少主張莊、儒同道的聲音。[55]在此氛圍之中，張載談「氣」不避諱地使用《莊子》的語言概念，也就沒有那麼地難以理解。但《莊子》氣論對於張載，似乎不僅作為消極的、不避諱的語言概念被使用而已，其影響似乎更積極而且深遠。至於第二個問題則是：張載在援引《莊子》氣論的語言概念時，

來德（Jean François Billeter）說：「我認為還應該對另一個我們習以為常的觀念，進行徹底的批判，即莊子屬於『道家』（法語的taoistes）這一說法。」「莊子可能接受了一套禮學的教育，即是說儒家教育，然後再從它出發，發展出自己哲學思想中一個重要的層面。」〔法〕畢來德著，宋剛譯，《莊子四講》（新北：聯經出版公司，2011），頁103、105。

54　以程朱學為例，朱子與呂祖謙合編的《進思錄》卷13「異端之學」收錄北宋儒者言論14條，其中所指稱的「異端」幾乎都指向佛教，獨占了10條。參見陳榮捷，《進思錄詳注集評》（台北：臺灣學生書局，1998），頁521-538。

55　楊儒賓，《儒門內的莊子》（新北：聯經出版公司，2016），頁126-131。

為何特別與《易經》連說，將二者串聯並置？對於張載而言，《易經》所論無疑是儒家正宗的天道性命之至理，那麼，《莊子》、《易經》聯袂攜手而行的氣論，二者的同質性何在？楊儒賓說：「孔子之後，儒分為八，儒家從來不是只長成一種面貌。何況我們看哲學史上的記載，確實有不少名家認為以《易經》、《中庸》為代表的學問才是儒門之學，這樣的儒學和莊子的基本性格恰可相互呼應。」[56]儒家不只長成一種面貌，《莊子》也不只一種面貌，《易經》、《中庸》形態的儒學與《莊子》之間，被認為具有可以互相呼應、連結的空間。[57]楊儒賓在其《儒門內的莊子》一書即主張在《莊子》性格詮釋史上，至少存在著三種不同的解讀方式，除了「支離路線」的莊子、「冥契路線」的莊子，還有另外一個「掌握創化之源」的莊子。楊儒賓的說法如下：

> 除了這種走「冥契路線」或者「支離路線」的莊子外，筆者認為另有一位掌握創化之源價值的哲人。他的「掌握創化之源」乃是重「有」而不是重「無」，是肯定而非否定型的哲學家。相對於佛教重空、道家重無，儒家被認為是重「有」的哲學，宋明理學家（尤其是張載、王夫之一系）在這方面的傾向特別顯著。因此，如果一定要依傳統

---

56 同前註，頁60。

57 此連結明末清初方以智，甚至將《莊子》的性格表述為「《易》之風而《中庸》之魂」。〔明〕方以智，〈向子期與郭子玄書〉，《浮山文集後編》（上海：上海古籍出版社影印，續修四庫全書本，1995），卷1，頁10。

的學派觀點定位的話，這樣的詮釋立場可以說成是向儒家
靠攏。[58]

當張載對抗佛老的空無世界觀，企圖建構出一種重「有」的新
形態儒學世界觀而說「氣」時，他從《莊子》與《易經》二書
中，似乎看到一個可以互相呼應的關係，這是一種創化的可
能。在此意義下，對於張載這樣的宋明理學家來說，「《莊
子》是積極哲學（有之哲學）、而非消極的哲學（無之哲
學）。」「佛、老只強調空、無，將導致『無體、無理、無
力』」[59]，但《莊子》性格與之並不相似，他應被視為是儒家
「積極哲學（有之哲學）」的同道中人。這一點在張載氣學繼
承者王夫之身上表現得更清楚，楊儒賓說：

> （方以智、）王夫之等人繼承了韓愈、蘇東坡以下融合
> 莊、孔的方向，但他們的精神氣魄遠遠超出前賢，理論也
> 更深刻。他們在改造禪宗與王學格局的大業上，找到了莊
> 子作為最大的援軍，或援軍之一，《莊》、《易》聯手，
> 一種新形態的儒學世界就此展開。[60]

---

58 楊儒賓，《儒門內的莊子》，頁453。
59 「《莊子》是積極哲學（有之哲學）、而非消極的哲學（無之哲學）。」
   此為賴錫三對楊儒賓《儒門內的莊子》所主張的「掌握創化之源的莊子」
   哲學性格的斷語。見賴錫三，〈《儒門內的莊子》與「台灣莊子學」——
   儒懷、史識、文心之景觀〉（發表於中研院文哲所舉辦「楊儒賓《儒門內
   的莊子》新書座談會」，2016年9月9日），頁12。
60 楊儒賓，《儒門內的莊子》，頁455。

王夫之理解的「莊子」，不是「支離路線的莊子」或「冥契路線的莊子」，而是「掌握創化之源的莊子」。從王夫之身上，或許有助於理解何以張載會使用《莊子》、《易經》並言以論「氣」。

張載使用《莊子》、《易經》攜手的表述方式論「氣」，此在《正蒙》極為顯題，〈太和篇〉開宗明義，即是以《易經》之「絪縕」與《莊子》之「野馬」連說並言，如此描述他眼中的宇宙圖像：

> 太和所謂道，中涵浮沉、升降、動靜、相感之性，是生絪縕、相盪、勝負、屈伸之始。其來也幾微易簡，其究也廣大堅固。起知於易者乾乎！效法於簡者坤乎！散殊而可象為氣，清通而不可象為神。不如野馬、絪縕，不足謂之太和。語道者知此，謂之知道；學易者見此，謂之見易。不如是，雖周公才美，其智不足稱也已。（《正蒙・太和篇》，《張子全書》，頁1）

> 氣坱然太虛，升降飛揚，未嘗止息，《易》所謂「絪縕」，莊生所謂「生物以息相吹」、「野馬」者歟！此虛實、動靜之機，陰陽、剛柔之始。浮而上者陽之清，降而下者陰之濁，其感遇聚散，為風雨，為雪霜，萬品之流形，山川之融結，糟粕煨燼，無非教也。（《正蒙・太和篇》，《張子全書》，頁2）

　　「太和」取義自《易傳・乾彖》的「保合太和」。[61]張載名之為「太和」，是指一種宇宙萬有整體的大和諧。「和」，是形容語。「道」即「太虛氣化的天道」（「由太虛有天之名，由氣化有道之名。」）「絪縕」出自《易・繫辭下》：「天地絪縕，萬物化醇；男女媾精，萬物化生。」乃是描述「天地之氣纏綿交密之狀。喻言天地之氣交融密合，如兩性形體交和，然後變化生生之不窮也。」[62]形容在氣化流行的世界中，天地陰陽二氣的交感而萬物因此得以生生無窮。唐君毅認為：「絪縕即此氣之依於虛而互相滲透，而互相感通涵攝之狀也。」[63]因此，「絪縕」是指彼此滲透、相互感通涵攝的天地之氣。「野馬」則出自《莊子・逍遙遊》：「野馬也，塵埃也，生物以息相吹也。」鍾泰（1888-1979）《莊子發微》如此解釋：

　　　「野馬」者，澤地游氣，曉起野望可以見之，形如群馬驟馳，故曰野馬。野馬、塵埃，皆氣機之鼓蕩，前後移徙，上下不停，故曰「以息相吹」。此云「以息相吹」，猶《齊物論篇》之言「大塊噫氣」矣。野馬塵埃而謂之「生物」者，所謂生生之謂易（自註：見《易・繫辭傳》），以其流動而變化言，非如今人之言生物無生物比

也。[64]

鍾泰解釋「野馬」說，除了指出《莊子》的「氣」是一種「氣機之鼓蕩」，具有流動變化性質、生機盎然的動能之外；他也指出《莊子》、《易經》氣論的相似性，《莊子》的「野馬」描述的是一種具有「生物」作用的氣，也正是《易經》的「生生」之道。《易經》的「絪縕」與《莊子》的「野馬」二說連用，說明「氣」具有流動性、連續性、交融性等性格，可以解釋生命萬象的流變性、循環性、共通性與交換性。「絪縕」與「野馬」所談的「氣」連著感通與運動的功能，是一種連綿的精微動能，此「氣」本身即能夠成為創化之源，在「氣」之中物物萬化自然交感與生生，張載因此說：「無則氣自然生，氣之生即是道、是《易》。」（《易說下・總論》）張載反對道教的「虛生氣」說，因為如果從「氣」的屬性來說，一氣之化本身即是道；並不需要有一個在「氣」之上、之外的形上超越道體作為創化之源。

　　牟宗三一向不喜張載以「野馬絪縕」說「太和」的表述方式，他說：

　　　然以「野馬絪縕」來形容太和，則言雖不窒，而意不能無偏。蓋野馬絪縕是氣之事，若以氣之絪縕說太和，說道，則著於氣之意味太重。……其與《易傳》窮神知化之大義不能無距離，不如濂溪之由誠體說天道為簡潔精微而

---

64　鍾泰，《莊子發微》，卷1，頁7-8。

　　復能提得住也。[65]

　　牟宗三以「天道性命相貫通」的道德形上學為儒學之正宗、宋
明理學之至論，不論是在存有論或倫理學的說明上，他基本上
重視的是如何在縱貫向度上，建構一個可以「提的住」的形上
學本體，以保證道德世界之高度與價值；加上與唯物論氣學對
辯的時空條件，為了與唯物論切割，牟宗三將「氣」視為「材
質義」[66]，他認為張載說「氣」意味太重，以「氣」說道嫌著
而濁，和《易傳》的窮神知化義有距離，不如濂溪之「誠體」
能夠向上提得住。然而，這樣的說法卻無法呈現張載《正蒙》
以「絪縕」、「野馬」說「氣」的氣論性格，也錯失了張載氣
學的精義與潛力。「氣」在中國先哲的使用中涵義極為繁富，
雖然「氣」不能離開物質，但它也不只是物質。唐君毅認為
「氣」或指「精神之氣」、「生命之氣」，亦可指「物質之
氣」，而且往往三者貫通為一。[67]楊儒賓也說：「它既是自然哲
學的概念，被許多哲人視為構成萬物的本質；但也被視為是與
人存在息息相關的生理學與心理學概念，傳統醫家與體驗型哲
人將氣視為人的身心構造統一的基礎，也是轉化身心狀態的機
制。『氣』似乎同時具備了心理、生理與物理的屬性。」[68]楊儒
賓此說間接補充了唐君毅的說法。中國先哲對「氣」概念的使

65　牟宗三，《心體與性體》第一冊，頁437。
66　牟宗三，「此則仍是屬於氣之觀念，材質之觀念（material）。」同前註，
　　頁471。
67　唐君毅，《哲學論集》，頁217。
68　楊儒賓，《異議的意義：近世東亞的反理學思潮》，頁131-132。

用，依楊儒賓的說法至少可以包括四層涵義：

> 首先是自然哲學的用法，氣指遍佈天壤之間的一種
> 流行的存在，最接近於這種「氣」概念的就是風。……
> （二）其次是中國醫學或生理學的用法，氣指涉營、衛之
> 氣。……（三）第三是修煉傳統下精微身體的語彙，人
> 身除了後天的、解剖學式的五臟六腑系統以及氣──經脈
> 系統的身體結構外，另有一種更精微的「先天」之身體圖
> 式，這種先天的身體圖式之內容就是性命之學所說的「先
> 天之氣」。……（四）最重要的，氣也可以有形上學的意
> 涵，形上之氣指的是一種動而未動的存在之流行，這是一
> 種更嚴格的先天之氣。先天之氣漫天蓋地，它實質的內涵
> 乃是「體用一如」、「承體起用」的「用」的涵義。……
> 嚴格意義的先天氣是非經驗性格的，是「本體」此概念的
> 屬性。[69]

在先哲的「氣」用法中，不應僅以現代人所認為的形下之「物
質」或西方哲學傳統下亞里斯多德的「材料」（matter）一類
視之。如果檢視張載使用「氣」的情形，雖然亦不乏鄰近材質
義的經驗之氣用法，如：「散殊而可象為氣；清通而不可象為
神。」（《正蒙·太和篇》），但張載也說：

> 所謂氣也者非待其蒸鬱凝聚，接於目而後知之；苟健、

---

> 順、動、止、浩然、湛然之得言，皆可名之象爾。然則
> 象若非氣，指何為象？（《正蒙・神化篇》，《張子全
> 書》，頁9）

> 凡不形以上者，皆謂之道，惟是有無相接與形不形處
> 知之為難。須知氣從此首，蓋惟氣能一有無。無則氣自然
> 生，是道也，是易也。（《易說下》，《張子全書》，頁
> 223）

張載「氣」的用法不一，原本就不只停留在經驗層次說。[70]除了
有形之氣，還有無形之氣，張載特別標舉「健、順、動、止、
浩然、湛然」等也應被視為「氣」，「健、順、動、浩然」偏
向從各種微細差別的動能義描述非經驗層次之氣，「止、湛
然」則是虛靈明鑑之氣。「氣」的難以表達與理解，正在於它
是從「有無相接與形不形處」開始的，「氣」或許可以被視為
是一個可以串連有與無、可見與不可見、形上與形下兩界的通
孔。張載取道《易經》、《莊子》的「絪縕」與「野馬」之
「氣」，甚至應該被視為是有超越意涵、本體性格的氣，即是
楊儒賓所說第四種涵義的「先天之氣」。此「先天之氣」如果
使用唐君毅的語言表達，即是一「流行的存在」或「存在的流
行」，唐君毅說：

---

70 張載「氣」用法的複雜性，葛艾儒（Ira E. Kasoff）也注意到此情形，因此
　主張：「用『氣』指原始未分、初始的氣，用『気』指凝聚、有形的氣，
　用『气』指有雙重涵義的氣，或兩種涵義難以區別的氣。」〔美〕葛艾儒
　著，羅立剛譯，《張載的思想（1020-1077）》，頁42。

如要親切理會，當說其氣只是一流行的存在或存在的流行，而不更問其是吾人所謂的物質或精神。此氣乃一無色彩之純粹存在、純粹流行，或西方哲學中之純粹活動、純粹變化。[71]

「絪縕」與「野馬」之「氣」是一種連綿而且能夠交感生生的動態統一能量，可以跨越精神與物質的界域，同時具有身、心、物的屬性，而且能夠將三者連結、貫通為一，形成一個動態的、生命的世界觀。此形一氣一神三位一體的「氣」既貫通形上、形下，亦能一有無，在某些狀態下，也具有本體（或極接近本體）的存有論性格與位階。

## （二）「通一無二」與「兼體無累」的大有哲學

《正蒙・太和篇》開宗明義的論述，即是以「氣」說道，張載想要重建的正是在《易經》、《莊子》攜手下，所描繪出來的一幅天地萬有感通涵攝、生機活潑的動態宇宙圖像，儒學世界觀是一個氣的世界觀。世界由波動性的氣所注滿，氣是構成世界的基質。張載主張「氣」是一真實無妄的整全大有，重新肯定「氣」即是重新肯定存在即是道，以此建構一套能保證世界誠明之價值的「有」之積極哲學。陳政陽指出：

由《正蒙》一書可知，張載在使用「氣」概念時，初

---

71 唐君毅，《中國哲學原論：原教篇》，頁91。

只是指向「真實無妄之有」。依此,他將天地萬有歸諸於
「氣」,既能夠用以反駁天地萬物皆可由心法起滅而不
具真實性之說。也可以依此主張萬有本只是源自於整全的
「大有」而非「空無」,藉此避免將萬有歸諸空無,而造
成天人二判的理論困境。在此,張載先通過萬有皆原出於
氣,又以「氣」為真實無妄的整全大有,進而肯定萬有乃
是真實無妄的連續性整體。由此建立起以氣論為基礎的萬
物一體觀。[72]

張載主張「氣」是一真實無妄的整全大有,他是由「氣」的真
實無妄以論證「太虛」非空無,反而是可以「無無」的無限性
與創生性之存有。相對於佛、老將「存在」收納於「不存在」
之中,「太虛即氣」的天道觀則是以「存在」來吸納「不存
在」,從而主張「不存在」其實是「存在」的一個狀態而已。
「存在」雖然有顯隱、可見與不可見的不同,但不可見並不等
於無。他對《易經》、《莊子》氣論的繼承與吸收,除了特別
重視「絪縕」、「野馬」此交感生生的精微動能之外,極為重
視《易經》論陰陽二氣時的「兼體無累」精神與《莊子》的
「通天下一氣」說,以論證「氣」是真實無妄的整全大有、一
個連綿而整體的存有連續;並且由「氣」之「大有」以「無
無」,駁斥佛老的空、無形上學的世界觀與生死觀的謬誤。
　　關於「氣」的「通一無二」,張載說:

---

72 陳政揚,〈「盡心何以知性知天?」——論張載氣學對《孟子》思想的詮
　釋與開展〉,頁140。

　　聚亦吾體，散亦　　　　　　亡者，可與言　　。
知虛空即氣，則有無、隱顯、　化、性命通一無　　顧
聚散、出入、形不形，能推本所從來，則深於易　　，
（《正蒙‧太和篇》，《張子全書》，頁1）

張載標舉「通一無二」為《易經》之道，以「通一無二　
「氣」，並且以一氣之聚散檢討佛、道二教對死生問題看　
偏滯。此外，張載談氣的「通一無二」也與《莊子》「通天
之一氣」之說相連結[73]，《莊子》說：

　　人之生也　　氣之聚也；聚則為生，散則為死。若死
　　為徒，吾又何　　故萬物一也，是其所美者為神奇，其
　　惡者為臭腐；臭腐　　　為神奇，神奇復化為臭腐。故曰
　　「通天下一氣耳。」聖　　　貴一。[74]

　　《莊子》談「通天下之一氣」　　　說「旨在強調萬物聚散
都離不開『氣之流行』這一體變化的總　　　並要真人『聽之
以氣』而任隨『游乎一氣』，認同『天地並生　　物為一』的

─────────

73 學者早已注意張載的「通一無二」思想與莊子「通天下之一氣」說的關
　係，如張永儁列舉莊子對張載氣論的影響數端時，即首列莊子「通天下之
　一氣」說。張永儁，〈莊子泛神論的自然觀對張橫渠氣論哲學的影響〉，
　頁96。
74 〔戰國〕莊周著，〔清〕郭慶藩輯，〈知北遊〉，《莊子集釋》（台北：
　華正書局，1985），頁733。

同一性。」[75]因此，以一氣之聚散來論說個體的生滅變化，將萬有的死生流轉，收攝在氣化流行的宇宙觀安立。此安立之所以可能，就在於不斷運動而變化「氣」世界，本是連綿而整體的「一（體）」。對於《莊子》的「通天下之一氣」，賴錫三說：

> 何止人的死生來去，包括天地萬物的死生來去，皆不過是氣的聚散交換所造成的循環現象。也正是這不斷運動的氣之流動，才能同時造就生命的可見性之出現（神奇）與不可見性之回歸（腐朽），兩者相互之間的「復化」循環。這一「臭腐復化為神奇，神奇復化為臭腐」的輪轉，也同時造就了一個「通天下一氣」的「通氣」世界。這一復化、通氣的世界，同時成就了連綿而整體的存有連續之「一（體）」世界。所謂的「一」是就復化、通氣這一存有開顯的整體連續而言，因此，氣聚產生的神奇與氣散所產生的腐朽之形色差異，從這一存有連續的浩瀚廣大角度觀之，暫時的差別相便被超越而產生一種「以道觀之」的「齊物」達觀。例如人對死生二元差別的計慮分別，便被轉化為「萬物一也」、「死生若環」的連續變化之一體。[76]

張載使用了《莊子》「通天下之一氣」說「通一無二」，將「氣」視為同一性與整體性的總原則，「氣」是一個浩瀚廣大

---

75 賴錫三，《道家型知識分子論：莊子的權力批判與文化更新》，頁447。
76 同前註，頁443。

的存有開顯與整體的存有連續。因此，張載說：「神，天德；化，天道。德，其體；道，其用。一於氣而已。」（《正蒙·神化篇》）此外，張載也和《莊子》一樣的將生死問題帶入「氣」的「一（體）」世界中去觀看，以「氣」之聚散說生死變易。所不同者是，《莊子》的「一氣之化是同層流轉，隨物順化，而無常跡，故有莊生夢蝶的『物化』之說。而張載『性與天道存乎誠』，誠者真實無妄之謂，是實現原理。」[77]相較於《莊子》，張載更強調「氣」如何作為一種「推行」、「生生」的實現原理。

　　張載更常以《易經》的「兼體無累」來詮釋此氣的「通一無二」，他說：

　　太虛不能無氣，氣不能不聚而為萬物，萬物不能不散而為太虛。循是出入，是皆不得已而然也。然則聖人盡道其間，兼體而不累者，存神其至矣。彼語寂滅者往而不反，徇生執有者物而不化，二者雖有間矣，以言乎失道則均焉。（《正蒙·太和》，《張子全書》，頁1）

---

77　張永儁，〈莊子泛神論的自然觀對張橫渠氣論哲學的影響〉，頁96。張載反對輪迴，亦無「物化」之說，如張載云：「所謂變者，對聚散、存亡為文，非如螢雀之化，指前後身而為說也。」（《正蒙·乾稱篇》，《張子全書》，頁57）張棠、周芳解釋為：「反歸本原而《易》謂之變者，以散為聚之變，亡為存之變耳。腐草為螢、黃雀化蛤見《月令》。」楊方達曰：「蓋申指遊魂之變為輪迴之說也。反原，及歸於太虛也。『游』字是漸漸散。變者，言聚而又散，存而又亡，故謂之變，非如腐草為螢，雀入大水為蛤，前身變後身之謂也。」說見林樂昌著，《正蒙合校集釋》下（北京：中華書局，2012），頁956。

> 若道，則兼體而無累也。以其兼體，故曰「一陰一
> 陽」，又曰「陰陽不測」，又曰「一闔一闢」，又曰：
> 「通乎晝夜」。語其推行，故曰道；語其不測，故曰神；
> 語其生生，故曰《易》。其實一物，指事異名爾。（《正
> 蒙・乾篇》，《張子全書》，頁57）

在「通一無二」中，「氣」或「道」的「一」之同一性與整體
性，並不以取消「二」的對立性結構而存在，而是以「二」的
存在為前提。因為對張載來說，取消「二」的「一」正是一種
沒有內容的「一」，張載說：

> 兩不立，則一不可見；一不可見，則兩之用息。兩體
> 者，虛實也，動靜也，聚散也，清濁也，其究一而已。感
> 而後有通，不有兩則無一。故聖人以剛柔立本，乾坤毀則
> 無以見易。（《正蒙・太和篇》，《張子全書》，頁3）

這些論述說明，「通一無二」乃是以「兩端故有感，本一故能
合」為前提，是一種兩端一致的辯證之「一」。張載反對佛教
形態的形上學將「存在」收納於「不存在」之中，他稱為「銷
礙入空」。[78]佛教「銷礙入空」以世界為「累」，在張載看來是
一種不能肯定存在的真實價值的「偏滯」。他認為《易經》能

---

[78] 張載說：「世人取釋氏銷礙入空，學者舍惡趨善以為化，此直可為始學遣
　　累者，薄乎云爾，豈天道神化所同語也哉！」《正蒙・神化篇》，《張子
　　全書》卷1，頁9。

夠提供一套對治佛教幻妄世界觀的哲學，就在於具有「兼體無累」的洞見，不以陰陽為累，而將陰陽視為實現原則，因此才能夠保持「體不偏滯」。

　　何謂「兼體無累」？牟宗三的詮釋是「兼體者即能兼合各相而不偏滯於一隅之謂」。[79]由於牟宗三將「氣」視為是形下材質，他因此主張：「氣以太虛——清通之神——為體，則氣始活。活者變化之謂爾。浮沉、升降、動靜、相感、絪縕、相盪、勝負、屈伸皆氣之活用也。」[80]對牟宗三而言「兼體無累」的表述中必須有一個能兼體者——也就是「太虛」、「清通之神」來活化氣，此說才能成立。「兼體無累」在牟宗三而言是一種「等級的縱貫向度」（hierarchical or vertical dimension）的形上學體用論關係，而不是一個「平等或橫向向度」（egalitarian or horizontal dimension）的關係。[81]對於牟宗三的「兼體無累」說，何乏筆則持不同的見解，他認為《易經》哲學談「兼體無累」不一定要採用此形上學的、等級化的解讀

----

79　牟宗三說：「能兼合（參合）各體（各事、各相、各形）而不偏滯於一相，則即可不為相跡所累，此即不累於相跡。不累於相跡則清通而虛體之神存矣。……神則其自身動而無動、靜而無靜，圓應無方，妙運無跡，故能參合氣之動靜、聚散、虛實、有無，而不滯也。」牟宗三，《心體與性體》第1冊，頁448-449。牟宗三說明「兼體無累」時乃是運用本體與呈現的辯證模式來解釋。「神」是具有真正創造性的超越本體、形上道體，也可以是指聖人的生命狀態、修養境界，為了要實現「神」的創造性，必須具體落實在兩體的結合之中，發揮對氣化過程中管理、指揮與規範的作用。
80　同前註，頁444。
81　「等級的縱貫向度」與「平等或橫向向度」語見何乏筆，〈何謂「兼體無累」的工夫——論牟宗三與創造性的問題化〉，收入楊儒賓、祝平次主編，《儒家的氣論與工夫論》，頁93。

方式，而可以是一種「平等的辯證關係」，何乏筆說：

> 《正蒙》中的「氣」含有相當程度的不確定性，因而
> 引起了許多截然不同的詮釋方向。為了駁斥宋明儒學的唯
> 物解釋，牟宗三認同將氣論視為唯物論的論點，而無法深
> 入《正蒙》所指的辯證思想，即是物與神、形與無形、明
> 與幽、可見與不可見、有與無等兩者「互為體」的運作模
> 式。他將「兼體無累」中的「體」解釋為「相」而非「本
> 體之體」，因而給予「兼體無累」一種唯神論的解讀。但
> 氣論的潛力在於提供唯神論與唯物論（即是精神優先論與
> 物質優先論）之外的可能性。換言之，氣引起神與物之分
> 化（亦即神為氣之神而物為氣之物），而同時神與物的關
> 係構成氣的領域；兩體貫通為氣的良好狀態；而兩體溝通
> 發生阻礙即為氣的惡化狀態。[82]

在何乏筆看來「《正蒙》論陰陽二氣關係時（以及虛實、動
靜、剛柔、聚散、屈伸等關係）首先將其理解為平等的辯證關
係。」[83]此「兼體無累」、「一物兩體」的「氣」，楊立華說：
「一旦明了『體』的動詞義，『兼體』所說的就是同樣地內在
於並作用於晝夜、陰陽、動靜、聚散等兩體之中，就是貫通
義，而非牟氏所說地兼合義。」[84]「這裡的氣指的應該是『一物

---

82 同前註，頁100。
83 同前註，頁97。
84 楊立華，《氣本與神化：張載哲學述論》，頁44

兩體』的能動過程的整體；換言之，『兼體無累』的主體正是
氣之氤氳不息，而這一氤氳不息亦即張載所說的『天道神化』
的作用。」[85]陳贇也提出類似的看法，亦可視為對此義的發揮，
陳贇說：

> 《易傳》說：「一陰一陽之謂道」，按照原始的涵義，
> 陰陽就是明暗，就是「幽明」或者「隱顯」，就是可見與
> 不可見；一陰一陽就是一隱一顯的往復運動，也即可見與
> 不可見之間持續的交互作用。《易傳》認為這種交互作用
> 就是存在（道）的本性。存在不是某種現成的實體，而是
> 一個無盡的場域（field and horizon）。[86]

在「氣」之中，晝夜、陰陽、動靜、聚散，乃至於死生、天人
等「通一無二」而且「兼體無累」。張載由此以批判佛老的空
虛、有無之說：

> 彼異學則皆歸之空虛，蓋徒知乎明而已，不察忽幽，所
> 見一邊耳。（《易說下》，《張子全書》，頁208）

張載為了「無無」，破非存在形上學的幻妄世界觀，而提出將
「可見的」（陽、晝、明、有等）與「不可見的」（陰、夜、

---

85 同前註，頁36。
86 陳贇，《回歸真實的存在：王船山哲學的闡釋》（上海：復旦大學出版
社，2002），頁55。

幽、無等）通而為一的「兼體無累」之「氣」，由此所獲得的
「存在」概念，可以理解為生活世界本身的整體性。

　　如果「氣」不僅是形而下的材質，而是一種具有本體性格
的精微動能，同時也是一種連綿整體的存有連續，那麼「氣」
就不需要有一個在它之上的形上本體來「提的住」、「始活
之」。張載的「神」／「氣」或「虛」／「氣」關係，也不一
定只能是形上與形下的單一縱貫向度的關係。值得注意的是，
何乏筆將「兼體無累」視為一種水平向度的「平等的辯證關
係」；但他也觀察到張載在「從自然氣化的本體論轉到要奠基
道德秩序的形上學，理論結構則往等級化的方向發展。」[87]張載
在論述「一物而兩體」時同時存在兩種不同的說法，他一方面
說：

> 　　一物兩體，氣也。一故神，（自註：兩在故不測。）兩
> 故化（自註：推行於一。）此天之所以參也。（《正蒙・
> 參兩篇》，《張子全書》，頁4）

但另一方面也做了如此的表述：

> 　　一物而兩體，其太極之謂歟！（《正蒙・大易篇》，
> 《張子全書》，頁39）

---

87　何乏筆，〈何謂「兼體無累」的工夫——論牟宗三與創造性的問題化〉，
　　頁97。

如果「一物而兩體」的「一」指的是「太極」，那麼詮釋的方向將會往等級的縱貫向度走，如果此「一」指的是「氣」，那麼詮釋的方向就可能會往平等的橫向向度走。楊儒賓說：

> 我們都知道張載的學問乃奠基在對《易經》的詮釋上面，而《易經》的詮釋系統，筆者認為一向就有「整體論」與「本體論」的詮釋路線之分。「太極」（道）到底是陰陽的述詞，還是與陰陽詭譎的同一？如果「太極」被視為渾沌之氣，太極—陰陽的變化歷程被視為元氣的宇宙創化之形成，那麼，整個解釋系統就往自然主義的方向走。反之，如果「太極」與「陰陽」永遠同在，永遠詭譎的同一（張載所謂兼體無累、一物而兩體），那麼，整個解釋系統就會往體用論的方向走。這樣的兩條路線的爭議在儒學內部幾乎每隔一段時間即會出現，張載的著作只是把這個隱藏的火藥庫徹底引爆而已。[88]

張載論太虛與氣，他的立場究竟是等級的縱貫向度，還是平等的橫攝向度之關係？張載天道論性格應被視為本體論，抑或是整體論？由於張載談「兼體無累」、「一物兩體」的思想大致上來自於《易經》哲學，而《易經》哲學的辯證法原本就具有縱貫向度與橫攝向度兩種詮釋的可能，張載「兼體無累」說的緊張性，也許也正延續了《易經》哲學的詮釋傳統中本體論與

---

[88] 楊儒賓，《異議的意義：近世東亞的反理學思潮》，頁123。

整體論兩條詮釋路線的爭議。[89]

　　綜上所述，張載重講「氣」是為了「闢佛老」（尤其是釋氏）而設，張載批評佛教不能肯定氣化世界的真實存在。他認為佛教：

> 彼欲直語太虛，不以晝夜、陰陽累其心，則是未始見《易》。未始見《易》，則雖欲免陰陽、晝夜之累，末由也已。《易》且不見，又烏能更語真際？（《正蒙‧乾稱篇》，《張子全書》，頁56）

　　「太虛即氣」、「闢佛老」、《易經》三者，在張載思想中幾乎是共生的連體嬰。張載認為《易經》是儒家論天道性命之極，而佛教之謬誤正在於不識《易》，因而遺忘了存在，也遺忘了生活世界，知《易經》即是知「太虛即氣」。「太虛即氣」提出之目的是要「無無」，「無無」即是「有」。張載想要以此建構一套能否定「無」的消極哲學，而能保證世界誠明之價值的「有」之積極哲學。張載認為徹底的「無無」，唯有「有無、顯隱、神化、性命」的「通一無二」與「兼體無累」才可能完成。「通一無二」與「兼體無累」的氣的哲學，正是

---

89　此爭議延續到民國，熊十力與張東蓀仍在爭論《易經》究竟是否具有「本體」的概念（熊十力持此立場），或是只有「神祕的整體論」的概念（張東蓀的主張）。此路線之爭，表現在唐君毅身上，唐君毅早年解《易經》「神無方而易無體」，也將之理解為「整體論」的模式，否認有一本體，後來改正舊說。詳細討論見楊儒賓，《異議的意義：近世東亞的反理學思潮》，頁123。

最能與佛老爭世界解釋權的儒家天道性命之至理。根據張載的自我標舉，這些氣學思想與《易經》的關係最深，但是其隱隱透出的《莊子》學底蘊也不可忽略。張載繼承與吸收自《易經》、《莊子》氣論而來的「氣」概念，「並不只是經驗界的氣，而是一個串連兩界的通孔，甚至是形氣神一體化的氣」。[90]張載所論的「氣」是指一種具有本體性格的精微動能（先天之氣），同時也是一種連綿而整體的存有連續、能動過程的存有整體，其意涵遠遠比形而下的材質豐富多了。

## 六、「太虛即氣」：「兩層存有論」或「二重道論」？

### （一）虛氣關係的兩種表述方式

張載將道教常用的「太虛，氣之本體」概念帶入儒家天道論中，並且吸收了《易經》、《莊子》思想重講「氣」。「太虛」與「氣」連用，成為張載站在儒者木懷上與佛老對辯、思參造化，常用的一組概念語詞。他一方面說：「知太虛即氣，則無無。」（《正蒙・太和篇》）提出「太虛即氣」此一嶄新命題，用來完成儒家駁斥佛老崇虛尚無、「溺於空，淪於靜」（《正蒙・神化篇》）的時代使命；另一方面則提出「由太虛，有天之名；由氣化，有道之名；合虛與氣，有性之名；合性與知覺，有心之名。」（《正蒙・太和篇》）透過「太

---

90　此是一種氣論的源生式、一體式解釋模式，語見楊儒賓，〈理學的仁說：一種新生命哲學的誕生〉，《臺灣東亞文明研究學刊》第6卷第1期（2009年6月），頁59。

虛」與「氣」，將天、道、性、心的連續性關係完整的呈現。
張載以「太虛氣化」說天道，一路縱貫而下，論述此一「太虛
氣化」之天道如何具體而微地落實為個體的性、心，成為人可
以經由道德實踐而「天人合一」的根據。《孟子》的「盡心知
性知天」何以可能？張載正是以氣論為孟子的「心—性—天」
關係提出一個存有論說明，把「太虛」與「氣」這兩個概念帶
入孟子「天」的論域中，以回答「盡心何以知性知天」，重講
儒家的天道性命之學。整體而言，他的虛氣關係表述方式有兩
種，一種是與佛老對辯時經常使用的「太虛即氣」；另一種則
是重建儒家道德形上學時所談的「由太虛，有天之名；由氣
化，有道之名；合性與知覺，有心之名。」前者偏向於一種水
平向度的氣化宇宙論中整體論的論述方式，後者則偏向於縱貫
向度的本體論的表達。

　　先論第一種「太虛即氣」的內涵。「太虛即氣」是張載
思想最為著名，也最涵義多歧的命題，張載使用此一命題時主
要目的是對治佛老而設。依前所論，張載判定佛教在虛氣關係
中的態度是「彼欲直語太虛」，否定「氣」為真實存在，不知
「太虛不能無氣」；由此張載認為佛教有體而無用，無法貞定
世界誠明之價值。至於道教，雖然同樣有「太虛不能無氣」的
理解，並不離開存在以說道，但卻有「虛能生氣」之說，此為
張載批判道教虛氣關係的重點。張載之所以反對將虛氣關係視
為「虛能生氣」，是因為此說意味著將「太虛」視為一種實
體性的概念，由此虛體再化生出「氣」，形成「太虛」超越
於「氣」之上的關係，如此一來，「太虛」（本體）無窮，
「氣」（作用）有限，體用的一體性被割裂、隔斷，並無法真

正保證存在的真實。因此，張載對虛氣關係作了衡定，不是「太虛無氣」（佛教），也不是「太虛生氣」（道教），而是「太虛即氣」。

「太虛即氣」以「即」字作為系詞，李曉春借助王力《中國文法中的系詞》的語言學研究成果表示：「『即』作為中國思想的代表大約有四個涵義：1.『相即不離』；2.指示；3.進入、融入；4.即是。可以說，在這四個涵義中，只有『即是』的意義和西方思想中的『是』有部分的重合，而其他三個意義都是中國哲學思想所獨有的。」[91]「即」字的涵義確實複雜而豐富，也因此引發諸多爭議。[92]如約略就宋儒對「即」字的一般用法而看，張永儁提出他的觀察如下：

> 「太虛即氣」的「即」字，這是宋儒常用之字，佛典最為習擅於此。其原意為「即是」，如「心即佛」、「眾生即佛」。但此「即」卻不可以「等同」來界定它。……是以宋儒用「即」，如「心即理」、「氣即性」等，都不是採用「等同」義來界定它，雖然他們運用此字不如佛教的嚴格，大致來說有「體用相即」、「涵攝相即」、「動靜

---

91 李曉春，《張載哲學與中國古代思維方式研究》，頁194。

92 李曉春甚至由當代張載研究諸家對「即」字詮解的不同，而將之分成：「是」系學派、「即」系學派、「即是」系學派三系。同前註，頁248-267。筆者認為諸家對「即」字詮解的不同，問題的複雜性，更可能來自於他們對張載「太虛」與「氣」的性格認知不同，而進一步在「即」字的特殊性與模糊性之上發揮，因此，「太虛即氣」的爭議與分系，並無法單一由「即」字作為系詞應如何理解即可解決。

相即」諸義，雖然在運用的過程中常常沒有自覺性的分疏
界定，在語意上顯得混淆雜亂，詮釋繁雜。但是大體上是
在圓融不二，行解相應的理解下去運用它。[93]

在這些用法中，「即」並不被理解為「等於」。「A即B」的句
法，並非是二者「平面的相等」。「（體用、涵攝、動靜）相
即」，往往表述的是一種「立體的差異之同一」。[94]「即」字
同時有「即」與「不即」二義，乃是一種「不即不離」、「非
一非異」的悖論式語言。「太虛」與「氣」語詞內涵有異，但
本質相同。值得注意的是，張載使用「冰水」之喻來說明「太
虛」與「氣」的「相即」關係，他說：

> 氣之聚散於太虛，由冰凝釋於水，知太虛即氣，則無
> 無。（《正蒙・太和篇》，《張子全書》，頁2）

如果把張載的「冰水」之喻與佛教《楞嚴》系統喜用的「海
漚」之喻相較，二者表面相似而實質不同，筆者認同張永儁的
觀點：

> 冰水之喻好像佛教「大海水」與「眾漚」的比喻一般，
> 「大海水」猶如「真如本體」，「眾漚」猶如「緣生」的

---

93 張永儁，〈莊子泛神論的自然觀對張橫渠氣論哲學的影響〉，頁91。
94 「平面的相等」與「立體的差異之同一」語見楊儒賓，《異議的意義：近
　　世東亞的反理學思潮》，頁119。

現象。「真如本體」是永恆不變的，而緣生的現象卻是剎那生滅。二者一而不二也是非一非二。但在張載的冰水之喻更貼切於生動實有的世界觀想，冰與水二者都是真實的，並非有一個是虛幻的假象，因此世界沒有空無，「有無」與「隱顯」，只是有形與無形的分別而已。神與化的關係，性與命的關係也是這樣。因此，「太虛」與「氣」是一體二名，都是形上的最高實有，而「氣化」卻是生生變易，流行不息的。[95]

「太虛」與「氣」共譜連續一體、生動實有的生活世界，張永儁認為二者俱是張載思想中一體二名的最高實有，「『太虛』是從根源義、形上義、實體義上來正名立義；而其『氣』是從流行義、作用義、實現義上來正名立義。」[96]唐君毅說：

　　氣之義，原可只是一真實存在之義。固可說此天即氣。天之神德之見於其虛明，其所依之「實」，即此氣也。故橫渠言「太虛，一實者也」（性理拾遺）又言「虛空即氣」。於此吾人應高看此氣，而視之如孟子之浩然之氣之類，以更視其義同於一形上之真實存在，其虛明即以此一形上真實存在或此氣之神德為體，所顯之用。故說「由太虛有天之名」，即是說：由「太虛即氣」有天之名。不可離氣以言此太虛，亦如不可離此天之為形上之真實存在、

---

95 張永儁，〈莊子泛神論的自然觀對張橫渠氣論哲學的影響〉，頁92。
96 同前註，頁91。

　　有其神德為體，以言其有虛明照鑒之用也。[97]

唐君毅認為應該將「氣」的位階視為是一「形上之真實存在」。勞思光也做了如此的表述：「橫渠蓋以『太虛』與『氣』二詞為最高實有之兩義，……則氣既為萬物之根源，又為有形上意味之實有。」[98]張載的「氣」究竟是不是一個本體？張載說的並不是那麼明確，但論「太虛即氣」時此「氣」至少具有極接近本體的存有論位階。回到「冰水之喻」來說，從「冰水之喻」看張載要表達的虛氣關係，確實並不凸顯二者之間的「相即」具有立體的等級差異。「太虛」與「氣」之間雖然有差異，二者的本質是一。此差異可以是內涵的不同、狀態的不同，但兩者之間並不存在本體與現象、形上與形下、真實或虛幻此一形態的差異，也就是說張載使用「太虛即氣」時，比較著重的是對存有的連續性與一體性的描述。除了冰水之喻外，張載說：

　　知太虛即氣，則無無。故聖人與性與天道之極，盡於伍之神，變易而已。（《正蒙・太和篇》，《張子全

---

97　唐君毅，《中國哲學原論：原教篇》，頁97。

98　勞思光，《新編中國哲學史》第三冊，頁173。勞思光以心性論立場，將張載視為理學中由漢儒宇宙論架構返回孔孟心性論架構的過渡者。林永勝認為勞思光對張載的理解雖然不盡然合於張載原意，但他所說的混合系統，確實也觸及張載宇宙論思考的某些事實，勞思光對張載的質疑，正是張載所欲強調者。張載對「道」，亦即整個宇宙實體的理解，與「氣」的概念無法分開。見林永勝，〈張載「太虛即氣」重釋〉，收入鄭吉雄、林永勝主編，《易詮釋中的儒道互動》，頁244-245。

書》，頁2）

　　知虛空即氣，則有無、顯隱、神化、性命，通一無二。
顧聚散、出入、行不形，能推本所從來，則深於《易》者
也。（《正蒙・太和篇》，《張子全書》，頁2）

檢視這些「太虛即氣」的論述莫不如此。「太虛」與「氣」是
體用不二、道氣不二的語詞，二者是水平向度的辯證關係，並
不凸顯其間的等級化差距。牟宗三站在縱貫創生之實有形上學
的立場，因此提出他的批評：

　　是以縱貫言之，則「虛能生氣」；橫鋪言之，則體用相
即，橫渠於此只著重「虛空即氣」之相即，此只知其靜態
之橫鋪，而忘其動態縱貫之創生義也。[99]

牟宗三對張載的批評，卻正是張載所要強調的一個面向。雖然
此批評中存在著牟宗三肯定只有單一縱貫向度才可能談動態的
創生義之立場，但卻也道出張載言「太虛即氣」、「虛不生
氣」時，所重視者乃是一橫鋪的、水平向度的表述，並不凸顯
虛氣之間等級差距之特質。
　　張載論「太虛」與「氣」，除了談「太虛即氣」時所表現
的即體即用、體用不二之論外，還有另一種表述方式，即是他
在重建儒家道德形上學時談的「由太虛，有天之名；由氣化，

---

99　牟宗三，《心體與性體》第1冊，頁461。

有道之名；合虛與氣，有性之名；合性與知覺，有心之名。」
此論述中，虛氣之間體用並不一。在張載論「合」的原則中，
除了「本一故能合」之外，他同時也說「非有異則無合」
（《正蒙‧乾稱篇》），如此，「合虛與氣」之說意味著「太
虛」與「氣」是有差異的──否則「合虛與氣」將成為同語反
覆。100「太虛」與「氣」，二者之間「體用不一」，何乏筆
說：

> 《正蒙》論陰陽二氣關係時（以及虛實、動靜、剛柔、
> 聚散、屈伸等關係）首先將其理解為平等的辯證關係，不
> 過，一旦從自然氣化的本體論轉到要奠基道德秩序的形上
> 學，理論結構則往等級化的方向發展。101

---

100 如林樂昌即就此而主張：「『合異』與『非有異則無合』（《正蒙‧乾
　　稱》），是張載論『合』的原則。這意味著相合的二者必然是異質的，
　　而不是同質的；否則，『合虛與氣』便不過是同語反復毫無意義。」林
　　樂昌，《張子全書‧前言》，頁10。雖然「太虛」與「氣」之間有「差
　　異」，但此「差異」是否即「必然是異質的，而不是同質的」？筆者不
　　採取這種看法。因為張載論「合」的原則並不只「非有異則無合」，也
　　是「本一故能合」。由「合」的兩端一致原則來看，「太虛」與「氣」能
　　「合」而成「性」，正在於二者本質上具有同質性、同一性。《正蒙‧
　　乾稱》中張載完整的說法是：「感即合也，咸也。以萬物本一，故一能合
　　異，以其能合異，故謂之感。若非有異，則無合。天地、乾坤、陰陽也，
　　二端故有感，本一故能合。天地生萬物，所受雖不同，皆無須臾之不感，
　　所謂性即天道也。」（《正蒙‧乾稱》，《張子全書》，頁54）陳政揚因
　　此主張「太虛」與「氣」應被視為是「一而有分」的關係。詳見陳政揚，
　　《張載思想的哲學詮釋》，頁47-56。
101 何乏筆，〈何謂「兼體無累」的工夫──論牟宗三與創造性的問題化〉，
　　《儒家的氣論與工夫論》，頁97。

往等級化方向發展下的「太虛」與「氣」關係並不同位，因此不同於張載第一種論述時所說的「氣之性本虛而神，則神與性乃氣之所固有。」（《正蒙・乾稱篇》）張載在「虛（神）」與「氣」之間作了區分，因此，「散殊而可象為氣，清通而不可象為神」、「金鐵有時而腐，山岳有時而摧，凡有形之物即易壞，惟太虛無動搖，故為至實。」（《張子語錄》，《張子全書》）這些「體用不一」的等級化用語在張載的著作中同樣也很明顯。「體用不一」與「體用不二」的同時存在，也使得張載的思路被批評為不一致，如馮友蘭說：

> 徹底的唯物主義者認為具體的天地萬物是真正存在的客觀事實，也是唯物主義哲學的出發點。從這個具體的客觀世界出發，以這個具體的客觀世界為根據，對它可以做出不同的分析，但必須承認這個具體是根本的。張載以天地萬物為「神之糟粕」，那就是以「神」為本，以具體的天地萬物為末了。他的這種說法就不是「有無混一」，而近乎「有生於無」了，這就使他的「有無混一」論有滑到唯心主義論的危險。[102]

如果撇開馮友蘭依「唯心—唯物主義對分的模式立論」的理路是否相應於張載的問題[103]，暫且不論，馮友蘭質疑張載某些虛

---

102 馮友蘭，《中國哲學史新編》第5冊（北京：人民出版社，1984），頁130。
103 對於馮友蘭的理路與張載理路間的不同，楊儒賓說：「馮友蘭的批評有種理路，但此一理路恰恰好不是張載的理路。根本的關鍵在於馮友蘭的理論

氣論述「不是『有無混一』，而近乎『有生於無』」，也確實道出張載論「太虛」與「氣」之間同時存在差異性與同一性雙重邏輯的事實。

## （二）「兩層存有論」與「二重道論」的「非一非異」

當「太虛」與「氣」呈現出並不同位的體用關係時，此種虛氣關係的表述，如何與「太虛即氣」說取得一致性？「太虛」與「氣」要如何「相即」？由於「即」字用法隱含的悖論性格，因此，如果將之視為「不即不離」、「非一非異」的關係，似乎可以消解此間的「矛盾」之說。牟宗三即使用此義，而以虛氣「體用圓融相即」來消解此間的緊張關係，牟宗三說：

> 此「即」字是圓融之「即」，不離之「即」，「通一無二」之「即」，非等同之「即」，亦非謂詞之「即」。顯然神體不等同於氣。……是以「即」有二義：（一）、「不即」、此乃不等義，亦表示非謂詞之質性義；（二）、「即」、此表示圓融義，不離義，通一無二義。104

---

是依唯心一唯物主義對分的模式立論的，沒有東方體驗哲學中一切現成的本地風光之內涵，馮友蘭使用的架構極不適用張載一系的理學，筆者相信這套標準只要檢證從張載到熊十力之間的體證型的體用論哲學，無一不會碰壁。」楊儒賓，《異議的意義：近世東亞的反理學思潮》，頁121。
104 牟宗三，《心體與性體》第1冊，頁459。

但由於牟宗三主張：「儒家的體用論是道德的創造實體之體用，是康德所說意志因果性（是一種特別的因果性，與自然因果性不同）之體用，是性體因果性、心體因果性之決定方向之創生的體用。……此種形上學名曰道德的形上學。如果此中亦含有一種宇宙論，乃是道德創造之宇宙論。如果亦含有一種存有論，乃是創造實體之存有論。」[105]此是他論斷儒家體用論性格之根據，牟宗三堅持的是本體的根源義與超越性，他認為張載「太虛即氣」的格局與進路，應是一超越的形上「太虛神體」與形下的材質之「氣」，「體用圓融相即」的「道德的形上學」。因此，他試圖在縱貫向度的「天道性命相貫通」義理架構中，凸顯張載的本體論超越性格，彰顯道體、性體、心體三體之通一無二；並且透過將「太虛」上提為氣化活動的本體（太虛神體），進而判定張載學仍是符合宋明儒學大宗旨，屬於「即存有即活動」說的「本體宇宙論的實體之道德地創生的直貫之系統」（縱貫系統）。那麼，對於張載極力反對：「若謂虛能生氣，則虛無窮，氣有限，體用殊絕，入老氏有生於無之論，不識所謂有無混一之常。」此事在牟宗三來說便是不可理解的。因為作為縱貫系統的創生本體，正是可以「虛氣圓融，虛亦生氣」的。[106]牟宗三論太虛與氣的「體用圓融相

---

105 同前註，頁464。

106 牟宗三說：「生者實現義，『使然者然』義，故天道、仁體、乃至虛體、神體皆實現原理也，皆使存在者得以有存在之理也。……豈但是『虛無窮』而『氣有限』耶？是以縱貫言之，則『虛能生氣』；橫鋪言之，則『體用相即』。」同前註，頁460-461。因此認為張載此說「皆不諦之批評。虛氣圓融，虛亦生氣。」同上，頁465。

即」，所主張的是一種轉化自《大乘起信論》「一心開二門」系統而來的「兩層存有論」下的「非一非異」說。[107]林永勝認為張載「太虛即氣」所呈現出來虛氣關係的「非一非異」，其實有兩種不同形態的解讀方式，除了牟宗三「兩層存有論」下的虛氣「體用圓融相即」之外，他另外提出應將張載的「太虛即氣」視為另一種「兩重道論」形態的「非一非異」。林永勝說：

> 張載的道論有兩重內容：第一種指的是作為「實體」的道，張載以「太和」或「氣化」名之，此實體是以「總合義」言之，指的是整個氣化的過程與範圍，但其中又蘊含著一定的秩序（太和），以及生生不息的創造動力（虛與神），此一氣化世界與創生動力之總合即是道。至於第二重則是指作為「本體」的道，張載以「太虛」或「神」名之，此本體是以「分解義」言之，除去了氣化與世界的內容，而專指道之內因，以及創生的根源，氣以虛為因、化以神為體，方能存有即活動。至於兩種道的關係，張載以「太虛即氣」說界定之。亦即就虛在道中、體在用中的關係來看，道體與道渾然同體，故曰「即」；但就道體與道分指本體與世界而言，二者各有其獨立的意義，故曰必須

---

107 林永勝：「二者（牟宗三、勞思光）對理學的詮釋體系，其實是轉化自《大乘起信論》的『一心開二門』之說。此為另一種形態的非一非異之說，牟宗三稱之為『兩層存有論』。」林永勝，〈張載「太虛即氣」重釋〉，《易詮釋中的儒道互動》，頁267。

別以「太虛」與「氣」名之。108

以「總合義」與「分解義」言張載之論「太和」與「太虛」或「神」，其義早見牟宗三的《心體與性體》109，並非新說。那麼，此一「兩重道論」形態與牟宗三「兩層存有論」的「非一非異」不同之處何在？林永勝說：

> 一心開二門，二門之間是一種非此即彼的「旋轉門」，不是入於心生滅門，就是入於心真如門。以二門皆是由一心所開出，故曰非異；但二門互不相攝，故曰非一。太虛即氣，則是一種彼中有此，此中有彼的關係，……體即是用，但又不是用；而一心開二門則只是從用的層次講非一非異，心生滅與心真如俱是一心之發用，而此二門間具有非一非異的關係，但在體（一心）與用（二門）之間，則無法講非一非異。110

張載「太虛即氣」的「即」應該是哪一種形態的「非一非異」？牟宗三「體用圓融相即」所說的「即」有「即（不離）」與「不即（不等於）」二義，其實他真正凸顯的是太虛與氣之間的體用「不離」而已，牟宗三說：「神固不離氣，然

---

108 林永勝，〈變化之性說的成立及其意義——以漢語思維的展開為線索〉，
　《臺大中文學報》48期（2015年3月），頁25。
109 牟宗三，《心體與性體》第1冊，頁443。
110 林永勝，〈張載「太虛即氣」重釋〉，《易詮釋中的儒道互動》，頁262-
　263。

畢竟神是神，而不是氣，氣是氣，而不是神，神與氣可分別建立。」[111]又說：「雖可就氣化之行程義說道，並非此實然平鋪之氣化即是道，必須提起來通致其創生義始可。」[112]話語十分清楚，在牟宗三「立體直貫地成其道德之創造」[113]理路下，太虛與氣之間所呈現的等級差距是明顯的，陳榮灼因此表示：「相當清楚，底子裡牟氏將橫渠之『即』字只理解為『不離』之義。他認為上述之命題（筆者案：「太虛即氣」）只表示一『體用不二』之立場。」「牟氏堅持橫渠從未放棄視『神』於存有論之層次上先於『氣』之立場。職是之故，若將其『氣』等同為宇宙創造之實體，即屬一錯誤之理解。」[114]相較於兩層存有論實質上採取的單一縱貫向度之本體論解釋系統，強調「太虛」與「氣」之間的等級差距，以至於無法消化張載大量的以氣說道、虛氣同位的文字。「二重道論」的「非一非異」說所描述張載「太虛即氣」的面貌時，更強調的是在張載道論中整體論與本體論的兩義並陳。

　　牟宗三「兩層存有論」意義下的「非一非異」說，凸顯的是儒家道德形上學的道體、性體、心體三體為一，這是一種立體式的、縱貫軸的、本體論語言下的「天人合一」。形上（太虛神體）與形下（氣）兩層，雖然在作用層上「體用圓融相即」，在本體論存有位階上卻是劃然不淆。「兩層存有論」

---

111 牟宗三，《心體與性體》第1冊，頁442。

112 同前註，頁440。

113 同前註，頁473。

114 陳榮灼，〈氣與力：「唯氣論」新詮〉，《儒家的氣論與工夫論》，頁51、52。

的結構忽略了張載最重視的存有連續性與一體性，如何避免「氣有限，虛無窮」、「體用殊絕」，此正是張載之所以要借助《易經》與《莊子》重講「氣」，將「太虛氣化」帶入儒家天道論的本懷。牟宗三想要切割、略過的「氣」，卻正是張載想要強調的部分。同樣不把「即」字作「同一」理解，而視之為一個「即」與「不即」、「等於」與「不等於」的矛盾統一之詭譎論述，「二重道論」則主張張載「太虛」與「氣」的關係是一個「彼中有此，此中有彼」的互相涵攝。也就是說張載談「太虛即氣」如果要反對「氣有限，虛無窮」、「體用殊絕」，那麼他的體用論立場將必須同時也是整體論的。

## （三）體用論的整體論：張載的本體宇宙論形態氣學

　　如進一步將「二重道論」下的兩重關係收攝言之，張載「太虛即氣」的氣學模式，楊儒賓在〈兩種氣學、兩種儒學〉中提出應視之為「先天型氣學」[115]，或稱之為「本體宇宙論氣學」。楊儒賓說：

> 　　「先天之氣」和「本體宇宙論」的指涉是相同的，同樣指向帶有本體顯相的氣化世界觀。由於現代學界使用的「本體論」、「宇宙論」來自於近代西洋哲學的譯語，

---

[115] 關於「先天型氣學」，楊儒賓說：「兩種不同意義的氣學，一種是先天型的，一種是後天型的。『先天』、『後天』之語出自《易經》，在本文的用法中，其意義類似『超越』與『經驗』之分。」楊儒賓，《異議的意義：近世東亞的反理學思潮》，頁127-128。

而在西方哲學的脈絡下，宇宙論、本體論常被視為兩種不同詢問世界基礎的學問，一問世界的生成，一問世界的依據。兩者所說不同，理論的效果也不同，兩者連用難免被質疑是否混淆了兩種不同的哲學的提問方式，being和becoming無分別了。然而，在儒學的傳統，體用論確實可以運用到人文世界與自然世界，張載說：「由氣化有道之名」，道即氣化整體的總稱。「道即氣化整體」的語式換成體用論語言，就是「即體即用」，這種動靜一如的詭譎同一的思想正是儒家形上學的大宗。[116]

「先天型氣學」或「本體宇宙論氣學」，相較於本體論（或「兩層存有論」的體用論）與整體論而言，它是一個同時具有整體論與本體論兩重關係的「體用論的整體論」。[117]「體用論的整體論」首先是與「氣化論的整體論」（或「神祕的整體論」、「後天氣學」）相對而提的概念，二者唯一的差別是前者有「本體」概念介入。關於「氣化論的整體論」，楊儒賓說：「氣化感應論（亦即神祕整體論）預設一種自然主義的『氣』是最終極的概念，它不是任何超越的概念（如道、太極、天、上帝）等等的屬性。它也缺乏『原子』此『個體性』的最終基質的內涵。氣作為一種流行的存在，化（becoming）是它最顯著的特色；作為一種非原子式的波狀的流行，整體存

---

116 楊儒賓，〈異議也可以是教義──回應〈「異議」的再議〉〉，《東吳哲學學報》36期（2018年6月），頁152。
117 「體用論的整體論」語見楊儒賓，《異議的意義：近世東亞的反理學思潮》，頁137。

在的互涵、互攝、互入則是中國自然觀所強調的機能。如果天
取自然義或『萬物之總名』之義的話，『神祕整體論』意味著
一種非立體式的（亦即非縱貫軸）的天人合一。」[118]而至於
「體用論的整體論」的性格，楊儒賓說：

> 體用論在「體用一如」的格局下，它預設著任何離開
> 「用」（氣、器等等）的「體」（理、道等等）都是不合
> 法的，無懸空隔離之體，有體（理）斯有用（氣）。所以
> 氣化的感應也是先天型的氣論的理論內涵，亦即它同樣預
> 設了神祕的整體論之意涵。但這樣的「預設」是「包含」
> 而非「等同」的意思，「本體」還包含「整體」此概念以
> 外的意義。簡單的說，體用論有兩個前提，它的第一個前
> 提乃是「體與用是詭譎的同一」，體用不離；第二個前提
> 是體用不雜，但「體」在本體論的架構上，有優先性。體
> 用論的整體論與氣化論的整體論的唯一差別，即在於有沒
> 有本體概念的介入。[119]

張載的氣學是有「本體」概念介入的，楊儒賓因此斷定張載的
氣學應歸屬於「體用論的整體論」，也就是「先天型氣學」或
「本體宇宙論氣學」。張載氣學性格其體用不離不雜、非一
非異之表現是：「體」一方面具有本體論位階上的優先性，但
「體與用是詭譎的同一」。因此，相較於沒有「本體」概念介

---

118 同前註，頁136。
119 同前註，頁136-137。

入的「氣化論的整體論」，所凸顯的是非立體式的（亦即非縱貫軸）的，亦即橫攝向度、水平軸的天人合一；張載的本體宇宙論形態之氣學明確的追求一種縱貫天人的生活世界，這是一種承體起用的體用論，張載說：「神，天德；化，天道。德，其體；道，其用，一於氣而已。」（《正蒙・神化篇》）張載把神、化，天道、天德，體、用等納入氣之中，試圖以「氣」來處理道德神化的論題，因此他的氣化宇宙論同時也是道德神化論。張載「氣」的超越性是很明確的，其哲學同樣具有本體論的關懷，並且表現出解釋一切存在的企圖。此「承體起用」的體用論，客觀面的道體與主觀面的心體、性體三體本質是一，同根同源，因此，牟宗三所說「天道性命相貫通」的理學通關法語，與他對張載學術性格的斷語：「其中心課題即在本天道性命相貫通以言『知虛空（太虛）即氣，則有無、隱顯、神化、性命、通一無二』。」[120]都是可以成立的命題。

　　透過體用論的思考模式，肯定形上、超越向度的本體存在，張載並沒有例外。但張載反對將本體的超越性視為是一種超絕於萬物的關係，他更強調的是體與用之間，形上界與形下界之間，同時必須是一個「通一無二」、「兼體無累」的連續性整體。他認為《易經》所談的天道論是「太虛即氣」，而在「太虛即氣」之中，虛氣關係呈現出一個很特殊的即體即用、體用不二的結構，以同時保證存有的動能與世界萬有的真實。楊儒賓說：

---

120 牟宗三，《心體與性體》第1冊，頁431。

在張載徹底的體用論的架構下，超越的本體（太虛）
與其發用（氣）乃是一體的兩面，而且兩者永遠處在動態
的統一、生生的創化之中。在這種動態的統一的世界圖示
中，萬物同時參與大化的流行。因為既然說到「氣」，就
不可能有界限，就不可能不感應，就不可能不與存在界的
任何事物有種內在的共享關係。這種有機體的世界觀被視
為世界的實相。[121]

本體宇宙論型氣學與牟宗三兩層存有論的道德形上學不同之
處，在於「兩層存有論」將「氣」視為負面的消極因素；採取
的是一個由上而下的單一縱貫向度，凸顯形上對形下、神對
氣、乾對坤的優先性與價值等級，並未正視「氣」在儒家的存
有論、倫理學與工夫論上可能扮演的重要角色。因此，二者在
處理張載氣論文字的態度大不相同。在筆者看來，「兩層存有
論」的詮釋形態，無法充分解釋張載何以要獨幟一格地重講
「氣」的深心本懷；相較之下，本體宇宙論型氣學的「體用論
的整體論」性格，更能重視張載談「氣」的積極價值。

張載繼承《易經》、吸收《莊子》的「氣」，本身就是
一種具交感創化動能的精微連綿之氣。在存有論層次上說，從
天人合一、通天下一氣、存有連續與開顯來談天道性命的貫通
向度時，「氣」所帶出來的超越性，可以跨越精神與物質界
線，其存有連續性與一體性則抹平了天人、體用之間的斷裂。
此「形―氣―神」一體之氣，形成的「絕對有」之積極哲學，

---

121 楊儒賓，〈變化氣質、養氣與觀聖賢氣象〉，頁106。

正是張載認為可以對抗佛道「無」的消極哲學之利器。因此，如若切割張載大量氣論文字以之為濁滯、不諦之詞，無疑違反了張載談「太虛即氣」的《正蒙》初心。落到主體上談，儒家的道德實踐主體不應該是割裂了「一氣」的「一心」；張載談「合虛與氣，有性之名；合性與知覺，有心之名」，所表述的是：他所構想的道德實踐主體，是具有「氣」的向度、身體的厚度的。它並不是一個觀念論式的意識主體或心性主體，而是「形一氣一心」三位一體的主體，此主體雖具有精神優先性，但並不割裂形氣與貶抑身體。連帶的放到工夫論來談，也更肯定在道德實踐中除了心性修養外，對身體進行修養與物質參與的重要性。因此，「對於《大乘起信論》或牟宗三等人而言，體證的主體是一心，故只要能證得般若之智或德性之知，就已經是覺悟了。」[122]但在張載，除了對心性進行修養外，同時必然會對身體進行修煉，「變化氣質」與「大其心」雙管齊下，正是要求全身全心同時參與工夫修養的顯例。證諸於張載本人的道德實踐「終夕不寐」的紀錄[123]，與朱子評論張載「他直是特恁地勇，方做得。」[124]皆可以看到其學動能特強的性格，這些如果忽略張載深入身心底層、帶著全身全心一體而上的「氣」之動能而不談，將無法理解張載思想的全貌。

---

122 林永勝，〈張載「太虛即氣」重釋〉，《易詮釋中的儒道互動》，頁265。

123 張載提到自己：「某近來雖終夕不寐，亦能安靜，卻求不寐，此其驗也。」《經學理窟‧自道》，《張子全書》卷6，頁97。

124 朱子：「他做《正蒙》時，或夜裡默坐徹曉，他直是特恁地勇，方做得。」朱熹著，《朱子語類》卷99，《朱子全書》17冊，頁3329。

## 七、「感者性之神，性者感之體」：張載本體宇宙論氣學的主體模式與倫理格局

張載的「太虛」與「氣」即體即用，也承體起用，同時存在縱貫向度與橫攝向度的雙重邏輯。相較於牟宗三以「兩層存有論」凸顯縱貫向度的天人合一，唐君毅對於張載「太虛即氣」說同時具有橫攝向度上的重要關懷，則提出一個別具隻眼的觀察，他說：

> 在濂溪之系統中，有一太極之誠，立於萬物之各自正命處，然未嘗言萬物之間，皆原有一依其氣之清通，以相體合一之性。此中便只有「一本散為萬殊，而立於萬殊中」之一度向，而無「萬殊間，亦彼此能依其氣之清通，而互體，以使萬物相保合，為一太和」之一度向。此即橫渠言性與天道之進於濂溪者也。[125]

> 橫的說從一切有形之物，皆由舊物之互相感通以生出，而此有形之物又不斷與其他有形之物，互相感通，以生新物上說。由此即見氣之多而一，分散而復相通。……中國傳統思想從《易經》一系統下來之自然觀，都是以物之互相影響關係，為一感通而相涵攝之關係。但直到張橫渠，才更明白確切的指出此感通而涵攝之可能，本於氣之原有虛於其內部；此氣之虛，即物與物互相感通涵攝之根

---

125 唐君毅，《中國哲學原論：原性篇》，頁346。

據。[126]

牟宗三重視《易經》的窮神知化義，他認為張載「氣」意味太重，以「氣」說道嫌著而濁，和《易經》說法有距離，不如濂溪之「誠體」能夠向上提得住。唐君毅則認為張載在發揮《易經》的感通義上另有其重要貢獻。在他看來，周濂溪的太極說雖是天道性命相貫通的理學至論，但是其進路乃是一個「『由上而下』的進路（top-down approach）」，所採取只是一「縱貫的向度」；而張載卻能夠進一步在「縱貫的向度」之外，兼顧「橫攝的向度」。[127]張載思想中凸顯的並不是單一向度的縱貫軸或橫攝軸，而是「『立體』與『平面』的相輔相成」。[128]對於唐君毅的判斷，陳榮灼說：

> 橫渠明言：「感者性之神，性者感之體。」（〈乾稱篇〉）此中可謂有一十字打開之格局：立體而言，是基於「天地之性」的統合力量將萬物貫通起來。「平面」地說，則每一物藉其特殊之「氣質之性」與其他一切之物相交往而貞定其本身之個體性。[129]

他因此高度評價唐君毅的觀察：「唐氏此一『辯道論』式分解

---

126 唐君毅，《哲學論集》，頁222。
127 陳榮灼，〈氣與力：「唯氣論」新詮〉，《儒家的氣論與工夫論》，頁58。
128 同前註，頁60。
129 同前註，頁60。

可謂功比萊布尼茲之『辯神論』，並且可進一步勾畫出張橫渠之『氣論』中所涵的『工夫論』之基本方向：『人必求超越其對於形質之執著與物欲，而顯其氣本具之能虛之性——亦即人之天地之性——以大心盡心而成己成物，以成聖。』」[130] 此十字打開的倫理學格局中，「橫攝的向度」視角的重要意義在於它乃是將人平放於萬物之間，談人如何在真實的、具體的與萬物共感共通中擴充主體性的內涵，以此作為倫理學與工夫論的起點；宇宙萬物之相感互攝，正是基於「太虛即氣」的氤氳不息；也就是說，如果無氣，物與物之間的感通便不可能。

「感者性之神，性者感之體。」一語，正是張載論性的通關法語；而且在其縱貫軸與橫攝軸、「立體」與「平面」相輔相成的十字打開之倫理學格局中，「感」具有極為重要的意義。張載對「感」的強調，背後有其對治「釋氏以感為幻妄」的理路，張載說：

> 天地生萬物，所受雖不同，皆無須臾之不感，所謂性即天道也。（《正蒙・乾稱篇》，《張子全書》，頁54）

儒家反對「釋氏以感為幻妄」，除了是反對以「一心」否定「一氣」的世界之真實外，二程即認為此「以感為幻妄」教理有「大概且是絕倫類」的嫌疑。[131]切斷「感」的同時，也切斷了人我倫常間的繫聯感通；因此，肯定「感」的真實存在正

---

130 同前註，頁61。
131 〔宋〕程顥、程頤著，《河南程式遺書》卷2，《二程集》，頁24。

構成了儒家的生活方式。除了張載，不論是程明道或王陽明也沒有忽略「感」的重要性，牟宗三因此說：「陽明從良知（明覺）之感應說萬物一體，與明道從仁心之感通說萬物一體完全相同，這是儒家所共同承認的，無人能有異議。」[132]如進一步說，氣學談感通，心學也談感通，但心學談感通與張載本體宇宙論氣學談感通的方式並不完全相同。關鍵仍在於他們對主體的看法不同，心學主體是心性主體，王陽明說：

> 可知充天塞地中間，只有這個靈明，人只為形體自間隔了。我的靈明，便是天地鬼神的主宰。天沒有我的靈明，誰去仰他高？地沒有我的靈明，誰去俯他深？鬼神沒有我的靈明，誰去辯他吉凶災祥？天地鬼神萬物離卻我的靈明，便沒有天地鬼神萬物了。我的靈明離卻天地鬼神萬物，亦沒有我的靈明。如此，便是一氣流通的，如何與他間隔得！（《傳習錄》下）[133]

心學感通的主體如依牟宗三的解釋，乃是一個「超越而普遍的靈明」，它是陽明的「良知（明覺）」或康德所說的「智的直覺」。良知靈明是實現原理，牟宗三說：

> 一切存在皆在靈明中存在。離卻我的靈明（不但是我

---

132 牟宗三，《從陸象山到劉蕺山》（台北：臺灣學生書局，1984），頁225。
133 〔明〕王守仁撰，《王陽明全集》（上海：上海古籍出版社，1992），卷3，《語錄三》頁124。

的，亦是你的，他的，總之，乃是整個的，這只是一個超
越而普遍的靈明），一切存在皆歸於無。[134]

因此，牟宗三主張：

> 從明覺感應說物，這個「物」同時是道德實踐的，同時
> 也是存有論的，兩者間並無距離，亦並非兩個路頭。這個
> 「物」當該不是康德所謂現象，乃是其所謂物自身。從明
> 覺感應說萬物一體，仁心無外，我們不能原則上說仁心之
> 感通或明覺之感應到何處為止，我們不能從原則上給他畫
> 一個界線，其極必是以天地萬物為一體。這個「一體」同
> 時是道德實踐的，同時也是存有論的——圓教下的存有論
> 的。[135]

在心學系統中，仁心感通下的萬物一體，並不將「物」視為具
體性、差異性的現象，而是「物自身」。因此，心性主體作為
一種超越的、創生的實現原理，心學談感通乃是一種「圓教
下的存有論的」意義下的感通。牟宗三說：「心之寂然不動、
感而遂通，……易傳之說此語是想藉卜筮感應之神以喻精誠之
神化不測，是動態的生化義、實現義，形而上的道德的創生
義、健行義，是於穆不已之另一種表示，是本體論的立體直貫

---

134 牟宗三，《從陸象山到劉蕺山》，頁227。
135 同前註，頁225。

義。」[136]他認為：「惟此本體論的創生直貫之形態，形著實現之形態，始能真保住『維天之命於穆不已』此一最古老最根源的形上智慧，始能真保住天道太極之創生性而為一真實的生化原理、實現原理，保住仁之感通性而為一道德的真實生命。」[137]也就是說牟宗三雖然並非不談《易傳》的「感通」義，但是他對心學感通的談法是將「感通」義收攝在「神化」義之下而說，即使談「感通」，他所凸顯的仍然是一個由上而下的縱貫向度。

　　相較於心學主體談心的「只是一個靈明」（《傳習錄》卷3），張載的氣學主體不只是心性主體，心帶著氣的厚度，它同時是形氣主體，和物的關係也更為密切。張載特別強調主體的兼體、交感、創生的動能，體用一併呈現，但是張載的本體宇宙論氣學雖然是一本論，卻不將萬物一體的「物」視為「物自身」，而重視「物」作為現象的具體性與差異性；他談感通與萬物一體是從存有論的觀點立論，但不是心學「圓教下的存有論的」意義下的直接將「物」收攝於心性主體的一氣流通。張載視「感」是氣化世界之中未嘗須臾止息的真實作用，他說：「感亦須待有物，有物則有感，無物則何所感。」（《張子語錄・語錄上》）論「客感客形」時他以肯定「物」的存在作為「感」的前提，有氣聚的「客形」，才會有「客形」間的「客感」。「感」的發生之所以可能在於萬有之間存在的差異，但此差異並不被絕對化，所以張載說：

---

136 同前註，頁122。

137 同前註，頁123。

造化所成，無一物相肖者。以是知萬物雖多，其實一物。（斯）〔其〕〔無〕無陰陽者，以是知天地變化，二端而已。（《正蒙・太和篇》，《張子全書》，頁4）

以萬物本一，故一能合異；以其能合異，故謂之感；若非有異則無合。天性，乾坤、陰陽也，二端故有感，本一故能合。（《正蒙・乾稱篇》，《張子全書》，頁54）

《正蒙・乾稱篇》這些論「感」的材料中，楊立華認為：「『感』明確地成為兩句話地共同主題。前一句講明了『一』和『異』對於『感』地組建作用，而後一句似乎又將『感』的成立解析為『二端』和『本一』這兩個環節。」[138]這是因為張載事實上將「感」區分為天之所感所性與人物之感的不同。天的所感只是陰陽兩端之間的相感，並沒有人物萬有之間那樣的具體內外之差異分別。在世界的真實作用中，人物萬有之間的「感」是具體性、差異性的，張載說：

感之道不一：或以同而感，聖人感人心以道，此是以同也；或以異而應，男女是也，二女同居則无感也；或以相悅而感，或以相畏而感，如虎先見犬，犬自不能去，犬若見虎則能避之；又如磁石引針，相應而感也。若以愛心而來者，自相親；以害心而來者，相見容色自別。「聖人感人心而天下和平」，是風動之也；聖人「老吾老以及人

---

138 楊立華，《氣本與神化：張載哲學述論》，頁92。

之老」而人欲老其老，此是以事相感也。感如影響，无復
先後，有動必感。（《易說中・咸》，《張子全書》，頁
159-160）

在這些差異性的、具體性的「感」之中，並不是所有的「感」
都是正當的，張載凸顯「聖人之感」與「人物之感」的不同，
他說：

> 至靜無感，性之淵源，有識有知，物交之客感爾。客感
> 客形與無感無形，惟盡性者一之。（《正蒙・太和篇》，
> 《張子全書》，頁1）

人物萬有之間因物交而來的「客感客形」是一種「耳目引取」
的「蕞然」，只見個體的差異性，其「感」並不能「通」；而
「聖人之感」的實質在於「能通天下之志者，為能感人心，聖
人同乎人而無我，故和平天下，莫盛於感人心。」（《正蒙・
至當篇》）「聖人之感」能夠不為「客感客形」形質所拘蔽，
主體透過「感」超越個體自身有限的形氣而與他者建立關聯，
其「感」的結果是「通」。此「感」是主動「用感」，張載
說：

> 聖人則能用感，何謂用感？凡教化設施，皆是用感也。
> 作於此，化於彼，皆感之道，「聖人以神道設教」是也。
> （《易說上・觀》，《張子全書》，頁143）

　　「聖人之感」是對淵源於「太虛」本體的「無感無形」
與人物萬有的「客感客形」的統一。此統一正是在「客感客
形」的基礎上，對天的二端之「感」的復歸，張載一方面說：
「天包在萬物於內，所感所性，乾坤、陰陽二端而已。無內外
之合，無耳目之欲，與人物蕞然異矣。人能盡性知天，則幾
矣。」「無所不感者，虛也；感即合也。」（《正蒙・乾稱
篇》）另一方面則說：

> 　　大其心則能體天下之物，物有未體，則心為有外。世
> 人之心，止於聞見之狹。聖人盡性，不以見聞梏其心，其
> 視天下無一物非我，孟子謂盡心則知性知天以此。天大
> 無外，故有外之心不足以合天心。（《正蒙・大心篇》，
> 《張子全書》，頁17）

　　《孟子》「盡心則知性知天」凸顯的是縱貫向度的倫理
學高度，張載接著《孟子》而講，除了從「太虛氣化」為「盡
心則知性知天」之說，提供一個存有論的解釋基礎之外；他的
「大其心則能體天下之物」相形之下，更肯定「物」對於道德
實踐具有重要的價值；「心」並不自外於「物」，沒有不「體
物不遺」而能「盡心則知性知天」的，此事對張載來說相當重
要。張載的「體物不遺」一事，是人在「盡心則知性知天」此
一向上的、超越的，「人與終極關懷的本質之繫聯」之外，同
時要求主體仍必須進行「人與他人的本質之繫聯」、「人與
萬物的本質之繫聯」。將人的視角平放與萬物之間，並且在
「氣」的感通與相偶中，使主體不斷地躍出，從而擴大主體的

主張。楊儒賓說：

> 當「仁」由心性論語言轉化到「感」此一詞語時，我們同時也看到道德實踐的主體由意識主體轉到了形氣主體。「形氣主體」一詞可以說是「身體主體」一詞的更精詳的規定，因為在中國的身體觀中，身體是由形氣神交相滲透織成。由於有了氣的介入，因此，典型中國式的身體充滿了不斷躍出（ecstasy）的性格。也因為有了氣的介入，而氣無定位，瀰漫一切，因此，形氣主體與氣化世界遂呈現了相逆性或交逆性（reverse）的結果。「情往似贈，興來如答」，形氣主體因此再也不能在個體意義下維繫住自家的特性，它不是孤子的碉堡，也不是無窗的單子，形氣主體不能不往氣化主體傾斜，不能不往包含主客在內的一種「自然主體」傾斜。這樣的自然主體不再以自覺式的反思意識呈現，而是在前主客結構中的一種氣之流通。氣的流通也可以說是氣的一種交互感應，「感者性之神」的「感」終於走出主體的籠罩，變成了世界實相的一種狀詞。139

「感」作為道體之用，對於主體的擴大——「大其心」很重要，張載氣論中此意義的「感」是「預設了氣化世界觀的前提，預設了非原子論的氣聚之個體性原則。個體的成立與維繫需要不斷氣化交流的建構，虛己以納物，新氣以實己，虛己——

---

139 楊儒賓，〈理學的仁說：一種新生命哲學的誕生〉，頁52-53。

實己的歷程是個永無止境的創化之途。」[140] 張載的倫理學名作
《西銘》說：

> 乾稱父，坤稱母；予茲藐焉，乃混然中處。故天地
> 之塞，吾其體；天地之帥，吾其性。民吾同胞，物吾與
> 也。」（《正蒙・乾稱篇》，《張子全書》，頁53）

就是在「太虛即氣」氣化世界觀的前提下，表現出來的一個同
時具有「人與終極關懷的本質之繫聯」（乾稱父，坤稱母）之
外，同時要求主體進行「人與他人的本質之繫聯」（民吾同
胞）、「人與萬物的本質之繫聯」（物吾與也）的境界論。

## 八、結語

　　張載重講「氣」是為了反駁佛教的「以心法起滅天地」，
在佛教看來，無論是「氣」的感通還是氣化萬物的現象，無一
為究竟真實，張載重講「氣」的契機正在於此。他認為佛教不
能肯定氣化世界的真實存在，這是一種存有的遺忘，遺落了身
體，同時也遺忘了生活世界。「氣」在破「二氏崇虛之見」中
扮演重要的角色，「太虛即氣」是張載刻意把「氣」帶入天道
性命的論域，所產生的哲學命題。「太虛」與「氣」新關係的
建立成為張載使用來與佛老較是非的利器；也是他建構儒家天
道性命之學而設的理學新論述。張載要談的是一個具有存有的

---

140 同前註，頁54。

連續性、一體性的「絕對有」的哲學，割裂了「氣」將是不可
理解的。

　　作為儒家天道論與氣論的重要源頭，孟子是談「氣」的，
而且孟子對「氣」所提出的命題，也成為理學家氣論的共同基
礎與重要資源。但是張載重談「氣」時，明顯使用一些新的語
言概念與論述方式，原因是《孟子》之論「浩然之氣」重視的
是「氣」在道德實踐中的身心體驗與實存感受，勝過於直探造
化本源的思想旨趣。在與佛老爭世界解釋權的企圖之下，張載
沒有完全照著《孟子》的氣論路數談，從而選擇以一種「接著
講」的姿態，表現了更多的從存有論角度解釋「氣」的興趣。
張載重新詮釋「氣」，並賦予「氣」更接近本體的存有論位
階；「氣」在張載是唐君毅所說的「流行的存在」或「存在的
流行」，也是楊儒賓所說的「先天之氣」。影響張載氣論思想
的重要來源是《易經》、《莊子》，當張載對抗佛老的空無
世界觀，企圖建構出一種重「有」的新形態儒學世界觀而說
「氣」時，他從《易經》、《莊子》看到一種互相呼應的關係
與創化的可能。「通一無二」與「兼體無累」的氣論思想，正
是最能與佛老爭世界解釋權的儒家天道性命之至理。根據張載
的自我標舉，這些氣論思想與《易經》的關係自然極其明顯，
但是其隱隱透出的《莊子》學底蘊也不可忽略。張載繼承《易
經》、吸收《莊子》氣論而來的「氣」概念，是指一種具有本
體性格的精微動能，也是一種連綿而整體的存有連續，其意涵
遠遠比形而下的材質豐富多了。《正蒙·太和篇》開宗明義的
論述，即是以氣說道，張載想要重建的正是在《易經》、《莊
子》攜手下，所描繪出來的一幅天地萬有感通涵攝、生機活潑

的動態宇宙圖像。

　　如何建構儒家的形上本源之學，而此道體又能夠貞定實存世界之意義？開顯道德實踐與人文化成之真實作用？在天道論上張載對於「太虛」與「氣」的關係作了衡定，認為不是「太虛無氣」（佛教），也不是「太虛生氣」（道教），而是「太虛即氣」。在他提出的最重要之哲學命題「太虛即氣」之中，「太虛」與「氣」共譜連續一體、生動實有的生活世界。儒學世界觀是一個氣化的世界觀，「氣」是一真實無妄的整全大有，對張載來說，重新肯定「氣」即是重新肯定「存在即是道」，以此建構一套能保證世界誠明之價值的「有」之積極哲學。張載《正蒙》的虛氣論述中具有整體論與本體論的「二重道論」之性格，也同時具有橫攝向度與縱貫向度的雙重邏輯，應被視為是一體用論的整體論，或稱之為是一種本體宇宙論形態的氣學。張載所談的「氣」，在存有論上是形氣神一體的氣，其主體也不僅是心性主體、意識主體，而是同時帶著身體向度的形氣主體。在縱貫向度上，張載帶著氣的體驗而上，天人合一、動能特強；在橫攝向度上，正是因為「氣」的氤氳不息，宇宙萬物的感通互攝才有可能發生；道德主體也是在氣化世界生生交感的真實作用之中，不斷破除自我的局限。儒家倫理學除了是縱貫向度的一個心性主體面對超越天理的體證外，真正的道德也應該要在主體與他人間的互動同情、交感共振中產生，在水平軸的倫理學向度中，「氣」可以是「感通」的重要媒介。在氣化世界觀之下，除了身與心，人與人、人與萬物、人與自然之間，因為氣的虛靈、清通，它們之間自然而然地會有一種本質上的繫聯，形成綿延不絕的、生機連續的網

脈。道德主體也是在氣化生生交感的真實作用之中,不斷破除自我的局限;在「氣」的感通與相偶中,使主體不斷地躍出,從而擴大主體。張載談「大心體物」的工夫論,與《西銘》「民胞物與」的倫理情懷正在於此。

第四章

# 張載禮學
## 身體、倫理與儒家生活世界

## 一、前言：張載的重禮形象

　　就發生意義來說，宋代理學家為了回應佛老對儒家缺乏
「窮理盡性，至於本源」的批評，因此多有強烈的天道性命之
關懷，這些論述也理所當然的被視為理學思想的核心。理學家
的「修養之學」，背後有一套「理氣」或「道氣」世界觀與對
「性命」本源問題的思考作為支撐，不論他們彼此之間的分歧
有多大，「天道性命相貫通」可視為此期儒學的共同題旨，也
確實呈現出與原始儒學「子所罕言：性與天道」不同的內涵與
階段特色。[1]雖然如此，理學家喜言「性命」，並不與歷史文
化、倫理關懷切割，二者之間具有一種內在連續性、互相涵攝
之關係。在當代儒學研究中，宋明儒較為側重心性形上學的實

---

[1]　楊儒賓在此將儒學實踐模式分為漢唐儒的「社會文化的實踐模式」與宋明
　　儒的「心性論的實踐模式」兩種，認為他們雖不能截然二分，但確實各有
　　側重。楊儒賓，《從《五經》到《新五經》》，頁31。

踐性格，被牟宗三「天道性命相貫通」的儒學詮釋系統發揮到
極致，可謂勝義盡出，但「禮」的身體實踐向度則是明顯被忽
略的。儒學只談「性與天道」卻缺乏對「禮」關注所形成的問
題，黃進興說：

> 　　清末以來，傳統禮制備受攻擊，因此有心闡發儒家義
> 理者，恆捨「禮」而就「仁」；譚嗣同（1865-1898）的
> 《仁學》便是最經典的代表。自此以往，蔚為風潮。民國
> 以來，自詡為新儒家者，從第一代至第三代，幾乎無一例
> 外。因此，「仁學」被奉為近代儒學的圭臬思想。清朝潰
> 亡之後，中華帝國體制遂隨之崩解，作為傳統社會支柱的
> 儒家禮教，更遭受全面的抨擊。禮崩樂壞之後，梁漱溟
> （1893-1988）說的得當：「禮樂是孔教唯一重要的作法，
> 禮樂一亡，就沒有孔教了。」既無外顯的形體（禮），無
> 怪後起的新儒家只得高揚「心性之學」，朝「仁」的超越
> 層面，尋求內在心靈的寄託。……換言之，徒有精神層面
> 的「仁」，而無有踐形的「禮」，儒家難免成為無所掛搭
> 的遊魂，與現實社會兩不相涉。[2]

當代儒學研究重視心性之學，雖有其特殊的歷史脈絡，但由此
形成對禮學的相對遺忘，也是值得思考的問題。

　　宋明理學家對禮學的關注，在張載身上尤其明顯。張載一

---

2　黃進興，〈研究儒教的反思〉，《從理學到倫理學：清末民初道德意識的
　　轉化》（台北：允晨文化，2013），頁252-253。

生最重視禮學，除了自身對禮學的深刻實踐，也使用禮學來移風易俗、教導學者。此早已多見於宋儒評論，如二程說：「子厚以禮教學者最善，使學者先有所據守。」（《張子語錄・後錄上》）又如張、程對話：「子厚言：『關中學者用禮漸成俗。』正叔曰：『自是關中人剛勁敢為。』子厚言：『亦是自家規矩太寬。』」（《張子語錄・後錄上》）司馬光在張載死後如此論斷：「竊惟子厚平生用心，欲率今世之人，復三代之禮者也。」[3]張載的重「禮」精神被延續下來，並且成為關學重要學風。[4]張載重「禮」，以「知禮成性」雙管齊下教導關中學者，除了天道性命之學，禮學工夫看似卑下卻能使學者容易有所據守，因此，張載說：

　　惟禮乃是實事，舍此皆悠悠，聖庸皆由此途，成聖人不越乎禮進，庸人莫切乎禮，是透上透下之事也。（《禮記說》，《張子全書》，頁310）

　　「禮」具有透上透下的性格，張載的禮學實踐是全面性的，既用於個體修身，也用於治家接物，在家禮的實踐上張載特別注重喪、祭禮，即使推行時遇到阻力，他仍堅持古禮，終能移風易俗。除了教學與家禮實踐，張載也期待在制度面上議

3　〔宋〕司馬光，〈司馬光論謚書〉，收入張載，《張載集》（台北：漢京文化，1983），頁387。
4　黃宗羲編《明儒學案》時即以「躬行禮教」概括關學特色。〔清〕黃宗羲著，沈芝盈點校，《明儒學案・師說》（北京：中華書局，2008），頁11。

禮、制禮、行禮，他的心願是：

> 學得《周禮》，他日有為卻做得些實事。以某且求必
> 復田制，只得一邑用法。若許試其所學，則《周禮》田中
> 之制皆可舉行，使民相趨如骨肉，上之人保之如赤子。
> （《經學理窟・學大原上》，《張子全書》，頁89）

希望有機會在國家制度面實踐禮學。除了一生對禮學念茲在
茲，張載的禮學著作甚多，如「《橫渠張氏祭禮》、《冠婚喪
祭禮》、《禮記說》、《儀禮說》、《周禮說》等書（以上
諸書均已散佚）；其傳世著作《正蒙》中有專論禮學的〈樂
器〉、〈王禘〉等篇，《經學禮窟》中有專論禮學的〈周
禮〉、〈禮樂〉、〈祭祀〉、〈喪祭〉等篇。史稱張載『尊禮
貴德』、『以禮立教』，形成了獨樹一幟的禮學體系。」[5]

　　張載作為北宋重量級的理學家，他重「禮」的鮮明形象
似乎也透露出一些值得思考的訊息。宋儒出現在歷史舞台的重
大意義在於他們一直是兩面作戰的，一方面要回應佛老對儒家
僅能作為一種解決人與人之間的人倫之教，而其他精微深奧領
域則不能談，也就是儒學只能是「方內之學」、「外學」的批
評；因此，他們必須要提出一套足以解釋、解決整個存在界的
真理以抗佛老，取得發言權。但除此之外，他們的另一條戰線
則始終是在「人間世」。關懷「人間世」乃是儒者的宿命，杜
維明說：

---

5　林樂昌，《張載理學與文獻探研》（北京：人民出版社，2016），頁95。

　　對於一個道教徒來說，應藉人類的努力在這個世界中實現「道」是不可思議的，因為道教學說的主旨是在教導他的信徒不僅去超越人事而且要使心靈專注於「無」，從而使自己和偉大的道的「無為」若合符節。道教學說可能產生出積極的社會結果，但這無論如何不是道教學說的主旨。另一方面，儒家的「仁」的概念卻指示著相反的方向。社會影響就包含在內在原則之中，因為這裡的主要之點不是獲致心靈完全的平衡以擺脫世俗的牽累，而是要成就偉大的「用」，雖然這種想法既不同於實證主義式的功利主義，也不同於杜威的工具主義。然而，正是在關切到可行性和實用性的地方，「禮」的真實意義才能被認識到。6

因此，儒者的取向必然是此世的，此世的活動本身即具有內在價值，他們總是在社會脈絡中進行自身的道德修養。張載如此批判佛老：

　　因謂聖人可不修而至，大道可不學而知。故未識聖人心，已謂不必求其跡；未見君子志，已謂不必事其文。此人倫所以不察，庶物所以不明，治所以忽，德所以亂，異言滿耳，上無禮以防其偽，下無學以稽其弊。（《正蒙·乾稱篇》，《張子全書》，頁56）

---

6　杜維明，《人性與自我修養》（新北：聯經出版公司，1992），頁14。

張載用來與佛老「較是非，計得失」的一大利器，正是原本作為儒家勝場的禮學。宋儒所認為的「禮」是全面性的，「禮」在宋儒而言，其系譜內容相當廣泛，「包括個體修身、社會教化、養民治國、禮樂兵刑、典章制度，涉及一系列經世致用的實用知識。」[7]都是「禮」的內容，這樣的「禮」的用法可以稱之為廣義的禮學。張載也是如此看待「禮」的，因此，從工夫論的以禮「變化氣質」、「以禮持性」、「知禮成性」，到冠婚喪祭這些倫際性的生活禮學或公共禮儀生活（public ritual life）[8]，乃至於井田、封建、經界等政治制度面的禮學，無一不是張載終其一生關注、研究，期望能得其「位」以實踐的「禮」。禮學關注公共事務，但與現實政治秩序之間往往存在著一種複雜又緊張的關係，宋儒關懷政治，但儒者不會認為政治秩序是終極的秩序，雖然他在此世的理想需要現實政治秩序的支持；政治秩序同時是需要被批判、解釋的。在張載重返儒門的奮鬥史上，經由禮學的實踐，張載一方面回應佛老，一方面也回應現實政治秩序，禮學概括的正是作為儒者的張載在

---

7　林樂昌，《張載理學與文獻探研》，頁98。宋儒對「禮」的看法，從朱子所著《儀禮經傳通解》，分成《家禮》、《鄉禮》、《學禮》、《邦國禮》、《王朝禮》的結構看來，冠婚喪祭、井田、封建、經界、社倉等制度，無一不是「禮」的事務。朱子的《儀禮經傳通解》，將「禮」的內容分成《家禮》5卷、《鄉禮》3卷、《學禮》11卷、《邦國禮》4卷、《王朝禮》14卷。根據朱子幼子朱在的說法，此書：「蓋先君晚歲所親定，是為絕筆之書。」朱在，〈跋《儀禮經傳通解》目錄〉，見束景南，《朱子年譜長編》卷下（上海：華東師範大學出版社，2001），頁1288。

8　林素芬：「儒家的『禮』的實踐比較偏向一種公共禮儀生活（public ritual life），與佛教、道教的宗教信仰生活有所不同。」林素芬，〈張載的「知、禮成性」論〉，《東華漢學》第13期（2011年6月），頁76。

「人間世」中持續不斷奮鬥的實學與實事。

## 二、重禮與重氣

　　根據以上的描述，張載對禮學的高度重視，此事相當清楚。禮學與氣學並重同行是張載思想極其明顯的特色。張載重視「氣」同時亦極重視「禮」，重禮與重氣二者之間並非偶然而有其脈絡，唐君毅談王船山時曾提出一個重要的觀察：

> 今當泛論禮，皆為人德行之表現於形色；則不重形色之氣，禮之分量自不得而重。此由古代儒者之重禮者，皆重氣，可以證之矣。船山所宗之橫渠者，宋代儒者中重禮者，亦重氣者也。漢儒較宋儒尤重禮者，而漢儒即重氣者也。而荀子在先秦重禮者也，亦重氣者也。謂禮為理，謂禮為恭敬之心，辭讓之心是也。然不足以盡社會文化意義之禮儀、威儀也。……船山則正能處處扣緊氣之表現，以言禮意者也。故謂禮不只在外，亦不只在內，不只在心，亦不只在身在物；不只在心性，亦不只在形色；不只在我，亦不只在人；而在內外之合，己與物之相得，天性之見於形色之身，顯為天下人所共見之際。[9]

唐君毅認為張載、王夫之扣緊「氣」的表現來談「禮」，所重者乃是在於「天性之見於形色之身，顯為天下人所共見之

---

9　唐君毅，《中國哲學原論：原教篇》，頁635。

際」，此一說法指出重氣與重禮的儒學，它不只聚焦於心性，
也必然為表現於身體；不僅是個人之道德，也關注倫理，並表
現為社會實踐與文化關懷。因為禮學正是氣學的表現，氣學與
禮學並重同行乃是張載與王夫之學術的共同特色。重氣又重禮
的張、王氣學所體認之主體「不只在心性，亦不只在形色」，
它不僅是心性主體，而是同時關注身體向度的「形氣主體」，
或完整地說為「形—氣—心」主體；而且此主體「不只在我，
亦不只在人」，而是在人我「之間」。張載談「氣」時原本就
注重天人物我之間的感通互攝，而「禮」又是一個具有的人
際性表達或公共性意涵的概念，主體與他人建立關係形成了
「禮」的結構，沒有可以隔離他人而自存的「禮」。此意味著
氣學與禮學的主體既具有「身體」的厚度，也蘊含著一個必須
與他人互為主體、「間主體性」的倫理向度。如果把「間主體
性」（相偶性）的概念帶入儒學的主體理論中思考，那麼如楊
儒賓所說：

> 這個概念主張真正的道德不在內心世界，因此，它是非
> 陸王的；不在超越的彼界，因此，它是非程朱的；也不在
> 社會的規範系統，因此，它是非永嘉的；它是在人與人之
> 間的一種互動的關聯。既然是互動的關聯，所以人的主體
> 性不能是孤堡式的內在化，但道德也不能是去主體性的外
> 化，而當是在人與人之間的互動性。「關係」因此不宜視
> 為「主體」與「主體」之間的一種外在的因素，而當視為
> 「主體」與「主體」的互涉之關聯。[10]

---

10　楊儒賓，《異議的意義：近世東亞的反理學思潮》，頁358。

張載重視「氣」的感通互攝功能，在「虛氣相即」的格局下，「氣化」帶來世界的精緻化、日新化，「氣」作為一種連綿而交感生生的精微動能，具有可以突破個體限制的潛力。此潛力除了帶動個體形氣以縱貫天人之外，也具有橫攝人我、物我的向度，《正蒙》論「非有異無以合」、「感而後有通，不有兩則無一」（《正蒙・太和篇》），正是以肯定差異的存在作為主體與主體間感通的前提，在「氣」的交感互滲合一、不斷躍出的運動過程中，「氣」最終不會被限制於個體之內。除了「氣」具有相偶性之外，「禮」不可能不在人與人的互動之間發生，「禮」因此也具有相偶性的結構，也就是說「禮樂的本質仍離不開『間主體』（相偶性）的前提。」[11]

　　張載極其重禮，但是禮學相對於天道性命之學而言是明顯被忽略的。如果以目前台灣學界對張載禮學的研究來看，林永勝指出：

　　　張載的著作中有兩個明顯的面向，一是天道性命諸說的分析與闡揚，如〈太和〉、〈誠明〉、〈大心〉等篇，一是對禮樂教化的重視與提倡，如〈有司〉、〈樂器〉、〈王禘〉等篇。對於張載思想的討論，學者更重視的是前者，尤其是性氣二分、心性情三分等說對理學的貢獻，但對於禮樂諸說的討論，學者則多少認為張載有復古主義的傾向，而未能更進一步思考這兩類論述之間的關聯性。[12]

---

11　同前註，頁213。
12　林永勝，〈惡之來源、個體化與下手工夫——有關張載變化氣質說的幾個思考〉，《漢學研究》28卷3期（2010年9月），頁18。

又如林素芬說：

> 　　學界目前有關張載學術的研究，以其心性義理之論為
> 主；至於尤能展現張載學術之活力的禮學，由於文獻材料
> 甚為有限，研究也較少。再加上現代學術分科的緣故，張
> 載哲學義理與禮學的研究，多個別獨立，而不能體現其一
> 體貫通之義。[13]

台灣學界對於張載禮學的研究並不多。[14]相較而言，大陸學者較
常認為哲學思想並非張載的全部內容，完整理解張載必須掌握
「『道學』與『政術』的『不二』原則」。[15]儒學作為全體大用
之學，在張載正是從「以《禮》為用」來展開；由此對張載禮
學有較多的關注，他們探討作為政治哲學與教育思想意義下的
禮學。[16]如林樂昌指出：

---

13　林素芬，〈張載的「知、禮成性」論〉，《東華漢學》第13期（2011年6
　　月），頁42。
14　林素芬認為：「當代學者研究張載禮學者，如陳政揚，《張載思想的哲學
　　詮釋》（台北：文史哲出版社，2007）第五章〈張載哲學中的「理」與
　　「禮」〉，頁131-154；〈張載「致學成聖」說析論〉，《揭諦學刊》第19
　　期（2010.07），頁29-74，二文，頗有討論；不過，對於『知、禮成性』說
　　的理解，尚有未達之處。其他學者有關張載哲學研究，雖亦及禮學，亦未
　　說明張載形上理論與禮學之間的關聯。」同前註，頁42。
15　方光華、曹振明著，《張載思想研究》，頁52-53。
16　將張載禮學視為形下層面的教育、政治哲學觀點，如林樂昌，《張載理
　　學與文獻探研》，頁95-107。此外，還有方光華、曹振明，《張載思想研
　　究》。此書以〈政治思想〉、〈禮樂教化思想〉兩章討論張載的禮學。
　　又如魏濤，〈張載「以禮為教」思想體系芻議——在工夫論視角下的考

　　張載學說中形上學部分的綱領，其內容包括天道論和心
性論兩個層次；而其形下部分，則主要指張載面向現世社
會、範導個體行為、社群關係和國家政治秩序的禮學，具
體的內容為張載的教育哲學和政治哲學。禮學，除其根源
屬於形上學外，其基本內容則屬於張載關學思想體系的形
下部分。17

其說大致上將張載禮學視為相對於天道論與心性論的形上學之
外，被歸屬為形下層面的思想。整體而言，對於「禮」在張載
哲學體系的特殊性，禮學與氣學的關聯，張載談變化氣質何
以極度強調禮，背後涉及的主體性與工夫論等問題，則較少討
論。
　　在筆者看來，重禮與重氣二者之間有著連貫的脈絡，因
此對於張載禮學的探討，將延續前章的氣學論述：張載思想凸
顯的不是單一向度的縱貫軸或橫攝軸，而是一個縱貫軸與橫攝
軸、立體與平面相輔相成、十字打開的融攝相偶論之體用論。
在此格局下，橫攝向度的意義在於它是將人平放於人際與萬物
之間，談人如何在真實的、具體的與他人、萬物情氣共感中擴
充主體性的內涵，以此作為倫理學與工夫論的起點。張載特重

察〉，《寶雞文理學院學報（社會科學版）》26卷5期（2000年10月），頁19-24、〈上下交貫、內外相合——張載禮學思想體系新論〉，《船山學刊》2010年第3期，頁146-149、〈張載「以禮為教」思想的理論定位及其歷史影響〉，《寶雞文理學院學報（社會科學版）》31卷1期（2011年2月），頁10-14。都採取同樣的思路立論。
17　林樂昌，《張子全書·前言》，頁6。

感通，「感」在張載的倫理學中具有相當重要的意義，「感」的結果是「通」，主體正是透過感通，超越個體有限的形氣而與他者建立關聯。在張載本體宇宙論形態氣學的格局之下，除了「盡心則知性知天」此一超越的「人與終極關懷的本質之繫聯」之外，同時要求主體進行「人與他人的本質之繫聯」、「人與萬物的本質之繫聯」。將人的視角平放與萬物之間，並且在「氣」的感通與相偶的運動中擴大主體。「感」預設了氣化世界觀的前提與非原子論的氣聚之個體性原則，個體的成立與維繫需要不斷的氣化交流。在此主體延伸、漸進、涵攝的過程中，具足了擴充與感通的性能。楊儒賓所說：「形氣主體與氣化世界遂呈現了相逆性或交逆性（reverse）的結果。『情往似贈，興來如答』，形氣主體因此再也不能在個體意義下維繫住自家的特性，它不是孤孑的碉堡，也不是無窗的單子。」[18]主體在氣化生生交感的真實作用之中，不斷破除自我的局限；它具有脫己性、不斷躍出的性格。氣學的主體不是唯心論的意識主體，而帶著身體向度、相偶向度的「形氣主體」（「形—氣—心」主體）。

張載本體宇宙論氣學在「氣」的感通交滲互攝之中，打開了一個縱貫向度與水平向度交織、體用論與相偶論融攝的格局；道德實踐的主體不僅是心性主體、意識主體，而是形氣主體、身體主體。禮的實踐中「身—禮」一體的結構，正說明所有的精神修養必須連著身體。此外，形氣主體的擴充與感通牽

---

18 楊儒賓，〈理學的仁說：一種新生命哲學的誕生〉，《臺灣東亞文明研究學刊》，6卷1期（2009年6月），頁52-53。

涉到一種關係或建立關係的過程，主體與他人建立關係，此一本質的繫聯正是「禮」的深層結構。「禮」不能切割他人而由孤立的主體獨自進行，因此，「禮」是一個公共性的概念，不能不蘊含著一個倫際性、「間主體性」的向度。「禮」的相偶論意義應放到張載氣學倫理學格局中理解，如何建構儒家的形上本源之學，而此道體又能夠貞定實存世界之意義？開顯道德實踐與人文化成之真實作用？在張載的氣學格局中，除了在縱貫面談道德主體對超越天理的體證外，道德作為一種具體哲學、體現哲學，也在主體與他人間的互動同情、交感共振中產生，張載的體用論事實上也正是在相偶論向度上作用著、表現著，離開相偶論的體用論將無法發揮其全體大用，因此，本體宇宙論型氣學的體用論，也必須表現為相偶論，張載氣學的具體表現正是禮學。

禮學涵蓋的面向很廣，它是工夫的、倫理的、制度的，從而構成了儒家整體的生活世界，儒家的生活世界離開「禮」幾乎是不可想像的。「禮」，在儒學傳統中它可以是身心修養之學的語彙，也可以是倫理─政治學的語彙；「禮」是重要的內聖修養工夫，也是儒者的外王事業。台灣學界對張載的研究較少聚焦於禮學，此與長期以來儒學的研究強調心性論的思維方式有關，因此，本文借用「身體」、「倫理」等語彙來研究張載禮學，是放入當代儒學的研究脈絡中對照而使用。其中身體的研究已經是一門跨文化、跨學科的顯學[19]，筆者使用「身體」

---

19 身體觀研究除在歐美、東亞文化間引起跨文化對話外，它的研究同時也是跨學科的，除了哲學外，也包括社會學、人類學、心理學、醫學、宗教學等領域。

一詞與儒家身體觀研究有關[20]，目的是透過「禮」，凸顯儒家談道德實踐時「身體」參與的重要性。儒家身體觀的提出某個意義下也可視為對新儒家強調心性論的詮釋典範之反思[21]，其理論

---

20 東方哲學身體觀研究，是由對歐美哲學敏感度最高的日本開始，代表人物是湯淺泰雄。參〔日〕湯淺泰雄著，馬超等編譯，《靈肉探微：神秘的東方身體觀》（北京：中國友誼出版社，1990）。其後影響台灣學界，由楊儒賓、黃俊傑著先鞭。中國哲學領域中以儒家身體觀研究成果最豐碩，此和楊儒賓、黃俊傑對儒家、尤其是孟子學的高度關懷有關，如楊儒賓，《儒家身體觀》（台北：中央研究院中國文哲研究所，1996）。此外有楊儒賓編，《中國古代思想中的氣論與身體觀》（台北：巨流圖書公司，1997）；黃俊傑，《東亞儒學史的新視野》中《儒家身體思維探索》部分（台北：喜瑪拉雅研究發展基金會，2001），頁313-423。其中楊儒賓《中國古代思想中的氣論與身體觀》一書，是中文學術界第一本全面探討中國古代思想中的氣論與身體觀的論文集，具有揭示議題的指標性意義。《儒家身體觀》一書則是探討儒家身體觀的經典作品。這股身體觀研究風氣最後也吹向大陸，如周與沉、陳立勝，有不錯成績。周與沉，《身體：思想與修行——以中國經典為中心的跨文化觀照》（北京：中國社會科學出版社，2005）。陳立勝，《「身體」與「詮釋」：宋明儒學論集》（台北：臺大出版中心，2011）。

21 儒家身體觀的研究，出發點乃是對新儒家強調過於強調心性論的詮釋典範之反思，楊儒賓說：「我現在回到具體、抽象來談，為什麼我要談儒家的身體，因為我相信這個理論不是那樣的抽象。我對新儒家相當的同情，但我就是不相信道德意識和身體、氣沒有一點關係。」楊儒賓、何乏筆主編，〈踐形與氣氛——儒家的身體觀〉，《身體與社會》（台北：唐山出版社，2004），頁22。此研究成果不僅影響港台，同時也影響大陸學界，周與沉說：「以往對於中國思想多以心性層面去詮釋，今由身體維度入手，或可算是一種『典範』（paradigm）轉移。就中文學術圈來說，歐美、日本學界相關研討的助緣作用，自應予充分肯定；但從心性形上學到身心之學的拓轉，實合乎思想的內在理路，是中國思想在新的歷史情境中，對本有的潛隱維度的激發和彰顯。解釋系統不同了，經典思想呈現出來的景觀亦會隨之而變化。」周與沉，《身體：思想與修行——以中國經典為中

大抵重視形—氣—心（神）一體，視「身體」為精神體現的場域。儒家身體觀的提出與其說是心性論研究對蹠的反命題，不如說是對心性論詮釋框架的補充與辯證發展，其背後的訴求是要使儒學研究從心性形上學，往身體向度落實，發展成更完整的「身心之學」。中國哲學身心觀下所談的「身」，不是身心二元論的談法，而是身心相關，身包含心在內，甚至「身心一如」之「身」，聯繫身、心二者的就是「氣」。[22]儒家心性論和身體觀其實應當是一體的兩面，沒有無心性的身體，也沒有無身體的心性；使用「身體」一詞談張載禮學，並非切割心性，而是由「身—禮」的一體性，更關注儒學道德實踐中主體的身

───────────

心的跨文化觀照》，頁22。陳立勝指出：「很長一段時間，『中國哲學史』這一學科的創立，就其參照的西學框架而論無非有二，一為長期主宰大陸哲學教科書的唯物主義與唯心主義的詮釋框架，一為宣導主體性的歐陸哲學詮釋框架。近二十年來的儒家身體觀研究為我們重新檢討這兩個參照框架提供了有力的支援。」參陳立勝，《「身體」與「詮釋」：宋明儒學論集》，頁37。

22 日本身體觀研究的重要學者湯淺泰雄說：「英文中的"body"一詞，不只是指人體，還含有物理性的物體之意義。因為如果從理論上來說，在身心問題（mind-body problem）的基礎裡，本來就存在著關於心理現象──生理現象之間關係的問題。如果採用笛卡兒式的近代二分法，主張心理的存在（精神）與物理的存在（物質）之間沒有任何關係的話，那麼人體也就可以還原為與心沒有任何關係存在的一種物理性的物體了。笛卡兒之所以無法從理論上說明身心結合的事實，就是這個原因。相反的，東方哲學、科學的傳統，把萬物當作『氣』的能量之容器來看待，根據這個觀點，氣的能量之作用就不只是身、心有關係而已，人與環境之間也有必然的關係。東方與西方，在這一點上有歷史性的強烈差異。」參湯淺泰雄，〈「氣之身體觀」在東亞哲學與科學中的探討〉，收入楊儒賓主編，《中國古代思想中的氣論及身體觀》，頁94。

體向度。

　　除了「身體」，本章也從「倫理」來談張載禮學。張載
極重視禮學，意味著儒者對人的本質之理解與道德實踐之方向
當是「倫理」的。雖然「倫理」一詞會讓人聯想到「倫理學」
（Ethics）此一舶來品[23]，但筆者使用「倫理」一詞另有關懷。
在「倫理學」成為一門專門的知識之前，古代漢語中早就使用
過「倫理」一詞。[24]理學時代，「倫理」一詞，也被頻繁的使用
著，如明道抨擊異端：「言為無不周遍，實則外於倫理。」[25]朱
子說：「讀史當觀大倫理、大機會、大治亂得失。」[26]雖然或重
於「倫」，或重於「理」，但是「倫理」兩個字基本上是預設
著群體的存在而立。楊儒賓〈和哲辻郎論「間柄」〉在剖析和
哲辻郎之說時，對於「倫理」一詞曾提出如此的解釋：

　　　　就定義而論，「倫」字本來就預設著「群體」、「多
　　數」之義，個體的人實無「人倫」可言。人倫意味著：人
　　與人之間的關係以及對此關係的規定。和哲辻郎即借用日
　　文的漢字語彙「仲間」（nakama）表示：人倫意指在人與
　　人之中的「間」，反過來，也是在「間」（或「仲」）當

---

23　今日中文習慣使用「倫理學」一詞翻譯"Ethics"與清末梁啟超關係匪淺，乃
　　是梁啟超擷取日譯而成。見黃進興，《從理學到倫理學：清末民初道德意
　　識的轉化》，頁100-152。
24　如《禮記·樂記》：「凡音者，生於人心者也。樂者，通於倫理也者。」
　　〔東漢〕鄭玄注：《禮記》（台北：新興書局，1991），卷11，頁8上。
25　伊川先生撰〈明道先生行狀〉曰。見〔宋〕朱熹著，《進思錄》卷14，
　　《朱子全書》，冊13，頁284。
26　〔宋〕朱熹著，《朱子語類》卷11，《朱子全書》冊14，頁355。

中的人與人。……倫理學關心的是「人的共同態」以及此「共同態的存在基礎」，他關注的焦點是很清楚的：人，日語的表達方式更清楚，此焦點即是「人間」。……「人間」一詞由行動者的「人」及具空間性及相互主體性的「間」兩字組成。[27]

由「倫理」或「人間」來思考人的本質，意味著主體與社會交流與對應的密切關係。楊儒賓進一步表示：「就『間柄』的概念分析，它背後有貫穿社會、歷史、自然的三層向度作為支柱，一位具體的人，就是全身被社會、歷史、風土密密麻麻穿織而成的人。」[28]「沒有蒼白孤立的認知或反省性主體」、「不會只是私人性質的個人性，也不會只是公共性格的世間性，而是兩者辯證的統一。和哲辻郎所以重視儒家及希臘的思想，即源於先秦儒家及古希臘哲人看出脫離了公共領域，即無成德可言。」[29]藉由倫理學的「間柄」性質，以及在「人」與「間」雙重構造當中，所蘊含的對人的本質思考與「人間」的倫理─社會性格，楊儒賓進一步把問題的場域帶回儒家。儒家從思、孟學派開始將道德往主體性的道德意識扎根，而荀子批判這種學說，主張真正的聖人不在性天之處下工夫，而應當「盡倫」、「盡制」，因此，荀子特別凸顯「禮」的重要性，認為「禮」是維繫人與人之間關係的核心德目，自此儒家從孟、荀以來每

---

27 楊儒賓，《異議的意義：近世東亞的反理學思潮》，頁402-403。
28 同前註，頁415。
29 同前註，頁406。

隔一段時間就會出現對於道德本質問題的兩種路線之爭，楊儒
賓說：

> 　　孟、荀的爭辯可能具有典型的意義，道德是要建立在道
> 德情感—道德之氣—性天交界之處呢？還是要從仁—禮之
> 間、盡倫盡制之間取得合法性？道德是要主體精之又精、
> 深之又深，「人」的成分稀釋到了極點，與絕對睹面相
> 對？還是主體要在語言、性別、歷史、制度的交界處批判
> 與被批判，來回折磨？「天道性命相貫通」與「人倫禮樂
> （制度）相通」是否有更好的結合方式？[30]

儒家聖人的人格建構裡，一直存在著主體性與社會性的緊張關
係，並表現為「仁」與「禮」之間的張力。理學家與孟子學淵
源特深，談主體性的仁具有無限的縱深，理學家通常喜言仁體
的全幅展現可以提供道德實踐者具體的道德感受，也會帶來一
種在存有論上肯定天理流行的功能，此為「天道性命相貫通」
之說。筆者同意「天道性命相貫通」是理學至論，但不認為理
學家可以忽略「人倫禮樂（制度）相通」，不在此進行同樣重
要的思考，而可以成為合格的儒者。這兩個關懷的主軸在張載
的身上同樣明題，張載經常談論天、道、性、心，又極其重氣
與重禮，「氣」與「禮」二者並重同行，意味著張載並沒有採
取隔離形態的道德主體與道德實踐，道德是感通的，也是倫理
的。「天道性命相貫通」與「人倫禮樂（制度）相通」之間是

---

30 同前註，頁426。

否有更好的結合方式？這是儒學史上的大哉問。回答此問題之
前，或許需要以一個不同於心性主體的另類主體的想像作為討
論的起點。氣學與禮學的主體不只是心性主體，而是帶著身體
向度的「形─氣─心主體」，此「形─氣─心主體」同時也是
帶著倫理向度的「涉身─涉世主體」（embedded subject）。[31]
張載「氣」與「禮」並重，或許提供了一個有價值的思考方
向。

## 三、儒學傳統中的「禮樂之禮」與「四端之禮」

　　張載談「禮」有他所承接的儒學傳統，在探討張載禮學
之前，先暫時回到先秦儒學中「禮」的脈絡來談。「禮」原本
是「宗教的祭祀」，是宗教語境中的神聖表演。禮的神聖性與
事神密切相關，如《說文解字》提及「禮」的本義為「事神致
福」[32]，王國維《觀堂集林·釋禮》說：

　　　　說文示部云禮履也，所以事神致福也，从示从豐，豐亦
　　　聲，又豐部。豐行禮之器也。从豆象形，案殷墟卜辭有豐

---

31　「涉身─涉世主體」（embedded subject）為楊儒賓語。雖然embedded
　　subject經常譯為「涉身的主體」，但楊儒賓表示由於「強調具體的主體固然
　　要經由形氣（身體）的中介項，但也要經由社會規範（禮）的中介項，此
　　主體才可獲得行動所需的動力因（形氣）與形式因（禮），所以筆者在此
　　寧譯作涉身─涉世主體。」同前註，頁74。
32　〔漢〕許慎，《說文解字注》（台北：天工書局，1987），〈禮〉，頁2。
　　徐灝《說文解字注箋》也說：「禮之名起於事神，引申為凡禮儀之稱。」
　　徐灝，《說文解字注箋》（台北：廣文書局，1972），頁27。

　　字。……推之而奉神人之酒醴亦謂之醴，又推之而奉神人
　　之事通謂之禮。[33]

在《尚書》也多可見「禮」與宗教事神的脈絡有關。[34]周代立
國後人文精神逐漸發揚[35]，隨著中國社會的演化，「禮」關注
的中心也跟著轉化，從宗教意涵的「神聖性的禮儀」（holy
ritual）[36]，擴展到各種人際交往的形式化儀節。[37]「禮」在演化
過程中保留源自宗教展演儀式中的神聖感，但其系譜被擴展，

---

33　王國維，《觀堂集林‧釋禮》，《海寧王靜安先生遺書》（台北：臺灣商
　　務印書館，1976），冊一，頁278-279。

34　參徐復觀，《中國人性論史》（台北：臺灣商務印書館，1988），頁42。

35　徐復觀《中國人性論史》認為周初建國時由於環境險峻，於是產生「憂患
　　意識」與「敬」德，由此開啟了周代重視人文精神的文化傳統。「禮」原
　　本為祭祀的儀節，「彝」表法典規範、生活威儀。到了春秋時期「禮」的
　　觀念擴大，融入了「彝」之觀念，除祭祀儀節外，也包括種種生活的威儀
　　與規範。同前註，頁36-62。

36　芬格萊特：「『禮』這個詞的本義接近我們西方說的『神聖性的禮儀』
　　（holy ritual）『神聖化的儀式』（sacred cermony）。」〔美〕赫伯特‧芬
　　格萊特著，彭國翔、張華譯，《孔子：即凡而聖》（南京：江蘇人民出版
　　社，2002），頁5。

37　郝大維、安樂哲指出：「『禮』也經歷了從最初作為指導專門宗教祭儀的
　　種種禮儀模式，到進而體現社會規範、習俗等等，涵蓋了越來越多複雜的
　　關係、制度、慣例的全部系譜。『禮』關注的重心也由人與超自然力量的
　　關係轉換到人類社會成員之間的關係，它們的應用也從宮廷擴展到文明
　　社會的方方面面。『禮』的演化過程中始終貫穿的與禮儀的形式化結構相
　　關聯的神聖感這一事實，展現了中國社會和文化的一個重要特徵，儘管
　　『禮』的重心和運用發生了重大轉化，但最初始某特定人類圈子與整體凝
　　聚為一的宗教功能卻沒有改變。」郝大維、安樂哲，《通過孔子而思》，
　　頁105。

運用到文明社會中人與人的各種複雜關係與制度。孔子所自承
的「周禮」，基本上就已經是一個「郁郁乎文哉」的文化傳統
概念；簡單的說，「禮」可以被理解為是一個「植根於傳統且
代代流傳的濃縮的文化智慧」。[38]許慎將「禮」解釋為「履」，
它被明確的表示成為一種「步伐或行動」，「禮」也牽涉到一
種動態的建立關係之過程，這樣「禮」的含意就從特有的獻祭
活動，逐漸演化成為建立人際關係的真實途徑，因此，與他人
發生聯繫就是「禮」的深層結構。「禮」在儒家具有不可忽略
的重要位置，芬格萊特（Herbert Fingarette）甚至主張儒家的中
心主題是「人性在人類禮儀行為中的充分展開」，他說：

　　孔子所說的精神的貴族也就是君子，就是那種把社會規
範（禮）和原生態的（raw）個人的存在鎔鑄在一起而辛
勤勞作的「煉金術士」（alchemy），……人的道德是在
人際交往的具體行為中實現的，這些行為都具有一個共同
的模式。這些模式具有某些一般的特徵，所有這些模式的
共同特徵在於「禮」：它們都是「人際性」（man-to-man-
ness）的表達，都是相互忠誠和相互尊重的表達。[39]

---

38　同前註，頁99。
39　赫伯特・芬格萊特著，彭國翔、張華譯，《孔子：即凡而聖》，頁7-8。
　　筆者援用芬格萊特對儒家「禮」的詮釋，是因為芬格萊特在當代儒學重仁
　　輕禮的研究氛圍中顯得十分獨幟一格，黃進興說：「唯一例外的是，西方
　　哲學家芬格萊特孤鳴獨發，在1972年發表《即凡作聖》（*Confucius：the*
　　*Secular as Sacred*），論證『禮』在孔子原始思想的樞紐地位，芬氏鑑於中
　　外的儒學專家往往受近代西方哲學心理主義的影響，過度解釋《論語》的
　　內在主體（主觀）思想。他受奧斯汀（John Langshaw Austin, 1911-1960）

　　「禮」是一種「人際性」的表達，而儒家道德實踐的具體
道路離不開「禮」，乃是說明道德實踐不僅是一種個體的內在
精神，它和「他人」有很大的關聯性；自我與整個社會相聯繫
的能力，也成了儒家衡量道德修養的重要指標。因此，「禮」
使得儒家式的道德實踐不同於西方傳統，郝大維、安樂哲說：
「西方傳統中，『成人』（becoming a person）的歷程一直以來
都是根據某種超驗模式理念的實現來描述的。『成為你自己』
是描述『人』的實現最有影響力的經典表達。唯物主義和唯心
主義思想家將這一告誡解釋為：認識你的本質，讓它來決定
你。」[40]但是儒家並不同於此，他並不將自我實現視為超驗模式
的「成為你自己」。對「禮」的重視，使得儒家對於「成人」
或「成性」的思考，如同郝大維、安樂哲所描述的：

　　　個體在很大的程度上都是他們自己的行為習慣以及彼此

---

『展演言語』（performative utterance）概念的啟示，刻意彰顯『禮』的
行為意義，論證『仁』、『禮』乃一體兩面，缺了『禮』，則『仁』無所
指。這一提出，在西方漢學界造成極大的論戰，但在東方則寂然罕聞。無
論芬氏的說詞是否周延無誤，卻也無意中平衡了往昔只向『仁』一端傾斜
的儒學。」又如安樂哲說：「芬格萊特或許是當代最好的把握了孔子思想
中習俗和傳統之核心特徵的一位詮釋者。……芬格萊特對孔子哲學極富
洞察力的分析，是圍繞他對『仁』與『禮』之間關係的討論組織起來的。
『禮』這表達『仁』的形式，被視為將獨特人類世界與獸類和無生命世界
區別開來的『智慧慣例』（intelligent conventions），而且，它們表明了
『內在的和諧、美和聖』。」黃進興，〈研究儒教的反思〉，《從理學到
倫理學：清末民初道德意識的轉化》，頁253-254。郝大維、安樂哲，《通
過孔子而思》，頁126。
40　郝大維、安樂哲，《通過孔子而思》，頁71。

影響、參與、交流和溝通的種種習慣的表徵。成「人」是
一種運用經驗且從運用經驗的活動中生發的態度、願望、
信仰和思想等等溝通交流的過程。有了這樣一個過程，任
何使個人脫離他與他者進行交流的社會母體的想法都是荒
唐的。社會是孕育個人的母體。更準確地說，構成我們所
謂文化最核心特質的思想、制度、看法等產生種種社會作
用，個人正是由這些社會作用培養出來的。[41]

郝大維、安樂哲的說法用來理解儒家傳統也很恰當，儒家對自
我實現的認知並不同於隔離型的宗教修持。如同杜維明所說：
「一個儒者也可能練習打坐靜思，如許多宋明理學家實際上
所做的那樣（他們可能受到道家和禪宗的影響），但除此之外
他還必須在所謂既定的社會條件中把自身內在的力量實現出
來。」[42]儒家對於「禮」的重視與自我實現的思考，被認為和社
會心理學家喬治·米德（George H. Mead）的立場十分相似。[43]
米德說：

　　我們的論點是，如果不是在社會環境內，心靈就無法得

---

41　同前註，頁93。

42　杜維明，《人性與自我修養》，頁14。

43　郝大維、安樂哲說：「米德首先以最徹底的方式對待『社會』這一概念，
　　這使他對自我產生於社會環境的認識成為思考孔子『成人』思想極富價值
　　的資源。」《通過孔子而思》，頁93。楊儒賓說：「就『社會規範是人格
　　建構的有機成分』此點而論，儒家的立場與米德的立場完全一致。」楊儒
　　賓，〈變化氣質、養氣與觀聖賢氣象〉，《漢學研究》19卷1期（2001年6
　　月），頁124。

到表現，並且根本就不可能存在；一種有組織的社會關係
與相互作用的趨勢或型式（尤其是借助於作為表意符號而
起作用並由此創造一個話域的姿態進行的交流）是心靈的
必要前提，是心靈的性質必須包括的。44

「禮」的概念一成立就含有公共規範之意，而帶有社會
性。在道德實踐的過程中，「禮」代表自我與整個社會聯繫的
能力與責任感，是人格建構的核心因素，而在人格建構的動態
過程中，以「禮」作為修養工夫同時也就承認：自我不能忽略
他人的真實性，他人與社會是構成自我人格建構的有機成分，
儒家的個體與社會密不可分。

早在先秦「禮」就具有「禮樂之禮」與「四端之禮」的雙
義性，在儒學傳統「仁」、「禮」交涉的過程中，具有一種自
我與他人、主體性與社會性的複雜對話。當「禮」從宗教活動
的「神聖性禮儀」，演化成為建立人際關係的真實途徑而出現
在先秦儒家舞台的過程中，孔子提出「攝禮歸仁」、「攝禮歸
義」，完成了「禮」的內在性；但「禮」原本結構中的他性仍
被保留，「禮」一詞所蘊含的公共性意涵，並沒有消失。杜維
明說：

「禮」說明一個人生活在社會之中這樣一個事實，而
「仁」卻說明了他不只是社會力量的交叉點這一同樣重要

---

44 〔美〕喬治・米德（George H. Mead）著，趙月瑟譯，《心靈、自我與社
　　會》（上海：上海譯文出版社，1992），頁198。

的事實。他自感到被召喚去抉擇、去實現潛在的自我性。
這自我性不只是基因、腺體及階級的總和。人不能沒有
「禮」而生活。但當「禮」變成完全地具有決定性時，他
就不再是一個真實的人了。因此從更深一層的意義上說，
「仁」與「禮」之間的創造緊張性意味著它們的互相依
賴。這樣，儒家的哲學家們不僅消極地認識到，社會的強
制性只是一個既定的條件，也積極地認識到它又是一個創
造性的工具。如果再運用牟宗三的話說，就是「仁」需要
向外界展示自身的「窗戶」，否則它就將被窒息。[45]

繼承攝禮歸仁的思想，孟子特別標舉「辭讓之心，禮之端
也」，由四端之心說禮，這是一個禮的內在化過程。此一禮的
內在化過程中可說是仁大於禮，禮並不被設想為一種非主體性
的社會因素；它可以同時被認為是一種倫理關係或社會制度，
但並不單與制度掛勾。然而，先秦儒家中除了孟子，還有一種
談禮的老傳統，那就是荀子。荀子重禮，卻不同意「禮內在」
之說，相較於孟子的「禮」與主體性緊密扣連，荀子的「禮」
則與制度關係更為密切，禮被視為是一種規範行為的制度。對
於後者，再運用楊儒賓的話來說：「有關禮、制度與主體性的
關係，顯然有兩種思考的方向，我們可以將禮設想為一種非主
體性的社會制度因素，它是外在於主體的社會事實。就儒學的
語言講，也就是禮大於仁，仁的實質內涵即是禮。這種制度性

---

45　杜維明，《人性與自我修養》，頁17-18。

的禮的內涵和『法』字相去較近。」[46]由此,在先秦儒家「禮」
至少就有兩種不同的用法,此為禮的雙義性,即「禮樂之禮」
(或「禮義之禮」)與「四端之禮」,前者較強調禮的制度
義,後者則較側重從內在的道德性談禮。[47]雖然如此,如楊儒賓
所說:

> 　　從孔子以下,不管孟荀,也不管程朱陸王,他們的理論
> 也許有相當大的出入,但「禮」是人格建構的核心因素,
> 這點無人反對。只是荀子強調禮是聖王創制的,它是文化
> 世界的既有概念,它先於個體而存在,所以不妨說是外在
> 的。而理學家接受「禮內在」的觀點,他不是從人格成長
> 的社會根源之觀點立論,而是從心性論的觀點著眼。然
> 而,不管「本體論的意義的根源義」如何界定,就實踐層
> 考慮,「禮」固然有內在的源頭,但它也存在於社會界及
> 自然界。自然界的「禮」即為自然界的秩序或自然律,社
> 會界的「禮」即為社會的規範體系。[48]

儒學內部對於「禮」有不同的理論,基本路線上存在著孟子
「禮內在」與荀子「禮外在」兩種不同類型的思考。然而,其
間雖有歧異,但是對於他人與社會規範被視為是人格建構的有

---

46　楊儒賓,《異議的意義:近世東亞的反理學思潮》,頁73。
47　楊儒賓說:「儒學的傳統內,『禮』這個字既可指『禮樂』之『禮』,也
　　可指內在的道德性,亦即辭讓之心之端的『禮』,這種雙義性當然是由孟
　　子將它顯題化的。」同前註,頁198。
48　楊儒賓,〈變化氣質、養氣與觀聖賢氣象〉,頁124。

機成分，此卻是儒者論「禮」的共同基礎。

## 四、體用論攝相偶論的張載禮學

張載相當重視「禮」，談張載卻忽略其禮學向度而全然
不論，此固然有可議之處；但如果僅從教育、政治哲學等角度
切入，此一談法卻也未必能夠充分表現張載禮學的性格與特
色。[49]理學家討論「禮」，很大的一部分延續了先秦儒學「仁」
與「禮」的對話，以及作為「禮樂之禮」與「四端之禮」背後
所涉及的主體性、社會性的張力。除此之外，「禮」進入宋代

---

49 比如顏元《存學編》破題處也說：「聖人學、教、治皆一也。」〔清〕
　顏元，《存學編‧四書正誤卷一》，《顏元集》下（北京：中華書局，
　1987），頁159。就字面意義來說，顏元這樣的反理學儒者談「學、教、治
　皆一」與張載「學政不二」的主張似乎並無不同，同樣是認為道德與社會
　性倫理及政治性的政教是同質的。張載重禮，顏元亦重禮，但是張載談禮
　學與變化氣質關係極為密切，顏元卻極反對變化氣質之說，顏元說：「制
　禮作樂，燮理陰陽，裁成天地，乃吾性舒張；萬物咸若，地平天成，太和
　宇宙，乃吾性結果。故謂變化氣質為養性之效則可，如德潤身，睟面盎
　背，施於四體類是也；謂變化氣質之惡以復性則不可。」顏元，《存性編
　卷一》，《顏元集》上，頁2。這是因為二者對人性與道德的看法並不同，
　顏元的禮學不是主體性概念，而是社會性概念；不是心性學的詞彙，而是
　倫理─政治學詞彙。楊儒賓因此說：「在顏元的系統內，『學』為虛，
　『教』與『治』為實，亦即：人格是由外在的師法與君王塑造而成的。」
　「我們若單就字面來看，儒者是不可能不重禮的，因為不管六經的傳統也
　罷，《論》《孟》的傳統也罷，『禮』的價值都是備受肯定的。然而，如
　語及實質內涵，彼此的了解卻相去夐遠。」楊儒賓，《異議的意義：近世
　東亞的反理學思潮》，頁195、196。就理學家的共同立場而言，他們認同
　「學政不二，卻不會接受道德與心性學無關，而只是倫理─政治學的語彙
　這樣的主張。

除了延續原有儒學脈絡的意義之外，又加入如何回應佛老的時
代課題，理學家對「禮」的思考開始與新的元素──「性命之
學」等哲學命題結合。因此，張載論「禮」除了原來儒學傳統
的共享成分外，放到宋明理學的脈絡中，也有其新義。理學興
起一大事因緣和佛老的挑戰有關，面對儒家缺乏「窮理盡性，
至於本源」的批評，必須對於形上本源與世界性質等問題做出
回應，由此形成一體用論的論述模式。相較於先秦儒學，理學
中對於「禮」的思考，也被放進體用論的結構中。張載說：

> 「形而上」是无形體者也，故形以上者謂之道也；「形
> 而下」是有形體者也，故形以下者謂之器。无形跡者，即
> 道也，如「大德敦化」是也；有形跡者，即器也，見於
> 事實，如禮義是也。（《易說下，繫辭上》，《張子全
> 書》，頁223）

> 禮運云者，語其達也；禮器云者，語其成也。達與成，
> 體與用之道，合體與用，大人之事備焉。（《正蒙·至當
> 篇》，《張子全書》，頁33）

「道」是形而上的「體」，「禮」是形而下的「用」，如
果說張載是將「禮」視為形而下的作用層概念，在張載的文獻
中也確實有其根據。但如前章所論，本體宇宙論類型氣學並不
是從形上與形下異質的兩層存有論來論述體用關係，而是體用
永遠詭譎的同一；張載談「禮」也具有同樣的體用論性格，它
並不單純被視為是一種形而下的「用」。張載說：

> 浩然之氣，嚴正剛大，必須得禮上下達。（《經學理窟‧學大原上》，《張子全書》，頁86）

> 今學者下達處行禮，上又見性與天道。（同上，頁87）

> 聖庸皆由此途，成聖人不越乎禮進，庸人莫切乎禮，是透上透下之事也。（《禮記說》，《張子全書‧補遺一》，頁310）

因此，談張載的禮學應該一併放入他的體用論性格中思考，在「禮」之中就有「性與天道」、「浩然之氣」的全幅朗現。

一般而言，理學家普遍接受孟子「四端之禮」的「禮內在」思想，張載也說：「禮非止見於外，亦有無體之禮，蓋禮之原在心。」「禮所以持性，蓋本出於性。持性，反本也。凡未成性，須以禮持之，能守禮已不畔道矣。」（《經學理窟‧禮樂》）禮出於性，內在於心，這是孟子學的說法。在張載「禮」同樣的並不被設想為一種去主體性的倫理—政治學的語彙。但是除了源自於孟子禮內在於人心的說法外，張載對禮還有特別的思考，那就是禮源於天（太虛）、禮出自然，張載說：

> 禮不必皆出於人，至如無人，天地之禮自然而有，何假於人？天地生物便有尊卑大小之象，人順之而已，此所以為禮也。學者有專以禮出於人，而不知禮本天之自然。（《經學理窟‧禮樂》，《張子全書》，頁73）

　　禮本於天，天無形，固有無體之禮；禮有形，則明於
地。明於地，則有山川、宗廟、五祀、百神，以至達於
喪、祭、射、御、冠、昏、朝、聘，事見於跡也。蓋禮無
不在，天所自有，人以節文之耳。……然則禮非自人而
出，至於鳥獸莫不有父子、配偶、長幼、朋友。螻蟻之君
臣，鴻雁之兄弟，但不能推類而有別，此亦皆天性也。
至聖人，則能粹美之。（《禮記說》，《張子全書・補遺
一》，頁338）

　　大虛，即禮之大一也。大者，大之一也，極之謂也。禮
非出於人，雖無人禮固自然而有，何假於人？今天之生萬
物，其尊卑小大自有禮之象，人順之而已，此所以為禮。
或者專以禮出於人，而不知禮本天之自然，如告子專以義
為外，而不知所以行義由內出。當合內外之道。知禮之本
於自然，人順而行之，則是知禮也。（《禮記說》，《張
子全書・補遺一》，頁341）

張載主張「禮不必皆出於人」、「禮非自人而出」，即使是
「無人，天地之禮自然而有」，此一看似否認孟子「禮內在」
之說，應該如何理解？這些說法其實非張載獨創，早在《左
傳》就已經出現將「天之經，地之義」視為「禮」的根本精神
之說。《左傳》子大叔引子產之言：

　　夫禮，天之經也，地之義也，民之行也。天地之經，而
民實則之，則天之明，因地之性，生於六氣，用其五行。

氣為五味，發為五色，章為五聲。淫則昏亂，民失其性。
是故為禮以奉之：為六畜、五牲、三犧，以奉五味；為九
文、六采、五章，以奉五色；為九歌、八風、七音、六
律，以奉五聲。為君臣上下，以則地義；為夫婦外內，以
經二物；為父子兄弟、姑姊甥舅、昏媾姻亞，以象天明，
為政事、庸力、行務，以從四時。[50]

林素娟詮釋《左傳》的說法為：「將『禮』視為上協於天地之
性的大經大法，協於天地之氣運行乃能調節喜怒哀樂之情，將
此視為『禮』之根本精神。」[51]「透過協於天地之性，而使天地
六氣化育之人身能血氣調和，由此能使行事得其合宜，倫理、
教化亦皆展現天地之律則。」[52]《左傳》對「禮」的理解，乃
是在先秦氣化論老傳統主張「天地一氣」的脈絡下而說，氣、
禮、身體感知、倫理教化等，在氣化宇宙觀的整體論視域中皆
是相互關聯，由此成就生機流動、情氣感通的禮樂世界。如前
所說，先秦儒學談「禮」具有雙義性，除了孟子學「四端之
心」的「禮內在」說之外，還有「禮樂之禮」的傳統；這兩種
儒家的「禮」，如果放入氣化論傳統看，它們並不針鋒相對。

---

50 杜預注、孔穎達疏，《春秋左傳正義》（台北：藝文印書館，2001），影
　印阮元校刻《十三經注疏附校勘記》本，卷51，〈昭公二十五年〉，頁888-
　890。
51 林素娟，〈氣味、氣氛、氣之通感——先秦祭禮儀式中「氣」的神聖體
　驗、身體感知與教化意涵〉，《清華學報》新43卷第3期（2013年9月），
　頁405。
52 同前註，頁405。

因為氣化論看待主體的思考並不是將「心」僅視為意識主體，而是主體＝「形─氣─心」。「氣血之平和與『心』之關係顯得十分直接而密切。與『心』密切相關者乃為志、意、感、情，其亦為天地之氣所化。」[53]「禮」作為理想的教化模式，其中統合了源自於天的自然之氣、源自於身體的血氣與心的志意之氣三者。由氣化論的觀點來看，張載主張「禮本於天」即是「禮內在」的說法沒有那麼難以理解；他認為如果將禮僅僅視為只出於人，反而是告子的義外之說。對於張載反覆強調的禮本於天、太虛或自然的論點，楊儒賓說：

> 張載不是自然主義者，他說禮「不必皆出於人」，亦即禮不必皆為內在者。從心學的觀點看，這是個相當異端的看法。但就體用論的觀點看，張載這種說法完全符合他的學說的基本設定。因為在體用一如、即道即氣、即本體即現象的架構下，任何事物的「理」都是「禮」，都可視為「本心」所有，但亦是通於一切存在的道體所有。「大禮與天地同節，大樂與天地同和」，《樂記》早有此一表述。張載將此觀念放在體用論的格局下重新詮釋，任何山川草木的興發向榮，都是太極流行。任何天地間的自然成文處，都是寓目理自陳。只要碰到體用論的架構，「內─外」這組對立的概念即必須重新定位，「禮本天之自然」一語不得視為告子所說的「義外」之論。[54]

---

53　同前註，頁404。
54　楊儒賓，〈變化氣質、養氣與觀聖賢氣象〉，頁123。

「禮之原在心」與「禮本於天」兩種說法，原本在氣化論老傳統中就可以統合於「天地一氣」，此一統合同樣也出現在張載氣學的體用論關係中。張載禮論主張禮不全出於人，而是本於天、出於太虛。「禮」源自太虛，與太虛之氣同源同構，因此張載所說的「禮」是絕對正面的，他把負面的歸之於「習」，張載說：

> 禮即天地之德也。（《經學理窟・禮樂》，《張子全書》，頁73）

> 只習有善惡。某所以使學者先學禮者，只為學禮則便去除了世俗一副當〔世〕習熟纏繞。譬之延蔓之物，解纏繞即上去，上去即是理明矣。（《張子語錄下》，《張子全書》，頁267）

「禮」正是可以對治「習」者。

禮除了源自於天，也來自於社會界。其間的關係，郝大維、安樂哲說：「傳統相信古代聖王察覺到了自然過程隱含的規律性和秩序，且制定了形式化的行為準則使人類能夠試著生活中也保有同樣的宇宙模式。這些用來建構人類內部生活且將之與外部連接為一個不可分割的整體的形式化行為，就是宏觀世界的『理』（veins, fibres）的微觀世界。」[55]因此，張載也說：

---

55　郝大維、安樂哲，《通過孔子而思》，頁105-106。

　　蓋禮者理也，須是學窮理，禮則所以行其義，知理則能
制禮，然則禮出於理之後。（《張子語錄下》，《張子全
書》，頁264）

　　「禮」源自「理」，張載確實認為聖人制作人間的
「禮」，其依據正是整體的宏觀世界之「理」。人間的「禮」
乃是聖人依據「理」所制作，「知理」才能夠「制禮」。
「禮」具有內在的源頭，但它也存在於自然界與社會界，楊儒
賓稱之為：「自然界的『禮』即為自然界的秩序或自然律，社
會界的『禮』即為社會的規範體系。米德偏重『制度』，南樂
山（R. Neville）則稱此為『符號』。」[56]雖然社會的「禮」是
取法自然界的禮而來，是聖人依據「理」所制作，乃是社會共
同體的核心價值，但是這兩種「禮」並不完全相等，張載說：
「禮亦有不須變者，如天敘、天秩之類。時中者不謂此。」
（《張子語錄下》）進入人類社會中的「禮」是「時中者」，
「時中」為「時措之宜」，它需要「參酌古今，順人情而為
之。」（《禮記說》，《張子全書・補遺一》）張載區分「天
秩天序」之禮與「時中」之禮，意味著他認為社會界的「禮」
儘管源自於自然界的「禮」，它卻不應像自然界的「禮」作為
自然律一樣，被視為是永恆不變的。其中一個原因是必須考慮
到現實上的禮文殘缺，張載說：「今禮文殘缺，須是先求得禮
之意然後觀禮。合此禮者即是聖人之制，不合者即是諸儒添
入，可以去取。」（《張子語錄下》）另一個原因是必須考

<hr>

56　楊儒賓，〈變化氣質、養氣與觀聖賢氣象〉，頁124。

慮到運用「禮」之人，此一主體性的因素。存在於社會界的「禮」是否完全合於「理」，張載說：

> 時中之宜甚大，須「精義入神」，始得「觀其會通」「行其典禮」，此方是真義理也。行其典禮而不達會通，則有非時中者矣。（《張子語錄下》，《張子全書》，頁265）

社會界的「禮」有規範的意義，這個社會規範其合理性的體現有待於「規範的意義往客觀面提升，『禮』就接近於『理』；往主觀面拉近，『禮』就近於『義』，這意指學者當『正確的』應用社會符號。」[57]

　　主體如何「正確的」應用作為社會符號的「禮」？人心、社會與自然三者，在張載氣學格局中同源同構、一體共振，因此，一方面充分體現自我此事本身，從根源意義上說即是體現了社會的價值與自然的價值；如何正確的運用作為社會符號的「禮」，在張載並不脫離主體性而思考，而且必須有待於主體的修養，也就是學者個人的「精義入神」，盡心知性，在天道性命之學上充分體現自我。但在另一方面，如何正確地運用作為社會規範的「禮」，同時植根於經驗的社會性；禮儀活動中主體性的實現，是在交互的人際關係、人倫活動中才可能呈顯。「禮」與「關係」的深刻連結所涉及的公共性結構，意味著充分體現自我在儒家不是主體性單向度的事，個體無法「純

---

57　同前註，頁124。

粹的隔離」，截斷眾流、置身其外；人性必須在共同語境下的
人際交往、社會環境中獲得，這當中蘊含著對「人情」的考
量。張載說：

> 人情所安，即禮也。故禮所以由義起。（《禮記說》，
> 《張子全書・補遺一》，頁342）

> 今既宗法不立，而無緣得祭祀正，故且須參酌古今，順
> 人情而為之。（同上，頁354）

> 以人情酌之，三年之喪期，可祭期之喪，既葬，可祭緦
> 功之喪。（同上，頁321）

張載論「禮」時，除了與主、客觀面的「理」、「義」連結之
外，「人情所安」是他對社會界的「禮」是否被正確的使用，
足以作為合理的公共性社會規範的一個重要判準。談「禮」時
對「人情」的重視，說明了「如果道德建立在間主體性的人倫
架構上，則意識依其定義，它必然是與人群的情感共振的，它
的架構自然即具有公共性，它的展向自然也帶有不自覺的、但
都具備存有論彰顯的文化詮釋的向度，因此主／客、人／我、
情／理的緊張對立可以解消。」[58]張載「人情所安，即禮也」的
思考，意味著道德實踐的落實於此世是「間主體性」的；存在
於社會界的「禮」在合於「理」的同時也是合於「情」的，在

---

58　楊儒賓，《異議的意義：近世東亞的反理學思潮》，頁209。

主／客、人／我的人情之感通交融中，社會界的「禮」才能夠不陷入形式的僵化，成就協於自然之禮、合於天地之德，情氣通感的人文理想與禮樂世界。

## 五、禮與變化氣質：作為「工夫」的禮

### （一）變化氣質與虛心、得禮

在張載的體用論禮學中，「禮」首先被視為是一種可以「變化氣質」的「工夫」。先回到先秦儒學的脈絡來談，自從孔子以「克己復禮為仁。」（《論語·顏淵》）回答顏淵對「仁」的困惑，「克己」與「復禮」就成了與修身緊密相接的概念。彭國翔〈作為身心修煉的禮儀實踐——以《論語·鄉黨》篇為例的考察〉提出：應該要引入「工夫」[59]的視角來探討儒學的禮儀實踐問題，他說：

在先秦儒學的禮儀實踐和宋明儒學的自我修養工夫之間，應當是「所同不勝其異的」。這一點，或許是以往學

---

[59] 「工夫」一詞在東方哲學的用法中涵義相當豐富，它可以被視為「修養」，但似乎又比「修養」一詞多了些宗教神祕氣味。「工夫」可被視為是宋明儒學脈絡下的產物，它不見於先秦儒家，大致上要到宋代以後才逐漸出現在儒門典籍，成為一種重要的文化現象，明代以後學者使用此一詞語更是翕然成風。因此，儒學史上工夫論的最重要脈絡也應當放入宋明時期來討論。參楊儒賓，〈《儒學的氣論與工夫論》：導論〉，收入楊儒賓、祝平次編，《儒學的氣論與工夫論》（台北：臺大出版中心，2005），頁ii。

　　界對先秦儒學與宋明理學之間的差異提揭過重，對儒家這
　　兩個重要階段之間的連續與連貫未能正視所致。然而，在
　　筆者看來，從工夫論的角度來理解先秦儒學的禮儀實踐，
　　恰可揭示其中所蘊含的一個重要向度。[60]

彭國翔認為儒家的「禮」不是外在角色的簡單履行，而應被視
為是一種在日用常行中各種境遇下進行的身心修煉，也就是
「工夫」。既然可以用工夫論視角來切入先秦儒學的禮儀問
題，那麼，筆者相信在「工夫」被視為理學重要構成要素的宋
明理學脈絡中，「禮」如何成為一種「工夫」，必然也曾被理
學家認真思考過、實踐過。
　　張載是北宋理學家中最重視「氣」，同時也是最重視
「禮」者，「禮」在張載首先是連著「氣」的轉化被思考的，
「氣」能否轉化是一個工夫論問題，張載在此提出著名的「變
化氣質」說。張載說：

　　　為學大益，在自能變化氣質，不爾卒無所發明，不見
　　得聖人之奧。故學者先須變化氣質，變化氣質與虛心相表
　　裏。（《經學理窟·義理》，《張子全書》，頁82）

　　　變化氣質。孟子曰：「居移氣，養移體」，況居天下之
　　廣居者乎！居仁由義，自然心和而體正。更要約時，但拂

---

60　彭國翔，〈作為身心修煉的禮儀實踐──以《論語·鄉黨》篇為例的考
　　察〉，《臺灣東亞文明研究學刊》第6卷第1期（2009年6月），頁5。

去舊日所為，使動作皆中禮，則氣質自然全好。《禮》曰
「心大體胖」，心既弘大則自然舒大而樂也。若心但能弘
大，不謹敬則不立；若但能謹敬而心不弘大，則入於隘，
需寬而敬。大抵有諸中者必形諸外，故君子心和則氣和，
心正則氣正。其始也，固亦須矜持，古之為冠者以重其
首，為履以重其足，至於盤盂几杖為銘，皆所以慎戒之。
（《經學理窟‧氣質》，《張子全書》，頁74）

在這兩段文字中，張載表述的重點是：為學的大要，在於學
者能夠「變化氣質」。而「變化氣質」的方式有二，一是以
「禮」規範身心，使動作都合乎「禮」；一是透過「虛心」此
一心性工夫。而「變化氣質」與「虛心」二者互為表裡，「虛
心」可以「變化氣質」，「變化氣質」也可以「虛心」。在張
載工夫論中，「變化氣質」一事極為重要，它被視為是張載重
要的修養主張[61]，甚至被認為是張載「修養工夫的總綱」。[62]
　　「變化氣質」為什麼這麼重要？甚麼是「氣質」？「氣
質」又何以需要「變化」？張載說：

---

61　如陳振崑認為張載盡心成性之關鍵所在，就在於是否能變化氣質之性。換
　　言之，人是否能突破氣質之所限，進而朗現天地之性以實踐德性生命，就
　　在於人能否「變化氣質」。陳振崑，〈從整體性的觀點與「一體兩用」的
　　思惟理路，重建張橫渠的天人合一論〉，《華梵人文學報》6期（2006年1
　　月），頁149-184。
62　如陳政揚認為「變化氣質」不是張載眾多修養工夫之一，而是其工夫論之
　　總綱。陳政揚，《張載思想的哲學詮釋》，頁116。

> 游氣紛擾，合而成質者，生人物之萬殊。其陰陽兩端，
> 循環不已者，立「天地之大義」。（《正蒙・太和篇》，
> 《張子全書》，頁3）

> 氣質猶人言性氣，氣有剛柔、緩速、清濁之氣也，質，
> 才也。氣質是一物，若草木之生亦可言氣質。惟其能克己
> 則為能變，化卻習俗之氣性，制得習俗之氣。（《經學理
> 窟・學大原上》，《張子全書》，頁88）

張載採取氣化論說明一切的存在都是「氣」生成、變化的結
果。「氣」通形上形下，「太虛即氣」清通無礙，但是當氣落
實成為個體性原則時，「散殊而可象之氣」是「氣」落到人、
物身上而成的差異性；「質」指的是「氣」具體化，也就是
「形」以後的事，由此而有「氣質」之說，張載在此談「氣質
之性」。「氣質之性」的用語近於漢以後的「氣性」、「才
性」，通常被視為是一種經驗界的實然人性。[63]但是張載談「氣
質之性」並不是漢唐儒「用氣為性」、「氣成命定」的談法，

---

63 漢儒以下，繼承告、荀系統而進一步發揮的氣性、才性、質性等，形成一
　　個「用氣為性」、「順氣言性」、「氣成命定」的人性論傳統，從漢代以
　　後陸陸續續出現的性善惡混、性有善有惡、性善情惡或性三品說等等，
　　都包括在其中。說見牟宗三，《才性與玄理》（台北：臺灣學生書局，
　　1985）。陳政揚認為氣性、才性的人性論的提出，乃是因孟子性善說偏重
　　於凸顯人之所以為人的道德普遍性，沒有充分說明個體的賢、智、才、愚
　　的差異性。對於人在道德實踐的具體活動上所表現的差異性，孟子的理論
　　並沒有提出一套完整的說明。張載談「氣質之性」，正好補足了孟子此一
　　人性論的理論缺口。陳政揚，《張載思想的哲學詮釋》，頁123。

而是體用論的論述。在張載「氣質代表的是差異性原理，是限制性原理，是渾沌流動的氣之落實原理。」[64]「太虛即氣」與「散殊而可象之氣」雖然存在的狀態不同，但在張載本體宇宙論型氣學的徹底的體用論架構中，並不被視為是異質的兩種氣。[65]當中可以追問的是，氣為什麼要落實形成世界與萬殊？這當中涉及世界誠明與個體價值的問題。如果認為「太虛即氣」的天道即已經是純然至善，「散殊而可象之氣」只是一個消極義的限制因素，那麼張載也許可以選擇成為一個「無世界論者」，完全否定現實世界與個體之價值，但此顯然並不是他所採取的思路。張載確實認為「氣」一定要聚為萬物，落實為個體，林永勝說：

> 張載認為個體形成的意義在於能作為天道的「表現因素」。萬物的存在與生化都是道之必然性的表現，例如他說：「太虛不能無氣，氣不能不聚為萬物，萬物不能不散

---

64 楊儒賓，〈變化氣質、養氣與觀聖賢氣象〉，頁105。

65 林月惠說：「張載或劉宗周雖重視『氣』，或強調超越性之『氣』，但也承認現實之『氣』的存在，仍未取消兩種『氣』（形上之氣／形下之氣；先天之氣／後天之氣）的異質區分（李明輝，2005：126-127），也未取消『理』在形上學的地位。如是，楊儒賓所謂『先天型氣學』仍是『理學』的體用論思維，而非『氣學』。」林月惠，〈「異議」的再議──近世東亞的「理學」與「氣學」〉，《東吳哲學學報》34期（2016年8月），頁115-116。必須說明的是，從「散殊而可象之氣」作為「渾沌流動的氣之落實原理」來看，張載論氣一向通形上、形下而說，其論「太虛即氣」與「氣質」（形上之氣／形下之氣；先天之氣／後天之氣）之間雖然有不同，但此不同乃是氣的存在狀態不同（在此可說形上之氣／形下之氣不是一種氣），但也不能視之為「異質」的「兩種氣」。

而為太虛。循是出入，是皆不得已而然也。」萬物的存在則是道的體現，道外無物，物外無道：「有形有象，然後知變化之驗。」「氣聚則離明得施而有形，氣不聚則離明不得施而無形。」而擁有作為天道靈明發用之心的人，則是彰顯天道的唯一途徑，……也就是說，「個體」因其氣質而具有「限制因素」，這是個體的消極意義；但是個體卻也有其積極意義，個體因為有氣質作為載體所以具有「表現因素」，天道唯有透過個體與氣質，方能表現，在成德過程中，此消極義與積極義永遠並存。[66]

張載談「氣質之性」一方面是限制性原則，此氣不若原來的太虛之氣清通無礙，具有「通一無二」的整體性、同一性，因此，張載也說「氣質之性，君子弗性焉。」而必須要「變化氣質」以復歸「天地之性」，此即是由散殊可象的偏滯之氣，復歸清通無礙具有生生動能的「太虛即氣」。但是在另一方面，限制原則也同時是表現原則，「氣質之性」經由「變化氣質」工夫展開對「天地之性」的復歸，正也彰顯了道德世界即有限而無限的莊嚴。復性說對「天地之性」的復歸，並不以消滅「氣質之性」為原則，而恰恰是使「氣」的結構成為包含差異性、具體的，有內容的同一性、整體性原理。「氣質」或「氣質之性」在張載思想中隱藏了雙重結構，再度運用楊儒賓的話語來表述：「就經驗層而言，『氣質』是氣的落實化，它是限

---

66　林永勝，〈惡之來源、個體化與下手工夫——有關張載變化氣質說的幾個思考〉，頁13-14。

制性的原理。但我們如就『氣質』此概念作本體宇宙論的分
析，它事實上又是建立在道氣一如的『氣』之基礎上。所以任
何的『氣質之性』原則上都帶有『氣』所涵攝的感通、生生之
作用。」[67]「在張載徹底的體用論的架構下，超越的本體（太
虛）與其發用（氣）乃是一體的兩面，而且兩者永遠處在動態
的統一、生生的創化之中。在這種動態的統一的世界圖式中，
萬物同時參與大化的流行。因為既然說到『氣』，就不可能有
界限，就不可能不感應，就不可能不與存在界的任何事物有種
內在的共享關係。」[68]因此，在張載體用論的論述下，「氣質」
作為太虛之氣（勝義之氣）的落實原理與表現原則，張載並不
直接視「氣質」為惡。[69]「氣質」只能被視為是一種限制，此
限制乃是來自於氣化過程中，形體形成後所產生的作用上的偏
滯。偏滯於一隅，隨物欲而行，忘其所本，個體的「氣質」遂
由材質意義下的美惡，終成道德意義下的善惡。如果要改變此
一作用的偏滯而形成的惡，則有待於主體的覺醒，此即是工夫
的起點。個體「氣質」在學者以工夫進行「體證」的前提下，

67　楊儒賓，〈變化氣質、養氣與觀聖賢氣象〉，頁106。
68　同前註，頁106。
69　關於張載並未直接將「氣質」等同於惡，林永勝說：「就『氣』而言，既
　　然張載視整個氣化過程為『道』，而且他在論及天地之性與太虛神體等超
　　越性概念時，也都是連著『氣』一起講的，如『太虛即氣』諸說，因此
　　氣不可能為惡，若氣為惡，則惡便在實體中而具有實在性了。……所謂
　　『質』指的是氣的具體化、也就是『形』而後的事，但張載表示：『游氣
　　紛擾，合而成質者，生人物之萬殊。其陰陽兩端，循環不已者，立天地之
　　大義。』此處也沒有以形質為惡的說法，因為『質』既為氣之具體化，若
　　質具有惡，則氣亦不免有惡矣。」林永勝，〈惡之來源、個體化與下手工
　　夫——有關張載變化氣質說的幾個思考〉，頁5。

「氣之偏」是可以「變化」的，這是對道體的回歸運動，張載說：

> 人之剛柔、緩急，有才與不才，氣之偏也。天本參和不偏，養其氣，反之本而不偏，盡性而天矣。（《正蒙・誠明篇》，《張子全書》，頁15）

在張載的思考架構中，道體的「參和不偏」除了來自於以「湛一」為「氣之本」[70]，如前所引「其陰陽兩端，循環不已者，立『天地之大義』。」（《正蒙・太和篇》）說明了不有「兩」則無「一」，此種道體的「湛一」是由陰陽並立的概念合成的，道體的「參和不偏」在於能夠「兼體而無（不）累」，「湛一，氣之本」的「一」是「合兩」之「一」。張載說：

> 太虛不能無氣，氣不能不聚為萬物，萬物不能不散而為太虛。循是出入，是皆不得已而然也。然則聖人盡道其間，兼體而不累者，存神其至矣。（《正蒙・太和篇》，《張子全書》，頁1）

道體在作用上的不偏滯來自於能夠「兼體而無累」，張載對工夫的思考是健動的、歷程式的，林永勝指出：「張載極為強調

---

70 張載：「湛一，氣之本；攻取，氣之欲。」（《正蒙・誠明篇》，《張子全書》，頁15）

的『兼體無累』之說，正是其盡性而天工夫的關鍵。」[71]主體覺醒後，要變化氣質，化除個體化過程所形成的作用之偏滯，必須經由不間斷地兼體、合兩的工夫以擴大主體、回歸道體，使個體與天道合一，這正是道德實踐的目標。

張載談「氣」通形上形下，兩義兼備，因此張載除了談「變化氣質」，也談「養氣」。「變化氣質」是變化個體的「氣質之性」，「養氣」則是「養浩然之氣」。前者是構成萬物形體的經驗層意義的形下之氣，後者為道氣一如的勝義之氣，二者之間是相通的，並非二事。張載說：

> 養浩然之氣須是集義，集義然後可以得。浩然之氣，嚴正剛大，必須得禮上下達。（《經學理窟・學大原上》，
> 《張子全書》，頁86）

「養氣」的內容是「養浩然之氣」，此說自然是來自於孟子學，但值得注意的是張載特別提出「養浩然之氣」的工夫乃是建立在「得禮」之上。張載的「氣」是一種具有「本體之動能」的「先天之氣」，楊儒賓認為：「『先天之氣』的概念不是取爐火修煉之術之語，而是取本體之動能之意，所以答案很清楚：沒有獨立的先天之氣的工夫論。」[72]所謂的「沒有獨立

---

71　林永勝，〈惡之來源、個體化與下手工夫——有關張載變化氣質說的幾個思考〉，頁6。

72　楊儒賓，《異議的意義：近世東亞的反理學思潮》，頁140。楊儒賓主張：「有關先天型氣學仍屬理學而迥異於自然主義氣學，筆者認為最好從工夫論入手檢證。先天氣學並沒有提出叛離理學傳統以外的獨立工夫論。」同

的先天之氣的工夫論」是指張、王氣學談「變化氣質」或「養氣」，並不像道教系統一樣提出獨立的煉「氣」工夫，直接針對「氣」進行修煉。相較於張載，王船山的態度在此做了更清楚的表述：

> 不知養浩然之氣當如何用功，則入鬼窠臼去。黃四如說如煉丹有文武火，惟慢火常在爐中，可使二三十年伏火，真鬼語也。孟子說養氣，元不曾說調息遣魔，又不曾說降伏者（這）氣，教他純純善善，不與人爭鬧露圭角；乃以當大任，而無恐懼者，其功只在集義。[73]

因此，唐君毅說：「船山言養氣唯在集義，不在靜坐，存夜氣。亦不在調伏其氣。養氣必期於配義與道，使之盛大流行，而至大至剛。故只有以集義長養之工夫，而無所謂存夜氣、馴服調御之工夫。」[74]此用來談張載同樣適用，張載說：

> 立本既正，然後修持。修持之道，既須虛心，又須得禮，內外發明，此合內外之道也。（《經學理窟·氣質》，《張子全書》，頁78）

張載談「變化氣質」與「養氣」，其中工夫的下手處並不在於

---

　　上，頁141。

73　〔清〕王船山，《讀四書大全說》（北京：中華書局，1975），卷8。

74　唐君毅，《中國哲學原論：原教篇》，頁603。

「氣」本身，而是「虛心」與「得禮」，也就是心性擴充工夫與身體禮儀實踐兩端。張載此說其基礎應放入儒家身體觀對於身心一體的思考來理解，因為儒家看待身心的態度不同於「常識的身體觀」只視形軀之身為身體，也不似「笛卡兒的身體觀」視身心為不相干的二元對立關係，而是身心一體。身心一體之所以可能，是因為身心底層有氣流動、滲透、貫穿其間。[75]因此，在孟子除了談盡心知性的心性擴充工夫，同時也意識到平旦之氣、夜氣的重要，因而提出「吾善養吾浩然之氣」的養氣工夫。透過「盡心」與「養氣」工夫同步進行，聖人得以在果地境界呈顯出睟面、盎背、生色的「踐形」狀態。孟子對形一氣一心三相一體的結構做出綱要式提點，到宋明理學則有更精義盡出的發揮。形一氣一心三體一體的結構中，形／氣和心既具有連續性、一體性，又具有拮抗性。一方面顯示為存有論上的身心平等；一方面顯示為價值論上的身心不平等；也就是說在存有論上的身心一如，落到經驗層上呈現出身心二元的實情，這之間的張力正是修養工夫的起源。儒家身體觀的二元性不同於西方傳統下的身心二元關係，它是可被克服的；但不是理論的被克服，而是實踐的被克服。用湯淺泰雄的話說，這是由「『操作性的二元論』（operational dualism）出發而達到『實踐性的一元論』」（practical monism）。[76]張載談「變化氣

75　儒家身體觀與「形一氣一心」三體一體之結構，說見楊儒賓，《儒家身體觀》。

76　湯淺泰雄也沒有迴避儒家，或者更廣泛的說──東方身體觀中身心二元的實情，他說：「東方哲學與醫學，也不是純粹否定二元論的見解，而是當下就承認日常常識所認知的身心二元性（duality），並且承認兩者之間的

質」的方法在於「虛心」與「得禮」，其氣學工夫的下手處落
在身心兩端，正是因為此結構下形—氣—心的關係，乃是一個
連續性的整體。

　　先來看「虛心」的意涵。張載說：

　　太虛者，天之實也。萬物取足於太虛，人亦出於太虛。
　太虛者，心之實也。（《張子語錄‧語錄中》，《張子全
　書》，頁262）

　　虛心，則無外以為累。（同上，頁263）

　　當以心求天之虛，大人不失其赤子之心。赤子之心，今
　不可知也，以其虛也。（同上，頁263）

　　與天同原謂之虛。（同上，頁263）

　　「虛心」是指心出於太虛，與天同原；張載喻之為赤子之
心，意味著它是心尚未分化，沒有受到任何外物窒礙的狀態。

---

相續關係。這種二元性，並非理論式的被克服，而是先要從實踐上獲得克
服。……他們並非從理論上的考察來拒斥二元論，而是經由修行訓練，
體認到身心區別消失的狀態。以現代術語來講就是：我們的意識，在進
入ASC的狀態時，就達到超越二元性的經驗了。在這個意義上，可以說東
方的哲學，是採用了『操作性的二元論』（operational dualism）出發而達
到『實踐性的一元論』（practical monism）的思考方式。」參湯淺泰雄，
〈「氣之身體觀」在東亞哲學與科學中的探討〉，收入楊儒賓主編，《中
國古代思想中的氣論及身體觀》，頁92-93。

除了使用「虛心」之外，張載也使用「大心」一詞，張載的
「大心」說與「虛心」說是一致的，他說：

> 大其心則能體天下之物，物有未體，則心為有外。世
> 人之心，止於聞見之狹。聖人盡性，不以見聞梏其心，其
> 視天下無一物非我，孟子謂盡心則知性知天以此。（《正
> 蒙・大心篇》，《張子全書》，頁17）

張載區分「見聞之知」和「德性所知」，並且指出「大心」是
一種「德性所知」，它並不是一般人所理解的心。一般人所理
解的心是由聞見而來，是隨著個體逐漸分化的過程中，經由
心的對象化所獲得的「聞見之知」。這種心並不是張載所肯定
的，因為這是有限的，並無法超越個體的限制，此張載稱之為
「成心」、「象心」、「小心」。在氣質形成，逐漸個體化的
過程中，心也跟著不斷的對象化，由此有人、物之別，自、他
之分，從而分化出世界與萬殊。但如果只開展此能力，心不斷
的分化之下，只執取一己的形軀為我，餘皆為外物，將無法感
同身受，設身處地的站在其他人、物的立場思考，此為張載所
不取，他肯定的是「德性之知」。「德性之知」是來自於「體
天下之物」的「大心」、「無外以為累」的「虛心」。「虛
心」或「大心」作為一種修養工夫要如何下手？消極面是去掉
「成心」、「象心」、「小心」。張載說：

> 但恐以聞見為心則不足以盡心。人本無心，因物為
> 心，若只以聞見為心，但恐小卻心。（《張子語錄・語錄

下》，《張子全書》，頁269-270）

　　成心忘然後可以進於道。（下有小註：成心者，私意
　　也。）（《正蒙・大心篇》，頁18）

由「聞見之知」所執而來的「成心」、「小心」，即是「私
意」，即是「毋意、毋必、無固、毋我」之「意必固我」。張
載說：「毋四者則心虛，虛者，止善之本也，若實則無由納
善。」（《張子語錄・語錄上》）要去掉為習見、私意所蔽的
心，因為這是失其「虛」的心，有所執的心是無法納善的，只
要四者盡去，就可以「直養而無害」。因此，去「成心」以復
「虛心」，這是去妄的工夫。就積極面來說，進一步要大其
心、虛其心，方法是「體物盡性」。如何「體物盡性」？那就
是要能夠「感而通」。張載說：

　　妄去，然後得所止。得所止，然後得所養而進於大
　　矣。無所感而起，妄也；感而通，誠也。（《正蒙・中正
　　篇》，《張子全書》，頁21）

心要能「感」，由能感到感而通，透過感通以合我、人、物之
異，進一步盡人之性，到盡物之性，一步一步擴充自己的心來
達成。[77]林永勝認為：

---

77　王雪卿，〈「生命實踐」視域下的張載工夫論──大心與變化氣質說及其
　　具體實踐〉，《揭諦學報》24期（2013年1月），頁70-72。

　　心同時還具有一種「互換主體」的能力，也就是人可以從他者的立場來進行思考，設身處地進入他者所處的時空情境中、理解他者語言文字的意涵、甚至藉由語言文字的線索進入他者內心的世界，此即是孟子所說的「知言」。……只是孟子是將「知言」的重點放在「詖辭知其所蔽，淫辭知其所陷」的辯論工夫上，而張載則認為此能力的發揮，正是虛心工夫的下手處。[78]

　　「感而通」有待於發揮心的互換主體之能力，設身處地從他者的立場來思考，在此過程中，對象就不再是他物，而是己心的延伸，此時心也著擴大了，「『物』對學者而言兼具限制與表現因素，人心雖有逐物的可能，但也有盡物之性的空間。而能否盡物之性，使物不再是外（而是己心的一部分），正是氣質能否改變的一個關鍵。」[79]在體一物、盡一物之性的同時，自己的心也跟著擴大一部分，一直擴充到「無一物不體」的狀態，心包含萬物，而沒有外物之累，此時的心沒有自他之別，也沒有人物之分，超越個體限制，最後會體會到〈西銘〉所說的「故天地之塞，吾其體；天地之帥，吾其性。民吾同胞，物吾與也。」此即是萬物一體的境界。

　　張載談心的修養與體物的關係極為密切，「大心」與「虛心」是指無一物未體的狀態，要達到此狀態有待於心進行一個

78　林永勝，〈惡之來源、個體化與下手工夫──有關張載變化氣質說的幾個思考〉，頁25。
79　同前註，頁25。

「擴充」的工夫。林永勝說：

> 依此一虛心之下手處進行修養，當體一物、並盡一物
> 之性的同時，心也就擴大了一部分。隨著體物不遺，外物
> 逐漸減少，而心也逐步擴大，最後即會有張載在〈西銘〉
> 中所說的「故天地之塞，吾其體；天地之帥，吾其性。民
> 吾同胞，物吾與也」之感，而這正是「體天下之物」的大
> 心、或「無外以為累」的虛心之狀態。亦即，張載對心的
> 修養是藉由體物盡性來達成，但因為氣質是體物行為的
> 載體，故在虛心的同時，氣質也隨之變化，而氣質一旦變
> 化，心也隨之擴大。在修養完成的時候，「大心」與「大
> 體」一體呈現，此即是張載會說「虛心與變化氣質相表
> 裏」的主要原因，這是因為張載所說的心是有厚度的（包
> 含著氣的向度）。[80]

張載將「虛心」／「大心」視為一種工夫，並且認為由此可以
達到「變化氣質」的效果，這是因為「形─氣─心」三位一
體，身與心都有氣流動浸潤其間，因此張載說：「大抵有諸中
者，必形諸外，故君子心和則氣和，心正則氣正。」（《經學
理窟・氣質》）「虛心」／「大心」可以「變化氣質」意味著
這是一種心氣同流的思考，楊儒賓說：

> 根據理氣一如或心氣同流的基本規定，本心、良知、意

---

80　同前註，頁25。

根云云，都不會只是空洞的意向性，它們都是「涉身」、
「涉氣」、「涉動能」的。此先天一竅之主軸即是具有本
體意義的本心，本心之動能即是先天之氣，透過此無限
心—先天氣之管道，學者逐日擴充意識的轄域，先天規模
可日益擴大。志至氣次，塞乎天地，先天一氣之充分發揮
即是性體之全幅展現。[81]

由於肯定無限心—先天氣之間有一個相通的管道，心具有厚
度，張載本體宇宙論氣學（先天型氣學）形態的儒者，談心性
主體時動能特強。當消弭了「氣質之性」在個體化過程所造成
的限制因素，藉由在心氣的感通中培養互換主體的能力，擴充
一己的心、性、氣，使其充塞整個宇宙，最終無限心與先天氣
相通而同流，「氣質之性」再度與「天地之性」合一，這是個
體性的「氣質」與普遍性的「太虛之氣」之結合，也就是「天
人合一」。「天地之性」即以「氣質之性」為其表現的通道而
得到體現，此時此心是「大心」，此體是「大體」，張載稱此
狀態為「成性」。張載說：

　　但學至於成性，則氣無由勝，孟子謂「氣壹則動志」，
　　動猶言移易，若志壹亦能動氣，必學至於如天則能成性。
　　（《經學理窟・氣質》，《張子全書》，頁75）

「志」（心）、「氣」連用，而且二者之間可以互相影

---

81　楊儒賓，《異議的意義：近世東亞的反理學思潮》，頁140。

響，「氣壹則動志」、「志壹亦能動氣」，此說預設「心」與「身」會互相影響，人的精神修養有身體作為基礎，並以身體作為表現的場域。黃俊傑說：「『氣志合一』之說，很能說明孟子學中屬於『心』的『志』，與屬於『身』的『氣』，在人性論及修養工夫論都合而為一而不斷為兩橛。」[82]這是張載所繼承的孟子學傳統。當氣不只和「形」、「習」相連，而能轉而向上和「志」──心性、精神、道德交感，在身心互相滲透之下，那麼身體就不只是肉體、感性、衝動，「變化氣質」工夫的動態歷程就展開了，帶著形軀之氣向「天地之性」回歸。當工夫的動態歷程走完全程時，「志」和「氣」完全合而為一。當氣與志合一，此時氣志如神，身體清明在躬，它們成了可以充分體現精神作用的交感體。張載說：

> 體物體身，道之本也。身而體道，其為人也大已。道能物身故大，不能物身而累於身，則藐乎其卑矣。（《正蒙・大心篇》，《張子全書》，頁18）

> 能以天體身，則能體物也不疑。（同上，頁18）

從「大心」／「虛心」以「變化氣質」，可以看出在張載工夫論的論述中，「心」、「氣」與「身」、「物」的密切關係，因為對「氣質」作為載體所具有的限制因素與表現因素有著

---

82 黃俊傑，〈評李明輝著《孟子重探》〉，《臺大歷史學報》第27期（2001年6月），頁221。

更深入的思考，張載工夫論之路數並不採用一個隔離、阻斷的「逆覺」方式以證本體。[83]而是藉由「擴充」的心性工夫對「氣質」本身進行修養，同時也更關注身體的向度。

## （二）六有說：變化氣質的身體禮儀工夫

　　除了「大心」／「虛心」此一繼承自孟子擴充本心的心性工夫外，張載反覆強調「得禮」可以「變化氣質」。「虛

---

83　張載對靜坐其實並不陌生，從呂大臨描述他：「終日危坐一室，左右簡編。」（《橫渠先生行狀》，頁457）與朱子說：「他做《正蒙》時，或夜裡默坐徹曉，他直是特恁地勇，方做得。」（《朱子語類・張子之書二》，卷99，《朱子全書》冊17，頁3329）以及從張載描述自己：「某近來雖終夕不寐，亦能安靜，卻求不寐，此其驗也。」（《經學理窟・自道》，《張子全書》，頁97）以此作為工夫有成的驗證，也讓人聯想到佛教的「不倒單」，可以看出張載本人確實從事過靜坐的相關實踐，同時具有深厚的靜坐工夫。但張載並不像程門將靜坐視為重要教法，主要是考慮到氣質的因素，他認為靜無法涵攝對氣質的修養，張載說：「靜者善之本，虛者靜之本。靜猶對動，虛則至一。」（《張子語錄・語錄中》）因此，張載另外提出兼涵動靜的「虛」作為心的主要工夫；對張載來說「虛」才是道的屬性，《正蒙》即是以「太虛」來稱呼道體的。林永勝認為：「程門雖以觀未發為工夫的下手處，但在證得未發之中後，還要以居敬來提攝此心，以窮理來集義，甚至還有養氣的要求，透過這些事後的工夫，才能完成對氣質的改造。而張載注意到氣質之性作為已發與未發中介者的角色，並對氣質所具有的限制因素／表現因素有更深入的思考後，遂主張直接針對氣質進行修養，以讓未發與已發能夠連成一氣。也因為此一思考的轉折，張載遂放棄原本作為其工夫下手處的定性／靜坐之說，而以變化氣質為工夫主軸，而下手處則落在虛心與得禮兩途。」林永勝，〈惡之來源、個體化與下手工夫──有關張載變化氣質說的幾個思考〉，頁23。

心」與「得禮」正是張載由心與身兩端下手，展開的內、外修煉實踐之處。張載透過「禮」來治氣治身、變化氣質，進而養浩然之氣，「養其氣而反之本」，復歸於純然至善的「天地之性」，這是由外往內安頓，以禮為規範，以調身為主的工夫，此義在孟子較少發揮，可視為張載對孟子工夫論的補充與開展。張載正視「氣質之性」的存在，「禮」作為「變化氣質」的下手工夫，其意涵是以日常生活中的身體禮儀規範為主。在張載看來，自然生命之病不只有「氣」，還有「習」。[84]「氣」落入「形」後產生氣質之偏執，再加上後天的「習」害之，形成葛藤般難纏難治的「習熟纏繞」。在「習熟纏繞」的狀態下直接教人「大心」、「虛心」並不容易，所以張載說：「性，猶有氣之惡者為病；氣，又有習以害之。此所以要鞭（後）〔辟〕至於齊，強學以勝其氣習。」（《張子語錄‧語錄下》）他認為此時若借助某種「制於外」的身體禮儀實踐，對治的效果更好。「禮」首先具有「防閑」的作用，透過「禮」對於身體的檢束薰陶，可以化掉氣質的偏執性。張載說：

　　某所以使學者先學禮者，只為學禮則便除去了世俗一副當〔世〕習熟纏繞。譬之延蔓之物，解纏繞即上去，上去即是理明矣，又何求！苟能除去了一副當（習）〔世俗〕，便自然脫灑也。又學禮則可以守得定。（《張子語

---

84 張載對此「氣」與「習」的定義為：「氣者，自萬物散殊時各有所得之氣。習者，自胎胞中以至於嬰孩時皆是習也。」《張子語錄‧語錄下》，《張子全書》，頁266。此處蓋就個體限制義而言「氣」。

錄・語錄下》，《張子全書》，頁267）

「君子莊敬日強」，始則須拳拳服膺，出於牽勉，至
於中禮卻從容，如此方是為己之學。〈鄉黨〉說孔子之形
色之謹亦是敬，此皆變化氣質之道也。（《經學理窟・氣
質》，《張子全書》，頁77）

對於張載經由禮儀以治氣治身、收斂體氣，作為「變化氣質」
的起點，楊儒賓說：

禮是任何在修道途中的旅人的緊箍咒，這是明顯的事
實。儒家有曲禮三百，威儀三千，其他的宗教也有各種形
形色色的戒律。張載說：變化氣質一開始必須「為冠者以
重其首，為履以重其足，至於盤盂几杖為銘，皆所以慎戒
之。」野性未化，結習猶深，自作主宰既然談不上，則假
借禮儀以收斂體氣，此事遂不可免。這樣的工夫雖然談不
上高明，但卻是合理的。久而久之，學者亦可灑脫自然。[85]

藉由禮儀規範進行身心修煉，並不僅被張載視為是合理合法的
下學工夫而已，張載說：

進人之速無如禮學。（《經學理窟・禮樂》，《張子全
書》，頁74）

---

85 楊儒賓，〈變化氣質、養氣與觀聖賢氣象〉，頁122。

> 學者行禮時，人不過以為迂。彼以為迂，在我乃是徑
> 捷。（同上）

要根治極難清理的氣質之偏滯或氣習，防閑性質的禮儀實踐，
被張載高度評價為是一種很好的工夫。身體禮儀向度的實踐不
僅是「變化氣質」的方法之一而已，它被張載高度評價為「變
化氣質」最快速的捷徑。

　　「變化氣質」工夫兼具內外兩面，除了可以是主體「大心
體物」的心性修養工夫外，張載主張「變化氣質」與身體向度
的禮儀實踐關係至為密切，他說：「成就其身者須在禮，而成
就之禮者則須至誠也。」（《經學理窟・氣質》）透過禮的規
範來收攝身心，可以達到「變化氣質」的目的，張載進而提出
六種具體的身體禮儀實踐方法，此為「六有說」：

> 言有教，動有法；晝有為，宵有得；息有養，瞬有存。
> （《正蒙・有德篇》，《張子全書》，頁35）

楊儒賓在討論張載工夫論時，曾高度評價「六有說」，認為應
該將「六有」與「大心」兩種論點同樣視為張載工夫論的歸
宿。楊儒賓說：

> 此六者看似條列似的舉證，不夠嚴謹。但此舉證所說之
> 內容其實與程朱所說「主敬」相似，同樣是「主一」，同
> 樣可視為動態的瑜伽，同樣是透過日常言行之收斂反約，
> 讓自然生命逆流返源。如此日縮夜斂，身心凝然，其主體

即可向「人之初」的天地之性邁進。如果我們不以辭害義
的話，「六有」之說可視為「主敬」的具體項目。[86]

宋代理學家中，朱子亦極為重視禮學，楊儒賓認為「六有說」
與朱子「主敬」相當近似。「六有」說的主詞指向主體的行
為，其述詞則指向行為的規範，乃是「禮」滲透到五官四肢
的展現，「六有」、「主敬」說的都是「禮」。楊儒賓說：
「『六有』此說和張載重禮的精神是一致的，不，當說是一體
的兩面。朱子論即使靜坐也不可一味孤守心靈，即特別標舉張
載的六有說，以說明具體的主一是在言、動、晝、宵、息、瞬
這樣的框架中，以教、法、為、得、養、存的形式展現出來
的。」[87]「六有」與「主敬」之所以應被視為是一種「動態的瑜
伽」，是因為這些禮儀實踐說明一件事；人的道德是在人際交
往的具體行與動態關係中被實現的。在不同的人際關係與事件
中會有不同形態的禮儀規範與表現方式，使得禮儀具有「顯而
易見的具體性（specificity）」與「微妙的變化及其規則」。[88]
但對於禮儀實踐的成敗，芬格萊特說：

86　楊儒賓，《異議的意義：近世東亞的反理學思潮》，頁145。
87　楊儒賓，〈主敬與主靜〉，《臺灣宗教研究》第9卷第1期（2010年6月），
　　頁16。
88　芬格萊特以美國現代讀者能理解的握手禮儀為例，對於禮儀具有「顯而易
　　見的具體性」與「微妙的變化及其規則」做了很有趣的表達。他指出：為
　　了要完成一個合理而成功的握手，敏感的人能在其中感覺、探測到對方態
　　度的深淺，這種人際關係的深淺度可以表現在「禮儀」的儀式或姿態中。
　　《孔子：即凡而聖》，頁8。

在踐行禮儀的過程中有兩種相反類型的失敗：一種是由
於缺乏學習和技巧而使禮儀的踐行非常笨拙；另一種情況
是禮儀表面上也許實行的熟練靈巧，但由於缺乏嚴肅認真
的目標和信守（commitment）而仍然顯得乏味和機械，美
觀而有效的禮儀要求行為者個體的「臨在」與所學禮儀技
巧的融合無間。這種理想的融合，便是作為神聖禮儀的真
正的「禮」。[89]

禮儀規範的類型與方式雖然有種種差異殊別，但禮儀實踐的成
功，固然關係到學習者進行禮儀活動時的技術問題，但並不僅
止於此。更重要的是來自於主體的在場感與禮儀儀式的操作二
者融為一體，所產生的秩序性、和諧性與審美感，這將是真正
的「禮」。芬格萊特所說的「個體的『臨在』」，也可以指向
「主敬」或「主一」。參與者主體的「臨在」不僅可以使禮儀
活動本身成為一場成功的禮儀展演，同時個體也可以在一場場
的禮儀活動中進行身心修煉。即身即事，離心又迴心，在主體
與禮儀間的交互、迂迴運動中累積生命的厚實、強大能量，此
一生命累積的強大、厚實能量能使學者透過「禮」的「下學」
工夫，進而「上達」。在「禮」的操作中，用功於「禮與非禮
之間」，此即所謂「約禮」。楊儒賓說：

「事」作為主敬工夫的焦點意識是很清楚的，但「事」
的內涵為何？我們如再細分，不難發現「事」總當有知識

---

89　同前註，頁7。

的構造。這種知識的構造有可能是社會性的知識，社會性的知識即所謂的「禮」。因為在身體行為的展現中，何者才是恰當的，何者不是恰當的，它不能沒有依據。依據為何？在程朱理學的範圍內，答案無疑的就是「理」，但「理」落在具體的身體行為中，其內涵即是「禮」。「理」、「禮」音同義也近，禮者，所謂的「天理之節文，人事之儀則也。」程朱的「主敬」意味著形—氣—神—事的合一，更落實的講，也就是形—氣—神—禮的合一。[90]

無論是張載的「六有」或朱子的「主敬」，「作為行為語彙意味著形—氣—神—事的具體合一，這種結果從『靜坐論』的角度來看，可以說是一種更高的發展。」[91]朱子曾藉著明道之語論述禮儀實踐本身即具有「徹上徹下」的功能，朱子說：

　　或云，明道說：「居處恭，執事敬，與人忠，了此便是徹上下語。」且道如何是徹下語？居處恭，執事敬，與人忠，此是形而下者。然於此須察其所以恭、所以敬、所以忠，其由來如何，以至耳、目、鼻、口、視、聽、言、動皆然，了此便透頂上去，便是天命、天性，純乎天理。此是形而上者，是徹上語，是一體渾然底事，元無兩般。能

90　楊儒賓，〈主敬與主靜〉，頁15。
91　同前註，頁14。

了此，則他禪宗許多詭怪說話皆見破。[92]

明道的圓頓義理與朱子的漸教性格一向有不小的距離，說日常生活的禮儀實踐本身即可「徹上徹下」，朱子的解釋不必即是明道本意。「禮」與「理」之間的「一體渾然」，實質上被朱子切割成形上與形下兩塊，並放入「理一分殊」結構中思考，「理一」而「（禮）分殊」，「下學而上達」。朱子說「了此便透頂上去」，在格物窮理的格局之下，其間還真的大有介事在。朱子與張載兩人的重禮形象，在宋代理學家中面貌最為相似，但對於張載「變化氣質」的主張，朱子讚許之餘是存有疑慮的。張載的禮學工夫中，討論的核心焦點是如何以「禮」來「變化氣質」而「成性」。朱子雖然並非不重「氣」──他批陸象山心學之弊正在於不知氣稟之雜。但「氣」確實不像張載說得那麼複雜，朱子的「氣」基本上仍是作為形下之氣，對於朱子來說有比「變化氣質」更重要的工夫。因此，在回答某位學者引呂祖謙（1137-1181）「東萊謂變化氣質，方可言學。」的教法時，朱子說：

　　但如鄙意，則以為學乃能變化氣質耳。若不讀書窮理，主敬存心，而徒切切計較於昨是今非之間，恐亦徒勞而無補也。[93]

---

92　朱熹，〈答熊夢兆〉，《晦庵先生朱文公文集》卷55，《朱子全書》冊23，頁2623。
93　朱熹，《朱子語類》卷122，《朱子全書》冊18，頁3851。

朱子喜言主敬窮理，談「禮」時並不完全聚焦於「變化氣質」，而是另外標舉「格物窮理」的重要性。

　　張載談「氣」通形上形下，談「禮」也同樣認為禮是「透上透下之事也」（《禮記說》，《張子全書・補遺一》）。透過「六有」說那樣的「制於外」的身體禮儀修煉，作為「變化氣質」的下手工夫，這樣的路數，雖是孔門下學工夫，但他對「禮」的期待不僅於此。張載禮論的特點在於他主張禮不全出於人，而是本於天、出於太虛，而太虛即氣，因此，「氣」與「禮」──即「太虛之氣」與「天地之禮」，兩個概念在張載同源而同構。「太虛之氣」清通無礙，「天地之禮」為天秩天序，都是張載描述世界誠明之價值時正面表述的語詞，張載顯然預設「氣」與「禮」是相通的。他特別強調「變化氣質」與「禮」具有本質的關聯，主體在與「禮」嚴肅的對勘之中，可以帶動「氣」的變化。由於張載談「氣」通形上、形下，他認為「禮」也可以「上下達」；「禮」是下學的入手工夫，也是上達的本質工夫。張載說：

　　　學者且須觀禮，蓋禮者滋養人德性，又使人有常業，守得定，又可學便可行，又可集得義。養浩然之氣須是集義，集義然後可以得浩然之氣。嚴正剛大，必須得禮上下達。義者，克己也。（《經學理窟・學大原上》，《張子全書》，頁86）

　　「禮」對「氣」能發揮兩種作用：對治負面「習氣」，「禮」扮演類似宗教戒律的角色，發揮防閑功能；「禮」亦可

正面滋養德行，禮樂薰陶使情可以抒發又不致太過，經過反覆
的滋養、浸潤，禮儀實踐能產生一種氣氛與動能，學者在禮的
氛圍中身心狀態逐漸安穩平和，張載說習「禮」可以有「集
義」的功效。行「禮」以「集義」，進而帶動「氣」的流行，
能培養出另一種正面的「氣」——此即孟子所說的「浩然之
氣」。張載曾經描述自己「養氣以反之本」的實踐歷程，他在
談完「克己化卻習俗之氣性」、「所以養浩然之氣」之後接著
提到：「某舊多使氣，後來殊減，更期一年庶幾無之，如太和
中容萬物，任其自然。」（《經學理窟·學大原上》）當重返
天人無隔的合一境界時，「氣質之性」所帶來的個體限制性
消失了，不再為「氣質」的問題所困擾，而復歸於「太和之
道」。

　　「禮」與「氣」具有本質的關聯，但「變化氣質」事實
上還不是工夫的終點，張載工夫的終點是「成性」。以「禮」
修煉身心除了變化「氣質」——「氣質之性」外，對於「成
性」，或者稱為「復性」——復歸「天地之性」，完成道德實
踐的終極目標而言，「禮」也是重要工夫。張載說：

　　知極其高，故效天；禮著實處，故法地。人必禮以立，
　失禮則熟為道？「天地設位而易行乎其中，成性存存，道
　義之門」，（得）知禮以成性，性乃存，然後道義從此
　出。（《易說下·繫辭上》，《張子全書》，頁214）

　　崇，天也，形而上也。通晝夜之道而知，其知崇矣。
　知及之而不以禮性之，非己有也，故知禮成性而道〔義〕

出，如天地位而易行。（同上，頁213）

「知禮成性」在張載兩大思想主軸中，「知」是對天道性命的關懷，乃形而上者；「禮」則是張載的禮論，概括所有他對禮樂、教化、政刑的實踐。張載談天道性命的「知」與禮樂教化的「禮」，不應被視為平行而各自為政的區塊。「性命之學」不能略過「禮」，要「成性」——完成儒者的英雄冒險旅程，也就是成為聖人，在張載說並不是單向掛搭在心性論的問題，或天道性命之學的調適上遂就可以完成。「禮」是「著實處」，義理性命之學的具體實踐正是落在「禮」上，因此，張載提出道德修養的工夫同時必須「以禮性之」。張載說：

> 禮所以持性，蓋本出於性，持性，反本也。凡未成性，須禮以持之，能守禮已不畔道矣。（《經學理窟·禮樂》，《張子全書》，頁73）

對張載來說，「禮」是絕對正面的，具有神聖維度。因此，日常生活中的禮儀實踐雖然看似極卑、極實，但由於「禮」—「氣」—「心」—「性」—「天」—「理」的同構性，張載的「禮」既具有內在性，亦有超越性，因此，學者學「禮」是一種可以上的去之工夫，「上去即是理明」。

## 六、禮、身體與倫理：形—氣—心主體與涉身—涉世主體

張載把「變化氣質」視作為學大要，而「變化氣質」的方

法在「虛心」／「大心」與「得禮」，這樣的工夫意味著儒家
所謂的「道德」或「性命之學」這套學問並不僅是精神、心靈
層面的事，同時也落在身體向度上，儒學是具體的哲學、體現
的哲學。學者學有所成必須要有心性的修養，也要有形體的表
現，個體氣質的變化必須轉化形、氣、心三者，身心狀態才能
整全、圓融的一體而化。如此道德活動才能深化，完全由本心
所滲透，潤澤、突破個體氣質的偏滯，表徵在形體之上，而有
一個具體的呈現。而在此呈現的過程中，禮儀行為的表現通常
落在「事」上，「事」構成了禮儀實踐中行為場域的焦點，意
識亦聚焦於此。「事」統合了可見的身體與不可見的心氣流注
滲透於其間，一個好的禮儀實踐意味著學者在動態連續的運動
過程之中，其主體與事件構成了一個有機體。張載氣學落實於
禮學之上，將「得禮」視為本體宇宙論氣學的工夫論，意味著
氣學與禮學的主體是同時包括意識主體與非意識主體的「形氣
主體」（形—氣—心主體）。[94]「形氣主體」不僅是意識主體，
也是「身體主體」[95]，此主體是涉身的，也是涉事的，必須體

---

94 楊儒賓對「形氣主體」的界定如下：「形氣主體的核心在形氣與主體的關
　係，更落實的說，也可說是意識主體與非意識主體的關係，莊子用心與氣
　表之，『心』是意識層，『氣』是更深層的作用。『心』是可意識到的，
　所以用『人』稱呼之；『氣』是非意識所及的，所以又稱作『天』。非意
　識主體的氣是綜合整體身心動作的作用者，他不屬於任何感官，但又穿透
　一切感官機能；它是一切功能的總和，但又在整體的功能之外多出了作用
　的盈餘。」楊儒賓，《儒門內的莊子》，頁185。
95 關於「形氣主體」與「身體主體」，雖然此二語有很高的重疊，但楊儒賓
　認為「形氣主體」一詞可以概括「身體主體」，又其涵義又勝過「身體主
　體」。楊儒賓說：「使用『身體主體』的概念時，身體的意向性不免由
　『身體』一詞所拘束，『身體』總是落在個體上講的。『形氣主體』之所

現在心—氣—形—事上。透過身心禮儀實踐，主體在心—氣—形—事上合一，也就是在心—氣—形—禮上合一。

　　儘管從體用論的觀點去思考，「禮」可以成為一種帶有神聖感的內在性與超越性工夫，但是即使禮的根源來自於主體性的人心，或是客體面的自然，乃至於超越面的天道，都不能忽視的一個事實是：「禮」這個概念一成立，就具有社會性，它被同一群文化傳統的人接受，而具有公共規範的意味。張載強調「變化氣質」與「禮」二者之間存在著本質性的繫連，這是值得注意的觀點。如果說從「變化氣質」到「知禮成性」的過程中，無論是工夫的起點或終點都必須依賴「禮」，「禮」的核心又離不開社會共同體的價值，那麼即意味著，除了縱貫面的「上下達」，「禮」所照管的必然還有另一個橫攝面的人際、社會向度，也就是相偶論的向度。張載以「禮」作為儒者身心修煉工夫，乃至於「成性」的本質工夫，此說明：理學家的「性命之學」不能只在極高明、極幽深的性天交界處作工夫，而拒絕參與具有公共性意涵的社會文化實踐，即使他們在與佛、道教交手的過程中，也使用了類似的暫時離身離事的身心修煉方法。「禮」作為「成性」工夫說明「任何使個人脫離他與他者進行交流的社會母體的想法都是荒唐的」。[96]它既不可能，也違背儒家不同意佛教「夢幻人世」，而肯定世界誠明的理想與信仰。因此，杜維明說：

---

以優於『身體主體』一詞，乃因筆者不認為非意識主體之氣只能限於個體之內，相反地，它會溢出身體之外，或者說：形氣主體本來就盈漫於包含主客在內的氣化層內。」同前註，頁187。

96　郝大維、安樂哲，《通過孔子而思》，頁93。

　　具體地來說，作為人性化過程的「禮」表現為四個發展階段，即（1）修身，（2）齊家，（3）治國，（4）平天下。……事實上，除非自我修養最終導致平天下，那麼它就不算是充分地表現了。因此，從實際的觀點來看，自我修養是一個延伸的漸進的涵攝過程。[97]

在儒家傳統的脈絡中，並不認為自我修養可以離開人際關係而獨立進行，也不認為可以用某特殊的修煉方式「超越」齊家、治國而達到宇宙和諧的終極理想。「禮」作為工夫，其性質必須是涉身、涉事、涉世的。此一過程並不是作為個體的主體單一向度的自我投注、擴充而已。楊儒賓說：

　　如果說「禮」的核心是社會共同體的價值，而「變化氣質」又必須依賴「禮」，那麼，我們不難推測：「變化氣質」的過程以及結果，不可能不受到社會的制約。……「變化氣質」之說牽涉到先驗的內在主體之動力與社會共同體的價值意識的辯證發展，沒有純粹的隔離型的道德實踐這回事。[98]

雖然理學家對天道性命之學的體驗特深，但主體必須在與他人相關的社會脈絡中進行修養。張載認為「禮」在儒學「合內外之道」中扮演重要位置，意味著「人」的成德需要「他人」的

---

97 杜維明，《人性與自我修養》，頁41。
98 楊儒賓，〈變化氣質、養氣與觀聖賢氣象〉，頁124-125。

參與，郝大維、安樂哲說：「討論『成人』可以被描述為一種人際溝通和交往的過程，就此成長中的人在其社會環境中不斷努力獲取整體性。」[99]在郝大維、安樂哲說的「成人」，或者是張載所說的「成性」的動態歷程中，其整體性包括兩個面向，一方面必須以自我為中心，修身、齊家、治國、平天下，延伸的、漸進的、涵攝的層層遞進輻射出去，「小我」不斷擴大成為「大我」，透過「禮」的工夫，主體可以「虛其心」、「大其心」；但另一方面，「禮」所具有的公共性、社會性結構，也正是個體無法「純粹的隔離」，截斷眾流、置身其外的一個隱闇向度。杜維明說：「如果我們仔細考察一下這個自我轉化的實際過程，我們就會注意到不僅察覺他人的存在是必須的，並且自身與他人相互依賴的經驗也是必須的。」[100]「社會性是組成真實自我的一個側面。然而社會並不能被認為是某種強加在個人身上的外在東西。在本質上，這社會就是擴充了的自我。」[101]因此，杜維明主張在儒家看來：「『他人』象徵著一條具體的道路，通過這條具體的道路真實的自我才能展現出來。」[102]道德主體並不以一種蒼白的、孤零零地狀態存在於天地與人間。郝大維、安樂哲曾藉由米德「泛化的他人」概念來描述儒家對「禮」的高度關注，郝大維、安樂哲說：

---

99 郝大維、安樂哲，《通過孔子而思》，頁99。米德「泛化的他人」
　　（generalized other）此書譯為「普遍化他者」，見同書頁96。
100 杜維明，《人性與自我修養》，頁36。
101 同前註，頁37。
102 同前註，頁32。

> 我們每個人都「吸收」其他的「我」來建構
> 「我」。……「我」因而就是由吸收他「我」且使之成為
> 共同的「我」的一部分而產生的「自我之域」。……人就
> 是「自我」與「他者」、「我」與「我們」、「主體」與
> 「客體」、「此刻」與「彼時」之間不可分割的連續統一
> 體。心理學與社會學、倫理學與政治學之間的界限變得模
> 糊。個人價值和影響可通過向他「我」的擴展以及與之整
> 合加以衡量。即,個人因其參與建構社群的「自我之域」
> 的作用而擁有了意義和價值。103

　　「禮」是維繫人與人之間關係的核心德目,在「禮」之
中主體的「自我之域」與「他者」、「我們」、「客體」形成
一個不可分割的連續統一體,它不僅是個體的,也是倫理的。
藉由和哲辻郎所強調的倫理學的「間柄」性質,以及在「人」
與「間」雙重構造當中,所蘊含的對人的本質與「人間」的倫
理——社會性格的思考104,「倫理的主體」意味著它是間主體
性的、相偶的,不離開「人間」、「此世」的。進一步把問題
的場域帶回儒家,「天道性命相貫通」與「人倫禮樂(制度)
相通」二者,是否有更好的結合方式?張載談氣學與禮學,
是以體用論攝相偶論來結合二者。這當中需要有一個主體的想
像。氣學的主體原本就是一個包括意識主體與非意識主體的
「形氣主體」,或完整的說是「形—氣—心主體」。「形氣主

---

103 郝大維、安樂哲,《通過孔子而思》,頁140。
104 楊儒賓,《異議的意義:近世東亞的反理學思潮》,頁402-403。

體」的主體性格，依楊儒賓的解釋如下：

> 因為「形─氣」的構造意味著人的主體總是在氣化流動
> 當中不斷躍出，「出竅」（ecstasy，或譯為綻出、離體、
> 出神）是主體的基本屬性，主體即流動，因此，即是不斷
> 地脫主體。雖然「形」的框架乃是一切活動與一切論述的
> 前提，風箏不斷線，「形」是一切活動所繫的那條線。但
> 「形」不是無窗的單子，它毋寧是具有無數外通孔竅的通
> 道，形氣主體不只在主體內有形氣之互紐，在主體與世界
> 之間也因心氣之流通，因而與世界也是互紐的。[105]

　　「形氣主體」（形─氣─心主體）不斷躍出的流動性，具
有綜合身心動作、穿透一切感官機能的作用，儒家談「氣」必
須表現在「禮」上，而「禮」又是一個公共事件，同時也是人
際性、關係性的表達，並且承襲了文化的傳統。那麼，主體與
他人、社會、世界、文化之間必然發生繫聯，或者更生動地稱
此繫聯為「互紐」，此意味著「形─氣─心主體」同時也是一
個「涉身─涉事」與「涉身─涉世」的主體。「形─氣─心主
體」是身體主體，也是超個體性的倫理主體。楊儒賓說：

> 涉身─涉世主體意味著沒有潔白無瑕、一無前提的主
> 體。主體一成立，總是被世界的規範所穿透、所建構、所
> 主體化而成。結合涉身─涉世的主體與「禮儀論」，我們

---

105 楊儒賓，《儒門內的莊子》，頁189-190。

不難了解「禮」在人格建構上的重要意義，一旦確立禮與
人格的關聯，我們更發現相偶論的重大意義。[106]

「禮」概念具有越出個體性、精神性表達的公共性意涵，
當「禮」與人格相連時，行禮者的主體必須與社會互動，因此
「禮」本質蘊含著「相偶性」，放入儒學文化來說這是一種人
倫的傳統。張載在「大心體物」、「虛心得禮」中展開「合
內外之道」，當儒者「成性」的工夫走完全程，心成為「大
心」，體成為「大體」，氣成為「浩然之氣」，世界也當成為
郁郁乎文哉的禮樂世界。張載的氣學與禮學並重同行，其間有
著他對「天道性命相貫通」此一理學的核心至論，如何與原始
儒家「人倫禮樂（制度）相通」結合，而得以十字打開全體大
用的深刻思考。

## 七、儒家生活世界與禮的開放性

張載對「禮」的具體構想與實踐，始於個人治氣治身，張
載說：「正惟灑掃應對便是，從基本一節節實行去，然後制度
文章從此而出。」（《經學理窟・學大原下》）此雖是孔門下
學工夫，但張載認為在個人的修己成德中，「學禮則便去除了
一副當〔世〕習熟纏繞。譬之延蔓之物，解纏繞即上去，上去
即是理明矣。」（《張子語錄・語錄下》）因此，「禮可以上
下達」。除了作為學者個人身心修煉的禮儀，張載禮學結構中

---

也致力於實踐家族生活中的常行禮儀。清儒朱軾談張載禮學的
內容時即指出：「其家冠、昏、喪、祭，率用先王之意，而傅
以今禮。」[107]民間家禮中喪、祭等禮儀能夠發揮維繫家族、調
節宗法制度的作用，深受張載及其門人的重視。從家禮之建立
與宗族禮制之重建，再進而至地方鄉禮的實踐[108]，到政治上
規畫恢復周禮井田與封建制度等等。[109]張載「躬行禮教」所涵
蓋的範圍與層面甚廣，包括他整個由內聖到外王的實踐，無一
不在其中。「禮」也是張載最重要的教學方法，程頤曾評論張
載的教育理念為：「子厚以禮教學者，最善，使學者先有所據
守。」對此，林樂昌表示：

　　程頤的總結語後來在南宋、元、明、清歷代學者的廣泛
　　徵引中則被濃縮為「以禮為教」四字，這就以更簡明的語
　　句彰顯了張載教學實踐和教育思想的基本特徵。在北宋理
　　學家及其他儒者中，重視教育和通曉禮學者不乏其人，但

---

107 〔清〕朱軾，《史傳三編》卷4，文淵閣《四庫全書》本。

108 張載對民間家禮的構想與論述多集中在《經學理窟》之〈宗法〉、〈祭
　　祀〉、〈月令統〉、〈喪紀〉中。對鄉禮的實踐據〈行狀〉言其任雲巖令
　　時「政事大抵以敦本善俗為先，每以月吉具酒食，召鄉人高年會於縣庭，
　　親為勸酬，使人知養老事長之義，因問民疾苦及告所以訓誡子弟之意。」
　　參〈橫渠先生行狀〉，《張子全書》，頁456。

109 張載說：「學得《周禮》，他日有為卻做得些實事。以某求必復田制，
　　只得一邑用法。若許試其所學，則《周禮》田中之制皆可舉行，使民相趨
　　如骨肉，上之人保之如赤子。」（《經學理窟・學大原上》，《張子全
　　書》，頁89）另外，〈行狀〉也提到張載認為「仁政必自經界始」，退居
　　橫渠後「方與學者議古之法，共買田一方，畫為數井」，認為「縱不能行
　　之天下，猶可驗之一鄉。」（《張子全書》，頁458）

　　作為教育家明確標示「以禮為教」，把「以禮教學者」作
為自己教學實踐宗旨和教育哲學主題的，則惟張載一人而
已。110

可以說張載禮學包含了個人修身、倫理關懷、社會實踐與政治
制度的思考，「禮」的結構與內容全幅展開即是儒家的生活世
界。呂大臨〈橫渠先生行狀〉對於張載後期學思歷程的展示，
相當大的篇幅集中在描述張載的禮學實踐之上。呂大臨說：

　　橫渠至僻陋，有田數百畝以供歲計，約而能足，人不堪
其憂，而先生處之益安。終日危坐一室，左右簡編，俯而
讀，仰而思，……。學者有問，多告以知禮成性變化氣質
之道，學必如聖人而後已，聞者莫不動心有進。……

　　近世喪祭無法，喪惟致隆三年，自期以下，未始有衰麻
之變；祭先之禮，一用流俗節序，燕褻不嚴。先生既遭期
功之喪，始治喪服，輕重如禮；家祭始行四時之薦，曲盡
誠潔。聞者始或疑笑，終乃信而從之，一變從古者甚眾，
皆先生倡之。……其家童子必使灑掃應對，給侍長者，女
子之未嫁者，必使親祭祀，納酒漿，皆所以養孫弟，就成
德。嘗曰：「事親奉祭，豈可使人為之！」（〈橫渠先生
行狀〉，《張子全書》，頁457）

---

110 林樂昌，《張載理學與文獻探研》，頁104-105。

呂大臨所描述的張載生活起居，即是一個以禮為核心而展開的
儒家生活世界。張載本人長期在野，最有力實現他對儒禮理想
的是呂大鈞。呂大鈞問學張載，最佩服的即是張載對古禮的理
解與實踐。呂大鈞後來撰寫《呂氏鄉約》、《鄉儀》，並在其
鄉京兆藍田實際推行，這是將張載禮學貫徹地最為徹底的代表
作。《呂氏鄉約》推行時間雖然不長，但對後來儒禮如何落實
於基層社會具有相當深遠的影響，此影響一直到梁漱溟身上還
看的到。梁漱溟極重視禮，他把鄉村組織的再造視為是儒家禮
俗的建設，可能是受到張載禮學系統下的《呂氏鄉約》所啟
發。[111]

　　「禮」構成了「儒家生活世界」。雖然「生活世界」
（Lebenswelt）此概念來自於西方哲學[112]，但是儒學原本就將注

---

111 顧紅亮指出：「儒家禮俗的生命力的開顯需要汲取傳統的資源，其中一個
　　主要的資源是關於鄉約的思想和制度。梁漱溟把鄉村組織的再造視為禮俗
　　建設，這有賴於鄉約的重新制訂與補允改造。梁漱溟的禮俗觀受到了北宋
　　呂氏兄弟的鄉約思想的影響。」顧紅亮，《儒家生活世界》（上海：上海
　　人民出版社，2016），頁75。
112 「生活世界」（Lebenswelt）此概念來自於西方哲學，Mathias Obert說：
　　「晚期胡賽爾對『生活世界』（Lebenswelt）這個現象曾經提出一些新見
　　解，因此現象學不能避開著眼於日常生活、人際體驗、社會事實與時間經
　　驗，而且超越了意識哲學和以數學理想主義為標準的思考方式。」〔德〕
　　Mathias Obert，〈生活世界、肉身與藝術——梅洛龐帝（Maurice Merleau-
　　Ponty）、華登菲（Bernhard Waldenfels）與當代現象學〉，《臺大文史哲
　　學報》63期（2005年11月），頁227。顧紅亮《儒家生活世界》一書借用
　　「生活世界」，而使用了「儒家生活世界」一詞。除了胡賽爾，顧紅亮特
　　別標舉舒茨與哈貝馬斯對「生活世界」的理解。舒茨從主體間性、文化性
　　與歷史性的角度來剖析「生活世界」，以說明這個世界不是單個個體的世
　　界，而是與他人共存的世界。哈貝馬斯從文化、社會、個性三個成分來解

意力集中在「生活的本身」。[113]一個學有所成的儒者，如同顧紅亮所說：「向人展示的與其說是儒家的思想世界，不如說是儒家的生活世界。對於後人來說，重要的是如何進入他們的生活世界，進而把握他們的思想世界。」[114]林安梧指出：

> 儒學所強調的實踐是通極於道的，但他又必然的與廣大的生活世界及豐富的歷史社會總體結合在一起，它既是一本體的實踐（即道德的實踐），同時是一日常的實踐，亦是社會的實踐，因此，它必須涉及到客觀的結構世界，不能只停留在主體即是道體的「一體化」的結構之中。[115]

「禮」構成了儒家的生活世界，芬格萊特甚至主張人的本質是「禮儀性的存在」（a ceremonial being）[116]對於依「禮」而

---

說生活世界的結構，生活世界具有基礎性，是人們行動與理解的背景條件。哈貝馬斯並概括出生活世界背景具有絕對的明確性、總體化力量和整體論這三個特徵。顧紅亮認為結合西方哲學家對「生活世界」的論述，而使用「儒家生活世界」此概念來談，將有助於理解儒家的文化傳統及其現代生命力，為儒學的現代性提供一個可能的視域。顧紅亮，《儒家生活世界》，頁33-43。

113 如梁漱溟說：「中國的問題不是向外看，是注意在『生活的本身』，講的是變化，是生活。……從孔子起以至宋、明，在那一條路極有受用的，如程明道、王陽明等，決不是想出許多道理來告訴人；他們傳給人的只是他們的生活。」梁漱溟，《梁漱溟全集》第7卷（濟南：山東人民出版社，1993），頁874-875。

114 顧紅亮，《儒家生活世界》，頁45。

115 林安梧，《當代新儒家哲學史論》（台北：文海學術思想研究發展文教基金會，1996），頁217。

116 赫伯特・芬格萊特，《孔子：即凡而聖》，頁12。

行所帶來的倫理學價值，芬格萊特說：

> 禮儀有力的顯發出來的東西，不僅僅是社會形式的和諧
> 與完美、人際交往的內在的與終極的尊嚴；它所顯發出來
> 的還有道德的完善，那種道德的完善蘊含在自我目標的獲
> 得之中，而自我目標的獲得，則是通過將他人視為具有同
> 樣尊嚴的存在和禮儀活動中自由的合作參與者來實現。此
> 外，依「禮」而行就是完全向他人開放；因為禮儀是公共
> 的、共享的和透明的；不依「禮」而行則是隱蔽的、曖昧
> 的和邪惡的，或純粹是專橫的強迫。正是在這種與那些在
> 終極的意義上類似於自己（參見《顏淵第十二》第2章）的
> 他人的美好、莊嚴、共享以及公共的參與中，人才會獲得
> 自我的實現。[117]

禮儀的公共性、共享性，必須在自我與他人的美好、莊嚴、共享，以及公共參與中才得以實現，它必須在與他人溝通交流的過程中發生。芬格萊特對「禮」的詮釋，或許有助於理解：像張載這樣的宋代理學家，何以在他們最為擅場的天道、性命、義理之學外，對於「禮」竟是如此的充滿熱情。

　　相較於芬格萊特，郝大維、安樂哲對於儒家的「禮」顯然沒有那麼放心，他們認為芬格萊特僅注意「仁」與「禮」的關係，卻令人吃驚的沒有討論到「義」的問題。而「履行傳統禮儀的價值，需要將『義』感視為創造和（或）變更禮儀行為的

---

117 同前註，頁12。

能力。」[118]才能有效避免「禮」的異化與變質。郝大維、安樂哲說：

> 我們不會把任何系統禮儀行為視為人類行為毋庸置疑的根源。儒學的坎坷歷史就是一個很好的例子：一旦在社會領域內適當引入新穎的自發創造行為不足以對抗形式化行為的慣性力量的時候，僵化、獨斷的道德主義就產生了。[119]

雖然在張載的規定下，「禮」是一個絕對正面的概念，但是對於傳統禮儀的價值他並沒有照單全收，而忽略「創造和（或）變更禮儀行為的能力」之重要性。張載是透過「時措之宜」的境遇性原則和「義理」的深化，來保有此一「禮」創造性和變更能力，以避免「禮」的封閉、僵化與死亡。「禮」如何同時保有神聖性與創造性？張載使用天／人的概念區分兩種「禮」，他說：

> 禮亦有不須變者，如天秩、天序，如何可變？禮不必皆出於人，至如無人，天地之禮自然而有，何假於人？天之生物便有尊卑大小之象，人順之而已，此所以為禮也。（《經學理窟·禮樂》，《張子全書》，頁73）

---

118 郝大維、安樂哲，《通過孔子而思》，頁108。
119 同前註，頁110。

除了天秩天序這種象徵「天地之德」的神聖禮儀是不可變的之外，其他出於「人」的禮儀則是被允許變更的。張載說：

> 時措之宜便是禮，禮即時措時中見之事業者，非禮之禮，非義之義，但非時中者皆是也。非禮之禮，非義之義，有不可一概言，如孔子喪出母，子思守禮為非也。……時中之義甚大，須是精義入神以致用，觀其會通以行典禮，此則真義理也。（《經學理窟·禮樂》，《張子全書》，頁73）

個體的禮儀實踐是否合宜與否，並沒有固定不變的標準答案，會因時、地、人、事而產生變化，也就是說在具體事件中，「禮」必須允許流動性、變化性與開放性的存在。因此，除了正常狀況的「常禮」之外，還有一種「變禮」——張載稱為「非禮之禮」。「非禮之禮」是因為「時措之宜」而產生，這是在不同的境遇下而有的差別因應方式，如「孔子喪出母」、「子思不喪出母」，遭遇同樣喪禮事件，採取了相反的喪禮儀式，二者卻同樣地被視為合乎「禮」。「常禮」與「變禮」何者可變？何者不可變？張載認為變更原則在「時」，這是「禮」的境遇性原理。但是要判斷合宜與否的根據還是在「義理」，需要精義入神的「義理」來會通以行「禮」。在「禮」的變與不變的原則中，將時宜與變通因素納入考量，既維護「禮」的神聖性，也保持「禮」的開放性，使儒家的「禮」不至於淪為僵化、獨斷的道德主義，這是張載所做的思考。有效避免「禮」的異化與變質，需要精義入神的「義理」來會通，

其間的困難點在於如何使用精義入神的「義理」來判斷「禮」
的合宜與否，此有待於主體的修養；而主體的修養卻又不能不
依賴「禮」。這個理論上的難題帶來的緊張性與艱難感，在儒
家傳統中原本就存在於「仁」與「禮」的緊張關係中，杜維明
稱之為：「成聖之道是介於精神的個人主義及倫理的社會主義
之間的『狹窄的山脊』。」[120]此艱難在儒家並非無解，因為它
原本就是在實踐的動態過程中被克服的。在主體與禮的嚴肅對
戲中，其間既相互依賴又相互檢驗，與杜維明的話語來說，這
是一種「仁」與「禮」的「創造緊張性」。[121]

　　「禮」是一個倫理實踐，也是一個文化傳統，主體一方面
在倫理實踐與文化傳統中為「禮」所滲透，成為一個具體的、
倫理的、文化的人；一方面也在主體不斷的自我更新、自我精
進、自我完成的過程中與他人、世界發生繫聯，表現「禮」、
活化「禮」，實現儒家關注此世的生活世界與文化理想。張載
對禮學實踐的強勁力道，正是來自於其氣學的主體動能，本體
宇宙論氣學的主體是「形─氣─心」主體，此主體同時也是
「涉身─涉世」、「涉身─涉事」主體，它是具體的、感通
的、躍出的，主體具有厚度而且動能特強，對於「天道性命相
貫通」與「人倫禮樂相通」此儒學縱貫軸與水平軸如何結合的
課題，提供了一個主體的動能基礎。

---

120 杜維明，《人性與自我修養》，頁30。
121 杜維明：「從更深一層的意義上說，『仁』和『禮』之間的創造緊張性意
　　味著它們的互相依賴。」同前註，頁17。

## 八、結語：體用論表現為相偶論

張載的氣學與禮學並重同行，當中有著他對「天道性命相貫通」此一理學的核心至論，如何與儒家原來的「人倫禮樂（制度）相通」之關懷結合，以十字打開儒學的全體大用之思考。張載談天、道、性、心以抗衡佛老，這使得其主體性具有無限的縱深，主體的全幅展現可以提供道德實踐者具體的道德情感與感受，從而帶來一種存有論上可以肯定天理流行的功能，此為「天道性命相貫通」的理學「性命之學」。但儒家哲學不會也不應只有「天道性命相貫通」此一縱貫面維度的思考，而缺乏橫攝面倫際性的倫理學關懷。後者正表現為儒者的禮儀實踐，在「禮」之中，主體與社會之間有一個交響曲式的複雜結構，超越而內在的主體的動力與社會共同體的價值意識雙方辯證的發展，並且剛健有力的朝向成聖之路。

「天道性命相貫通」與「人倫禮樂（制度）相通」是否有更好的結合方式？這個儒學史上的大哉問，或許需要一個另類主體構想作為討論的起點。張載談天、道、性、心，又極為重氣與重禮，此是他極其鮮明的特色。意味著在張載不會有可以隔離的道德主體與道德實踐，道德是感通的與倫理的。氣學與禮學的主體不只是心性主體，而是帶著身體向度的「形一氣一心主體」，此主體同時也是具有相偶性、倫理向度的「涉身一涉世主體」。張載之學有「天道性命相貫通」此一縱貫軸向度的縱深，同時也在天、人、物、我的感通互滲互攝之間，打開了另一個橫攝面、水平軸的倫理關懷，在縱深之外，也具有厚度與廣度，因此，張載的本體宇宙論氣學展現了一個體用論攝

相偶論的性格。這使得他的體用論格局特別開闊，而且動能特強。格局的開闊與本體的強大動能，正來自於體用論從來就沒有切割相偶論，而且是從一開始就融攝著相偶論的。張載重氣之外復重禮，而作為一種人際性、關係性的表達，「禮」概念具有更強的相偶性。由於帶著氣化的能量與對社會性的重視，道德意識帶著形氣主體，經由在人倫與禮樂世界的互動過程中，既向下扎根，又反過來強化主體的能量，愈動愈出，在人倫互動中的形氣主體，愈有向上超越的能量與力道，達到「上下與天地同流」的境界。他的思想除了體用論重視的「縱貫的向度」，也兼顧相偶論強調橫向交感的「橫攝的向度」，而形成一個極為開闊的倫理學格局，此倫理學格局使張載談「天人合一」與「民胞物與」同樣顯題。氣學與禮學並重同行的張載學，體用論攝相偶論，而且也意味著體用論必須表現為相偶論。

第五章

# 張載氣學工夫論的爭議與開展
## 從唐君毅「張橫渠自成一派」談起*

## 一、前言

　　張載之學如何定位是當代儒學的重要論爭，此論爭也與宋明理學的分系問題息息相關。宋明理學如何分系是老問題，傳統的程朱理學與陸王心學之外，到底還有沒有第三系？其爭議由來已久。1949年後，大陸學界慣用唯物論視角來檢視宋明理學，在分系問題上，其主流意見主張理學、心學之外，別有氣學（唯物論氣學、唯氣論、氣本論）一系。如張立文說：「一般都認為程朱、陸王，以程朱為理學或理本論，為客觀唯心主義；陸王為心學或心本論，為主觀唯心主義；又如張載到王夫

* 本文為106年科技部專題研究計畫《氣學工夫論之爭議與開展：以張載為例》（計畫編號：MOST 106-2410-H-274-001）研究成果，刊登於《文與哲》33期（2018年12月），並感謝兩位匿名審查委員細心指正與寶貴建議。

之的氣本論，為唯物主義。」[1]張載哲學形態是否為氣學？與宋明理學如何分系？原本是有交集但卻未必相涵蓋的問題。但是由於大陸學界將張載視為理學第三系的唯物論「氣學之祖」，這兩個問題因此也呈現了同捆共行的現象，並成為當代儒學的重要論題之一。有別於大陸學界的唯物論氣學三系說，台灣學界則以牟宗三「三系說」、勞思光「一系說」（一系三階段說）最具代表性與影響力。[2]他們對理學分系問題雖各有主張，

---

1　張立文，《宋明理學邏輯結構的演化》（台北：萬卷樓，1993），頁519。必須說明的是大陸學者對於以唯心論或唯物論對立的二元架構研究張載並非沒有反省，如2000年丁為祥即指出：「就大陸半個世紀以來的張載研究來看，1980年代以前，基本上是唯物唯心式的定性研究，故有張載是唯物還是唯心亦或是二元論的爭論。1980年代中期以後，學界開始擺脫『兩軍對戰』的簡單化模式而採取範疇系列式的研究，這對於張載哲學範疇之間的邏輯關係，固然是一種接近或深入，但由於這裡的『邏輯』並不來自理學，因而仍存在著按圖索驥之嫌。」參丁為祥，《虛氣相即：張載哲學體系及其定位》，頁4-5。可以說相較於早期的唯物論氣學研究主流模式，隨著兩岸的頻繁交流與對話，大陸學者的研究也逐漸擺脫唯物／唯心「兩軍對戰」的模式，研究視角和形式開始呈現不同面貌。除了受牟宗三影響的丁為祥傾向於將張載學視為形上學而非氣學之外，大陸另一位張載重要學者林樂昌，也主張：「張載哲學以天為本體或核心概念，故可以將他定性為『天學』，而不宜定性為『氣學』。」林樂昌，《張載理學與文獻探研》，頁51。為了避免陣線拉得太長，本章將聚焦於台灣學界的張載學。

2　牟宗三「三系說」以五峰蕺山系、伊川朱子系、象山陽明系為宋明理學三系，其說內涵見氏著，《心體與性體》第1冊，頁42-60。勞思光「一系說」（一系三階段說）則將宋明理學視為一運動的整體，將各家的差異通過發展的觀點予以解釋安頓，而主張以初期「天道論」階段（周、張的混合宇宙論、形上學系統）、中期「本性論」階段（二程、朱熹的形上學系統）、晚期「心性論」階段（陸、王的心性論系統）為宋明理學發展的一系三階段。其說內涵見氏著，《新編中國哲學史》（台北：三民書局，1987），三上，頁40-62。

但反對唯物論的立場是一致的，也都同樣致力於將張載從氣學之祖，重新拉回理學陣營中。學者即使不見得完全認同牟、勞的分系說，但由於對唯物論的惡感，反對以唯物論、唯氣論詮釋框架來解釋宋明理學，批判「理學」、「心學」、「氣學」三系說，長久以來，幾已形成港台理學研究的共同底蘊。

那麼，與牟宗三並列為當代新儒家代表人物的唐君毅，他對宋明理學分系問題的看法又是甚麼？似乎面目並不是那麼清楚。這是因為唐君毅對於以義理類型進行宋明理學分系的興趣不大，他更關心的是如何由不同的工夫進路去體貼儒者的本懷。在唐君毅看來，不論是北宋諸儒或是程朱、陸王諸儒的種種工夫，皆旨在求對心性本體的超越反省，因此是殊途而求同歸。由此而言唐君毅對宋明理學分系的看法，或許應被視為是「工夫論的一系說」。雖如此，筆者注意到唐君毅對理學之分系其實另有一個程朱理學、陸王心學之外，「張橫渠自成一派」（其中心概念是氣）的說法。[3]張載（包括王夫之）氣學自成一派，在冷戰時代下港台學界反對唯物論氣學的共同氛圍之中，此說確實顯得相當另類。唐君毅一方面反對將張載、王夫之系統的「氣」視為唯物論、唯氣論，一方面卻又肯定「氣」在張載、王夫之哲學中具有形上本體的地位。這使得他對張載的理解，雖不同於大陸「唯物論」氣學，也和牟宗三「反唯物論」的立場頗有距離，論者因此以「非唯物論」標舉唐君毅詮釋張載的獨特性格。[4]唐君毅「拒絕將張載的氣視為物質，

---

3　唐君毅，《哲學論集》，頁211。
4　張雅涵主張1930-1990年代，張載思想有三種詮釋典範的形成，而以張岱

主張應該理解為形而上的『流行的存在』或『存在的流行』，
所以又與唯物論者和反唯物論者都將氣看作物質的說法截然不
同。」[5]除了肯定張、王氣學在宋明理學內部的合法性之外，同
時也關注到張、王氣學的獨立性。雖然如此，冷戰政治氛圍中
所形成的儒家心性論、唯物論氣學二元對立的格局下，唐君毅
肯定張載氣學（「非唯物論」氣學）自成一派之說，在台灣學
界並沒有得到太多的關注。

　　「非唯物論」形態的張載、王夫之氣學在宋明理學中自
成一系，此看法的真正顯題化，則與楊儒賓《異議的意義：近
世東亞的反理學思潮》提出「兩種氣學」──「先天型氣學」
與「後天型氣學」的區分有關。[6]楊儒賓主張前者是本體宇宙
論的氣學，後者則是自然主義的氣學。前者有天道性命相貫通
的核心因素，此種形態的儒家氣學是「理學內部的修正系統」

年、馮友蘭「唯物論詮釋」、牟宗三「反唯物論詮釋」、唐君毅「非唯物
論詮釋」為代表。張雅涵認為：「唐君毅非唯物論之『非』，是指將唯物
／反唯物詮釋彼此尖銳對立、互不相容的立場模糊化，帶有中立的意涵。
這麼稱呼的理由，是因為唐君毅當時所處的文化環境。唐君毅自1949年離
開中國大陸後，長期定居香港殖民地。香港在地理位置上靠近大陸，意識
形態則受到英國殖民政府統治而偏向自由主義。這種情況造就了英殖政府
在文化策略上，不向當時的台灣鼓吹反攻大陸，而是提倡『非共產主義的
中國文化』。」張雅涵，《張載「氣」的思想之當代詮釋（1930-1990）：
以張岱年、馮友蘭、牟宗三、唐君毅的詮釋為核心》（台北：國立臺灣師
範大學國文學系碩士論文，2017年6月），頁1-25。

5　同前註，頁7。

6　楊儒賓「兩種氣學」的區分與「先天型氣學」說見〈檢證氣學──理學史
脈絡下的觀點〉、〈兩種氣學、兩種儒學〉二文，收入楊儒賓，《異議的
意義：近世東亞的反理學思潮》，頁85-172。

（理學）；後者則已「逸出理學的範圍」（反理學）。張載、
王夫之氣學屬於「先天型氣學」；「後天型氣學」系譜包括王
廷相、吳廷翰、高拱、陳確、顏元、戴震等。[7]由此切割「氣
學」等同於「唯物論」。楊儒賓主張唯物論氣學只能是「後天
型氣學」，而不能包括張載、王夫之這種「先天型氣學」的類
型。「兩種氣學」的區分與「先天型氣學」的提出，此中問題
的複雜性來自於楊儒賓同時有兩個對話對象——唯物論與牟宗
三。「先天型氣學」除了批判唯物論氣學，另一個重大的關懷
是試圖擺脫「心學」（唯心論）與「氣學」（唯物論）的緊張
與對立，以克服當代新儒家在主體範式上過於集中強調心性主
體所遭遇的問題，重新反思心、物關係。[8]「先天型氣學」的兩
面對話張力，帶來楊儒賓與當代新儒家內部的緊張關係。林月
惠陸續發表〈「異議」的再議——近世東亞的「理學」與「氣
學」〉、〈理學的第三系？氣學的商榷〉等文[9]，批判楊儒賓

---

7　楊儒賓，《異議的意義：近世東亞的反理學思潮》，頁125-126。

8　何乏筆認為楊儒賓強調：「宋明理學的氣學一系，從張載到王夫之，特別
　　願意將莊子哲學吸收到儒家陣營。因此，他對氣論的重視不僅試圖擺脫冷
　　戰邏輯下的『心學』（唯心論）與『氣學』（唯物論）對立，更要藉由
　　儒家氣學與《莊子》的連接，克服當代新儒家在主體性範式所面臨的困
　　境。」何乏筆，〈氣化主體與民主政治：關於《莊子》跨文化潛力的思想
　　實驗〉，《中國文哲研究通訊》22卷4期（2012年9月），頁46。

9　林月惠，〈「異議」的再議——近世東亞的「理學」與「氣學」〉，《東
　　吳哲學學報》34期（2016年8月），頁97-144。2017年9月，中研院文哲所
　　召開《中國哲學的當代論爭：以氣論與身體為中心》國際學術研討會，林
　　月惠再度發表〈理學的第三系？氣學的商榷〉一文，作為對楊儒賓〈異議
　　也可以是教義——回應〈「異議」的再議〉〉（《東吳哲學學報》36期，
　　2017年8月，頁145-174。）的再回應。林月惠，〈理學的第三系？氣學的商

「先天型氣學」的「理學新三系」說,「只具描述功能,不具理論的獨立意義,應該退場。」[10]同時也質疑楊儒賓(實則包括唐君毅)將氣定位為「形上之氣」,將無法有效的解釋工夫論。[11]

　　從唐君毅談「張橫渠自成一派」,到楊儒賓說張載、王夫之是「先天型氣學」,此一當代儒家氣學論爭之回顧,關注的焦點從唐君毅對「氣」的性格(形上或形下、精神或物質)的論述,發展到楊儒賓對儒家主體模式(心學的「心性主體」或氣學的「形氣主體」)的反思與建構,也逐漸延伸到工夫論的問題之上。張載氣學如可獨立成為「理學第三系」,也應有能獨立成系的工夫論。把張載放進這樣的一個當代哲學論爭的場域,張載氣學工夫論是甚麼?不僅是一個狹義的張載研究,而是對當代儒家氣學論爭的回應。是不是一定要把張載的「氣」限制在形下之氣、材質義層次,從而將張載隨處可見的以氣說道(形上之氣)的文字判為「滯辭」[12],才能有效地展開工夫

---

權〉,《中國哲學的當代論爭:以氣論與身體為中心》國際學術研討會論文集(台北:中央研究院中國文哲研究所,2017年9月12日)

10　林月惠,〈「異議」的再議——近世東亞的「理學」與「氣學」〉,頁97。

11　林月惠,〈理學的第三系?氣學的商權〉,頁10-12。

12　張載的氣論文字給牟宗三帶來解釋上的麻煩,他因此經常使用「滯辭」說來批評張載。如牟宗三:「然圓融之故極,常不能令人無滯窒之辭,而橫渠之措辭亦常不能無令人生誤解之滯辭。當時有二程之誤解,稍後有朱子之起誤解,而近人又誤解為唯氣論。然細會其意,並衡諸儒家天道性命之至論,橫渠絕非唯氣論,亦而非誤以形而下為而上者。」牟宗三,《心體與性體》第1冊,頁470。不斷批評原作者說法有缺陷背後隱藏的問題,說明其詮釋系統和張載哲學間存在著某些歧異,這樣的詮釋自成一家之言,

論的要求與人的自我轉化？如果不切割張載的氣論文字，那麼
氣學的工夫論又是怎麼樣的面貌？筆者認為不論是說過程朱陸
王之外「張橫渠乃自成一派」的唐君毅，還是將張載視為理學
第三系「先天型氣學」的楊儒賓，重視工夫論乃是二者的共同
點。唐君毅的研究進路本來就被視為是一條「德性工夫的詮釋
進路」（鄭宗義判語）；至於楊儒賓也自我表述：「工夫論是
分判先天型氣學與後天型氣學最方便的法門，而且先天型氣學
得以證成的依據也要建立在工夫論上。」[13]本文回顧台灣學界以
張載為核心所展開的儒家氣學之論爭；也探討張載氣學工夫論
的內涵，說明其與心學、理學工夫並不相同，在心、物關係的
處理上，有其獨特之處。

## 二、張載氣學自成一派：唐君毅對宋明理學分系問題的一個觀點

　　在唐君毅的宋明理學論述中，他對於使用義理類型的不同
來進行分系的興趣其實並不大，可以說他更關注如何由儒者們
的工夫進路去體貼其用心與本旨。對於唐君毅研究宋明理學所
採取的工夫論進路，鄭宗義說：

　　此中儒者有走上覺悟本心並自信本心能承體起用的頓
　　悟之路（即本體便是工夫）；有走上覺悟本心之後仍得黽

---

　　在筆者看來卻不算真正成功。
13　楊儒賓，《異議的意義：近世東亞的反理學思潮》，頁130。

勉對治氣稟物欲夾雜的推拓、擴充之路（用工夫以復本
體）；有走上信不過本心為能免乎欲念意見擾和故得默坐
澄心的主靜之路（道南一脈之體驗乎喜怒哀樂未發前大本
氣象、江右之歸寂等）；有走上一面觀天地生化的觀物工
夫，一面做內在道德的修養工夫的內外交養之路（北宋理
學前三家）；有走上因常感受到心與理不一、理與氣不一
之艱難而藉涵養用敬、格物窮理來恢復心與理一的求諸外
以明諸內之路（伊川與朱子），等等。凡此種種工夫，實
皆旨在求「增加對心性本體之超越的反省之所成」，因此
是殊途而求同歸。[14]

鄭宗義認為相較於牟宗三談宋明理學採取「本體分析」的詮釋
進路，唐君毅則是使用「德性工夫」的詮釋進路。鄭宗義說：
「唐君毅的閱讀卻更多地是著眼於宋明儒者如何本乎他們自
家存在的體驗、困擾、掙扎與奮鬥，而終摸索出不同的工夫路
數。唐先生並以為宋明儒者順著不同的德性工夫所形成的本體
論說，其中容或有當辨其義理之是非者，惟大要率皆歸於一共
同的肯認與追求：此即如何成就吾人道德的本心本性，使之能
無礙地如如呈現，以體認那生生不已的天道創造及天人的相通
相合。」[15]因此，嚴格來說，如果要說明唐君毅對理學分系的看
法，或許應該說他主張的是「工夫論的一系說」。

---

14　鄭宗義，〈本體分析與德性工夫──論宋明理學研究的兩條進路〉，收入
　　林維杰主編，《跨文化哲學中的當代儒學：工夫、方法與政治》（台北：
　　中央研究院中國文哲研究所，2016），頁103-104。

15　同前註，頁75。

雖然如此，筆者注意到唐君毅對理學如何分系還另有一個
說法，其說如下：

> 宋明理學中，我們通常分為程朱陸王二派，而實則張橫
> 渠自成一派。程朱一派之中心概念是理。陸王一派之中心
> 概念是心。張橫渠之中心概念是氣。[16]

唐君毅主張程朱理學、陸王心學之外，張載氣學自成一派，並
非偶發之說。因為類似的說法也出現在《原教篇》之論王船山
氣學，唐君毅表示：

> 西洋哲學之主要概念有三，曰理性，曰意識，曰存
> 在。……中國哲學之主要概念有三：曰理，曰心，曰
> 氣，氣正兼攝自然之物質、生命、與人之精神之存在者
> 也。……而以宋明理學之發展言之，則宋學之成於朱子，
> 重張儒學之軌範，主以理為生氣，重理者也。陽明良知之
> 教，重心者也。王學皆不喜理氣為二之說，故於氣之重要
> 性，亦不忽略，蓋心故通理而亦通氣者也。……惟船山生
> 於宋明理學極盛之時期之後，承數百年理學中之問題，入
> 乎其中，出乎其外，於橫渠之重氣，獨有會於心。[17]

唐先生認為西洋哲學最重要的三個概念是「理性」、「意

---

16 唐君毅，《哲學論集》，頁211。
17 唐君毅，《中國哲學原論：原教篇》，頁664-665。

識」、「存在」（代表的哲學家分別是康德、費希特與黑格
爾）；對應到中國哲學恰巧也有重「理」、重「心」與重
「氣」的理學三系。因此，在程朱理學、陸王心學之外，他特
別凸顯張載、王夫之氣學的獨立性格。但是，唐君毅此說的內
涵並不同於唯物論者所說的「氣學」自成一系，因為他強調張
載、王夫之系統的「氣」作為「存在」的概念，並不能被視為
是形而下的「物質」，唐君毅說：

> 如要親切理會，當說其氣只是一流行的存在或存在的流
> 行，而不更問其是吾人所謂的物質或精神。[18]

> 於此吾人應高看此氣，而視之如孟子之浩然之氣之類，
> 以更視其義同於一形上之真實存在，其虛明即以此一形上
> 真實存在或此氣之神德為體，所顯之用。[19]

因此，張載、王夫之氣學既不是客觀唯物論，也非主觀唯心
論，而是「兼攝自然之物質、生命與人之精神之存在」，比較
接近於黑格爾之「絕對精神」義。[20]唐、牟二先生儒家心性論
的哲學立場一致以反對唯物論、唯氣論為主調而展開，他們同
樣致力於將張載從唯物主義氣論哲學家的陣營中再度拉回到理
學傳統之中。在這樣的共同思想架構下，相較於牟宗三設法銷

---

18　同前註，頁91。
19　同前註，頁97。
20　王雪卿，《靜坐、讀書與身體：理學工夫論之研究》（台北：萬卷樓，
　　2015），頁287。

融、拉開大量張載《正蒙》文本中「氣」太靠近形上本體的干擾，唐君毅則提供另一種思考方向：如果「氣」不是形下物質義，那麼即使張載以「氣」說道，也不必等於「唯物論氣學」（唯物論、唯氣論）。他反對將張載、王夫之系統的「氣」視為唯物論、唯氣論，除了肯定張、王氣學在宋明理學的合法性之外，同時也關注到張、王氣學的獨立性。

在1949年戰後儒家心性論與唯物論氣學壁壘分明的二元對立格局下，唐君毅提出一個理學、心學之外，張載（加上王夫之）氣學自成一派之說，這個說法在上述的心性論與氣學對立的共同氛圍下顯得相當另類。雖然如此，由於唐君毅更常使用殊途而求同歸的方式，以「德性工夫的詮釋進路」將宋明理學六百多年的分合「視之為有次的分合、有次第同異（故亦有爭辯）而終可相攝相通的一整個義理世界。」[21]因此，在唐先生重視融會貫通、「喜化銳角為鈍角」（劉述先語）的表述方式下，他雖然提出張載氣學（非唯物論、唯氣論氣學）具有獨立性、應自成一派的說法，但是此一理學、心學、氣學（「非唯物論」氣學）應並列為三的「理學三系說」並沒有真正的顯題化。

## 三、一個台灣學界關於「理學第三系」的當代論爭

冷戰以來特殊的政治氛圍中所形成的儒家心性論、唯物

---

21　鄭宗義，〈本體分析與德性工夫──論宋明理學研究的兩條進路〉，頁104。

論氣學二元對立的格局下，唐君毅肯定張載氣學自成一派的說法並沒有得到太多的關注。箇中原因或許如劉又銘所說：「一向推崇氣本論的大陸學界對氣本論有其偏愛的角度與特別的去取，台灣學界則對氣本論這個論題有意予以忽略和避開。」[22]陳榮灼在〈氣與力：「唯氣論」新詮〉（2005）中，對唐、牟的張載詮釋提出檢視時也說：

> 在宋明儒學中張載和王船山的「元氣論」可謂獨樹一幟、而與程朱之「理學」和陸王之「心學」鼎足三立。可是於當代對宋明儒學之研究中、橫渠和船山一系之獨立性不但未受到應有之重視，而且往往被誤解為「唯物論」。[23]

陳榮灼認同唐、牟同樣反對張載為「唯物論者」的主張。但在二者之中，牟宗三源自康德式偏重「區分」的進路難與張載立場吻合；而唐君毅以「氣」並非只屬於形下義，主張「吾人應高看此氣，而視之如孟子浩然之氣之類，以更視其義同於一形上之真實存在。」其說則較能忠於張載、船山的原有特色。但陳榮灼認為「可惜的是：唐氏之解過於偏重『氣』之『精神』義，從而未能完全照顧其屬於『自然』之根本的一面。」[24]因此，雖然唐君毅能肯定張載氣學的獨立性，卻與牟宗三一樣，

---

22　劉又銘，《理在氣中：羅欽順、王廷相、顧炎武、戴震氣本論研究》（台北：五南圖書出版，2000），頁1。

23　陳榮灼，〈氣與力：「唯氣論」新詮〉，收入楊儒賓、祝平次主編，《儒學的氣論與工夫論》，頁47。

24　同前註，頁67。

將「唯氣論」等同於「唯物論」，而不願意稱張載為「唯氣論」者。陳榮灼延續了唐君毅的張、王氣學應與程朱之「理學」和陸王之「心學」鼎足為三的說法，但反對將「唯物論」直接等同於「唯氣論」，拉開儒家氣學與「唯物論」的距離，主張應該要重新詮釋「唯氣論」。

　　晚近台灣學界逐漸對儒家氣學的相關論題展開關注，宋明理學在理學、心學之外，別有張載、王夫之氣學（「非唯物論」氣學）一系的提法也有了進一步的發展。當中最值得注意的是楊儒賓《異議的意義：近世東亞的反理學思潮》的「兩種氣學」之區分和「先天型氣學」的提出。楊儒賓主張在理學與心學之外，宋明理學的確另有「氣學」一系；而此「氣學」一系的主要代表人物也同樣就是張載與王夫之。與唐君毅相同，他一開始即明確反對「氣學」等於「唯物論氣學」，但在唐君毅那裡可能沒有被表述清楚的：何以張載形態的「氣學」不能被稱為「唯氣論」？楊儒賓則進一步提出「兩種氣學」——「先天型氣學」與「後天型氣學」的類型學區分來說明，前者是超越的氣學或本體宇宙論的氣學，後者則是經驗的氣學或自然主義的氣學。「先天型氣學」又可分成劉宗周（心學的氣論）、羅欽順（理學的氣論）、張載（泛存在論的氣論）三型；「後天型氣學」以王廷相為大家，其系譜包括吳廷翰、高拱、陳確、顏元，戴震則是此學的集大成者。[25]兩種氣論的差別關鍵在於有沒有天道性命相貫通此一核心因素，雖然兩者都是針對朱子的理氣二分與佛老的「空」、「無」形上理論而發，

---

25　楊儒賓，《異議的意義：近世東亞的反理學思潮》，頁125-126。

但前者是「理學內部的修正系統」（理學），後者已「逸出理學的範圍」（反理學）。[26]因此，唯物論者的氣學系譜來自於「兩種氣論的糾結」而形成的誤解、「當視為兩種異質性的氣論匯流而成的結果」，楊儒賓一方面主張兩種氣論為「異質異層」、有「本質上的差異」，「就哲學的類型而言，先天型氣學與後天型氣學不能不劃分，分則兩利，合則兩害。」[27]一方面又主張「不同的儒學未嘗不可視為同一種儒學的不同發展階段。亦即氣貫穿形而上、形而下，完整的氣學是先天型氣學涵攝了後天型氣學，兩個不同的狀詞（先天、後天）是對同一個主詞（氣）在不同存有階段的指謂。」[28]何乏筆指出楊儒賓的「兩種氣學」在當代儒學研究中具有重要的意義，他說：

> 偏重「合一」的傾向……隱藏著牟宗三在思考中國哲學現代化問題時所不能克服的難題：唯心論（理想主義）與唯物論（自然主義）的意識形態糾結。相較之下，楊儒賓跨出了一大步，透過兩種氣學的區分，打開了當代新儒家與儒家氣學的唯物論解讀之間的溝通管道。他所觸及的關鍵問題之一乃在於，張載和王夫之的「氣學三系」能否成立？[29]

---

26　同前註，頁125。

27　同前註，頁124-125。

28　同前註，頁130。

29　何乏筆，〈氣化主體與民主政治：關於《莊子》跨文化潛力的思想實驗〉，頁73。

楊儒賓在與唯物論氣學區隔的脈絡下談「先天型氣學」時，往往強調兩種氣論間具有形上與形下、超越與經驗，是「異質異層」、「本質不同」；問題是如果兩種氣論具有本質上的不同、異質異層的類型差異，那麼先天型氣學之融攝後天型氣學成為一種「完整的氣學」又如何可能？如果像何乏筆所說，張載與王夫之的氣化哲學「既是先天型的又是後天型的」，那麼楊儒賓「兩種氣學」的內涵，以及「先天型氣學」與「後天型氣學」的關係，當中似乎仍有不少待釐清的話語。[30]此中的複雜性來自於楊儒賓同時有兩個對話對象——唯物論氣學與當代新儒家心性論。他對氣論的思考除了批判唯物論氣學外，更大的關懷來自於試圖擺脫1949以來，「心學」（唯心論）與「氣學」（唯物論）無法化解的緊張與對立，重新反思心、物關

---

30 以「先天型氣學」最重要的代表人物王夫之為例，楊儒賓的判斷就出現不小的變化，如他在〈兩種氣學、兩種儒學〉標舉：「依理論體系的開展，張載、王夫之這種先天型氣論的哲人之思想可以涵攝王廷相、吳廷翰，反之不然。兩者不一定衝突，但更不宜等同。」（《異議的意義：近世東亞的反理學思潮》，頁137）對比2004年他在〈儒門別傳——明末清初《莊》、《易》同流的思想史意義〉的說法，他顯然並不認為王夫之應該被劃入「先天型氣學」陣營，楊儒賓說：「王夫之的道論，實質上就是一種氣化論，一種比以往任何氣論家所設想的還精到的氣化論。相形之下，方以智的宇宙整體論卻是一種本體宇宙論的講法，道即氣化的歷程，但此種『即』並不表示『道』的概念即可翻譯成陰陽氣化。絕非如此，他的意思是道器不二，理氣不二之謂。不二不表示同一，不二表示的是本體宇宙論的詭譎同一。」楊儒賓，〈儒門別傳——明末清初《莊》、《易》同流的思想史意義〉，收入鍾彩鈞、楊晉龍主編，《明清文學與思想中之主體意識與社會：學術思想篇》（台北：中央研究院中國文哲研究所，2004），頁286。在筆者看來，此一對王夫之氣學性格的不同解讀，其間所蘊含的意義，是可以再探討的。

係，以克服當代新儒家過於集中強調心性主體、道德主體在主
體性範式所遭遇的問題。試圖克服當代新儒家對心性主體的過
度關注，以至於遺落身體與物質向度所造成的二元論困境，幾
乎是楊儒賓所有研究的起點。包括他對儒家身體觀、氣論、工
夫論、莊子研究等，都可以看到他對當代新儒家主體性哲學的
批判。[31]何乏筆因此認為楊儒賓強調：「宋明理學的氣學一系，
從張載到王夫之，特別願意將莊子哲學吸收到儒家陣營。因
此，他對氣論的重視不僅試圖擺脫冷戰邏輯下的『心學』（唯
心論）與『氣學』（唯物論）對立，更要藉由儒家氣學與《莊
子》的連接，克服當代新儒家在主體性範式所面臨的困境。」[32]

　　「先天型氣學」試圖溝通「氣學」（唯物論）與「心學」
（唯心論）的兩面對話張力，也帶來了楊儒賓與當代新儒家內
部的緊張關係。2016年8月林月惠發表〈「異議」的再議——
近世東亞的「理學」與「氣學」〉，此文為楊儒賓《異議的意
義：近世東亞的反理學思潮》的主題書評，對楊儒賓的「先天
型氣學」提出批判。林月惠認為楊儒賓對「氣」的見解「與前
輩學者如唐君毅、牟宗三的觀點相同，只是楊儒賓的論據是類
型學的區分。」[33]由此，進一步檢驗楊儒賓「先天型氣學」的類

---

31　參見楊儒賓，《儒家身體觀》、《異議的意義》、《儒門內的莊子》、
　　〈喚醒物學——北宋理學的另一面〉，《漢學研究》35卷2期（2017年6
　　月），頁57-94。

32　何乏筆，〈氣化主體與民主政治：關於《莊子》跨文化潛力的思想實
　　驗〉，頁46。

33　林月惠，〈「異議」的再議——近世東亞的「理學」與「氣學」〉，頁
　　115。

型學區分，提出批判如下：

> 楊儒賓為糾正以往氣學論述之粗糙與系譜之錯亂，特
> 別將張載、羅欽順、劉宗周劃歸到先天型氣學。筆者認為
> 楊儒賓將張載與劉宗周所言之「氣」歸屬於先天之氣，有
> 其卓識；但將羅欽順所言之「氣」也視為先天之氣，則有
> 待商榷。儘管楊儒賓以「先天型氣學」來檢證三者，但筆
> 者認為，相較於「理學」，先天型「氣學」只具有描述功
> 能，仍無理論的獨立性。[34]

> 所謂「心學的氣論」之「氣論」（氣學）仍是「心
> 學」，強調的是本體（理、性、心）的活動性（神、
> 氣），故「心學」形態下的「氣論」（氣學），無理論簡
> 別的效力。同樣地，張載「泛存在論的氣論」（太虛即
> 氣）之「氣論」亦然。故楊儒賓也不得不承認，從張載所
> 持的無限人性論、工夫論來看，與其說是氣學式的，不如
> 說是理學式的（楊儒賓，2012b：121）。尤有進者，張載
> 或劉宗周雖重視「氣」，或強調超越性之「氣」，但也承
> 認現實之「氣」的存在，但未取消兩種「氣」（形上之氣
> ／形下之氣；先天之氣／後天之氣）的異質區分（李明
> 輝，2005：126-127），也未取消「理」在形上學的地位。
> 如是，楊儒賓所謂「先天型氣學」仍是「理學」的體用論

---

思維，而非「氣學」。[35]

對於「先天型氣學」，林月惠的批評有三個重點：1.關於兩種「氣」的不同，唐、牟論「氣」都有形上之氣的用法，與自然意義下的形下之氣不同，兩者異質異層，楊儒賓與前輩學者並無不同，所不同者僅有類型學的區分。2.先天型氣學的三型不是本質性的區分。首先羅欽順只能被視為是朱子學修正者，無論是就其學術認同、系譜、理氣論的內容檢視，都應被劃歸「理學」的陣營。因此，「理學的氣論」此類型仍是「理學」，而非「氣學」。另外，劉宗周「盈天地間，一氣而已矣」的用法中，強調的是本體（心、性、理）的活動性（神、氣），而非「氣」的首出性。因此，「心學的氣論」亦無理論檢別效力，仍是「心學」，而非「氣學」。至於「先天型氣學」最重要的張載、王夫之一型，由於楊儒賓承認張載的無限人性論與工夫論，與其說是氣學式的，不如說是理學式的。因此，張載形態的「先天型氣學」仍是「理學」體用論思維，也不是「氣學」。3.由此，林月惠主張此「基於宋明理學分類框架下的『氣學』，只具描述功能，不具理論的獨立意義，應該退場；作為反理學的後天型『氣學』，雖有其獨立意義，但與理學思維並不相容。」[36]

　　2017年8月楊儒賓發表〈異議也可以是教義──回應〈「異議」的再議〉〉，以「先天之氣與理學第三系」、「相偶

---

35　同前註，頁115-116。

36　同前註，頁97。

論」、「體用論攝相偶論」、「見樹不見林」與「見林不見樹」四個議題回應林文的批判。[37]其中「先天之氣與理學第三系」的問題則是焦點議題。在筆者看來，楊儒賓某種程度上修改了原本將「先天型氣學」區分為：「理學的氣學」（羅欽順）、「心學的氣學」（劉宗周）與「泛存在論的氣學」（張載）三種類型的說法。[38]而將先天型氣學的理論內涵與是否能獨立成為宋明理學第三系，更為集中在張載——王夫之一系來討論。楊儒賓說：

> 「氣學」或「先天氣學」之詞是否需要退場，主要還是要看這個詞與指涉的張載、王夫之這類型的思想家的重要思想到底有沒有獨立於程朱、陸王之外的學術內涵，而且可以獨立成學。[39]

「先天氣學」的提出是為了劃分當代理學研究中兩種氣的混淆。功能達成了，這個概念遜位，如用另外可能更恰

---

37 楊儒賓，〈異議也可以是教義——回應〈「異議」的再議〉〉，《東吳哲學學報》36期（2017年8月），頁145-174。

38 楊儒賓說：「筆者認為從心學出發的學者，如唐鶴徵、劉宗周等人的氣學不宜視為獨立的一支，而當視為心學底下的一個次型。……林教授的評論如果指的是心學意義下的先天之氣的概念只有描述的意義，沒有體系分別的意義，筆者很同意，拙著應該也是這樣主張的。」楊儒賓，〈異議也可以是教義——回應〈「異議」的再議〉〉，頁149。至於「羅欽順的學派定位因與拙著的主旨關聯較小，他的理論問題暫且擱置不論。」（同上，頁150）

39 楊儒賓，〈異議也可以是教義——回應〈「異議」的再議〉〉，頁151。

當的語彙表達之，或輪番出場，亦無不可。如果要分系的
話，筆者在不同的場合，用過「本體宇宙論」、「方（以
智）王（夫之）之學」、「張載—王夫之系」等等的說
法。[40]

當代新儒家中唐、牟一向並稱，二先生都是以宋明理學的天道
性命相貫通為底子，因此被視為是「心學的現代詮釋」者；但
唐、牟之間除了共相之外，不論是在對「氣」的看法，或者
對北宋諸儒思想發展的解釋（尤其是張載），其間的歧異並不
小。[41]林月惠認為楊儒賓論氣「這些見解與前輩學者唐君毅、
牟宗三的觀點相同」[42]，楊儒賓則認為唐、牟「對理學諸家的定
位很不相同，其間異同很值得深思」。[43]他除了凸顯唐牟之殊相
外，並提出「先天型氣學」之主張在程朱、陸王外，張載、王
夫之可以獨立成為第三系。其說雖不同於牟宗三，但在唐君毅

40　同前註，頁152。

41　鄭宗義曾比觀唐、牟兩條「本體分析」與「德性工夫」的詮釋進路，認為
　　唐君毅在對北宋周濂溪、張橫渠至程明道的思想發展、程伊川、朱子是否
　　歧出、對程朱與陸王的理論關係、對王門後學分派的評估等，看法都與牟
　　宗三極為不同。因此，對於唐、牟義理解釋的分歧，鄭宗義說：「在當代
　　（台港）新儒家的諸位學者中，我們慣將唐、牟並稱，因兩先生在思想上
　　確實有不少相共相通之處。例如，他們的儒學都是以宋明理學（天道性命
　　相貫通）為底子，都是心學的現代詮釋等。然或亦因此人遂不易看出他們
　　在宋明理學的研究上有著相互較量、針鋒相對的一面。」鄭宗義，〈本體
　　分析與德性工夫——論宋明理學研究的兩條進路〉，頁80、105。

42　林月惠，〈「異議」的再議——近世東亞的「理學」與「氣學」〉，頁
　　115。

43　楊儒賓，〈異議也可以是教義——回應〈「異議」的再議〉〉，頁150。

「張橫渠自成一派」之說中早見端倪。

2017年9月，中研院文哲所召開《中國哲學的當代論爭：以氣論與身體為中心》國際學術研討會，林月惠再度發表〈理學的第三系？氣學的商榷〉一文，作為對楊儒賓〈異議也可以是教義──回應〈「異議」的再議〉〉的再回應。除了延續第一文的論點外，林月惠分析早期大陸學界唯物論三系說、牟宗三三系說與楊儒賓「新三系說」，並且進一步對楊儒賓「新三系說」與唐君毅的關係提出回應，認為其「先天型氣學」在「形上之氣」、重視「氣的感通性」上，都受到唐君毅的影響與啟發。[44]同時也開始區隔唐（形上之氣）、牟（形下之氣）對「氣」的歸屬看法不同。[45]林月惠認同牟宗三必須將「氣」限制在形而下層次，才能有效展開成德之教的主張；並批判楊儒賓（實則包括唐君毅）將氣定位為「形上之氣」，將有無法有效解釋工夫論的困境。其論點如下：

> 依唐君毅之思路，可能將「形上之氣」無限制地使用，而較難解釋「違理」之可能。依牟宗三之思路，理氣不雜，有形而上、形而下的本質區分，才能說明「違理」

---

44 林月惠認為楊儒賓「先天型氣學」受到唐君毅不少的影響與啟發，不同處則在於「楊儒賓『先天型氣學』所要凸顯的宋明理學之學問定位，似乎不是唐、牟共許的『道德的形上學』，而是更有『意義』的具有體用論超越性又能涵攝後天型氣學的『相偶性倫理學』。」林月惠，〈理學的第三系？氣學的商榷〉，頁10-12。

45 林月惠：「顯然的，唐君毅將『氣』高看成『形上之氣』，牟宗三則不許『氣』概念『渾漫』而無限制地使用，並將『氣』歸屬於『形而下』。」林月惠，〈理學的第三系？氣學的商榷〉，頁21。

之可能，解釋工夫之必要。……儘管唐君毅與牟宗三對
「氣」的論述不同，但各有睿識。而楊儒賓偏向唐君毅
「形上之氣」，卻未充分考慮「違理」之可能及其解釋，
此乃「先天型氣學」的內在理論困境。[46]

　若「先天之氣」是形上本體，也是天道的內涵，此本體
亦是「善」或「價值」的根源，則世界為善，人與萬物為
善，「違理」如何可能？如何解釋？因而，楊儒賓對「先
天型氣學」的論述，「先天型氣學」的就成了「兩邊明而
中間暗」的困境，亦即從因地的本體論到果地的工夫境界
來說「先天之氣」不難，但對於何以要有工夫論的要求，
以及人之自我轉化問題，論述鮮少。[47]

至此，「先天型氣學」作為理學第三系的當代論爭，由劉宗
周、羅欽順、張載的「先天型氣學」三型，聚焦於張載、王夫
之氣學（尤其是張載）之上。而張載「氣學」作為理學第三系
此提法的獨立性與合法性，又再聚焦於張載氣學的工夫論之
上。理學新三系說的成立必須正面論述張載氣學是否具有足以
與程朱理學、陸王心學做區分的工夫論？其獨特性與具體內涵
為何？同時也必須能夠反面說明：高看「氣」，要如何解釋
「違理」——也就是「惡」的來源問題。[48]

---

46　同前註。
47　同前註，頁19。
48　「違理」一詞的使用，見林月惠：「雖然人本性（天性）本自完足，但因
　　人在具體的生活經驗世界中，可能『失其本性』（違理），乃有工夫論的

　　從唐君毅的「張橫渠自成一派」，到楊儒賓的張載、王夫之「先天型氣學」作為理學第三系的「新三系說」，這一個當代台灣儒家氣學論爭之回顧，可以發現此論題關注的焦點，除了「氣」的性格（形上或形下、精神或物質）與儒家的主體模式（心學的「心性主體」或氣學的「形氣主體」）之外，張載氣學作為「理學第三系」，應該有能獨立成系、可辨識檢別的工夫論，也是此儒家氣學論爭中的重要論題之一。把張載放進這樣的一個當代儒學論爭的場域，張載氣學工夫論是甚麼？不僅是狹義的張載研究，而是一個對當代氣學論爭參與其間的回應。是不是一定要像牟宗三的詮釋系統，將「氣」限制在形下之氣、材質義層次，才能夠解釋「違理」（惡）如何發生？並且才能有效地展開工夫論的要求與人的自我轉化？如果不切割張載以氣說道的文字，那麼氣學工夫論是怎麼樣的面貌？不論是說過程朱陸王之外「張橫渠乃自成一派」的唐君毅，還是將張載視為理學第三系——「先天型氣學」的楊儒賓，重視工夫論是二者的共同點。唐君毅的研究進路本來即被視為是一條「德性工夫的詮釋進路」；至於楊儒賓也自我表述：「工夫論是分判先天型氣學與後天型氣學最方便的法門，而且先天型氣

---

要求。……此『失其本性』或『違理』的可能，勞思光以所謂道德生活中之二元性（ethical duality）來說明。他認為此種二元性乃是談價值問題時之必要條件；若不建立此種二元性，則『惡』（違理）之可能不能說明，道德生活及一切價值判斷亦將無從安立。」同前註，頁18。林月惠認為建立理氣、形上與形下的二元性才能保障工夫論的順利開展，她使用「違理」一辭意味著「失其本性」、「惡」。

學得以證成的依據也要建立在工夫論上。」[49]以下本文將檢視以「氣」為張載核心概念的唐君毅與楊儒賓對張載工夫論的解釋，以見張載的氣學工夫論有別於程朱陸王，而且同樣可以有效解釋違理如何可能，並進行工夫的自我轉化。

## 四、張載的氣學工夫論

### （一）「惡之來源」問題與「兼體無累」工夫

回顧以上的氣學論爭，當中問題指向：如果不將張載的「氣」限制在形而下層次使用，將無法解釋「違理」（惡）之來源，也會影響到工夫論的展開。張載如何解釋「惡之來源」不是新問題，如勞思光判定張載屬於宋明理學發展初期的「天道論」階段，並認為此一立場本身即無法對「惡之來源」問題提供明確解答。勞思光說：

> 依「天道觀」言，萬有之基本趨向皆受「天道」之決定，故均向乎「善」，其「惡」則以第二序觀念解釋之。……張氏自亦知實際世界中充滿「非義」及「不善」之事，但欲維持其「天道觀」，仍在第二序觀念中求解釋，於是有「氣質之性」一觀念的提出。……「氣質」何以能有「惡」，仍無善解。蓋萬物皆由「天道」決定其生成變化，人之形體應不能例外；何故乎有違天道之成分出

---

49　楊儒賓，《異議的意義：近世東亞的反理學思潮》，頁130。

現？此則逼近「惡」之確切解釋之問題。張氏於此，並未
能提供明確解答也。[50]

勞思光認為張載的「惡」來自「氣質」，由此提出「氣質之
性」說，但是由於天道論的決定立場使然，張載並無法真正的
解釋何以「氣質」（也同樣來自於天道）會產生「惡」。因
此，勞思光便認為張載雖然致力於「建立一混合形上學與宇宙
論之理論系統，但在論及『成德』或『工夫』問題時，即不能
不轉向『心性論』接近。」[51]也就是說依勞思光的論點，除了得
出張載的天道論立場對於「『氣質』何以能有『惡』，仍無善
解」的結論外，也認為張載的心性論、工夫論與他的形上學、
宇宙論系統間的思路並不一致。

　　張載「惡之來源」如何解釋？此問題到了牟宗三則是將
「氣」限制的使用、歸屬於「形而下」層次，理氣不雜，分屬
上下兩層存有論結構，以說明「違理」（惡）之可能與工夫之
必要；另一方面則將無法以形下材質義消化的張載氣論文字評
為「滯辭」。牟宗三的詮釋系統極為精闢而具創造性，不過也
有學者針對其「滯辭」說指出：頻繁出現以「滯辭」批評張載
的氣論文字看來，可能意味其詮釋系統和張載思想之間存在著
某種扞格。[52]因此，如果為了解釋「違理」（惡）之可能，而主
張必須將「氣」切割，限制於形而下層次，在筆者看來並不是

---

50　勞思光，《新編中國哲學史》，三上，頁181-183。

51　同前註，頁185。

52　陳榮灼，〈氣與力：「唯氣論」新詮〉，收入楊儒賓、祝平次，《儒學的
　　氣論與工夫論》，頁67。

最恰當的作法。

　　那麼，如果採用唐君毅高看「氣」，將「氣」視為第一義的「存在的流行、流行的存在」，或楊儒賓本體宇宙論向度的「先天之氣」詮釋，不切割張載大量的以氣說道文字，不將「氣」限制在「形下之氣」義使用，「違理」（惡）的來源問題是否就無法解釋？[53]先來檢視唐君毅的說法。唐君毅的「虛氣不二」論顯示太虛「即是」氣[54]，張載的天道論中「氣」因此可以是第一義的真實存在；但在討論心性論時，他採取以「氣質之性」解釋「惡」的來源的立場。因此，在天道論上被視為形而上第一義的「氣」，進入人性論範疇時轉而成為向惡的「氣質之性」。何以天道論上「氣」為本體第一義，落到心性論時「氣質之性」反而成為不善之末、無根的存在？唐君毅的解釋是「氣質之性」之所以有「惡」，問題在「質」而不在「氣」。[55]唐君毅說：

　　　純從人之所自形成之氣上看，人根本無所謂氣質之性。……人之一切罪惡，皆不外由人之自私執我，與其他人或萬物互相對峙阻礙而生。人有此形質之身，人即有與

---

53　林月惠：「即使如唐君毅之強調『形上之氣』，楊儒賓之言『先天型氣學』，都不能泯除形上之理（或形上之氣）與形下之氣的本質區分，否則人之違理，世界之失序，難以解釋與說明。」林月惠，〈理學的第三系？氣學的商榷〉，頁20。

54　相較於唯物論的「是」系學派、牟宗三的「即」系學派，唐君毅對張載「太虛即氣」說的詮釋因此被學者視為「即是」系學派。參李曉春，《張載哲學與中國古代思維方法研究》，頁248-267。

55　唐君毅，《哲學論集》，頁229。

> 其他人物互相對礙之趨向。有此對礙之趨向，即有自私之
> 愛惡之情。此與其他人物互相對礙之趨向，即為人有形質
> 而後有之性，此即是氣質之性。亦即一切人之罪惡之根源
> 之性。56

也就是說，唐君毅在談心性論時「氣」的確被視為限制義、消極義來使用。但是，如果「虛氣不二」、太虛即是氣，那麼太虛是善，氣也應是善，落實到人身上時氣也應是善，「質」由「氣」而來，如果「氣」本身非惡，那麼「質」也不應該就是惡的來源。因此，從唐君毅對「氣質之性」的解釋看來，他似乎並沒有完全貫徹「形上之氣」的一致性立場。他在天道論（「太虛即氣」）與人性論（「氣質之性」）上討論「氣」時，其格局呈現出的仍是天道論上「氣」為形而上，與人性論上「氣質」為形而下的兩層關係。唐君毅以此解釋「違理」的問題，可以說落到心性論上，他其實並沒有堅持高看、上看此「氣」的一致性立場；而是偏重於將「氣」視為一種消極的限制性原則，而非積極的表現原則。他仍然是採取心性論優先的立場來談張載的工夫論，而較少論述如果張載在宋明理學中自成氣學一系，那麼此一形態的氣學工夫其獨特的內容是甚麼，以及此氣學工夫論如何可能。因此，唐君毅雖然點出應該高看張載的「氣」，視之為「存在的流行、流行的存在」，也曾提出張載在宋明理學中應自成一系，但其間還有不少須進一步釐清之處。

---

56　同前註。

　　張載視整個氣化過程為道，而有「太虛即氣」之說；即使是論「性」也是連著「氣」一起說（「合虛與氣有性之名」），「氣」之於張載不可能就是惡，因為如果「氣」是惡，那麼惡在道體與性體中就具有實在性了。唐君毅因此將「惡之來源」歸諸於「氣質之性」，並且主張「氣質之性重在質字，而不在氣字」，就是認為問題不在「氣」，而在於「質」。「質」指的是氣的具體化，是「形」以後之事。但是如果再進一步提問：「形質」就是惡嗎？張載採取氣化理論說明一切的存在都是「氣」生成、變化的結果，他說：

> 氣坱然太虛，升降飛揚，未嘗止息，易所謂「絪縕」，莊生所謂「生物以息相吹」、「野馬」者歟！此虛實、動靜之機，陰陽、剛柔之始。浮而上者陽之清，降而下者陰之濁。其感遇聚散，為風雨，為雪霜，萬品之流形，山川之融結，糟粕煨燼，無非教也。（《正蒙・太和篇》，《張子全書》，頁2）

> 遊氣紛擾，合而成質者，生人物之萬殊；其陰陽兩端循環不已者，立天地之大義。（《正蒙・太和篇》，《張子全書》，頁3）

　　張載重「氣」，一向以「氣」的真實存在（太虛即氣、太虛不能無氣）來闢佛老，用以肯定世界之誠明。「氣」不是「惡之來源」；「質」乃是「氣」具體化之結果，作為「氣」的表現，「質」本身也不應等於惡。「氣質」為何不等於惡？因為

唯有當「氣」形成「質」，才有世界的存在與人物之萬殊。這牽涉張載對世界的態度，張載認為氣一定要聚為萬物，落實為個體，由「氣」形成「質」，而有具體性、差異性的「氣質之性」。在此脈絡下，「氣質之性」不應該直接被視為「一切人之罪惡之根源之性」。「氣質之性」不僅是「天地之性」消極義的限制原則，同時也是落實原則、積極義的表現原則。「盡性」正是人在這一個即限制即表現的運動過程中復歸「天地之性」的工夫，「天地之性」的復歸並不是以取消「氣質之性」為目的。張載喜言「兩一」（「不有兩則無一」），人的個體性與氣化的整體性之間，也呈現出一種「兩端而一致」的弔詭狀態，是具有拮抗的張力，也是一種從未分離的共在。

　　張載的「太虛即氣」與「散殊可象者為氣」，以及「天地之性」與「氣質之性」，在這兩種「氣」與「性」之間，是否具有形上與形下兩層的本質性差異？張載說：

　　性通乎氣之外，命行乎氣之內。氣無內外，假有形而言爾。（《正蒙・誠明篇》，《張子全書》，頁14）

　　天性在人，正由水性之在冰，凝釋雖異，為物一也。受光有大小、昏明，其照納不二也。（《正蒙・誠明篇》，《張子全書》，頁14）

水與冰二者之間，並不具有本質性的差異，由水冰喻來看張載的兩種「性」（也包括兩種「氣」）的關係，就不是一個具有形上、形下的本質性差異之結構了。它們「非一非異」，有差

異性，但也有連續性，不真的是兩種「氣」（「性」），也不是一種「氣」（「性」）。[57]氣貫通形上與形下，可以上下其講，論張載的氣，必須識其一（本然狀態上不是兩種氣）；也必須識其異（現實狀態下又非一種氣），張載的氣學工夫論即在此氣的「非一非異」的詭譎狀態中，以一種動態的辯證歷程展開，奮鬥出主體的「盡性而天」工夫。

　　如果「氣」、「質」本身不是惡，那麼「違理」如何發生？惡之來源究竟來自何處？所謂的「惡」是無根的存在，在張載「惡」的形成乃是因為「作用上的偏滯」而來。當「氣」凝為「形質」而成「氣質之性」，此一氣的特殊化、個體化過程中，與他人或萬物相對阻礙而生。也就是說「氣」與「質」都不是惡，但是「作用上的偏滯」則會產生惡。那麼要如何避免形成「作用上的偏滯」？張載說：「天本參合不偏，養其氣，反之本而不偏，則盡性而天矣。」（《正蒙・誠明篇》）張載要求盡性的工夫必須「參合不偏」以「養其氣」，這當中有一個「兼體」、「合兩」的工夫。張載說：

---

57　林永勝指出：「張載的天地之性與氣質之性是一種連續的關係，而在程頤處，兩種性呈現形上與形下的斷裂。對張載而言，形而後有氣質之性，氣質之性一方面是天地之性的表現原則，有了氣質之性，天地之性方能體現，但氣質之性同時也是天地之性的限制原則，氣質之性會障蔽天地之性，而個體之價值正在於突破此種障蔽使天地之性彰顯。因此張載的兩種性具有一種『非一非異』的關係，就本然狀態二言，兩者是同一的，但是就現實狀態而言，二者是相異的，但經過體證之後，二者仍然可以回復其同一，而此一體證過程即『盡性』。」林永勝，〈養氣、居敬與窮理——程頤論變化氣質工夫〉，《清華中文學林》第1期（2005年4月），頁50。

太虛不能無氣，氣不能不聚而為萬物，萬物不能不散而
為太虛。循是出入，是皆不得已而然也。然則聖人盡道其
間，兼體而不累者，存神其至矣。（《正蒙・太和篇》，
《張子全書》，頁1）

「聖人盡道其間」說明張載《正蒙・太和篇》描述的並不
僅是天道論上的論題，也與工夫論有所連結。「兼體」、「合
兩」不僅是一種辯證的思維，同時也具有工夫論的意涵。[58]「兼
體而不累」乃是聖人觀氣化而來的工夫，由氣化過程中觀察到
天道之所以能在作用上不偏滯，乃是因為「其陰陽兩端循環不
已」，這是一種健動的、歷程式的架構，藉由不間斷的兼體、
合兩工夫以回歸道體。林永勝說：

張載極為強調的「兼體無累」之說，正是其盡性而天工
夫的關鍵，而偏滯於一隅、甚至為物欲所惑，則是忘其所
本，遂被張載視之為惡。但何以會有偏滯與欲求的產生？
這是因為張載的思考是一種健動的、歷程式的架構，藉由
不間斷的兼體、合兩工夫以回歸道體。……而就世界與萬
物而言，在氣化的過程，形體生成後，主體覺醒的剎那即
是工夫的起點，此工夫即是兼體合兩的盡性工夫。[59]

---

58　學者多能指出張載重視「兩一」思想，但多數學者對於張載兩一之說多是
　　從辯證法角度進行理解，而較未申論其在工夫層次上的意義。參林永勝，
　　〈惡之來源、個體化與下手工夫——有關變化氣質說的幾個思考〉，頁7。
59　同前註，頁6。

張載的「兼體無累」是一種氣學工夫論。何乏筆並且主張這種
「兼體無累」工夫有助於提出另一種修養與倫理的關係模式，
他說：

> 就牟宗三來看，氣論與工夫論顯然構成負面的關係，工
> 夫的目的在於限制與控管氣能的活動。就此，能否創造出
> 氣論與工夫論更為正面的關係，便是無法迴避的問題。[60]

是否一定要像牟宗三的解釋模式一樣將氣限制在形下義，才能
展開工夫的歷程？在何乏筆看來，如果把「兼體無累」視為是
一種氣學工夫論，那麼對於張載的解讀將可以呈現出一種不同
於牟宗三的樣貌。

唐君毅的張載詮釋不同於牟宗三──後者以太虛神體／氣
「不即不離」義（其實牟宗三真正重視的是「不即」義），建
立其形上與形下兩層存有論之體用架構。牟宗三將「氣」限定
在形下義，以說明「違理」的發生，並保證工夫之必要。唐君
毅的「形上之氣」是否無法解釋惡的來源，並由此展開氣論工
夫論？陳榮灼認為唐君毅已經勾勒出一個張載重要的氣學工夫
論方向，他說：

> 唐氏此一「辯道論」式分解可謂功比萊布尼茲之「辯
> 神論」，並且可進一步勾畫出張橫渠之「氣論」中所涵的

---

60　何乏筆，〈何謂「兼體無累」的工夫──論牟宗三與創造性的問題化〉，
　　頁101-102。

「工夫論」之基本方向：「人必求超越其對於形質之執
著與物欲，而顯其氣本具之能虛之性——亦即人之天地之
性——以大心盡心而成己成物，以成聖。」[61]

陳榮灼高度評價唐君毅的詮釋洞見，認為唐君毅之說能夠說明
張載自成一「氣論的工夫論」路數。但他也提出一個觀察：由
於受黑格爾影響的絕對唯心論立場，唐君毅最終仍與牟宗三
相同，仍是使用心性論模式，而不是一個平視心、物的視角談
張載的「氣論的工夫論」。由此看唐君毅所提出的閱讀《正
蒙》，其方法應從〈大心〉、〈誠明〉篇開始，由此去轉動
〈太和〉、〈神化〉篇；也就是以心性論、工夫論來轉動張載
的天道論、氣論，陳榮灼認為此可視為是唐君毅詮釋《正蒙》
一書「石破天驚」的重大貢獻。[62]雖然如此，但從另一方面說，
也正是由於唐君毅的心性論立場使然，天道論上的氣一元論，
轉到心性論、工夫論上，氣則明顯的被歸屬於形下義、消極
義、限制義來使用，由此而有上述林月惠對唐君毅之說所提出
的質疑，因為以其觀點，牟宗三的張載詮釋其理論系統更有一
致性。如果要談張載的氣學工夫論，筆者認為或許可以有另一
方向的思考：張載一向重視「合兩義以見一義」，那麼是不是
一定要從〈大心〉、〈誠明〉篇開始，由此去轉動〈太和〉、

---

61 陳榮灼，〈氣與力：「唯氣論」新詮〉，頁61。

62 陳榮灼說：「於其對張載《正蒙》一書所作之文本分析中，唐氏標竿立影
地將〈大心篇〉列為全書之樞紐。這一詮釋策略可謂石破天驚；因為傳統
以來，作為全書首章之《太和篇》向被視作橫渠之學的圭臬。」同前註，
頁53。

〈神化〉篇？而不能順著《正蒙》一書原來的順序，由〈太和〉、〈神化〉篇去理解〈大心〉、〈誠明〉篇？如果依張載「兩端一致」的思路，這是一個動態的循環與迴圈。張載的工夫論不僅集中在〈大心〉、〈誠明〉等篇，在《正蒙》一書中論「氣」最多的天道論文獻如〈太和〉、〈神化〉篇中，亦可看到氣學工夫的獨特之處。不略過〈太和〉、〈神化〉等篇章的工夫論語彙，由此再去看〈大心〉、〈誠明〉等篇，較可以發掘張載心性論、工夫論事實上都帶著「氣」的向度，也是帶著身體的、物質的厚度。如果不使用典型的精神優先性之立場作為預設，而以一種較為平視心、物的觀點，氣論不偏於唯心與唯物之兩端，而是能溝通兩端且平衡兩端，在兩端一致之間來回平衡運動。那麼這兩種解讀《正蒙》的方式不必矛盾，它可以是一個「其陰陽兩端循環不已者，立天地之大義」之下的思維方式；也較可以看到在張載氣學的立場下，天道論到心性論、工夫論的連貫性，與此一氣學主體模式與工夫論的特殊性。

## （二）「變化氣質」與「虛心」、「得禮」：張載氣學工夫論中的心、氣、形關係

　　眾所周知，張載談「氣」的工夫論最著名的主張是「變化氣質」。如果要談張載的氣學工夫論，不可能略過「變化氣質」。「變化氣質」在當時即是張載的重要教法[63]，並且成為

---

63　〔宋〕呂大臨〈橫渠先生行狀〉：「學者有問，多告以知禮成性，變化氣質之道。」《張子全書》，頁457。

後世理學工夫論的重要命題。當「氣」凝為「形」而成「氣質」，由此形成人、物之萬殊，「氣質」作為太虛之氣（勝義之氣）的落實原理，一方面被視為是來自於氣化過程中，個體形成後所產生的作用上的偏滯。張載雖不直接視「氣質」為惡，卻也有「氣質之性，君子弗性焉」之說，氣學工夫的展開必須再度將散殊可象的偏滯之氣，復歸清通無礙的「太虛即氣」；此即是「氣質之性」復歸於「天地之性」。但另一方面，太虛之氣與個體散殊之氣既具差異性，又有連續性，二者呈現的是「非一非異」的關係。楊儒賓說：

> 張載的「氣」是體用論格局下的概念，它與本體是詭譎的同一，所以張載強調如何轉化它的性質，使氣由「沉濁」變為「清明」。程頤的氣是形而下的，它與形上之理雖亦可說不雜不離，沒有無理之氣，也沒有無氣之理，但就本質而言，「理生氣」的「生」其意義相當薄弱，它比較接近「指導」、「轉化」的作用，所以程頤強調氣要接受理或道德意識的指導。[64]

相較於程頤，張載將氣論視為一種工夫論的態度更積極些，不僅是採取消極義的指導、對治、限制而已。張、程的對話如下：

> 子厚謂程卿：「夙興幹事，良由人氣清則勤，閒不

---

64 楊儒賓，〈變化氣質、養氣與觀聖賢氣象〉，頁111。

得。」正叔謂:「不可,若此,則是專為氣所使。」子厚
謂:「此則自然也。」伯淳言:「雖自然,且欲凡事皆不
恤以恬養則好。」子厚謂:「此則在學者也。」[65]

程顥天資極高,氣質無雜染,他的工夫路數重視的是本心的當
體呈現,因此,在程顥看來是「只心便是天,盡之便是知性,
知性便是知天,當處便認取,更不可外求。」[66]氣質問題對程
顥來說並不是工夫的重點。程頤的說法則是「氣完則理正,理
正則不私,不私之至,則神。」[67]程頤也將「氣」引了進來,
但是其工夫重在「理」,氣要充實,其前提是學者必須要見理
正確,理正才可以對治氣,因此,張載的提法在程頤看來頗有
「專為氣所使」的疑慮。張載對「氣質」的看法,除了不是漢
唐儒「用氣為性」、「氣成命定」的談法,也不同於程頤形
上、形下兩層存有論結構意義下的「氣質」,而是一個體用論
的論述。楊儒賓說:「在張載徹底的體用論架構下,超越的本
體(太虛)與其發用(氣)乃是一體的兩面,而且兩者永遠處
在動態的統一、生生的創化之中。在這種動態的統一的世界圖
式中,萬物同時參與大化的流行。因為既然說到『氣』,就不
可能有界限,就不可能不感應,就不可能不與存在界的任何事

---

65 〔宋〕程顥、程頤,〈二先生語十‧洛陽議論〉,《河南程氏遺書》卷
　　10,《二程集》(台北:漢京文化,1983),頁110。

66 〔宋〕程顥、程頤,〈二先生語二上〉,《河南程氏遺書》卷2上,《二程
　　集》,頁15。

67 〔宋〕程顥、程頤,〈伊川先生文五‧再答〉,《河南程氏文集》卷9,
　　《二程集》,頁597。

物有種內在的共享關係。」[68]「就經驗層而言，『氣質』是氣的落實化，它是限制性的原理。但我們如就『氣質』此概念作本體宇宙論的分析，它事實上又是建立在道氣一如的『氣』之基礎上。所以任何的『氣質之性』原則上都帶有『氣』所涵攝的感通、生生之作用。」[69]也就是說張載的「氣質之性」隱藏了雙重結構，作為太虛之氣（勝義之氣）的落實原理，「氣質」即表現的同時也即限制，此限制乃是來自於氣化過程中，形體形成後所產生的作用上的偏滯。偏滯於一隅，隨物欲而行而下，個體的「氣質」遂由材質義的美惡，終成道德義的善惡。要改變作用偏滯而形成的惡，則有待於主體覺醒。個體的「氣之偏」是可以「變化」的，這是對「天地之性」、「太虛之氣」的回歸運動。

如何「變化氣質」？張載說：

為學大益，在自能變化氣質，不爾卒無所發明，不見得聖人之奧。故學者先須變化氣質，故變化氣質與虛心相表裏。（《經學理窟・義理》，《張子全書》，頁82）

變化氣質。孟子曰：「居移氣，養移體」，況居天下之廣居者乎！居仁由義，自然心和而體正。更要約時，但拂去舊日所為，使動作皆中禮，則氣質自然全好。《禮》曰「心大體胖」，心既弘大則自然舒大而樂也。若心但能弘

---

68　楊儒賓，〈變化氣質、養氣與觀聖賢氣象〉，頁106。
69　同前註。

> 大，不謹敬則不立；若但能謹敬而心不弘大，則入於隘，
> 需寬而敬。大抵有諸中者必形諸外，故君子心和則氣和，
> 心正則氣正。其始也，固亦須矜持，古之為冠者以重其
> 首，為履以重其足，至於盤盂几杖為銘，皆所以慎戒之。
> （《經學理窟・氣質》，《張子全書》，頁74）

在張載工夫論中，「變化氣質」一事極為重要。而「變化氣質」的方式有二，一是以「禮」的進行身體禮儀修煉；一是透過「虛心」的心性工夫。由於形—氣—心三體共構，張載氣學工夫論之開口處表現在身、心兩端；「變化氣質」同時也是一種「虛心」的心性工夫與「得禮」的身體實踐。

　　此處為了凸顯張載對心、氣問題思考的特殊性，仍從張載的「虛心」工夫來說。張載的心性工夫有前後期的變化，他早期思考的重點是如何「定性」的問題。〈定性書〉開頭程顥歸納了張載的意見說：「承教，諭以定性為能不動，猶累於外物。」並且以「動亦定，靜亦定」回答張載的困惑。[70]程顥天資高而氣質精純，「動亦定，靜亦定」之說顯示他已達到喜怒哀樂發而皆中節的境界，故能動靜一如。但現實上並非人人皆可如此，因此，程顥教人也很強調「靜亦定」的重要性，多教學生學習靜坐。[71]程顥以靜坐為下手工夫的理由，「最主要的目的是暫時與世隔絕，然後觀喜怒哀樂未發前氣象如何，藉由這

---

70　〔宋〕程顥、程頤，《河南程氏文集》卷2，《二程集》，頁460。

71　關於靜坐在程門工夫的重要性，如謝上蔡說：「明道一日謂之曰：『爾輩在此相從，只是學某言語，故其學心口不相應。盍若行之？』請問焉。曰：『且靜坐。』」（《宋元學案・上蔡學案》）

種方式打通未發到已發間可能存在的種種變因，此即程門最重
視的觀未發或參中和工夫，而這正是程門工夫的下手處。」[72]
張載當時認為性應該不動，而且不為外物所累。張亨說：「張
載說『定性』的時候是涵著定心工夫的。定心使之不動，就是
『靜』的工夫。」[73]張載確實也重視「靜」，他本人亦不乏靜
坐的實踐，如張載說：「始學者亦要靜以入德，至成德亦只是
靜。」（《經學理窟・學大原下》）可以看到他對「靜」的工
夫之強調。張載早期對「定性不動」的思考，可以視為另一種
形態的觀未發工夫。但是，張載為什麼後來不再使用類似程門
的觀未發工夫，靜坐也沒有成為張載關學的重要教法？林永勝
認為：

　　觀未發的工夫，是藉由隔斷已發來進入未發，跳開了氣
質之性這個已發、未發的中界者（或說載體），故即使體
證了未發之中，但對氣質也不會產生具體的影響。這是因
為觀未發工夫是由佛教之禪法改造而來，而佛教本來就不
重視氣質的問題。……而張載注意到氣質之性作為已發與
未發之中界者的角色，並對氣質所具有的限制因素／表現
因素有更深入的思考後，遂主張直接針對氣質進行修養，
以讓未發與已發能夠連成一氣。[74]

---

72　林永勝，〈惡之來源、個體化與下手工夫——有關變化氣質說的幾個思
　　考〉，頁22。

73　張亨，〈《定性書》在中國思想史上的意義〉，氏著，《斯文之際論集》
　　（台北：允晨文化，1997），頁411。

74　林永勝，〈惡之來源、個體化與下手工夫——有關變化氣質說的幾個思
　　考〉，頁23。

張載後來放棄了原先對「定性不動」以達到不累於外物的思考，是因為觀未發或靜坐這樣的超越逆覺體證法，雖可直證本體，但張載認為其間仍有不足，此不足即在於它跳過了「氣質」這個載體。

　　張載轉而要求工夫必須是能夠「變化氣質」的，因此，他的心性工夫不再強調「定性」，轉而主張「虛心」。張載說：「變化氣質與虛心相表裏」（《經學理窟・義理》）為什麼「虛心」能夠與「變化氣質」合作，成為一種「相表裏」的工夫？張載說：「靜者善之本，虛者靜之本。靜猶對動，虛則至一。」（《張子語錄・語錄中》）他認為「虛」不只是靜，而是能夠兼涵動靜，「虛心」才能真正達到程顥所說「動亦定，靜亦定」的動靜一如之境界。張載說：

　　　　太虛者，天之實也。萬物取足於太虛，人亦出於太虛。太虛者，心之實也。（《張子語錄・語錄中》，《張子全書》，頁262）

由此，可以發現張載從天道論談「太虛即氣」（《正蒙・太和》），到人性論說「合虛與氣，有性之名」（《正蒙・太和》），到工夫論談「變化氣質與虛心相表裏」（《經學理窟・義理》）乃是一個一貫而下、同一個脈絡的說法。以下來看張載如何談「虛心」，張載說：

　　　　天地之道，無非以至虛為實。人須於虛中求出實。聖人，虛之至，故擇善自精。心之不能虛，由有物榛礙。

（《語錄中》，《張子全書》，頁263）

虛心，則無外以為累。（同上）

當以心求天之虛。大人不失其赤子之心，赤子之心今不可知也，以其虛也。（同上）

「虛心」就是未分化的赤子之心，在氣質形成的個體化過程中，有了人物之別，再有了自他之分，雖然因此開顯出世界，但在逐漸分化的過程中，也成為「意必固我」的有限心，張載稱之為「成心」、「象心」，此已不復「太虛之氣」的清通無礙。因此在氣的個體化、具體化過程中，同時也容易與他人或萬物相對的產生阻礙，「變化氣質」即是從個體「有物榛礙」的「氣質」，回復到清通無礙的「太虛之氣」。此則有待於心之能「虛」以復其清通，因此，張載主張「虛心」。心能「虛」則不會只以一軀為己、以物為外為礙。「虛心」不是對象化的、具體化的「聞見之心」，而是「無所不感」的感通心靈。張載說：

若聖人，則不專以聞見為心，故能不專以聞見為用。無所不感者，虛也；感即合也，咸也。以萬物本一，故一能合異；以其能合異，故謂之感。（《正蒙‧乾稱篇》，《張子全書》，頁54）

在與他人、他物感通的過程中，發揮互為主體的能力，能虛其

心則能「無外以為累」，他人不再只是他人、外物不再只是外物，而氣質作為個體行為的載體也隨之而變化，心氣同流，「虛心」則心能盡心知性，「變化氣質」則氣成浩然之氣。

張載談「變化氣質」其中工夫除了「虛心」，還有「得禮」。張載說：

> 立本既正，然後修持。修持之道，既須虛心，又須得禮，內外發明，此合內外之道也。（《經學理窟·氣質》，《張子全書》，頁78）

張載反覆強調「禮」可以「變化氣質」。「虛心」與「得禮」正是張載由心、身兩端展開的內、外修煉之處。張載透過「禮」來變化氣質，養浩然之氣，復歸於「天地之性」，此是由外往內安頓，以禮為規範，以調身為主的工夫，此在孟子較少發揮，可視為對孟子心性工夫的補充與開展。禮儀修煉剛開始時是作為一下手工夫而存在，其意涵是以日常生活中的身體禮儀規範為主。在張載看來，自然生命之病不只有「氣」，還有「習」。張載說：「性，猶有氣之惡者為病；氣，又有習以害之。此所以要鞭（後）〔辟〕至於齊，強學以勝其氣習。」（《張子語錄·語錄下》）「氣」落入「形」後的「氣之偏」，加上後天的「習」害之，終成難纏難治的「習熟纏繞」。此狀態下教人「虛心」並不容易，張載因此認為若借助某種「制於外」的身體禮儀實踐，會有更好的對治效果。張載說：

　　某所以使學者先學禮者，只為學禮則便除去了世俗一副當〔世〕習熟纏繞。譬之延蔓之物，解纏繞即上去，上去即是理明矣，又何求！（《張子語錄‧語錄下》，《張子全書》，頁267）

　　「君子莊敬日強」，始則須拳拳服膺，出於牽勉，至於中禮卻從容，如此方是為己之學。〈鄉黨〉說孔子之形色之謹亦是敬，此皆變化氣質之道也。（《經學理窟‧氣質》，《張子全書》，頁77）

透過「禮」檢束薰陶，可收斂體氣，這是「制於外」的工夫，這樣的路數，不是張載自創，原本即是孔門常見的下學工夫。但是張載對「禮」的期待不僅於此。張載談「氣」通形上形下，「禮」在他看來也是一個「透上透下之事」（《禮記說》，《張子全書‧補遺一》）。張載氣學論「禮」的特殊處在於他主張禮不全出於人，而是本於天、出於太虛，而太虛即氣，因此，氣與禮——即「太虛之氣」與「天地之禮」，兩個概念同源而共構。「太虛之氣」清通無礙，「天地之禮」為天秩天序，都是正面表述的語詞，張載顯然預設「氣」與「禮」是相通的。他特別強調「變化氣質」與「禮」具有本質的關聯，主體在與「禮」的對勘之中，很自然地可以帶動「氣」的變化，因此，他認為「得禮」可以「變化氣質」。「氣」通形上、形下，「禮」也可以「上下達」；「禮」是下學的入手工

夫，也是可以上達的本質工夫。[75]「禮」對「變化氣質」能發揮兩種作用：對治負面「習氣」，「禮」近似宗教之戒律，能發揮防閑功能；「禮」亦可正面滋養德行，經過反覆浸潤，能夠產生一種氣氛與動能，學者的身心狀態逐漸平和，張載因此說習「禮」有「集義」之效。行「禮」以「集義」，進而帶動「氣」之流行，培養出「浩然之氣」。張載曾經描述自己的實踐歷程，他說：「某舊多使氣，後來殊減，更期一年庶幾無之，如太和中容萬物，任其自然。」（《經學理窟·學大原上》）當重返天人無隔的合一境界時，「氣質之性」所帶來的個體限制消失，不再為「氣質」所擾，而復歸於「天地之性」與「太和之道」。[76]

## （三）「大心」與「體物」：張載氣學工夫論的心、物關係

在「氣」凝成「形質」的特殊化、個體化過程中，人、物的窒礙也接著產生，因此，張載主張：「學者先須變化氣質，變化氣質與虛心相表裏。」「虛心」工夫能超越形質之窒礙，「無外以為累」，此亦即是「體天下之物」的「大心」。張載

---

75　張載說：「學者且須觀禮，蓋禮者滋養人德性，又使人有常業，守得定，又可學便可行，又可集得義。養浩然之氣須是集義，集義然後可以得浩然之氣。嚴正剛大，必須得禮上下達。義者，克己也。」（《經學理窟·學大原上》，《張子全書》，頁86）

76　關於張載之「禮」作為一種工夫，以及它與「變化氣質」關係的詳細論述，筆者另外撰有論文探討。見王雪卿，〈禮如何做為一種工夫——以張載與朱子為核心的考察〉，《成大中文學報》57期（2017年6月），頁102-113。

說：

> 大其心則能體天下之物，物有未體，則心為有外。世
> 人之心，止於聞見之狹。聖人盡性，不以見聞梏其心，其
> 視天下無一物非我，孟子謂盡心則知性知天以此。天大無
> 外，故有外之心不足以合天心。（《正蒙·大心》，《張
> 子全書》，頁17）

以「大心」與「體物」並舉談張載工夫論，一方面凸顯張載的
氣學工夫論除了主體修養外，和心學相較，更重視客觀面的物
之存在價值，要求「人當平物我，合內外。」（《經學理窟·
學大原下》）張載說：

> 天包在萬物於內，所感所性，乾坤、陰陽二端而已。
> 無內外之合，無耳目之欲，與人物蕞然異矣。人能盡性知
> 天，則幾矣。（《正蒙·乾稱》）

相較於《孟子》談「盡心則知性知天」凸顯縱貫向度的倫理學
高度，張載接著《孟子》而說，除了從「太虛氣化」為孟子的
「盡心則知性知天」之說，提供一個存有論的解釋之外，其
「大其心則能體天下之物」的主張，則更進一步肯定「物」對
於道德實踐具有重要價值。「心」並不自外於「物」，對張載
來說，沒有不需要「體物不遺」，就能「盡心則知性知天」
的。「體物不遺」乃是在「盡心則知性知天」之向上超越、縱
貫軸的「人與終極關懷的本質之繫聯」之外，同時要求主體進

行橫攝軸的「人與他人的本質之繫聯」、「人與萬物的本質之繫聯」的工夫。張載的感通主體——「虛心」，同時也是一個「體物而不遺」的「大心」，將人的視角不只放在縱貫軸的「天道性命相貫通」，也平放於他人與萬物之間，並且在「氣」的感通與相偶中，使主體不斷地躍出，從而擴大主體。「感」作為道體之用，對於主體的擴大——「大其心」很重要。如同鄭宗義所說：

> 此所謂能體天下之物的大心，並非直接就是道德本心，而是「以觀自然之天之神化之表現之道」的感通心靈。又橫渠名之曰「德性之知」。……由感通之心進一步，「順道成變化，以『過化』而『物物』，即敦仁之事。」[77]

無論是從「無所不感者，虛也」的「虛心」，或是「大其心則能體天下之物」的「大心」來看，張載所談的「德性之知」，並不宜直接視之為「道德本心」，而當視之為一個與人、物疾痛相感的「感通心靈」。

張載在其倫理學名作《西銘》說：

> 乾稱父，坤稱母；予茲藐焉，乃混然中處。故天地之塞，吾其體；天地之帥，吾其性。民吾同胞，物吾與也。（《正蒙·乾稱》，《張子全書》，頁53）

---

[77] 鄭宗義，〈本體分析與德性工夫——論宋明理學研究的兩條進路〉，頁85。

　　《西銘》的「民胞物與」，即是在氣學工夫論中氣化運動流行與主體修養繫聯的前提下，表現出來的一具有「人與終極關懷的本質之繫聯」（乾稱父，坤稱母）之外，同時要求主體進行「人與他人的本質之繫聯」（民吾同胞）、「人與萬物的本質之繫聯」（物吾與也）的萬物一體之境界。唐君毅曾以《西銘》來說明張載和明道工夫論的異同，唐君毅說：

> 明道之言仁，與橫渠之訂頑（即西銘）言「民、吾同胞，物、吾與也」，以至「凡天下疲癃殘疾，惸獨鰥寡，皆吾兄弟之顛連而無告者也」之言，與民物疾痛相感之旨合。故明道稱西銘。然此中明道之學與橫渠不同者，即在橫渠正蒙一書言為學之要，在先存虛明之神以去物累，而變化氣質。此即精義以入神之事，由此義方有仁。如前所說。故此西銘之言仁，乃橫渠學之結論而非其前提。[78]

後來的學者無論是朱子與陸王之流，皆同稱許明道。唐君毅亦讚許明道「無內外、徹上下」、「只心便是天」[79]，圓融的體悟境界甚高。但是他卻也質疑明道「識仁」的工夫（即本體即工夫、頓悟本心的積極工夫）並非人人皆能。唐君毅認為：「此物來順應之境，如何能致，如何知物之當喜，物之當怒，以知理之是非，亦皆非易事。」[80]「明道之定性書之文之義，尚可有

---

78　唐君毅，《中國哲學原論：原教篇》，頁137。
79　同前註，頁127。
80　同前註，頁133。

種種補充，亦不可據之以薄橫渠之見。」[81]張載不走直接頓悟本心的工夫之路，是因為他認為道德本心要真能感應無間，泛應曲當，並不能略過「物」，而不做「體物」的工夫。

張載「大其心則能體天下之物，物有未體，則心為有外」，說明了「大心」與「體物」連結的必要性。張載的氣學工夫論和後來的程朱理學、陸王心學相較，確實表現出較多的對物學之重視。唐君毅曾指出張載（也包括周敦頤等北宋諸儒）非純然以道德工夫為入路，這是後來程朱、陸王之所為。張載的工夫論中另有一種「觀物生生的工夫」，此觀物工夫與道德工夫相輔相成，即藉外觀萬物所表現的創生意義，以印證吾人內在道德所表現的創造意義。[82]楊儒賓也說：

> 程朱系以「格物窮理」及「主敬」交迭為用，以彰顯本心；陸王系特別偏重當下的主體轉換的工夫，良知即是現成良知；第三系儒學則對自然有哲學的工夫可作，物論有相對獨立的地位。[83]

如果將張載以下的文字視為一種工夫論語言，那麼或許可以同意唐君毅與楊儒賓對張載第三系儒學中另有一對自然的觀物工夫之看法。張載說：

---

81　同前註，頁133、134。

82　同前註，頁51。另參鄭宗義，〈本體分析與德性工夫──論宋明理學研究的兩條進路〉，頁83-84。

83　楊儒賓，〈喚醒物學──北宋理學的另一面〉，《漢學研究》35卷2期（2017年6月），頁75。

> 氣坱然太虛，升降飛揚，未嘗止息，《易》所謂「絪
> 縕」，莊生所謂「生物已息相吹」「野馬」者歟！此虛
> 實、動靜之機，陰陽剛柔之始。浮而上者陽之清，降為下
> 者陰之濁，其感通聚結，為風雨，為雪霜，萬品之流形，
> 山川之融結，糟粕煨燼，無非教也。（《正蒙·太和》，
> 《張子全書》，頁2）

張載談「物」，有本體宇宙論的向度、工夫論的向度，張載的
體物、觀物工夫亦是觀氣化的工夫。相較於宋明理學工夫論中
源自程門的另一個重要觀法——「觀喜怒哀樂未發前氣象」
的「觀未發」工夫，常與靜坐連用（可能來自於佛、道教的影
響），「觀未發」工夫可以視為是一種指向「內向型冥契經
驗」的心體呈露觀法。張載之「觀氣化」、觀物生生，由此體
驗到的「萬品之流形，山川之融結，糟粕煨燼，無非教也。」
則可以通向於「外向型的冥契經驗」。[84]張載的「體物」、「觀
物生生」與「觀氣化」，可以視為是「氣學工夫」或「物學工
夫」。劉滄龍探討張載、王夫之的「氣的工夫」時說：

> 「氣」不只是一自然現象，更重要的是人能參與實踐
> 「氣」的變化流行，此一實踐性的參與便使「氣」有了工
> 夫義與人文性。因此，「氣」綰合了自然與人文，實然與

---

84 「內向型冥契經驗」與「外向型冥契經驗」見史泰司（W.T. Stance）著，楊
　儒賓譯，《冥契主義與哲學》（台北：正中書局，1998），頁65-93。

應然，既是超越的天道，也是內在的人道。[85]

依此，「氣」不僅是自然現象，而是綰合了自然與人文、天道
與人道的「工夫」。劉滄龍說：「氣學在儒家一脈的發展也跟
易學傳統有密切關係，其中兩個關鍵的思想家是北宋的張載與
明末的王船山。」[86]張載、王夫之的「氣的工夫」也與《易》關
係密切。聖人在觀物、體物（本體宇宙論意義的「物」）中體
會《易》之「不有兩則無一」、「兼體而不累」。張載之學與
《易經》淵源甚深，一向被視為是《易》學，「大心體物」、
「觀物生生」是一種易學工夫。第一代當代新儒家熊十力早年
即從讀《易》而對心、物關係有所體悟，晚年捨佛歸《易》，
其學也被視為是易學。[87]熊十力論為學工夫時曾說：

85　劉滄龍，《氣的跨文化思考：王船山氣學與尼采哲學的對話》（台北：五
　　南圖書出版，2016），頁42。
86　同前註，頁7。
87　熊十力說：「余年十八，讀《易繫傳》，至闔戶之謂乾，闢戶之謂坤，
　　神解脫然。頓悟虛靈發者，謂之闢，亦謂之心；聚凝闔斂者，謂之翕，
　　亦謂之物。心無內外，物者，心之所運用，所了別，亦非離心外在。」
　　可見熊十力早年即從讀《易》而對心、物關係有所體悟。熊十力，《十
　　力語要》，《熊十力全集》（武漢：湖北教育出版社，2001），卷4，頁
　　15。張岱年〈憶熊十力先生〉也說：「熊先生早年依據佛學，宣揚『離
　　識無境』，『諸行無實』（見《新唯識論》），晚年捨佛歸《易》，明確
　　肯定萬物真實，他說：『宇宙萬化，萬變萬物萬事，真真實實，活活躍
　　躍，宏富無竭，……』（《體用論》）於是提出『攝體歸用』之說：『攝
　　體歸用，則萬物皆有內在根源，……』（《乾坤衍》）」張岱年，《回
　　憶錄》，《張岱年全集》（石家莊：河北人民出版社，1996），卷8，頁
　　449、450。

收斂精神是為學切要工夫。這工夫雖少不得靜坐，然而好用思想底人，靜坐反不妙。……我嘗以此為苦，始知靜者不是討個靜境便得。……後來轉向動中理會靜的意思，始有入處。每日把靜坐的時間，改用之於動。或臨流觀水，或登高蒼茫望天，漸覺思慮澂清，致有滋味，時有所悟，卻不曾勞累。從此確信大易變動不居底道理，可以應用無窮。[88]

觀物、體物工夫，在熊十力身上也有相似的描述。熊十力認為這樣的動態遊觀工夫乃是來自於《易》，此對於大易變動之道、動中靜工夫的體驗，或許也可以與張載的氣學工夫遙映。

## 五、結語

張載有沒有自成一系的氣學工夫論？如果檢證非唯物論形態的「理學第三系」氣學論爭中，最具有關鍵影響力的兩人——唐君毅與楊儒賓的觀點來看，陳榮灼認為唐君毅已經能夠指出：「張橫渠之『氣論』中所涵的『工夫論』之基本方向：『人必求超越其對於形質之執著與物欲，而顯其氣本具之能虛之性——亦即人之天地之性——以大心盡心而成己成物，以成聖。』」至於楊儒賓，原本即是採取工夫論的進路來談「兩種氣學」之不同，要證明張載——王夫之「先天型氣學」在宋明理學中足以獨立成系，楊儒賓除了在當代新儒家前輩學

---

88　熊十力，〈論靜坐〉，《尊聞錄》，《熊十力全集》，卷1，頁611-612。

者中，取資於唐君毅的張橫渠重氣、於程朱陸王之外自成一派的主張，作為其理學第三系——「先天型氣學」的根據之外；同時也對他在《異議的意義：近世東亞的反理學思潮》一書中所說：「從張載所持的無限人性論、工夫論來看，與其說是氣學式的，不如說是理學式的。」之論斷提出解釋。真正說起來，楊儒賓所謂的張載工夫論與其說是「氣學」式的，不如說是「理學」式，此說乃是放在與唯物論氣學對辯的脈絡下「為了劃分兩種氣的混淆」而使用。儒學「先天型氣學」作為「理學第三系」要足以成「系」，無論是在本體論、人性論、工夫論上，都應該要有其獨特的、足以區隔他系的主張。那麼。張載到底有沒有足以獨立成「理學第三系」的獨特工夫論？楊儒賓說：

> 　　在理學分系的各種標準中，不一定只有一種核心義，可能是有一組家族的類似性作為標準。由於儒學的成德之教使然，工夫論通常會扮演很吃重的角色。程朱的「格物窮理」說和王學的「致良知」說即分別是兩系的核心工夫論，兩者對比的重要性應該不下於「性即理」與「心即理」說作為學派判準的意義。相對於程朱陸王，張載、王夫之等人的系統沒有明確提出一種單一核心的工夫論宗旨，但我們現在所知道的理學的主要工夫論預設，幾乎都成立於北宋時期，而張載即是其中的主要提供者。德性之知（天德良知）／見聞之知、義理之性（天地之性）／氣質之性的分別、心統性情、變化氣質之說等等，無一不為朱子、陽明所繼承。張、王之學當然有工夫論，但具有超

越義的氣化宇宙觀仍是張、王之學顯著的特色。[89]

張載氣學不像程朱理學的「格物窮理」、陸王心學的「致良知」一樣，有一個單一的、核心的工夫論語彙，但是宋明理學工夫論的不少重要設準確實都來自張載。因此，本章藉著張載氣學如何回答「氣非形下而違理如何產生？」此「惡之來源」問題，而嘗試初步展開張載氣學工夫論的討論，透過「兼體無累」，「虛心」、「得禮」以「變化氣質」，「大心」與「體物」等等，以說明張載氣學工夫下的形一氣一心三位一體結構、超克心物二元關係的特色。

　　回到當代儒家氣學論爭來看，唐君毅與楊儒賓對張載的「氣」都賦予極高的地位，也都曾以「氣學」來稱呼張載，但是「氣學」是否足以窮盡張載學術性格？唐、楊答案或許並不完全相同。唐君毅雖然對於非唯物論氣學有高度的同情，但他對於儒學主體的看法，整體而言仍是持心性論立場。新儒家中唐、牟一向並稱，他們對於張載哲學形態的理解有殊相，也有共相。至於楊儒賓，試圖克服當代新儒家對心性主體的過度關注，以至於遺落身體與物質向度所造成的二元論困境，幾乎是楊儒賓所有研究的起點。包括他對儒家身體觀、氣論、工夫論、莊子研究等，都可以看到他對當代新儒家主體性哲學的批判。其重談「理學第三系」——張、王氣學，用意是藉由可以溝通心物的氣化論，擺脫唯心論與唯物論的二元對立，並且藉由儒家「先天型氣學」的提出，克服當代新儒家心性主體模式

---

89 楊儒賓，〈異議也可以是教義——回應〈「異議」的再議〉〉，頁154。

所面臨的困境，從而進一步思考會通唯物論與社會主義的可能性。楊儒賓與前輩學者的關懷不盡相同，但唐君毅論「氣」的重要說法：「如要親切理會，當說其氣只是一流行的存在或存在的流行，而不更問其是吾人所謂的物質或精神。」此一打破「唯心—唯物」二元框架的氣論主張，卻被楊儒賓繼承下來，並且成為後來與林月惠之間，對於儒家氣學與「理學新三系說」論爭的重要脈絡。楊儒賓的儒家氣學最重要對話對象是牟宗三，但在與牟宗三對話的過程中卻逐漸的走向唐君毅。唐君毅與牟宗三同時，後牟宗三時代的新儒學對於「接著講」要如何講的思考，卻又有趣的呈現出對唐君毅的繼承與回歸。唐君毅之說可能蘊含的價值與潛力，值得研究者再思考。

結論

# 當代的張載氣學

## 一、前言：張載氣學性格的爭議及其潛力

張載的儒學重建過程中，由氣論來闡述儒家天道性命之學是極為鮮明的特色。大量使用氣論文字曾經使得張載在程朱理學與陸王心學輪流當家作主的理學史上備受質疑，甚至長期被邊緣化。此情形在1949年後有了明顯的改變，這和「氣學」的提出有關。大陸學界張岱年、馮友蘭、侯外廬諸家主張在心學、理學二分架構外，要再加上氣學一系，宋明理學的圖像才完整。但由於唯物主義的立場，張載哲學的本質被定調為「唯物論」、「氣一元論」、「形下論」；試圖將張載的歷史定位由「理學宗師」的脈絡拉出，轉而視之為「氣學之祖」。港台則以當代新儒家牟宗三、唐君毅的詮釋最具影響力。唐、牟的詮釋則和前者顯得處處針鋒相對，他們的哲學立場一致以反對唯物論為基調而展開，並且將唯物論等同唯氣論。牟、唐肯定張載之學乃儒家傳統意義下的心性論、道德形上學，將張載從唯物論氣學的陣營中再度拉回到理學傳統之中。不同於唯物論氣學學者取消張載的形上性格，牟宗三堅持「太虛」作為形上

實體的根源義、超越義、創生義，他的詮釋沒有賦予「氣」太多正面意義，僅視之為形下材質；可是張載以氣說道的字眼卻又隨處可見。張載的氣論文字為牟宗三帶來解釋上的麻煩，他因此經常使用「滯辭」說來批評張載。不斷批評原作者說法有缺陷背後隱藏的問題，顯示其詮釋系統和張載哲學間存在著某些歧異，而此歧異可能恰巧忽略了張載氣論所蘊含的存有論與倫理學的潛力。唐君毅則正面肯定「氣」在張載哲學中的地位，主張應高看、上看此氣；並進而提出張、王氣學具有可以自成獨立一系的潛力，但此一見解如何與反唯氣論立場取得一致性也受到質疑。唯物論、牟宗三與唐君毅構成20世紀後半張載氣論的三種基本類型，而當中又以「太虛即氣」命題為核心而展開。三者對張載詮釋的重大歧異及其延伸的問題，成為當代學界研究張載時最關注的論題，並且被頻繁、反覆的作為研究題材。何以一個思想家可以被詮釋為完全不同的架構？張載並不像其他核心理學家一樣的容易被歸類，如程朱之為理學，陸王之為心學，學者儘管依傍的理論不同，但基本上都有一致性的看法。在中國哲學史的研究中張載的學術性格極為特殊，而此與張載的「氣」如何詮釋關係至為密切。大陸唯物論與當代新儒家心性論在張載氣論性格上的針鋒相對，此間的張力卻也隱隱透露張載學術的潛力。

　　進入21世紀後，除了在三種基本類型之中進行更細緻的處理與調和之外；隨著氣學的發展，學界也逐漸意識到唯氣論與唯物論之間不必然要畫上等號，學者提出為了避免討論上的糾葛，不應僅是籠統的使用「氣學」或「唯氣論」、「氣本論」這樣的說法；而應在「氣學」的用法中做更精細的分判與類型

的區分。晚近張載氣學研究中，楊儒賓以「先天型氣學」定位張載氣學的性格，何乏筆以「兼體無累氣學」來談張、王氣學，都是值得注意的發展。當中有著對新儒家「心性之學」的主體概念與形上學優先性的反思[1]，也有著體用論與相偶論的交涉。本書的研究興趣與其說是企圖於其中選擇出一種最好的解釋模式，毋寧說是期望在這些立場歧異的張載氣論詮釋中，呈現張載思想的豐富意涵，以及思考張載氣學可能蘊含的存有論與倫理學的潛力。

## 二、「太虛即氣」說的三種類型：唯物論、牟宗三與唐君毅

「太虛即氣」是張載思想的核心議題之一，「太虛即氣」如何詮釋，往往影響了學者對張載思想的整體理解。關於當代「太虛即氣」說的類型，陳政揚說：

> 有學者認為，若要釐清這個問題，則首先需要辨析「太虛即氣」之「即」應當理解成「就是」，或者當理解為「相即不離之即」。若將「即」理解為「相即」之義，則太虛是天道創化之本體（體），而氣是創化之行跡

---

1　何乏筆指出，對牟宗三來說「氣論與工夫論顯然構成負面的關係，工夫的目的在於限制與控管氣能的活動。」但這樣的說法卻忽視了氣論在當代哲學的潛力。透過「氣論」的研究與其價值的重新肯認，他指出「氣論」不是負面的因素，相反的非常具有潛力，不論是在解決形上學與創造性的對立，或是工夫論的方向上。何乏筆，〈何謂「兼體無累」的工夫——論牟宗三與創造性的問題化〉，收入楊儒賓、祝平次編，《儒家的氣論與工夫論》，頁101-102。

（用），太虛與氣是體用圓融之異質關係。若將「即」理
解為「就是」，則又可繼續追問：太虛與氣是同質同層的
均為形下之物質？又或者當跳脫「唯心／唯物」之框架，
將太虛與氣皆視為「流行的存在」或「存在的流行」？由
此可知，對於「太虛即氣」的理解，根本的影響了吾人對
張載思想的詮釋。2

陳政揚認為依「太虛即氣」之「即」理解不同，究竟是將
「即」視為「相即」或「就是」（等同），形成當代「太虛即
氣」說的三種重要詮釋系統，即：「唯物說」、牟宗三「體用
圓融說」、唐君毅「虛氣不二說」。依「唯物說」論「太虛即
氣」者主張太虛「就是」（等同）氣，主要代表人物為馮友
蘭、張岱年、陳俊民等人，其說以唯物主義立場檢視張載哲
學，不論稱張載為「氣本論」、「唯氣論」或「氣一元論」，
他們共同的立場是「將張載所言之『氣』視為構成宇宙的基本
物質，並將太虛視為物質性的氣之本來面貌（存在狀態）。」
「太虛與氣是同質的關係，均為形下的物質，二者的差別僅在
於存在狀態的不同。」3由「體用圓融說」論「太虛即氣」者
為牟宗三，牟宗三凸顯張載的本體論思想，在「天道性命相貫
通」的義理架構中，彰顯道體、性體、心體的通一無二，使張
載作為北宋理學先驅的地位更加明確。因此，牟宗三堅持太虛
不等同於氣，而只能是一個體用「相即」的關係，對牟宗三而

---

2　陳政揚，《張載思想的哲學詮釋》，頁23。
3　同前註，頁24-26。

言，「『太虛』是清通無跡之神，是道德創造潤身踐形所以可能之超越根據，而『氣』是能體現、終成（具體化）天道之創生的『材質』。由於太虛是氣之本體，故可知太虛與氣有形上與形下之別。」[4]相較於牟宗三強調太虛的本體地位（太虛神體）[5]，凸顯太虛與氣不離而實際上有別的異質關係，唐君毅則側重於張載的「兩一思想」[6]，合兩義相對者以見一義，由此談「虛氣不二」。唐君毅主張應跳出「唯心／唯物」、「精神／物質」的詮釋框架，重新探討「氣」概念在張載思想中的意義。[7]他提出「氣」應被高看、上看為一「真實存在之義」。[8]而太虛是指「清通之神」，太虛並非指一包含萬物的無限空間，而是由天之虛明以照鑑萬物之神而言「太虛」。在唐君毅看來，「太虛無形，氣之本體」乃是「體性之體而非本體之體，氣實以虛為其體性」。[9]氣以其虛，故能消融已然凝聚之形，而再次化生為另有形質之它物，此是從縱的一面證成「虛氣不二」；而在另一方面，正是因為氣的虛靈性，物與物之間得以相互感通與涵攝，此是從橫攝面而言「虛氣不二」。依陳政揚的分類，相較於牟宗三以「相即」義之視「太虛即氣」為形上與形下兩層的異質關係，唐君毅與唯物論都將「即」視為「就

---

4　同前註，頁24-26。牟宗三說法見《心體與性體》第1冊，頁440-446。

5　牟宗三因此常將太虛稱為「太虛神體」或「太虛常體」。同前註，頁446、455。

6　張載：「兩不立，則一不可見；一不可見，則兩之用息。」（《正蒙・太和篇》，《張子全書》，頁3）

7　唐君毅，《哲學論集》，頁217-218。

8　唐君毅，《中國哲學原論：原教篇》，頁99。

9　唐君毅，《哲學論集》，頁220。

是」的關係，雖如此，二說實質的內涵卻大不相同。

除了陳政揚以「即」的「就是」或「相即」兩種不同解讀方式，將「太虛即氣」詮釋分成唯物論、牟宗三、唐君毅三型之外；大陸學者李曉春考察當代對於「太虛即氣」命題，將研究者分成：「是」系學派、「即」系學派、「即是」系學派三系，並且將當代張載研究者的詮釋立場分別納入三系中作定位。[10]李曉春認為其中第一種「是」系學派認為「『太虛即氣』中的『即』應該解釋為現代漢語的系詞『是』，從而認為太虛與氣是同質的，並認為太虛是氣的本然狀態，這一系的代表是馮友蘭、張岱年、姜國柱、陳俊民、陳來、楊立華為代表。」[11]第二種「即」系學派首推牟宗三之「體用圓融」、「神體氣化不即不離」，反對將「即」理解為「是」，認為「即」有「不即」和「不等」兩個意義。同意牟宗三主張者，除了台灣的蔡仁厚與胡元玲外；大陸學者丁為祥深受牟宗三影響，否定太虛與氣的同質性，認為二者是異質的本體與現象、本體論與宇宙論的關係。林樂昌也深受「即」系學派的影響，「將『即』解釋為『合』，與不離義有別而相距不遠。」並且強調「『合異』與『非有異則無合』是張載論『合』的原則，這意味著相合的虛與氣二者必然是異質的而不是同質的。」在強調太虛與氣之異質性的同時，林樂昌認為張載宇宙論具有兩層的結構，在宇宙本體論層次上強調太虛本體的超越性與先在性；在宇宙生成論層次強調太虛與氣的關聯性與共在性。此作

---

10　李曉春，《張載哲學與中國古代思維方式研究》，頁248-267。
11　同前註，頁248。

法實質上更加凸顯「太虛不一定非要『即』氣，太虛作為與氣不同的異質本體，有一個可以脫離氣的超脫地位。」[12]第三種「即是」系學派的主要代表人物是唐君毅。此說相較於「是」系學派傾向「氣」，「即」系學派傾向「太虛」，主張太虛與氣應「合兩義以見一義」，在「即」字的理解上，李曉春認為「這一派對虛氣關係的理解可稱為『即是』派，這裡的『即』與『是』是並列平等的，兩種理解都有，並且有將兩者融為一體的趨勢。」唐君毅重新闡釋「氣」的意義，將氣視為「存在的流行」、「流行的存在」，「張載的太虛與氣就是存在之流行的兩面，是統一的，而不是分離的關係。」陳政揚服膺唐君毅之說，同樣認為太虛與氣非異質的兩者，延續了唐君毅視氣為存在之流行、氣貫通形上形下之說，但強調一氣流行轉化的結果，「氣雖有清濁之別，太虛與散殊可象之氣皆是氣」，因此，陳政揚在延續唐君毅說法之外，復主張太虛與氣是「一而有分」的關係。[13]整體而言，李曉春的「是」系學派、「即」系學派、「即是」系學派三系之「太虛即氣」類型說，其優點是將更多當代張載研究學者納入討論，對於三系之中內部的差異

---

12 李曉春，《張載哲學與中國古代思維方式研究》，頁252-258。諸家之說見蔡仁厚，《宋明理學・北宋篇》（台北：臺灣學生書局，1989）。胡元玲，《張載易學與道學：以《橫渠易說》及《正蒙》為主之探討》，頁141。丁為祥，《虛氣相即：張載哲學體系及其定位》，頁63-68。林樂昌，〈20世紀張載哲學研究的主要趨向反思〉，《哲學研究》2004年第12期（2004年12月），頁20-22。

13 李曉春，《張載哲學與中國古代思維方式研究》，頁258-267。唐君毅說見《中國哲學原論：原教篇》。陳政揚之說見《張載思想的哲學詮釋》，頁47-55。

有較詳細的分疏；但基本上李曉春的「太虛」與「氣」關係之
三系說與陳政揚的「唯物說」、牟宗三「體用圓融說」、唐君
毅「虛氣不二說」三種詮釋系統的架構大致是相同的。「是」
系學派重「氣」，其系譜基本上可視為「唯物說」學者；
「即」系學派重視「太虛」，除牟宗三新儒家系統外，將大陸
學者丁為祥、林樂昌列入其中，他們的共同點是透過體用「相
即」但不「等同」，凸顯太虛與氣實為形上本體與形下之氣的
異質關係，雖然所論不盡相同，但和牟宗三一樣，對於太虛與
氣都是採用「兩層存有論」的立場。「即是」系學派很明顯的
即是唐君毅「虛氣不二說」，對於「太虛」與「氣」採取平等
並列的立場。此說論「即」字立場介於前二者之間，最大的不
同在於並不似前二說視「氣」為形下材質義，而是視之為具有
形上意涵的真實存在。如此氣與太虛可同為最高本體的不同表
述。但由於張載論氣亦有散殊可象的形下之氣，陳政揚在繼承
唐君毅「虛氣不二說」的前提下，提出「虛氣一而有分」說。
可以說此張載「太虛即氣」的三種類型說，大致上概括了1949
年後20世紀的張載思想面貌。

　　張載「太虛即氣」的唯物論、牟宗三、唐君毅三種詮釋
系統，又分屬唯物論氣學與當代新儒家心性論兩個立場截然不
同、彼此針鋒相對的陣營。由張岱年、馮友蘭、侯外廬的「氣
學」，由於馬克思主義的研究背景，站在唯物主義的立場將張
載判定為「唯物主義氣論哲學家」，此一張載思想的定位，早
有學者指出將張載視為唯物主義者，往往會出現難以完整一致
的詮釋張載思想的困境，箇中因素，楊儒賓指出：

　　馮友蘭的批評有種理路，但此一理路恰恰好不是張載的理路。根本的關鍵在於馮友蘭的理論是依唯心─唯物主義對分的模式立論的，沒有東方體驗哲學中一切現成的本地風光之內涵，馮友蘭使用的架構極不適用於張載一系的理學，筆者相信這套標準只要檢證從張載到熊十力之間的體證型的體用論哲學，無一不會碰壁。[14]

由於相關評論已多，筆者不再贅述，僅以楊儒賓之說，作為唯物論氣學非一相應於張載的詮釋模式之判語。

　　港台的張載學，以當代新儒家牟宗三、唐君毅最具影響力。二先生的哲學立場一致以反對唯物論、唯氣論為主調而展開，在這樣的共同思想架構下，唐、牟對張載的詮釋卻出現十分不同的內容，這些歧異主要集中在對張載「太虛」與「氣」之關係，尤其是「氣」的看法上。牟宗三堅持本體的根源義與超越性，對牟宗三而言，超越性崩潰的哲學將會陷入毫無道德理想的自然主義唯氣論，他因此主張張載的「太虛即氣」說所欲陳述者，乃是一超越的形上「太虛本體」與形而下的「氣」，體用圓融相即（「即」非等同義，而是不即不離）的「道德的形上學」。透過將「太虛」上提為氣化活動的本體，進而判定張載學仍是符合宋明儒學大宗旨，屬於「即存有即活動」說的「本體宇宙論的實體之道德地創生的直貫之系統」（縱貫系統）。[15]牟宗三認為太虛與氣是一清楚的嚴分形上、形

14　楊儒賓，《異議的意義：近世東亞的反理學思潮》，頁121。
15　牟宗三，《心體與性體》第1冊，頁59。

下兩層的體用論模式下的關係，太虛是形上之本體，氣只能是形下的「材質之觀念（material）」[16]，因此，將「氣」視為宇宙創造之實體是錯誤的。牟宗三沒有賦予「氣」正面的意義，表現當代新儒家自覺不同於唯物論的一致性立場。基本上，不管同不同意牟宗三的解讀，其細緻的分析與創新的建構，都刷新學界對張載的理解，不論是對新儒家後學或氣學學者而言，牟宗三無疑是最重要的對話對象。然而，雖然牟宗三堪稱是當代「太虛即氣」說最重要的詮釋典範，但由於他在理解張載的氣與太虛時，批評原作者說法有缺陷的語彙不時出現，其中所隱藏的詮釋系統問題，可能是來自於使用現象與物自身二分的康德道德形上學理路，和中國傳統哲學之間，在「格義」過程中產生的扞格不入與詮釋困境。[17]如陳榮灼指出：

> 牟氏抱怨橫渠常有「不諦之滯辭」，「措辭多有彆扭不通暢處」，但其實此並非橫渠原有之過；而這只是牟氏以康德式立場理解橫渠所產生之不良結果而已。其次，牟

---

16 同前註，頁471。

17 袁保新說：「即令當代新儒家的前輩學者，篳路藍縷，以其學貫中西的學養，嚴選康德道德形上學的理路、架構、語言，為中國種道德實踐的心性之學賦予了現代意義，並回歸文本，找到大量文獻的印證與支持；但是，康德哲學作為近代西方哲學的產物，一方面背負著西方古典哲學思維最原始的烙印，即將世界斷裂為兩橛，永恆的非時間領域與變動的時間領域；另一方面，又未加反省的接受了近代西方文明諸多二分性的預設，如：心／物二分，價值／事實二分，理性／感性二分等，故而在哲學思維的基本調性上，其實與中國哲學仍有許多扞格不入的情形。」袁保新，《從海德格、老子、孟子到當代新儒學》（台北：臺灣學生書局，2008），頁viii。

宗三亦言「性」之動態義，但他一方面忽視了橫渠所重之
物與物間之「互動相感」，另方面又未能進而闡明船山言
「陰陽二氣」之「流行不息」。職是之故，牟氏似沒有意
識到「太和」作為一「統一性原則」之方法論涵義。其源
自康德式偏重「區分」的進路頗難與橫渠強調「物無孤立
之理」的立場相吻合。[18]

陳榮灼認為牟宗三的詮釋除了以康德分析進路對張載進行格
義，在方法論上產生某些隔閡之外；他在物的相感義與氣的流
行義上並沒有作很好的發揮。何乏筆的看法則是：「牟宗三對
於《正蒙》的注解的確結合細緻的分析與創新的重建，但因為
形上學與唯物論的對立主張，便忽視儒家氣論對當代哲學的重
要潛力。」[19] 牟宗三的形上學與唯物論對立模式，造成他將氣
論等同唯物論，視氣論為負面因素，無法發揮氣論在當代哲學
的潛力與價值，何乏筆因此認為這透露出「當代儒學在思想上
的『偏滯』」。[20]
　　唐君毅的道德形上學性格同樣鮮明，同樣對唯物論懷有高
度戒心，他的論述也在強調不能將張載視為唯物論的基調下展
開，但對於張載「氣」的涵義與存在位階，卻有不同的判斷。
牟宗三嚴分形上、形下兩層，即使體用再圓融，虛（神）在氣

18 陳榮灼，〈氣與力：「唯氣論」新詮〉，收入楊儒賓、祝平次主編，《儒
　　家的氣論與工夫論》，頁67。
19 何乏筆，〈何謂「兼體無累」的工夫——論牟宗三與創造性的問題化〉，
　　收入楊儒賓、祝平次主編，《儒家的氣論與工夫論》，頁100。
20 同前註，頁100。

之外，不在氣之中；唐君毅則斷言太虛在氣之中，沒有離開氣
之外別有一作為本體的太虛或神，此為其「虛氣不二」論。[21]
「虛氣不二」、「太和一氣」，如果「太虛」、「太和」是張
載的本體，而「氣」又具有極度貼近本體的位階，那麼要如何
論證張載不是「唯氣論」者？相較於牟宗三設法銷融、拉開大
量《正蒙》文本中「氣」太靠近形上本體的干擾，唐君毅則提
供另一種思考方向：如果「氣」不是形下物質義，那麼張載
以「氣」說道，也不等於是唯物論氣學。唐君毅說：「如要親
切理會，當說其氣只是一流行的存在或存在的流行，而不更問
其是吾人所謂的物質或精神。」[22]「於此吾人應高看此氣，而
視之如孟子之浩然之氣之類，以更視其義同於一形上之真實存
在，其虛明即以此一形上真實存在或此氣之神德為體，所顯之
用。」[23]此外，唐君毅早期將理學分為「性即理派」與「心即
理派」二系，主張「由周濂溪、程明道、程伊川、張橫渠至朱
熹。這一派可稱為性即理派。」[24]後來他對於宋明理學分系問題
則有不同的看法，唐君毅說：

　　宋明理學中，我們通常分為程朱陸王二派，而實則張橫

21 唐君毅說：「張橫渠所謂虛氣不二之太和，自其實在性方面言之，實只是
　　一氣。其所謂『虛』，一方面看似在氣化之外，而實在氣之中。」唐君
　　毅，《哲學論集》，頁217。
22 唐君毅，《中國哲學原論：原教篇》，頁91。
23 同前註，頁97。
24 唐君毅，〈論中西哲學之本體觀念之一種變遷〉，《東西哲學思想之比較
　　研究論集》（台北：臺灣學生書局，1990），頁164。

渠乃自成一派。程朱一派之中心概念是理。陸王一派之中
心概念是心。張橫渠之中心概念是氣。[25]

　　西洋哲學之主要概念有三，曰理性，曰意識，曰存
在。……中國哲學之主要概念亦有三，曰理，曰心，曰
氣。……唯船山生於宋明理學極盛之時期之後，承數百年
理學中之問題，入乎其中，出乎其外，於橫渠之重氣，獨
有會於心。[26]

唐君毅認為張王氣學與程朱理學、陸王心學可以鼎足為三，在
宋明理學中自成一系，此一說法格外值得注意。陳榮灼對於唐
君毅使用黑格爾「絕對唯心論」之形上學立場對宋明理學進行
格義有所保留，他批評唐君毅的張載氣學研究，「偏重『絕對
精神』的『唯心論』觀點出發，雖然他也很能揭露張載與懷德
海之間的相近之處，但其論整個『氣之哲學』卻充滿黑格爾之
色彩。」[27]「唐氏之解過於偏重『氣』之『精神』義，從而未能
完全照顧其屬於『自然』之根本的一面。」[28]陳榮灼說：

---

25　唐君毅，〈張橫渠之心性論及其形上學之根據〉，《哲學論集》，頁211。
　　此文發表於1954年1月，《東方文化》第1卷第1期，後收入《哲學論集》。
26　唐君毅，〈王船山之人文化成論（下）〉，《中國哲學原論：原教篇》，
　　頁664-665。唐君毅已標示張載（加上王夫之）應「自成一系」。此文初稿
　　〈王船山之文化論〉作於1949年左右。參汪麗華、何仁富，《唐君毅先生
　　年譜長編》（北京：中國社會科學出版社，2018），頁682。
27　陳榮灼，〈氣與力：「唯氣論」新詮〉，《儒家的氣論與工夫論》，頁
　　66。
28　同前註，頁67。

　　然而與牟宗三一致，唐氏亦反對以「唯氣論」來解釋橫渠之學。相當清楚，唐氏亦將「唯氣論」理解為「唯物論」之同義詞。顯然，於此一場合中，「氣」一詞只被唐氏了解為「形物」或「物質」義。由此可見其在「氣」一詞之使用上實存有歧義。[29]

雖然如此，陳榮灼同時肯定唐君毅看出張載與王船山之間的連貫性[30]；「能夠避免上述牟氏解釋中的種種困難，而且於相當之程度上忠實於橫渠與船山之原有特色。」[31]整體而言，唐君毅最具有啟發性的重要論斷是：由「氣」是「存在之流行，流行之存在」之說，指出「氣」通形上與形下，應被視為張載的核心概念；以及「張、王氣學」應自成一派的提法。唐君毅此二說，對於當代的張載氣學研究相當具有啟發性。

　　唯物論、牟宗三與唐君毅構成20世紀後半張載「太虛即氣」說的三種主要詮釋類型。唯物論氣學使用「唯心—唯物主義對分的模式立論」，被認為此架構極不適用於張載一系的理學外；牟宗三的「需要大幅拆解張載思想中的關鍵概念（例如，『神』、『虛』及『清』等）以符合其詮釋理路，並將不

---

29　同前註，頁53。

30　陳榮灼：「即使唐牟二氏都將船山與黑格爾相提並論，於牟宗三之解釋中卻不易見出橫渠與船山間之一致性。另一方面，由於在唐君毅的眼中，橫渠與船山或隱或顯地均邁向於一『絕對唯心論』之立場，所以二者之連貫性可以無疑地表露出來。」同前註，頁66。

31　同前註，頁67。

符合體用圓融說之詮釋的張載原文視為『滯辭』。」[32]的詮釋
結果，也被認為其詮釋系統與張載之間具有某些扞格。除了唯
物論氣學詮釋下的張載思想唯心／唯物「矛盾說」、「不一致
說」與牟宗三的「滯辭說」、「不諦說」所產生的詮釋問題，
即使是唐君毅被認為較能忠實於張載氣學原有特色，但高舉張
載氣學，卻又反對視張載為「唯氣論」，二說之間如何取得理
論的一致性，也連帶地受到一些質疑。可以說，他們各有支持
者，卻也各自遭遇批評。

## 三、非唯物論的儒家氣學詮釋：先天型氣學與兼體無累氣學

　　如果以筆者所在的台灣作為出發點來看，那麼晚近張載學
的發展，一則是在牟宗三與唐君毅的詮釋模式之中做進一步的
解釋與修正；一則是對「氣學」定義的再詮釋與「氣學」潛力
的思考。如果說20世紀後半張載的爭議焦點是放在大陸唯物論
氣學與新儒家心性論之間的論辯；那麼，晚近最值得注意的是
台灣儒學界內部中的「心性論」與「氣化論」兩種思想道路的
論爭。[33]台灣部分學者對「心性論」有所保留，試圖藉由「氣化
論」來反省當代新儒家所面臨的問題；其討論脈絡「大體離不

---

32 陳政揚，《張載思想的哲學詮釋》，頁55。

33 對於此心性論與氣化論儒學路線的爭論，學者或稱之為「二王之爭」（王
　陽明心學與王夫之氣學）。語見楊儒賓、何乏筆，《兩岸儒家·前言》，
　收入錢永祥主編，《思想（29）：動物與社會》，頁271。另見何乏筆，
　〈新儒家、自由主義與社會主義能否會通？〉，《思想（29）：動物與社
　會》，頁300。

開港台當代新儒家對中國現代化的哲學反思，試圖在批判性繼承的原則下，促使當代新儒家形成別開生面的發展。」[34]由於唐君毅的洞見，張載與王夫之被視為宋明理學中應自成一系的「張王氣學」，其中張載由於連結著王夫之，也被賦予不少期待。[35]與新儒家心性論模式（主要是牟宗三）對話發展而來的張載氣學研究，筆者認為以楊儒賓的「先天型氣學」與何乏筆的「兼體無累氣學」二說，最具有類型學的意義。

　　在「太虛即氣」三說詮釋系統的內部修正上，以唐君毅「虛氣不二」說而言，陳政揚在「虛氣不二」的基礎上，提出太虛與氣乃是「一而有分」之關係。他認為唐君毅重視太虛與氣的同一性，著力於「合兩義相對者以見一義」的精神，卻較少釐析虛氣相異之處，因此陳政揚進一步主張：

　　　由「氣」表示「真實存在之義」，則太虛是氣之本然，太虛與氣是一；而由氣化生物的活動而言，太虛（清通無礙之氣）是無限的造化自身，有限的具體個物與散殊現象雖皆是氣，但因其有限性僅能名之氣，而不能稱為太虛。此為太虛與氣之別。由此可知，太虛與氣乃是「一而有

---

34　楊儒賓、何乏筆，《兩岸儒家・前言》，《思想（29）：動物與社會》，頁271。

35　如何乏筆認為：「當代新儒家在肯定自律主體的基礎上，能接納自由民主，能接納社群主義，但殊難思考社會主義與唯物論的關聯性。在這方面，儒家氣學（尤其是張載和王夫之）可能扮演著重要的橋梁角色。」何乏筆，〈新儒家、自由主義與社會主義能否會通？〉，《思想（29）：動物與社會》，頁300。

分」的關係。[36]

除了陳政揚以「虛氣一而有分」說修正唐君毅「虛氣不二」說之外，如就牟宗三虛氣「體用圓融相即」說而言，楊儒賓亦有「太虛即氣」應被視為是「相即」而非「同一」的關係之說。[37]張載「太虛即氣」之「即」字如何理解，楊儒賓的說法如下：

氣論學者所使用的語言往往帶有「A即B」的語式，「即」字容易造成混淆。因為「即」所連結之雙方可以意謂意涵（sense）不同，但指示者（reference）相同之義，所以「虛空即氣」意指「虛空」與「氣」的語詞內涵有異，但本質相同。但「即」字不一定作「等於」解釋，「A即B」的A與B可以不是平面的相等，而是立體差異性的同一，這是中國體驗哲學中體用論的語言。說的更明確些，近世儒學擁有體用論的自然哲學與自然主義的自然哲學兩種，兩者在用語上常有近似之處。但後者所說的「即」字所連結之主述詞，兩者的實質內涵是相等的。前者有超越的本體的概念之介入，因此，當他們使用「即」此概念解釋現實存在時，會因強調體用不二，本體現象不二，而有時會強調現象（氣）的首出性。但也因「本體」在本體論上具有獨立性與優位性，它不可能淪為「氣」的述詞，因

36 陳政揚，《張載思想的哲學詮釋》，頁56。
37 楊儒賓表示：「張載的『虛』、『氣』關係並不同位，是相即，而非同一。」「丁為祥先生討論張載哲學專書以《虛氣相即》名之，可謂得其要。」楊儒賓，《異議的意義：近世東亞的反理學思潮》，頁120。

此，他們有時又會強調本體與氣的差別，而本體又具有首
出性。換句話說，「體用不二」固然是體用論自然哲學的
一個面向，它的另一個面向卻是「體用不一」。「即」事
實上兼具「即」與「不即」或（「即非」）二義。[38]

楊儒賓說太虛與氣二者不是「平面的等同」，而是「立體差異
性的同一」，這樣的表述方式，如果要在唯物論、牟宗三與唐
君毅三種「即」字的詮釋中擇一的話，那麼楊儒賓以「立體
差異的同一」解釋太虛與氣的關係，其說法似乎比較接近牟宗
三「體用圓融相即」說之「此『即』字是圓融『即』，不離之
『即』，『通一無二』之『即』，非等同之即，亦非謂詞之
即。」[39]但二者乍看相似，實質內容並不相同。其中的關鍵是在
對「氣」看法上，以及由此對主體的理解亦有不同。[40]由於牟

---

38　同前註，頁119-120。

39　牟宗三，《心體與性體》第1冊，頁459。

40　林月惠說：「楊儒賓乃就東方體驗哲學的工夫或化境，以體用的辯證思
　　維，來檢證劉宗周與張載所論之『氣』是先天之氣，與作為自然意義的
　　『氣』（形而下之氣）、『物』有本體論的區隔，兩者異質異層（楊儒
　　賓，2012b：120）。這些見解與前輩學者如唐君毅、牟宗三的觀點相同，
　　只是楊儒賓的論據是類型學的區分。」林月惠，〈「異議」的再議——近
　　世東亞的「理學」與「氣學」〉，《東吳哲學學報》34期（2016年8月），
　　頁115。林月惠之說確實指出了楊儒賓先天型氣學談「氣」與唐、牟的共
　　相，那就是他們都具有一種體用論的辯證思維。但是三者之間是否觀點相
　　同？林月惠說：「如唐君毅就認為劉宗周所言之『氣』當『高看』，……
　　又牟宗三分析張載與程顥一本論時，都有體用不二之圓融論下的理氣為一
　　之『氣』，而與形下之氣有別。」（同上，頁15，註24）以唐、牟來說，
　　二者對「氣」的看法並不相同，牟宗三體用不二之圓融論下的理氣為一，
　　如本書第三章所論，此乃兩層存有論下的理（虛）氣為一，牟宗三真正強

宗三將氣論視為負面的消極因素，所謂的太虛與氣之「即」有
「即」與「不即」義，牟宗三真正重視的是「不即」義，其中
「即」並不具有同一性，頂多只是「不離」而已。牟宗三「相
即說」底子是形上、形下異質的「兩層存有論」架構，太虛與
氣實質上只能是異質的。對楊儒賓來說則不然，「氣」一詞所
乘載的涵義極其豐富、多變，他提出「氣」至少可以包括四層
涵義：自然哲學的用法意義下的「氣」、中國醫學或生理學用
法的「氣」、修煉傳統下精微身體語彙的「氣」，以及第四種
最特別的「形上之氣」：

　　最重要的，氣也可以有形上學的意涵，形上之氣指的
　是一種動而未動的存在之流行，這是一種更嚴格的先天
　之氣。先天之氣漫天蓋地，它實質的內涵乃是「體用一
　如」、「承體起用」的「用」的涵義。……嚴格意義的先
　天氣是非經驗性格的，是「本體」此概念的屬性。[41]

楊儒賓認同唐君毅對「氣」的判斷，他說：「唐君毅先生討論
宋明儒的形上學時，已一再指出其中的『氣』當高看、上看，

調的是本體的超越性，氣並不具存有論位階上的形上性格。唐君毅所說的
張載之「氣」應被視為是「最高的真實存在」之意涵，並不存在於牟宗
三的「氣」論之中。楊儒賓論「氣」近於唐君毅，認同唐君毅應高看氣之
說；論「即」接近牟宗三體用圓融義「不即不離」、「體用相即」之說，
但並不呈現以「太虛」本體為形上，而「氣」為形下的兩層存有論形態的
辯證結構。也就是說三位學者之說在共相之外，仍有其殊相；而此中的殊
相，正可見當代儒家氣學的發展脈絡。
41 楊儒賓，《異議的意義：近世東亞的反理學思潮》，頁132-133。

不可視作物質的，而是具有形上的意涵。筆者認為唐先生的判
斷非常精確。他的斷語用於宋明儒固可，用於先秦的『浩然之
氣』、『精氣』之說，一樣也可以成立。這種氣可上下其講的
情況早就存在。」[42]因此，楊儒賓認為張載「太虛即氣」所說
的「氣」，即是第四種「作為『本體』概念屬性的『先天之
氣』」。在此看法上，楊儒賓認為張載有超越的本體概念介
入，但由於「氣」本身即具有形上性格，他對張載的理解並不
是牟宗三「兩層存有論」式的結構，而主張應將張載視為是
「先天型氣學」。關於「先天型氣學」，他說：「兩種不同意
義的氣學，一種是先天型的，一種是後天型的。『先天』、
『後天』之語出自《易經》，在本文的用法中，其意義類似
『超越』與『經驗』之分。」[43]

　　楊儒賓「先天型氣學」肯定「太虛即氣」是具有本體的、
超越性的「先天之氣」，此詮釋系統主要的對話對象是牟宗
三。但牟宗三之外，楊儒賓也使用「兩種氣學」的區分對唯物
論氣學的誤釋提出修正；同時也補充了唐君毅何以肯定張、王
氣學在宋明理學中具有合法性，卻又堅持它不是「唯氣論」，
沒有釐析清楚的部分。「先天型氣學」的提法，在上述「太虛
即氣」說的三種詮釋上都分別做了修正。楊儒賓「兩種氣學」
說主張「1949年以後，新中國的中國哲學史家所編排的氣學系
統基本上混淆了兩種不同意義的氣學，一種是先天型的，一種

---

42　同前註，頁94。
43　同前註，頁127-128。

是後天型的。」[44]楊儒賓說：

　　新中國的中國哲學史家將張載、羅欽順、劉宗周劃歸
到他們認可的氣學陣營，恐怕是種誤解。不管就主流的歷
史傳承或就理論體系著眼，都沒有這樣的系譜。先天型氣
學與後天型氣學既然貌合神離，本質不同，系譜互異，因
此，自然不宜混為一談。但近世儒學中的這兩支氣學對氣
都有經營的模式，換言之，對構成主體核心的氣皆有所轉
化。因此，也都有轉化現實主體為理想主體的一套機制，
用傳統的術語來講，也都有工夫論。先天型氣學的工夫論
之主軸旨在喚醒此心氣同流的本真狀態（此一狀態也可稱
為「先天氣」），使學者向超越的自我回歸。後天型氣學
的工夫論主軸則落在促使此人身上之氣精緻化、分殊化、
能量化，以促使實踐者橫向的完成自我的人格。先天型氣
學預設學者有向上一機，此系的「氣學」一向受到正統儒
家學者的重視（雖然不用「氣學」一詞）。[45]

除了楊儒賓以「先天型氣學」、「後天型氣學」的區分，處理
唯物論氣學對張載氣學性格的誤釋之外，亦有學者提出類似的
看法，主張不應籠統的使用「氣學」或「唯氣論」、「氣本
論」，應對「氣學」做更精細的類型學區分。[46]如劉又銘除了比

---

44　同前註，頁127。

45　同前註，頁129。

46　「氣學」的精細區分，如劉又銘主張分為「神聖氣本論」（又分為與「理
　　本論」相容──王夫之代表；與「心本論」相容──劉蕺山、黃宗羲代

較諸家的氣學類型之外[47]，也提出了「宋明清氣本論的兩類三型」說：

---

表）與「自然氣本論」兩類三型。參劉又銘，〈宋明清氣本論研究的若干問題〉，收入楊儒賓、祝平次主編，《儒家的氣論與工夫論》，頁206-207。此外，王俊彥分為「以氣為本」、「理氣是一」、「心理氣是一」、「有易說氣」四種。參王俊彥，《王廷相與明代氣學》（台北：秀威科技資訊公司，2005）。馬昌淵也主張分為「性善說——本來聖人——朱子學系的氣的哲學」（羅欽順代表）、「性善說——本來聖人——心學系的氣的哲學」（湛若水代表）、「非本來聖人——非性善說的氣的哲學」（王廷相代表）三種。參馬昌淵也，〈明代後期「氣」的哲學之三種類型與陳確的新思想〉，《儒家的氣論與工夫論》，頁161-202。筆者認為馬昌淵也的分法與「性善說——本來聖人」氣學與「非性善說——非本來聖人」氣學的提法，與劉又銘的「神聖氣本論」、「自然氣本論」之說十分接近，也同樣具有兩類三型的架構。不管是楊儒賓所區分的「先天型氣學」與「後天型氣學」；或劉又銘的「神聖氣本論」、「自然氣本論」；或馬昌淵也的「性善說——本來聖人」氣學與「非性善說——非本來聖人」氣學，這些主張應對「氣學」做精細區分的學者，即使他們的立場未必相同，使用詞語有別；但大致上都認同應該以它們是否具有心體、性體、道體這樣的超越向度，去區分「氣學」的兩種不同類型。

47 劉又銘注意到楊儒賓、劉又銘、馬昌淵也、王俊彥都有氣學類型分類的說法，並且進一步將四家的氣學類型說列表，分為二類進行異同比較，當中他特別注意楊儒賓的「兩種氣學」存在著舊說（第一類屬心學或半心學，包括張載、羅欽順、劉宗周；第二類整體論、自然主義的氣學，包括王廷相、吳廷翰、王夫之、顏元、戴震）與新說（先天型氣學，包括張載、羅欽順、劉宗周；後天型氣學，包括王廷相、吳廷翰、王夫之、顏元、戴震）的變化。筆者認為劉又銘將楊儒賓對王夫之氣學類型置入第二類的後天型氣學，並視為其說之異於諸家者，此說並不正確，王夫之應歸入楊儒賓的先天型氣學。根據楊儒賓〈兩種氣學、兩種儒學〉的說法：「張載、王夫之這種先天型氣論的哲人之思想可以涵攝王廷相、吳廷翰，反之不然。」楊儒賓，《異議的意義：近世東亞的反理學思潮》，頁137。劉又銘，〈明清儒家自然氣本論的哲學典範〉，《國立政治大學哲學學報》22期（2009年7月），頁7。

　　我自己（2000；2005b）將宋明清儒家的「氣本論」分為底下的兩類三型：（1）「神聖氣本論」一類，以蘊含著滿盈、全幅價值的「神聖元氣」為本體，其理論性格與理論效果大致跟理本論或心本論相當，可以看做跟「理本論」或「心本論」相容結合的氣本論。它進一步分為以王夫之為代表（跟理本論相容）和以劉宗周、黃宗羲為代表（跟心本論相容）的兩型。宋代的張載甚至周敦頤也包括在內。（2）「自然氣本論」（較早我稱為「本色派氣本論」）一類，以素樸渾沌但自己就能運行有序的自然元氣為本體，可以理解為一種「有限價值蘊含的本體觀」；這是真正跟理本論、心本論鼎足三分的氣本論，以明清時期羅欽順、王廷相、吳廷翰、顧炎武、戴震等人為代表。重要的是，在這兩類當中，不但神聖氣本論，就連自然氣本論也不等同於唯物論。[48]

劉又銘「宋明清氣本論的兩類三型」說，其區分「神聖氣本論」與「自然氣本論」的動機，乃是來自於對「唯物論者對氣本論的誤讀」與「理學主流觀點對氣本論的貶抑」的反思，試圖尋求在唯物論與理學主流觀點二者之外的「一個新的詮釋起點」。[49]劉又銘主張：

---

48　劉又銘，〈明清儒家自然氣本論的哲學典範〉，《國立政治大學哲學學報》22期（2009年7月），頁4-5。

49　劉又銘，《理在氣中：羅欽順、王廷相、顧炎武、戴震氣本論研究》（台北：五南圖書出版，2000），〈緒論〉，頁3-17。

　　雖然氣本論一系的理論性格比較接近唯物主義因而為大
陸學界所鍾愛所看重，但它並不因此就等同於唯物主義。
應該說，它跟唯物主義之間，以及它與程朱、陸王兩系之
間，都是一樣地既有連續性、相關性又有差異性的。正因
為大陸學界過去將氣本論過度地唯物主義化，所以今後對
氣本論重新詮釋的空間還很大。如果我們能同時超越唯物
主義和程朱、陸王立場的限制，從一個尊重多元價值的立
場出發，我們就有可能認識到氣本論的獨立價值和積極意
義，在唯物主義和宋明理學主流觀點的看法之外做出新的
理解和詮釋。50

劉又銘的說法值得注意的是，他主張「兩種氣學」都不等同於
唯物論詮釋下的氣學模式，除了與理學、心學系統相容的「神
聖氣本論」非唯物論氣學，即使是「自然氣本論」也不應被直
接等同於唯物論。
　　這些學者立場未必相同，使用詞語有別；但多主張在「氣
學」系譜中不僅存在著「一種氣學」，而是「兩種氣學」。楊
儒賓說：

　　我們可以說它（筆者案：先天型氣學）具有追求存在
的本源之本體論的概念，同時也蘊含了「轉換意識以證本
體」的工夫論構造。而且前者的呈顯要建立在後者的基礎

---

50 劉又銘，〈宋明清氣本論研究的若干問題〉，《儒家的氣論與工夫論》，
　頁205-206。

上，此之謂天道性命相貫通。相對之下，「後物理學」乃
是對自然作後設的反省，完全沒有天道性命相貫通的關
懷。51

也就是說，前者是超越義的氣學，後者是自然主義的氣學，楊
儒賓主張此二者「分則兩利」；由此切割氣學在1949年後因為
特殊的歷史因緣與唯物論連體共生、關係過於密切，所帶來的
干擾與疑慮。楊儒賓提出兩種氣學本質的差異在於有沒有「天
道性命相貫通」此一核心因素，作為氣學分流檢擇的判準。既
然「先天型氣學」同樣具有「天道性命相貫通」的關聯，那麼
氣學的發展並不會有等同於唯物論的疑慮，由此肯定「先天型
氣學」在宋明理學中的合法性。楊儒賓說：「在現實的存在狀
態上來講，兩者無從分別，先天之氣即體現於後天之氣中，但
兩者仍有本體論位階的區別，異質異層。從先天之氣超越的性
質以即不離後天之氣的圓融性質來看，我們也可以合理的認
為：先天型氣學並沒有脫離理學主流，它是理學（尤其是程朱
理學）的諫臣，而非叛徒。」52
　　楊儒賓以張、王氣學當屬具有理學合法性的先天型氣
學——本體宇宙論形態氣學，回應牟宗三兩層存有論、心性論
模式下的「體用圓融相即」說，但其用意不僅如此。楊儒賓的
氣學思考具有挑戰典範、轉移典範之思，賴錫三說：

51 楊儒賓，《異議的意義：近世東亞的反理學思潮》，頁125。
52 同前註，頁141。

　　楊先生早年已從氣論身體觀新說、情境心存有論觀點，欲挑戰或補充（尤以牟宗三為代表）的當代新儒家心性論典範、無限心存有論觀點。其《儒家身體觀》之名作和《中國古代思想中的氣論及身體觀》之編著，明白凸顯他異於當代新儒家偏向心性主體（相應於德國觀念論和佛教真常心傳統），並轉從「形氣主體」、「氣化主體」來重講儒學思想系譜與儒家工夫實踐之嘗試。換言之，楊先生最核心關懷的儒學研究，早已凸顯他與當代新儒家主流詮釋系統的差異，以及提出新實踐主體的反思。耐人尋味的是，專研儒家的學者們或許知道楊儒賓的氣論身體觀是一種對新儒家論述的補充新論，卻未必深知這項補充帶來的典範挑戰之強度。[53]

　　張載應被視為「先天型氣學」的提法，延續楊儒賓從氣論與身體觀的關注一路以來對牟宗三心性主體的反思，而有一個「新主體模式」的理解。牟宗三受康德與《大乘起信論》的影響，其體證的主體是觀念論式的意識主體，其中同時深藏一種真常心的唯心詮釋傳統，也就是「一心開二門」的「一心」。由此牟宗三以兩層存有論的體用論模式，向上談心體、性體、道體三體縱貫為一的無限心之無執存有論；向下談道德良知的坎陷而開出民主科學之外王學，形成牟宗三由儒家「心性之學」所

---

53　賴錫三，〈《儒門內的莊子》與「台灣莊子學」──儒懷、史識、文心之景觀〉，發表於中研院文哲所舉辦「楊儒賓《儒門內的莊子》新書座談會」（2016年9月），頁2-3。

開出的內聖外王學模型。宋明理學家們以體用論「不一不二」
話語消化相偶論，將心性天道本體的高明，與本體對社會政治
之發用，兩頭都拉住，以之超克佛老，同時深化倫常；透過
「不一不二」之「即」的弔詭論述，由此理學家可以使用「體
用論」維繫儒學的命脈。牟宗三同樣以「體用論」做兩頭的論
述，以心性主體超克唯物論，並由此開出民主、科學之外王事
業，回應儒學的現代化問題。但宋明理學家與牟宗三兩代儒者
的「體用論」及其主體模式，並不盡相同，林永勝認為這是因
為：「對於《大乘起信論》或牟宗三等人而言，體證的主體是
一心，故只要能證得般若之智或德性之知，就已經是覺悟了；
但對理學家而言，工夫修養由於是全身心的參與，故體證時
除了會有萬物一體的經驗外，在身體上同時也會產生某些表
徵。」[54]理學家在建構體用論時，話語系統背後來自於本體與工
夫的實感，此實感使儒者在本體與發用時能兩頭提住，而不至
於落空，而身體正是參與體證的重要環節。在此過程中，除了
心性修養外，不可能忽略身體的修煉，談養氣、變化氣質時對
於身體與氣的描述等等，都常見於理學的文獻記載中。如果將
道德主體視為「一心」，而忽視形氣的參與過程，將無法理解
理學家思想的全貌。楊儒賓以「先天型氣學」談張載、王夫之
氣學，肯定儒學中「先天之氣」帶著本體動能的哲學性格，從
而主張道德主體不只是心性主體，而必須同時是形氣主體，此
「形—氣—心」三位一體的新主體的提出，是針對牟宗三兩層

---

54 林永勝，〈張載「太虛即氣」說重釋〉，《易詮釋中的儒道互動》，頁
　　265。

存有論下的心性主體模式，與唯物論氣學對辯的同時，切割了形氣，沒有充分正視氣論與身體、氣論與工夫論在儒學系統的意義與價值所進行的反思。

　　「先天型氣學」與「後天型氣學」兩種氣學的分合之間，也帶著對於儒家的縱貫形態的體用論要如何回應相偶論的思考。唯物論所說的「氣學」在楊儒賓「兩種氣學」的劃分中是「後天型氣學」；而「後天型氣學」在楊儒賓《異議的意義》被放到反理學陣營中。理學的思考是縱貫向度的體用論之關懷，而反理學者的思考則被視為是水平向度的相偶論，因為他們更在意橫向的同情共感、社會關係與政治制度，楊儒賓認為相偶性的關懷與訴求在儒學傳統中有其正當性，而且其近代性格特濃，他說：

　　　　我們在米德的「泛化的他人」、巴赫金的「對話論」、馬丁布伯的「我與汝論」，馬克思論人的「關係」之本質性、勒維納斯的「他者」論當中，都可以看到反單子論的個體性、重視人與他者共在性的本質繫聯。如果我們再將「人與他者的共在性」往外擴充為「人與世界的共在性」，那麼，相呼應的理論就更多了，海德格論「此在」的「與世同在性」、梅露龐帝論身體主體與世界的「逆迴性」皆為箇中赫赫有名的論點。在今日世界，一種單子論式、認識論導向的世界圖像，也就是一種想像中的透明的主體學說似乎越來越孤寂。上述的不管「與他者共在」與「與世界共在」的論點都有打破意識哲學的意圖，人確實是意識的體現者，但卻很難說是意識的擁有者，人的意識

　越來越不被認為是位坐落在孤子城堡中的主體。[55]

　這些著名的理論在楊儒賓看來都是相偶論的同道，他們所提出
的問題也是當代儒學很難迴避的，雖然在儒家正宗思想中往往
批評相偶論儒者之說為「不見道」，但是他主張應該肯定相
偶論在儒家倫理學的重要價值。「兩種氣學」的劃分，不否定
「後天型氣學」的倫理學意義，並且主張儒家體用論本來就能
包含相偶論。他說：「由於儒學的基本關懷使然，我們有理由
認定，先天型氣學必須包含後天型氣學，兩者可視為有機而辯
證的一體。理由很簡單：因為體用論意味著即體即用，所以先
天型氣學的展現不能不落在後天型氣學的展現中，二者一體難
分。」[56]楊儒賓以「先天型氣學」詮釋張載的氣論性格，這是一
種具有超越的本體概念與儒學傳統天道性命相貫通的體用論氣
學，在宋明理學傳統的共同信念下，它的體用論是能夠包含相
偶論的體用論，具有十字打開儒家倫理學格局的可能，也是在
儒學與當代哲學對話過程中開展出來的一種儒學形態。[57]

---

55　楊儒賓，《異議的意義：近世東亞的反理學思潮》，頁77。

56　同前註，頁171-172。

57　關於楊儒賓對體用論與相偶論的思考，林月惠〈「異議」的再議──近世
　　東亞的「理學」與「氣學」〉一文站在當代新儒家心性論的立場提出質
　　疑：「由於楊儒賓的論述過於向『相偶論』的『間主體性』傾斜，可能導
　　致讀者對體用論心性主體的誤解。以為朱子或理學家的心性主體，因其超
　　驗性，就可能將心性主體視為一孤立封閉的主體（楊儒賓，2012b：179、
　　361），甚至空洞的主體，而誤以為體用論的道德實踐也與經驗無涉，忽
　　略『他者』，未能重視人倫之間的交互性、感通性。如此一來，體用論與
　　相偶論的主體觀，就成為『孤立獨白的主體』與『感通對話的主體』的對
　　立。然而。筆者要指出的是，理學體用論所彰顯的心性主體是『十字打

　　台灣學者之中致力於氣學類型學研究的還有劉又銘。他同
樣不認同「唯物論者對氣本論的誤讀」與「理學主流觀點對氣
本論的貶抑」，而有「神聖氣本論」與「自然氣本論」之分，
並將張載（也包括周敦頤）視為「神聖氣本論」在宋代的先驅
者。但是，不同於楊儒賓對「先天型氣學」的重視，劉又銘主
要的關懷在「自然氣本論」價值的重新肯認，「神聖氣本論」
並非其關注的重點。[58]對於張載氣學性格的論斷，他提出：「作
為周敦頤以外明清氣本論另一個重要的先驅者的張載，他的氣

開』，不論在理論上或實踐上，必含縱貫（體）與橫攝（用）兩方面，縱
貫可以涵蓋橫攝，反之亦然。」見林月惠，〈「異議」的再議——近世東
亞的「理學」與「氣學」〉，頁126。在筆者看來，一個好的理學體用論確
實是可以涵蓋相偶論，其心性主體的談法也必然可以「十字打開」，但這
也同時正是楊儒賓的主張。楊儒賓的立場與其說是「過於向『相偶論』的
『間主體性』傾斜」，不如說是對當代新儒家的理學體用論之論述方式過
於集中凸顯縱貫軸向度的修正與補充。因此，筆者認為楊儒賓主張的並不
是相偶論，而是體用論攝相偶論。

58 劉又銘認為：「在台灣儒學圈裡，不論是否被稱作氣本論，上述的第一類
學說（筆者案：神聖氣本論）向來並不寂寞。相較之下，第二類學說的哲
學形態與理論價值都得不到足夠的正視與相應的研究。我的目標是跳出唯
物主義立場與理學主流觀點的框限與偏見，如實呈現明清儒家自然氣本論
的理論風貌，並進一步論斷其價值。」劉又銘，〈明清儒家自然氣本論的
哲學典範〉，頁7。2000年劉又銘《理在氣中：羅欽順、王廷相、顧炎武、
戴震氣本論研究》評論自己的研究說：「這本書一個明顯的缺憾是沒能正
式判定張載和顏元兩人的氣本論的形態，也沒辦法拿劉宗周、黃宗羲、王
夫之等人的氣本論來跟我所謂的『本色派氣本論』（這是我在本書中對羅
欽順、王廷相、吳廷翰、顧炎武、戴震等人的氣本論的一個概括）做仔細
的對比分析。就我現在來說，那真的是比較複雜比較難處理也更花時間的
課題。」劉又銘，《理在氣中：羅欽順、王廷相、顧炎武、戴震氣本論研
究》，頁iii。

本論性格，在台灣卻遲遲沒有得到確認。所以會這樣，最具體
最主要的原因是牟宗三的詮釋所造成的影響。」[59]他的主張是：
「在張載那時，甚至到更晚的時期，『本體』或『體』等語仍
然常常在一般脈絡下使用，不能一味地或一律地理解為『本
體—現象』或『本體—發用』、『體—用』脈絡下的『本體』
與『體』。」[60]因此，他認為「張載所謂的『虛空即氣』、『太
虛即氣』，當中『即』的用法和意涵都是單純、平常而素樸
的。」[61]劉又銘意識到張載是氣本論的重要源頭，其思想具有較
多的可能性，也意識到牟宗三的詮釋造成張載氣學性格未能被
台灣儒學界確認的重大影響。然而整體而論，由於學術關懷重
心的不同，他對於張載氣學性格的論斷顯得較為樸素，未能充
分掌握張載氣學性格詮釋的複雜性、當代性與重要潛力。

　　在當代的張載氣學詮釋中，同樣以牟宗三作為主要對話對
象的還有以「兼體無累」工夫探討張載氣學的何乏筆。如果從
類型學的角度來考量，那麼在筆者的觀察中這是當代張載氣學
中值得注意的一個發展方向。因此，特別在結論部分提出來，
並且以「兼體無累氣學」概括稱之。此提法乃是何乏筆在〈何
謂「兼體無累」的工夫——論牟宗三與創造性的問題化〉一文
中，使用王船山《正蒙注》對張載「兼體無累」說的詮釋，與
牟宗三進行對話而提出的概念。[62]何乏筆認為牟宗三反駁將張

59　劉又銘，〈宋明清氣本論研究的若干問題〉，《儒家的氣論與工夫論》，
　　頁219。
60　同前註，頁220。
61　同前註，頁221。
62　「兼體無累氣學」乃筆者的概括語。在何乏筆的使用脈絡中「兼體無累」

載視為唯物論、唯氣論、自然主義的論點，是因為對牟宗三來
說真正的創造性是基於標準的形上學，因而全面否定《正蒙》
的氣學詮釋。但是，「《正蒙》的『氣』含有相當程度的不確
定性，因而引起了許多截然不同的詮釋方向。為了駁斥宋明儒
學的唯物解釋，牟宗三認同將氣論視為唯物論的論點，而無法
深入《正蒙》所指的辯證思想。」[63]由於歐洲哲學背景對傳統
形上學的反思，何乏筆對西方傳統脈絡下的「形上學」（包括
東方的儒家道德心性形上學）採取批判的立場。何乏筆說：
「到了黑格爾後學，形上學與辯證法已成為兩種可相互對立的
理論模式，而某種後（非）形上學的、物質的及歷史的本體論
（material and historical ontology）便成為可能。由創造性的系
譜學來看，肯定身體、物質、歷史、感性、特殊性、差異等的
哲學地位乃是開發創造力的重要因素。」[64]他因此反對在精神
／物質、心靈／身體、本質／現象等之間建立起一種形上化的
等級差異，要求重構兩者之間的關係。這使得何乏筆對氣學的
關注，有一種傾向於「去等級化」的、平等辯證式的思考，不
贊成過度強調精神的優先性，而將理論朝「非形上學」模式發
展，但這「並非意味將更強化其唯物論內涵，因為唯物論（形

---

主要是指張載、王夫之的氣學工夫論而說。何乏筆，〈何謂「兼體無累」
的工夫——論牟宗三與創造性的問題化〉，《儒家的氣論與工夫論》，頁
79-102。此外，何乏筆的張載氣學研究另見〈能量本體論的美學解讀：從德
語的張載研究談起〉，《中國文哲研究通訊》第17卷第2期（《德語之中國
哲學研究專輯》）（2007年6月），頁29-41。

63 何乏筆，〈何謂「兼體無累」的工夫——論牟宗三與創造性的問題化〉，
《儒家的氣論與工夫論》，頁100。

64 同前註，頁80。

下學）只不過是一種倒置的形上學。」[65]何乏筆批評牟宗三因為形上學與唯物論的對立主張，忽略了儒家氣論對當代哲學的重要潛力。儒家氣學與唯物論、心性論形上學之間都存在著差異性，但也存在著某些繫聯，就突破形上學與唯物論的僵局而言，他認為王夫之的《正蒙》詮釋正提供了一個新的可能。雖然王夫之也堅持「道德的創造性」與「自然生命的創造性」之間的落差，但在解釋《正蒙》的神─氣關係時，王夫之並不像牟宗三採取「氣外別有神」的看法，而是認為「神在氣中」、「理在氣中」。王夫之和牟宗三解釋《正蒙》存在著差異，二者在建構太虛或「神」的超越性時，他們的方式具有本質上的不同。[66]因此，不同於牟宗三形上學的道德論述，王夫之將「氣」本體化後，神─氣關係便傾向於某種非形上學的關係。王夫之的《正蒙》解釋強調氣的重要性，又保持了神的優先性；此一作法能夠避開形上學在氣論中的消失，並將此理論朝「非形上學」、「非心性論」（同時也是「非唯物論」）模式的方向發展。何乏筆則認為氣論的潛力，在於提供唯神論與唯

---

65　同前註，頁99。

66　何乏筆認為對王夫之來說：「氣本身具有活動性及創造力，因此『氣』不需要『神』來『始活之』。在此情況下『神』則可變成氣化內部的條理原則。可見王夫之與牟宗三相反，以氣為體，以神為用。」王夫之將張載學說作為自身的理論根據，並且將張載思想往「氣的本體化」方向再發展；在神─氣─形的關係中，王夫之的哲學表現了「去等級化」的傾向，「氣」在形與神之間的位置與作用特別值得注意，「神」被降低為「氣」的形上層面，而「形」則被提高為「氣」的形下層面，「氣」一方面構成形與神之間的連續性，而且三者的關係之中，中心的概念是「氣」而不是「神」。同前註，頁94。

物論（精神優先或物質優先）之外的另一種可能性，因此，何
乏筆主張：

> 為了發展氣論的潛力，突破形上學與唯物論的僵局是必
> 要的。同時必須構想出氣論與工夫論的另類關係，也就是
> 「兼體無累」工夫的當代模式。[67]

而王夫之對張載《正蒙》的詮釋在這裡扮演了重要的角色。

何乏筆對張載的關注一向連著王夫之並言，藉由比較牟
宗三與王夫之對於《正蒙》的詮釋，試圖探究一種既是非形上
學的又是道德的創造性之可能。他將張載放到當代問題場域之
中，從跨文化哲學的角度探索張載、王夫之與儒家式氣論的當
代性。何乏筆說：

> 在台灣，許多親近當代新儒學的人士早已注意到：心性
> 主體的唯心論陷阱，與新儒家在思考政治現代化的困難息
> 息相關。心性之學的重構，是不容忽視的貢獻，但若要面
> 對當前的歷史挑戰，不得不思索應如何突破心性主體的形
> 上學基礎所面臨的鬆動，俾以促進新主體範式的產生。[68]

> 在這方面，儒家氣學（尤其是張載和王夫之）可能扮演

---

67　同前註，頁100。
68　何乏筆，〈新儒家、自由主義與社會主義能否會通？〉，《思想（29）：
　　動物與社會》，頁299。

著重要的角色。這並非意味著，儒家氣學「具有神奇的功效，能包治百病」，但藉由溝通心物之間的氣化論，來思考「形（心）—氣—物（形）」的主體概念，或能有助於革新心性論的主體範式，也有助於新儒家會通社會主義的唯物論向度。[69]

何乏筆關心張載、王夫之氣學的當代潛力，就在於思考主體與政治的關係之上。在主體的思考上，何乏筆與楊儒賓同樣以「氣化主體」來批判「心性主體」的局限，認為「心性主體」的局限在處理現代性問題，面對當代政治實踐時出現不小的難題。對於楊儒賓與何乏筆的關懷，透過賴錫三的論述可以更清晰的理解，賴錫三說：

> 以心性主體的局限來說，牟先生「內聖開外王」的理路，會使主體過度單一化為道德主體，將使得以「多元化」為立基的民主政治與道德主體的關係，容易產生扁平化的緊張關係。而所謂的民主內涵和民主形式也在不斷的生成變化，我們不大可能用一套泛道德心性的實踐論述，一定永定地足以面對不斷迎面而來的歷史挑戰。隨著冷戰結束，唯心／唯物之爭可以劃下一道休止符，而氣化主體作為不偏於唯心與唯物的新主體想像，甚至可以在「形—氣—神」的三元架構下，作為平等溝通形（易偏物）和神（易偏心）的運動橋梁。《莊子》影響下的張載和王夫之

---

69　同前註，頁300。

的氣論儒學，是否可能提供當代儒學新的社會實踐模型以
參考，正在醞釀其可能性。[70]

張載的唯物論解釋或唯神論解釋，有唯心／唯物之爭的歷史背
景。隨著歷史因緣的轉移，氣化論溝通心、物的性格，在反
思「心性論」的單一主體模式，建構「形—氣—神」或「神
（心）—氣—物（形）」主體模式的思考中，被賦予另一種不
同的期待。除了主體之外，何乏筆認為以往「當代新儒家在肯
定自律主體的基礎上，能接納自由民主，能接納社群主義，但
殊難思考社會主義與唯物論的關聯性。」[71]而張、王儒家氣學的
積極意義，將可能有助於新儒家會通社會主義的唯物論向度。
何乏筆主張「氣」不是如牟宗三所思考的，僅屬於康德的現象
界，他以王夫之詮釋張載，由此挖掘張、王氣學的當代潛力。
何乏筆說：「王夫之與牟宗三相反，以氣為體，以神為用。但
這是否符合《正蒙》的『原意』在此無法深入討論。王夫之確
以張載學說為自身理論的主要根據。」[72]「《正蒙》論陰陽二
氣關係時（以及虛實、動靜、剛柔、聚散、屈伸等關係）首先
將其理解為平等的辯證關係，不過，一旦從自然氣化的本體論
轉到要奠基道德秩序的形上學，理論結構則往等級化的方向發

---

70 賴錫三，〈《儒門內的莊子》與「台灣莊子學」——儒懷、史識、文心之
　　景觀〉，頁5。
71 何乏筆，〈新儒家、自由主義與社會主義能否會通？〉，《思想（29）：
　　動物與社會》，頁300。
72 何乏筆，〈何謂「兼體無累」的工夫——論牟宗三與創造性的問題化〉，
　　《儒家的氣論與工夫論》，頁91。

展。王夫之顯然沒有放棄辯證法的雙重邏輯（即是橫向向度和
縱向向度的調解），但從王夫之到張載可發現辯證思維的轉
化。此轉化方向對思考王夫之哲學的當代意涵頗為重要。」[73]
何乏筆對張載氣學的論述數量不多，但他的研究視角有其獨特
性。

　　整體而言，楊儒賓與何乏筆都希望藉由氣化論去思考一
個「非唯物論」，同時也是「非唯心論」的張載，他們對張載
氣學的詮釋，在氣化主體的思考上有重疊之處，但也有不同的
關懷。楊儒賓有著來自於儒學傳統下縱貫向度體用論的堅持，
儘管他肯定相偶論的價值；張載的「先天型氣學」說並沒有取
消「精神的優先性」，也不否定形上本體的概念，因此，楊儒
賓談的是體用論攝相偶論，至於何乏筆的兼體無累氣學，則是
朝著一種反思標準形上學的、去等級化的「平等的辯證法」發
展，他應被視為是相偶論。

## 四、結語

　　唯物論、牟宗三與唐君毅構成20世紀後半張載最著名、
也最具爭議性的氣論命題——「太虛即氣」說的三種主要詮釋
類型，他們各有支持者，也各自遭遇批評。唯物論氣學使用唯
心／唯物對分的模式立論，固然被認為不適用於詮釋張載一系
的理學；牟宗三大幅拆解張載的關鍵概念以符合其詮釋理路，
將不符合「體用圓融說」的張載原文視為「滯辭」，也被認為

---

73　同前註，頁97。

此舉意味著他與張載之間具有某些扞格。唐君毅較能忠實於張載的原有特色,但高舉張載的氣,甚至主張張載氣學應自成一派,卻又反對「唯氣論」,二說如何取得理論的一致性,其間也仍有尚待釐清的話語。晚近台灣學界中張載氣學的發展,除了在牟宗三與唐君毅的詮釋模式中進行解釋與修正外,值得注意的是「氣學」的再詮釋。如果說20世紀張載學的焦點是放在唯物論氣學與當代新儒家心性論的爭辯;那麼,晚近的焦點則是非唯物論形態的儒家氣學與新儒家心性論的對話。學者對心性論有所保留,試圖藉由氣化論來反省當代儒學所面臨的問題,因此,放進當代儒學的「心性論」(王陽明心學)與「氣化論」(王夫之氣學)兩種路線的潛在爭論來看,張載由於連著王夫之,其氣學性格的定位與意義也被賦予不少期待。這些與當代新儒家(主要是牟宗三)對話下的張載氣學中,本書認為楊儒賓「先天型氣學」說具有不可忽略的當代意義。楊儒賓主張應將張、王氣學視為「先天型氣學」,此提法一方面繼承唐君毅的張載氣學性格為具有本體論位階的形上之氣的看法,一方面則持續他對牟宗三心性主體的反思。「先天型氣學」之說蘊含從心性主體到形氣主體的「新主體模式」之建構;「先天型」與「後天型」兩種氣學的分合之間,也帶著楊儒賓對儒家縱貫體用論要如何回應反理學相偶論的挑戰之思考。其「先天型氣學」具有超越的本體概念與儒學傳統天道性命相貫通的關懷,繼承了宋明理學傳統的共同信念,主張「先天型氣學」是能夠包含相偶論的體用論氣學。何乏筆同樣以牟宗三作為對話對象,他藉由凸顯「兼體無累工夫」將張載放到當代問題場域中,從跨文化哲學視域探索張載、王夫之與儒家式氣論的當

代性。藉由比較牟宗三與王夫之的《正蒙》詮釋，探究一種非標準形上學的道德創造性之可能；並且希望藉由張、王氣學的積極意義，會通新儒家與社會主義的唯物論向度。何乏筆與楊儒賓對張載的詮釋，在氣化主體的思考上有重疊之處，但也各有不同的關懷，楊儒賓有他來自於儒學傳統下縱貫向度體用論的堅持，儘管他肯定相偶論的價值；「先天型氣學」並沒有取消「精神的優先性」與形上本體的存在，因此楊儒賓談「體用論攝相偶論」。何乏筆「兼體無累氣學」主張將詮釋方向朝著一種非形上學、去等級化的水平向度發展，其立場應被視為「相偶論」。

　　楊儒賓「先天型氣學」之說可能是台灣學界對於儒家氣學所提出的最有代表性的論述，但引起的爭議也不小，成為當代儒學的一個公共議題，而且此議題仍在持續發展中。林月惠〈「異議」的再議──近世東亞的「理學」與「氣學」〉，即是晚近代表新儒家繼承牟宗三的心性論、縱貫體用論之立場，對楊儒賓「先天型氣學」的合法性提出的批判之作。林月惠主張「氣學」要能自成一系，除了本體、境界，也要有足以自成一系的工夫論，而由於「先天型氣學」並不自外於理學，因此其人性論與工夫論內涵與心學、理學具有重疊之處，林月惠認為楊儒賓談氣學工夫論時，同時出現以下的說法：「張載本人的道德實踐也顯示他的實踐模式與其說是氣學式的，不如說是理學式的。」[74]「『先天之氣』的概念不是取爐火修煉之術之語，而是取本體之動能之義，所以答案很清楚：沒有獨立的

---

74 楊儒賓，《異議的意義：近世東亞的反理學思潮》，頁121。

先天之氣的工夫論。」[75]「氣學工夫論並不是一種獨立於心性論之外的工夫論，而是同一套工夫論的身體向度。」[76]林月惠並由此批判此種形態的「氣學」相較於「理學」，只具描述功能，而不具理論的獨立性。[77]在筆者看來，楊儒賓這些「沒有獨立的先天之氣的工夫論」、「兩種氣學」、「異質異層」的說法，應放入與唯物論氣學論辯下來看，視為與唯物論氣學做區隔而說的脈絡語言。如就張載徹底的體用論立場來談，體用論可以融攝相偶論，也必然表現為相偶論，那麼張載的「先天型氣學」與「後天型氣學」的關係，究竟而言，並不是「異質異層」的「兩種氣學」；雖然二者也不那麼直接的可以被視為是「一種氣學」——它們其實不是「一種氣學」，也不是「兩種氣學」。

　　本書在氣學論辯的視域下展開對當代張載學的關注，關注的焦點從唯物論氣學與新儒家心性論之間的論辯，到新儒家心性論與非唯物論形態的先天型氣學，對於心性主體與形氣主體、體用論與相偶論之間的論辯，以呈現張載氣論在當代的爭議及其潛力。當代新儒家對宋明理學的心性論、體用論的詮釋乃是台灣學界的主流論述，也是本書討論張載氣學的研究基礎與重要參照。在心性論與氣化論的張載詮釋路線之爭議，以及心性主體與形氣主體、體用論與相偶論的對話中，探討張載如何以氣學展開他對「天道性命相貫通」與「人倫禮樂相通」兩

---

75　同前註，頁140。

76　同前註，頁141。

77　林月惠，〈「異議」的再議——近世東亞的「理學」與「氣學」〉，頁114。

種儒學實踐路線如何結合，十字打開儒家倫理學格局的思考，在筆者看來這當中主體與身體、倫理的關係應該更為密切，儒家的道德主體除了是心性主體，也同時應是形氣主體、間主體。儒學的體用論與相偶論之間的對話，也有助於宋明理學的體用論在凸顯「天道性命相貫通」此一具有高度、縱深的縱貫軸向度之外，也更具水平軸的厚度與廣度。張載氣學性格說明了一個好的體用論應該是能夠融攝相偶論的，也必然表現為相偶論。

附錄

# 唐君毅的朱子學
## 以「心」概念的理解為核心[*]

## 一、前言

　　牟宗三、錢穆、陳榮捷、唐君毅四先生被視為是「戰後台灣朱子學研究的四大家」。[1]其中尤以牟宗三《心體與性體》三冊、《從陸象山到劉蕺山》中的朱子學詮釋最為經典、影響也最大。牟宗三以「理氣二分」、「心性情三分」、「性即理」、「心為氣之靈」、「理只存有而不活動」等，為朱子的核心理論，從而提出朱子屬於靜態的橫攝系統，非直上直下縱貫的創造系統，在儒學中只能是「別子為宗」等等，此說乃是當代儒學中最知名的理學判教之說。港台當代新儒家中唐、牟

---

[*]　本文初稿曾發表於中國四川宜賓學院舉辦「中國文化復興與當代儒學新發展──第七屆儒學論壇」（2018年10月），修改後刊登於《宜賓學院學報》（2019年11月）。

[1]　楊儒賓，〈戰後臺灣的朱子學研究〉，《漢學研究通訊》19：4（總76期）（2000年11月），頁576。

456 當代張載學

一向並稱，唐君毅的朱子學研究相形之下卻較少受到關注。[2]楊儒賓〈戰後臺灣的朱子學研究〉（2000年）指出：「唐先生的論點沒有引起足夠的迴響，這是相當不幸的事。」[3]即使至2016年，鄭宗義仍然說：

> 相較之下，唐君毅（1909-1978）雖亦有《中國哲學原論：原教篇》（1975年出版）專論宋明理學的發展，與較早前的《原性篇》（1968年出版）中第十一至第十七章及附編〈原德性工夫——朱陸異同探源〉等文字，但卻甚少受到注意。[4]

---

2　目前台灣學界研究唐先生朱子學的著作不多，根據筆者的初步觀察有：吳略余，〈對牟宗三詮釋朱子心性、工夫論的若干疑義——以唐君毅之朱子學為主要視角〉，《有鳳初鳴年刊》第3期（2007年10月）。吳略余，〈唐君毅之朱子學〉，《鵝湖月刊》33卷7期（2008年1月）。黃瑩暖，〈唐、牟論朱子中和新舊說之「心」義〉，《當代儒學研究》4期（2008年7月）。黃瑩暖，〈唐君毅先生論朱子格物致知工夫〉，《國文學報》48期（2010年12月）。顏銘俊，〈唐、牟二先生對朱子理氣心性說之詮釋的考察〉，《文與哲》22期（2013年7月）。游騰達，〈唐君毅先生的朱子學詮釋之省察——以心性論為焦點〉，《鵝湖學誌》42期（2009年6月）。楊祖漢，〈唐君毅先生對朱子學的詮釋〉，收入鄭宗義主編，《中國哲學研究之新方向》，《新亞學術集刊》第20期（香港：香港中文大學新亞書院，2014年10月）。陳振崑，〈唐君毅對朱子德性工夫論的詮釋〉，《鵝湖月刊》37卷10期（2012年4月）。陳振崑，〈牟宗三與唐君毅對朱子心統性情說的對比詮釋〉，《中國文哲研究通訊》第26卷第2期（2016年6月）。

3　楊儒賓，〈戰後臺灣的朱子學研究〉，頁577。

4　鄭宗義，〈本體分析與德性工夫——論宋明理學的兩條進路〉，收入林維杰、黃冠閔、李宗澤主編，《跨文化哲學中的當代儒學：工夫、方法與政治》（台北：中央研究院中國文哲研究所，2016），頁73-74。

陳振崑也說：

> 　　早在幾乎與牟宗三先生同時的唐君毅先生，就對於朱子
> 的心性論與德性工夫論，展開了另一番不同義理形態的詮
> 釋。可惜的是，唐君毅的這一番詮釋卻被學者們所忽視。
> 如果我們把唐君毅的詮釋分析闡發出來，就很自然地可以
> 解決一些現在爭議中的關鍵問題。[5]

從以上學者的觀察可以了解唐君毅朱子學在台灣學界被忽略的
情形，以及其中可能隱藏的重要哲學價值。唐君毅的朱子詮釋
散見《中國哲學原論》，如：《原道篇》卷三收錄早期的〈由
朱子之言理先氣後論當然之理與存在之理〉[6]、《導論篇》有
〈原太極〉上、中、下三章[7]，《原性篇》有〈原德性工夫——
朱陸異同探源〉、〈朱子之理氣心性論〉，《原教篇》有〈朱
陸之學聖之道與王陽明之致良知之道〉。整體而言，由於唐君
毅工夫論一系說立場，與重視圓融調會的理路，他在評價朱子
時表現了和牟宗三相當不同的看法。尤其是其後期的朱子學，
更可看到不少駁辯牟說的痕跡。如1965年10月14日唐君毅在日

---

5　陳振崑，〈牟宗三與唐君毅對朱子心統性情說的對比詮釋〉，《中國文哲
　　研究通訊》第26卷第2期（2016年6月），頁175。

6　此文後收入1973年出版的《中國哲學原論：原道篇》卷三（台北：臺灣學
　　生書局，1986），頁440-512。附錄二。

7　1964年9月，唐君毅作〈太極問題疏決〉，即《中國哲學原論：導論篇》
　　（台北：臺灣學生書局，1986）第13、14、15章之〈原太極〉。見《年
　　譜》，頁49。

記中提到他「閱宗三兄論朱子文」，即開始「夜閱朱子書」，
不斷的「改作論朱子文」。[8]1965年作〈原德性工夫——朱陸異
同探源〉時，唐君毅委婉表示：

> 近因讀吾友牟宗三先生辯胡子知言疑義及論朱陸之辯二
> 文，……因牟先生文之觸發，更查考文集，寫為此文。吾
> 文所言，較為平易，學者可循序契入。又吾於朱子所以疑
> 於五峰象山之言之故，亦更順朱子之心而代為說明。[9]

1969年6月21日《日記》，唐君毅寫下：

> 上午閱宗三心體與性體書完，此書為一大創作，有極精
> 新處，但其論宋明理學與我意尚多有所出入耳。[10]

同年10月30日，唐君毅更直白批評：

> 閱宗三兄書第三冊完，此冊問題頗多，不如第一、二
> 冊。[11]

因此，學者甚至以「巨大的分歧」來形容唐、牟朱子學詮釋中

---

8　唐君毅，《日記（下）》（台北：臺灣學生書局，1988），頁73。
9　唐君毅，《中國哲學原論：原性篇》（台北：臺灣學生書局，1989），頁
　　555-556。
10　唐君毅，《日記（下）》，頁195-196。
11　同前註，頁206。

所存在的緊張性。[12]牟宗三的朱子學可說是唐君毅詮釋朱子時的
重要參照，相較於牟宗三對朱子的嚴厲批評[13]，唐君毅則頗有
代朱子說明、澄清，為朱子的心性論爭地位的意圖。唐君毅主
張朱陸異同並不在「尊德性」與「道問學」，他認為二者同主
「尊德性」。唐君毅說：

> 朱子故重溫故知新、博學多聞，然觀其書札語錄，大皆
> 以心性工夫與友生相勉，其所尊在尊德性，志在為聖賢，
> 又復何疑。[14]

為了回應牟宗三的《心體與性體》，唐君毅的朱子學因此也呈
現出前後期的調整與變化，筆者認為這當中所透露出來的訊息
確實是當代儒學研究中值得注意的重要論題。

　　本文以「心」為切入點，是因朱子之心兼理氣而統性情，
上承理氣論，下啟工夫論，實為樞紐。朱子對「心」的理解，
眾所周知，「心為氣之靈」是最著名之說，但除此之外，朱子
亦有「本心」之義。[15]牟宗三將朱子的「心」理解為只是經驗

---

12　鄭宗義，〈本體分析與德性工夫──論宋明理學的兩條進路〉，頁105。

13　如牟宗三說：「朱子於此不澈，後來對於凡自縱貫系統立言者，彼皆斥之
　　為禪，亦可謂不幸之甚矣。……然彼體上不透，於心性之實了解有差，故
　　終於是儱侗顢頇之見。……因此反動心哩，遂生許多無謂之忌諱，此亦是
　　儒學發展中不幸之事也。」牟宗三，《心體與性體》第3冊，頁109。

14　唐君毅，《中國哲學原論：原性篇》，頁549。

15　學者在研究朱子對心的詮釋時，不免指出朱子文獻中呈現出「心性情分立
　　架構」與「道德本心」兩種詮釋可並立的矛盾現象。黃瑩暖，〈從心性架
　　構與格致工夫看牟宗三先生詮釋朱子思想之特點〉，《當代儒學研究》第8

實然的「形下之氣」，非「道德本心」；認為朱子「心」與
「理」割截為二，「性」只是「理」而與「心」為敵體。[16]當
他在全面梳理朱子文本時，往往以「虛說」來解消「本心」、
「心體」義，認為朱子對此並沒有深刻地體會。唐君毅對朱子
之「心」也一再斟酌致思，但他認為朱子的心貫通理氣，「氣
之靈」之外，亦有「心內具理以為性」的面向，兩面合觀，才
能呈現朱子的完整面貌。因此，他重視朱子心與氣關係的殊異
性與超越性，從而主張朱子未嘗不以「心與理為一」。唐君毅
說：

> 朱子固亦嘗以佛為以心與理為二，吾儒以心與理為
> 一。……實則求心之合乎理，以使心與理一，亦程朱陸王
> 共許之義。[17]

最後他甚至提出朱子之「心」也同樣具有「本心」、「心體」
的意涵。

## 二、「心為氣之靈」與「心者理之所會之地」：唐君毅論
## 　　朱子的「心」應兩面合觀義

　　以下筆者將透過三段文字，初步呈現唐君毅論述朱子之
「心」的重點，並由此探討當中可能隱含的問題。唐君毅表示：

---

　　期（2010年6月），頁128。

16　牟宗三，《心體與性體》第3冊，頁20。

17　唐君毅，《中國哲學原論：原性篇》，頁552。

　　朱子之言心，實以心為貫通理氣之概念。心乃一方面屬於氣，而為氣之靈。而具理於其內，以為性者。心之具理以為性，即心之體之寂然不動者。心之為氣之靈，即心之所賴以成用，心之所以能感而遂通，性之所以得見乎情者。（〈原太極〉下，《中國哲學原論：導論篇》，頁501）

　　朱子之言心為氣之靈、氣之精爽，則是就心之連於氣，而附心於氣以說者。自客觀的宇宙論之觀點看，人之心固必連於其自身之表現於氣者以言，則此語亦可說。然如純自心性論之觀點言，此語亦不須說；如要說此語，則至少須與心者「理之所會之地」（《語類》卷五）合說方備。（〈朱子之理氣心性論〉，《中國哲學原論：原性篇》，頁399-400）

　　朱子在宇宙論上，固以心屬於氣，氣依理而動靜，並以心為有動有靜，有存有亡者；在工夫論上亦謂合此道之心，可由存而亡，亦可由亡而存，其存亡全繫在工夫上。然在純粹之心性論，與直接相應於其心性論之工夫論中，則又初不重依氣以言心，亦未嘗不言「超乎一般之動靜存亡之概念之上」之本心或心體。……而與其在宇宙論上或泛論工夫時看心之觀點，明有不一致處。（〈原德性工夫〉，《中國哲學原論：原性篇》，頁638-639）

整體而言，唐君毅論朱子之「心」有一原則性總綱，即是「心

貫通理氣」——心為「氣之靈」，亦是「理之所會之地」。在此總綱之下，他認為如要理解朱子論述「心」的重點，合而言之，即是「心」位居「理」與「氣」之間，主宰「氣」、運用「理」，「兼寂感」、「統性情」、「貫幽冥」、「通有無」，為一開闔之樞紐。[18]「心」既是「氣之靈」，亦是「具理於其內，以為性」者，因此，不同於牟宗三視朱子的「心」為形而下之「氣心」（迥異於其他兩系之「心」為道德「本心」）；在唐君毅看來，朱子的「心」可以上下其講，他主張「心為氣之靈」義與「心者理之所會之地」義應兩面合觀，如此才能完整、周備的把握朱子的「心」概念。

　　然而問題是：理氣二分的架構下，「心」屬於氣，也屬於理；是「氣之靈」，亦是「理之所會之地」，此如何可能？唐君毅於此做了分解式的說明，他認為分而言之，「心為氣之靈」是從宇宙論與工夫論觀點看「心」；而「心者理之所會之地」則是從心性論觀點來看「心」。宇宙論觀點（心是氣）與心性論觀點（心與理一），如何銜接？它們平行並重？抑或是有所側重於其一？1964年唐君毅作〈原太極〉時，他對朱子「心」的理解仍偏重「氣之靈」義，並不認為宇宙論觀點（心是氣）與心性論觀點（心具理）二者應平視。他主張從純粹心性論看「心」，才是朱子論「心」的核心義，此心性論觀點之「心」，未嘗無「本心」涵義；但另一方面，他又似乎被朱子

---

18 陳振崑由此整理出唐君毅詮解朱子理氣心性論有三個重要命題：「心」統攝「理」與「氣」、「心」具「性」與「情」兩個面向、「心」據能覺能知的「虛靈不昧義」與能行的「主宰運用義」。陳振崑，〈牟宗三與唐君毅對朱子心統性情說的對比詮釋〉，頁177。

屢屢以「氣之靈」論心的言論所困擾。唐君毅表示：

> 　　朱子之重以氣之靈言心，其證在其言「性猶太極」「心猶陰陽」「心之理是太極，心之動靜是陰陽」，及重言心之「動靜不同時，寂感不同位」，而謂心有往來出入之說。此皆其書中屢見之言，不須一一引。謂心猶陰陽，亦即氣之靈以言心。（〈原太極〉下，《中國哲學原論：導論篇》，頁509-510）

唐君毅由此不免批評朱子之論墮入「以身觀心之失」、「不識心與理合一」[19]，他也批評朱子從宇宙論觀點與心性論觀點之「心」概念，二者並不一致。如何解釋此不一致？似乎曾困擾過唐君毅。楊祖漢從唐君毅較早的朱子哲學詮釋[20]，提出他的觀察：

> 　　唐先生此文（筆者案：〈原太極〉）並檢討朱子之心，性與太極之關係之理論，朱子有明文說心是氣之靈，心是陰陽，而性才是理，才是太極。如是則朱子並不能有心即理之本心義。唐先生認為朱子以心為氣之靈，是以身觀心，而不是以心觀心。……從唐先生此文，可知他對朱子和陸象山思想義理的分別，是區分的很清楚的。唐先生此

---

19　唐君毅，《中國哲學原論：導論篇》，頁508-509。
20　所謂較早詮釋，主要是指1947年所作的〈朱子理先氣後論疏釋——朱子道德形上學之進路〉（即《原道篇》之〈由朱子之言理先氣後論當然之理與存在之理〉）。

時對朱子哲學的理解，與牟先生後來在《心體與性體》中
對朱子理論的詮釋，是很相似的。[21]

楊祖漢認為從唐君毅早期的理解來看，唐、牟很相似，他們同
樣主張「心是氣之靈」，也應該同樣認同朱子不能有「心即理
之本心義」。如果是這樣，那麼唐、牟朱子學差異可能不大。

　　但是，唐君毅最終沒有像牟宗三一樣，否定朱子之「心」
也可以是具有心體義的道德「本心」。楊祖漢注意到唐君毅的
詮釋有前後期的變化：

　　不必將朱子所說之「心」理解為心體，而亦可以回答牟
先生對朱子學之質疑。即唐先生後期費大力論證朱子所說
的心有心體義，很可能是不必要的。心與理為二，是傳統
對朱子的心性論的共識，要突破此一傳統的看法是很不容
易的。[22]

楊祖漢採取牟說的基本立場，肯定唐君毅早期朱子詮釋的價
值；而對唐君毅晚期的朱子詮釋態度相當保留。同樣的立場，
游騰達也對唐君毅以「虛靈不昧之心體」、「未發之心體」論
朱子的心提出質疑。他說：

---

21　楊祖漢，〈唐君毅先生對朱子哲學的詮釋〉，收入鄭宗義主編，《中國哲
學研究之新方向》，《新亞學術集刊》第20期（香港：香港中文大學新亞
書院，2014年10月），頁77。

22　同前註，頁81。

　　朱子使用「心之本體」與「心體」兩詞語是可以相通的，而「心體之本然」說的就是「心」之當體自身的本然樣貌，也非一超越乎動靜存亡的形上實體。總而言之，唐先生所主張的「心」為貫通理氣之概念與超越意義的「心體」（本心）一觀點，雖頗令人驚奇，卻不無可議之處。[23]

因此游騰達主張應將朱子「心之本體」看成「心的本然狀態」，而不承認朱子「心之本體」是一個超越動靜存亡的形上實體。[24]可以說唐君毅晚期朱子學的重點論述，乃是大力論證朱子之「心」具有心體義。此一主張成為唐、牟朱子學的重大歧異點所在，學者爭辯的焦點也正在於此。

## 三、唐君毅論朱子「心」之「本心」、「心體」義

　　牟宗三如何看待朱子「本心」義？他將朱子之「心」判為經驗實然層次的「形下之氣」，而非「道德本心」。對於天命流行之體，牟宗三認為「如體會成實體性的心，體會成是理、是心、亦是神的心，則是縱貫系統。如體會成只是理，而天地生物之心只成虛說，則即向朱子本人之靜涵靜攝系統走。」[25]

23　游騰達，〈唐君毅先生的朱子學詮釋之省察〉，《鵝湖學誌》42期（2009年6月），頁64-65。

24　游騰達因此採用陳來的觀點：「朱熹反對在本體（Noumenon）的意義上使用心之本體（心體）的概念，因而他所說的心體與心之本體實際上是作為靜的意識狀態來理解的。」同前註，頁63。陳來之說見《朱子哲學思想研究》（上海：華東師範大學出版社，2000），頁249。

25　牟宗三，《心體與性體》第3冊，頁99。

在縱貫系統與靜攝系統的判準下，梳理朱子文本時，面對朱子具有「本心」、「心體」意涵的文字，牟宗三一律使用「虛說」、「口耳之辭語」、「無相應之體悟」來解讀。這樣的說法在《心體與性體》多見，如：「至於此心理為一綜起來而為吾人之性，就此性而說理……此理之一是虛說。」[26]又如：「『天命流行之體』、中體、本心等等竟是白費，好像全是些口耳之辭語，絲毫未進入意識中者。」[27]等等。因此，在牟宗三的詮釋中，朱子的「本心」、「心體」義只是言辭上「虛說」、實則與道體「不契」、皆屬於「不相應的體悟」，是可以消解的。

唐君毅則是肯定朱子確實是有「本心」義存在的。在理解他面對朱子論「心」的「不一致」時，何以最終並不採用牟宗三的說法，視之為「虛說」，筆者先來呈現一些朱子論「本心」、「心體」的文字。朱子說：

> 聖賢千言萬語，只要人不失其本心。[28]

> 人之本心不明，一如睡。人都昏了，不知有一身。須是喚醒方知。[29]

---

26 同前註，頁86。

27 同前註，頁96。

28 朱熹著，朱杰人等編，《朱子語類》卷12，《朱子全書》14冊（上海：上海古籍出版社，2010），頁358。

29 同前註，頁359。

　　人須將那不錯底心去驗它那錯底心。不錯底心是本心，
錯底心是失其本心。[30]

　　問：「《大學注》言：『其體虛靈而不昧，其用鑒照
而不遺。』此二句是說心，說德？」曰：「心、德皆在其
中，更子細看。」又問：「德是心中之理否？」曰：「便
是心中許多道理，光明鑒照，毫髮不差。」[31]

　　天大無外，而性稟其全。故人之本心，其體廓然，亦無
限量，惟其梏於形器之私，滯於聞見之小，是以有所蔽而
不盡。人能即事即物，窮究其理，至於一日會貫通徹而無
所遺焉，則有以全其本心廓然之體，而吾之所以為性與天
之所以為天者，皆不外乎此，而一以貫之矣。[32]

以上是朱子論「本心」、「心體」的文獻。如去其出處，而將
這些話語放入象山、陽明語錄，將會發現二者的思路頗為一
致，並沒有那麼容易察覺說這些話的人其實是朱子。經由這些
為數並不少的朱子論「本心」、「心體」的文字，或許有助於
理解唐君毅何以堅持朱子與象山、陽明論「心」的差距，並沒

---

30　同前註，頁366。

31　朱熹著，朱杰人等編，《朱子語類》卷14，《朱子全書》14冊，頁438-
　　439。

32　朱熹著，朱杰人等編，〈盡心說〉，《晦庵先生朱文公文集》卷67，《朱
　　子全書》冊23，頁3273。

有牟宗三所說的那麼大。[33]以及唐君毅何以而要大費周章的去論證朱子之「心」確實有「心體」義。

1965年唐君毅在〈原德性工夫〉開始論述朱子之「本心」義，其論點如下：

朱子與象山之言本心，皆有本體論上的自存義，朱子之涵養主靜工夫，不外此本心之自明自現者，因朱子在心性論中，明常用本心、心體之一名。（〈原德性工夫〉，《中國哲學原論：原性篇》，頁642）

朱子以提撕、省察、警覺、極致知格物窮理之工夫，皆不外去其本心之昏蔽、物欲及梏於形器之私，而復其心體。凡此等等，言人有此未發而現成之心體，本自光明、廣大、高明、無限量，此朱子學之所歸宗。（同上，頁646）

此本心之全體，即一真正之心與理合一之形而上的本體義的本心。……此本體義的本心之存在，則又為學者立志之始，即當先加以自信者。……此即全同於象山之學，而此亦正為循朱子之學之原有之趨向而發展，所必至之義

---

33 此差距在牟宗三《心體與性體》不時表現出對朱子的不滿與嚴厲批評，甚至斥為：「朱子於此不澈，後來對於凡自縱貫系統立言者，彼皆斥之為禪，亦可謂不幸之甚矣。……然彼體上不透，於心性之實了解有差，故終於是傀侗顢頇之見。……因此反動心理，遂生許多無謂之忌諱，此亦儒學發展中不幸之事也。」《心體與性體》第3冊，頁109。

也。（同上，頁649）

不同於牟宗三以「只是虛說」切割、解消朱子「本心」、「心體」義，從而維持自身理論體系的一致性。唐君毅最終肯定朱子論「心」確實有一「真正之心與理合一之形而上的本體義的本心」存在，朱子學與象山學在此並無不同。如此一來，仍需要回到宇宙論觀點論「心」（氣心）與心性論觀點論「心」（本心）「不一致」如何解釋的問題。楊祖漢說：

> 如果如此解，則朱子在宇宙論及心性論上的說法並不一致，對朱子以心為氣之靈、心是陰陽、性理方是太極之言，亦不好解釋。故此說雖可和會朱陸之異同，但會造成朱子自身理論的不一致，及將面對許多朱子文獻解釋上的困難。[34]

在朱子理氣二分的架構下，「心」同時是「氣之靈」，又是「理之所會之地」，而且同樣具有「本心」、「心體」義，那麼，這一個「氣之靈」的「心體」如何可能？

宇宙論的觀點（心是氣）與心性論的觀點（道德本心），二種談法之間存在的「不一致」如何銜接？唐君毅雖然主張朱子之心為「理之所會之地」，而肯定朱子有「本心」、「心體」義，但確實曾對朱子的「心為氣之靈」說感到困擾。筆者想先整理一下唐君毅態度上的調整與變化：

---

34 楊祖漢，〈唐君毅先生對朱子哲學的詮釋〉，頁79。

1. 1964年〈原太極〉對朱子「氣之靈」說提出批判反思：

唐君毅在較早的〈原太極〉其論點如下：

> 朱子以心為氣之靈，無形中即顯出一重心與氣之關係，而輕心與理之關係之色彩。（〈原太極〉下，《中國哲學原論：導論篇》，頁502）

> 然其以心為氣之靈，而此氣又盡可視為身之氣，則無意間已使心屬於身，而墮入於以身觀心之失。（同上，頁509）

> 唯朱子以心為氣之靈，而未能知本心之同具此超越義，實與天理合一而不二；則其言心，尚未能調適而上遂，其言理乃不免於超越而虛懸。而象山則進此一步，以心與理一，以心之靈與理之明並舉。（同上，頁515）

簡而言之，在〈原太極〉階段，唐君毅認為朱子論「心」重點是放在「心為氣之靈」義，此乃是朱子延續北宋諸儒如張載重「氣」的本體宇宙論傳統而來。[35]朱子因此並不像象山、陽明之「心」能夠談「心與理一」，也沒有具有能夠與天理合一不二的形而上本體義、超越而內在的「心體」存在。

---

[35] 唐君毅說：「原朱子之所以未能真肯定心與理之合一，蓋由其言心不免承橫渠之說，而即『氣之靈』、或『氣之精爽』或『氣中之靈的事物』而言心，乃或未能即心之知理而踐理處以言心。」唐君毅，《中國哲學原論：導論篇》，頁498。

## 2. 1965年〈原德性工夫〉唐君毅提出可先將宇宙論觀點「暫置一旁」：

　　唐君毅認為朱子確實重視「心為氣之靈」義，但是也可以談「心與理一」。朱子之「心」有「心體」的意涵，此一思考在唐君毅的朱子學是逐漸顯題化的。他在〈原德性工夫〉開始大力論述朱子之「心」確實有形而上本體意涵的「本心」、「心體」義，並提出此心體是「朱子之學之所歸宗」。他說：

> 　　朱子之學，亦未嘗不歸在見心之即理，己之心即聖人之心，則亦即未嘗不與象山同旨。然以朱子觀象山之言，「說心與理一，不察乎氣稟物欲之私，是見得不真。」此即謂必須先見及此氣稟物欲之雜，足使心與理宛然成二，然後吾人方能實有去此雜之工夫，以實見心與理之一。（〈原德性工夫〉，《中國哲學原論：原性篇》，頁660-661）

> 　　而朱子又原可由其宇宙論上之此觀點，以言其工夫與本體之關係；則其對所言之工夫，是否皆視為即此本心之自明自立之表現之一問題，即必不能做決定說矣。……吾人今之解決此一問題之道，蓋唯有將朱子之宇宙論之觀點，暫置一旁，而直循朱子在心性論上原嘗謂主敬之工夫，不外此心體之惺惺在此，而見其自存自在之義。（同上，頁648）

此階段唐君毅開始肯定朱子之「心」的「本心」、「心體」

義，但仍未解決「心為氣之靈」說所帶來的「本心」與「氣心」之間的緊張性。他認為心性論義應統攝宇宙論義，才能「心與理一」；但也認為由於朱子喜從宇宙論觀點論心，再加上在朱子工夫論上重視氣質之性、氣稟之雜，此兩個角度，使得朱子過於重視心、氣關係，朱子之「心」在宇宙論（也包括工夫論）與心性論之間才呈現出此不一致。因此，朱子的「心」與「理」之間仍有距離，並未能真正地圓成「心與理一」的本有義，此仍有待於象山陽明才進一步完成。[36]此階段唐君毅主張朱子確實有「心體」義，但要見此「心體」義之自存自在，需先將論「心」的宇宙論觀點「暫置一旁」。

3. 1969年《原教篇：綜述宋明理學中心性論之發展》，唐君毅主張透過「心為氣之靈」的另一種詮釋以銜接二者：

　　從「心為氣之靈」說，到朱子之「心」未嘗不歸於「心即理」說，唐君毅肯定朱子有「心體」義後，如何返回處理朱子「氣心」與「本心」之間的不一致？1969年唐君毅在《原教篇》嘗試對朱子的「心為氣之靈」說提出另一種詮釋的可能。他說：

　　　　然此氣之靈之一語，可重在「氣」上，亦可重在「靈」上。重在「靈」上，則心即氣之靈化，亦即氣之超化，而心亦有超於氣之義。心之所以有超于氣之義者，固非以其是氣，而實因其具理以為性。則吾人固可謂朱子之言，乃

---

36　唐君毅，《中國哲學原論：原性篇》，頁661。

意在由氣之靈以上指，……而非意在說心之不過「氣」之
靈也。（〈綜述宋明理學中心性論之發展〉，《中國哲學
原論：原教篇》，頁497）

此階段，唐君毅發現解讀朱子「心為氣之靈」義，不能只看成
「心為氣」，而忽略「靈」字。他對「心為氣之靈」詮釋的
重點從「心為『氣』之靈」轉到「心為氣之『靈』」。由重
「氣」到重「靈」，說明「心」作為一種特殊之「氣」應該要
往上講，此「氣」具有超越性。「心」只是「氣」——形而下
之氣，與「具理以為性」之間會有斷裂，但如果朱子之「心」
是超越性的氣之「靈」，斷裂就不存在，它同時即是「具理以
為性」者。

## 四、從「心為『氣』之靈」到「心為氣之『靈』」：唐君
## 　　毅論朱子「心」與「氣」關係的超越性

　　晚期唐君毅解讀朱子「心為氣之靈」義時，其詮釋重心
有從「心為『氣』之靈」，轉而強調「心為氣之『靈』」的變
化。不宜忘記唐君毅一向並不將中國哲學中的「氣」，僅看作
形而下的物質，而主張應視之為「存在的流行」、「流行的存
在」，此正是唐先生論「氣」的知名理論。[37]「氣」本來就具有
貫通形上與形下的性格，而可以上下其講。因此，由重「氣」
到重「靈」，即是將「氣心」往上提，承認此「心為氣之靈」
的「氣心」是一種具有超越性格的特殊之氣。唐先生說：

----

37 唐君毅，《中國哲學原論：原教篇》，頁97。

將心與理氣三者比觀，則心不如性理之純是無形，亦不如氣之純是形。故又謂「心比性微有跡，比氣自然又靈」。（〈朱子之理氣心性論〉，《中國哲學原論：原性篇》，頁399）

「心比性微有跡，比氣自然又靈」此語，正是朱子在回答問者「心」與「性」（「理」）是一還是二時的答案。朱子說：

問：「如此，則心之裡乃是形而上否？」曰：「心比性，則微有跡；比氣，則自然又靈。」[38]

或問心性之別。曰：「這個極難說，且是難為譬喻。……心雖是一物，卻虛，故能包含萬理。這個要人自體察始得。」[39]

心、性、理，拈著一個，則都貫穿，唯觀其所指處輕重如何。[40]

大抵心與性，似一而二，似二而一。此處最當體認。[41]

---

38　朱熹著，朱杰人等編，〈朱子語類〉卷5，《朱子全書》14冊，頁221。
39　同前註，頁223。
40　同前註，頁223。
41　同前註，頁224。

對於朱子來說，這個問題確實不好說。不好說是因為朱子之
「心」作為一種性格極為特殊的「氣」，它同時也和「性」、
「理」在存有論位階上頗為接近。朱子說二者「似一而二，似
二而一」，「心」與「性」、「理」之間的異同問題必須以
「不一不二（異）」的弔詭去思考。因此，不同於牟宗三認為
朱子是「心與理為二」基本格局下的巨大差異，唐君毅認為朱
子也可以是「心與理一」，從而肯定朱子之「心」有形上本體
論意義下的「本心」、「心體」意涵。印證朱子本人的說法，
朱子確實曾說過：

> 儒釋之異，正為吾以心與理一，而彼以心理為二耳。然
> 近世一種學問雖說心與理一，而不察乎氣稟物欲之私，故
> 其發亦不合理，卻與釋氏同病，不可不察。[42]

朱子既然認為「心與理為二」是佛教異端之所為，「心與理為
一」才是儒學正宗，那麼說「心與理為二，是傳統對朱子的心
性論的共識。」[43]這樣的說法似乎也可以再斟酌。

　　心與理是一？是二？當中牽涉到的也正是理解朱子哲學的
方法論問題。朱子說：

> 性猶太極也，心猶陰陽也。太極只在陰陽之中，非能離

---

42 朱熹著，朱杰人等編，《晦庵先生朱文公文集》卷56，〈答鄭子上
　　十四〉。此說亦同見《朱子語類》卷126，《朱子全書》18冊，頁3934。
43 楊祖漢，〈唐君毅先生對朱子學的詮釋〉，頁81。

　　陰陽也。然至論太極，自是太極；陰陽自是陰陽。惟性與
　　心亦然。所謂一而二，二而一也。[44]

如何理解「心」與「性」、「理」之間的「二而一、一而
二」，乃至於解釋「心」與「氣」關係，或許可以借助於陳榮
灼和陳振崑兩位學者的說法。陳榮灼指出朱子方法論同時具有
「一分為二」（析）與「合二為一」（統）的向度。[45]陳振崑
則指出朱子對「一」與「二」的理解，乃是延續北宋儒學周、
張、程的易學方法論。陳振崑說：

　　若是能了解朱子論心具理氣、兼性情，乃至主張「理一
　　分殊」的理學思想，都建立在其源自於程伊川和張橫渠以
　　來的易學理論基礎，以及周濂溪的太極陰陽思想——所謂
　　「體用一元、顯微無間」、「太極是理之極致」、「心性
　　是二而一、一而二」——就不會為此「心」生困惑質疑。[46]

在方法論上以易學的辯證邏輯去處理朱子之論「心與性，似一
而二，似二而一」，或許有助於補充唐君毅所提出的「心為氣
之靈」與「心為理之所會之地」，兩個面向的「不一致」，它
們實則未嘗相離而同為一體。心屬於氣，也是一種「未發」的
「道德本心」。朱子之「心」是「理」？還是「氣」？「心」

---

44 朱熹著，朱杰人等編，〈朱子語類〉卷5，《朱子全書》14冊，頁222。

45 陳榮灼，〈朱子心統性情的諦義〉，景海峰編，《儒學的當代發展與未來
　　前瞻》（北京：人民出版社，2014），頁255

46 陳振崑，〈唐君毅與牟宗三對朱子心統性情說的對比詮釋〉，頁180-181。

是「氣心」？還是「本心」？從唐君毅對「心為氣之靈」說的
詮釋看來，或許可以暫時稱之為「氣之靈的心體」。這個「心
比性微有跡，比氣自然又靈」的「氣之靈的心體」和「理」關
係，或許不像陸王「心即理」那樣近，但也可能不像牟宗三所
說的那樣遠。

## 五、結語

　　唐君毅對朱子「心」的界說是有變化的，此變化在筆者
看來是因為唐君毅更願意去面對朱子「心」概念的複雜性。唐
君毅前期認同朱子的心屬氣，後期更重視心具理；從而提出朱
子有「本心」、「心體」之義。唐君毅主張朱陸異同並不在
「心與理一」，而在「心與理一」之工夫進路不同。朱子有時
也說「心與理為二」，是因其關切處在氣稟之雜。不言直下
察識心體，不等於否定道德本心。因此，朱子的心並非僅是形
而下經驗的認知心。唐君毅肯定朱子的「本心」義，那麼如何
回頭處理「氣之靈」說？從「心為『氣』之靈」到「心為氣之
『靈』」，其詮釋重心由重「氣」，轉而重「靈」。唐君毅一
向主張「氣」可上下其講，此心氣為超越性的特殊之氣。因
此，「本心」與「氣心」是否截然二元對立，可以重新反思。
心屬於氣，也是道德本心，朱子「心比性微有跡，比氣自然又
靈」之「心」，或許可稱之為「氣之靈的心體」。朱子的「心
與性，似一而二，似二而一」，在方法論上以易學的辯證邏輯
去處理「本心」與「氣之靈」間的緊張性，有助於補充兩個面
向的「不一致」，它們實則未嘗相離而同為一體。

# 參考文獻

## 一、古典文獻

〔漢〕劉安等撰，劉文點集解，《淮南鴻烈集解》（北京：中華書局，1989）。

〔東漢〕班固，《漢書》（台北：鼎文書局，1979）。

〔東漢〕鄭玄注，《禮記》（台北：新興書局，1991）。

〔魏〕王弼原注，《老子》（台北：金楓出版，1987）。

〔晉〕杜預注，〔唐〕孔穎達疏，《春秋左傳正義》（台北：藝文印書館，2001，影印阮元校刻《十三經注疏附校勘記》本）。

〔唐〕釋道宣輯，《廣弘明集》，《大正新修大藏經》第 52 冊（台北：新文豐出版公司，1983，大正一切經刊行會排印本）。

〔唐〕吳筠，《玄綱論》，〔明〕張宇初編撰，李一氓主編，《道藏》第 23 冊（上海：上海書店、文物出版社、天津古籍出版社聯合出版，1994）。

〔唐〕魏徵等撰，《隋書》（台北：鼎文書局，1983）。

〔唐〕劉禹錫，《劉夢得文集》（上海：上海書店，1989，《四部叢刊初編》據商務印書館 1926 年重印）。

〔唐〕孟安排著，王宗昱校勘，《道教義樞》，收入王宗昱，《道教義樞研究》（上海：上海文化出版社，2001）。

〔唐〕李翱，《李文公集》，《四部叢刊正編》第 35 冊（台北：臺灣商務印書館，1979）。

〔唐〕宗密，《原人論》，《大正新脩大藏經》第 45 冊（台北：新文豐出版公司，No.1886）。

〔唐〕宗密，《大方廣圓覺經大疏》，《卍續藏經》14 冊（台北：新文豐出版公司，1994）。

〔唐〕宗密，《圓覺經略疏之鈔卷》，《卍續藏經》15 冊（台北：新文豐出版公司，1994）。

〔宋〕周敦頤，《通書》，《周敦頤集》（北京：中華書局，1990）。

〔宋〕邵雍，《擊壤全書》（台北：廣文書局，1972）。

〔宋〕范仲淹，《范文正公集》，《四部叢刊正編》第 40 冊（台北：臺灣商務印書館，1979）。

〔宋〕釋智圓，《閒居編》，《卍續藏經》第 101 冊（台北：中國佛教會影印《卍續藏經》委員會，1968）。

〔宋〕釋契嵩，《鐔津集》，《四庫全書珍本》第 10 集（台北：臺灣商務印書館，1981）。

〔宋〕蘇轍，《欒城後集》（台北：臺灣商務印書館，1965，四部叢刊影明活字印本）。

〔宋〕張載著，章錫琛點校，《張載集》（北京：中華書局，1978）。

〔宋〕張載，《張載集》（台北：漢京文化，1983）。

〔宋〕張載著，林樂昌編校，《張子全書》（西安：西北大學出版社，2015）。

〔宋〕張載撰，〔清〕王夫之注，《張子正蒙注》（上海：上海古籍出版社，2000）。

〔宋〕程顥、程頤，《二程集》（台北：漢京文化，1983）。

〔宋〕朱熹著，朱傑人、嚴佐之、劉永翔主編，《四書章句集注》，《朱子全書》第 6 冊（上海：上海古籍出版社，2002）。

〔宋〕朱熹著，朱傑人、嚴佐之、劉永翔主編，《伊洛淵源錄》，《朱子全書》第 12 冊（上海：上海古籍出版社，2002）。

〔宋〕朱熹著，朱傑人、嚴佐之、劉永翔主編，《朱子語類》，《朱子全書》第 18 冊（上海：上海古籍出版社，2002）。

〔宋〕朱熹著，朱傑人、嚴佐之、劉永翔主編，《晦庵先生朱文公文集》，《朱子全書》第 23 冊（上海：上海古籍出版社，2002）。

〔宋〕汪應辰，《文定集》（台北：新文豐出版公司，1984）。

〔宋〕葉適，《習學記言序目》（北京：中華書局，1977）。

〔明〕劉儓，《新刊正蒙解》（上海：上海古籍出版社，1995 年據嘉靖二十四年刻本影印）。

〔明〕方以智，《浮山文集後編》（上海：上海古籍出版社影印，續修四庫全書本，1995）。

〔清〕黃宗羲著，沈芝盈點校，《明儒學案》（北京：中華書局，2008）。

〔清〕黃宗羲著，全祖望補，《宋元學案》（北京：中華書局，1986）。

〔清〕李顒撰，陳俊民點校，《二曲集》（北京：中華書局，1996）。

〔清〕王船山，《讀四書大全說》（北京：中華書局，1975）。

〔清〕顏元，《存學編‧四書正誤卷一》，《顏元集》下（北京：中華書局，1987）。

〔清〕章學誠，《文史通義》，《叢書集成新編》第 5 冊（台北：新文豐出版公司，1985）。

〔清〕王植，《正蒙初義》（台北：臺灣商務印書館，1983，《文淵閣四庫全書影印本》）。

〔清〕朱軾，《史傳三編》（台北：臺灣商務印書館，1983，《文淵閣四庫全書影印本》）。

〔清〕王仁俊撰，《管子集注》（上海：上海古籍出版社，2002，《續修四庫全書》，據遼寧圖書館藏稿本影印）。

〔清〕郭慶藩，《莊子集釋》（北京：中華書局，1961）。

## 二、專書

〔美〕史泰司（W.T. Stance）著，楊儒賓譯，《冥契主義與哲學》（台北：正中書局，1998）。

〔美〕郝大維、安樂哲著，何金俐譯，《通過孔子而思》（北京：北京大學出版社，2005）。

〔美〕喬治・米德（George H. Mead）著，趙月瑟譯，《心靈、自我與社會》（上海：上海譯文出版社，1992）。

〔美〕赫伯特・芬格萊特（Herbert Fingarette）著，彭國翔、張華譯，《孔子：即凡而聖》（南京：江蘇人民出版社，2002）。

〔日〕小野澤精一、福永光司、山井湧編，《氣的思想：中國自然觀與人的觀念的發展》（上海：上海人民出版社，1990）。

〔日〕宇野哲人，《支那哲學史：近世儒學》（東京：寶文館，1954）。

〔日〕湯淺泰雄著，馬超等編譯，《靈肉探微：神秘的東方身體觀》（北京：中國友誼出版社，1990）。

〔法〕畢來德著，宋剛譯，《莊子四講》（新北：聯經出版公司，2011）。

〔美〕葛艾儒（Ira E. Kasoff），《張載的思想（1020-1077）》（上海：上海古籍出版社，2010）。

〔韓〕李賢仙，《張載與二程兄弟的哲學》（首爾：文史哲，2013）。

〔韓〕黃棕源，《張載哲學》（首爾：文史哲，2010）。

丁為祥，《虛氣相即：張載哲學體系及其定位》（北京：人民出版社，2000）。

丁重祜箋注，《老子道德經箋注》（台北：廣文書局，1975）。

方光華、曹振明，《張載思想研究》（西安：西北大學出版社，2015）。

方光華主編，《關學及其著述》（西安：西安出版社，2003）。

王俊彥，《王廷相與明代氣學》（台北：秀威科技資訊公司，2005）。

朱建民，《張載思想研究》（台北：文津出版社，1989）。

牟宗三，《才性與玄理》（台北：臺灣學生書局，1985）。

──，《心體與性體》（台北：正中書局，1985）。

──，《從陸象山到劉蕺山》（台北：臺灣學生書局，1990）。

余英時，《中國知識階層史論》（新北：聯經出版公司，1980）。

──，《朱熹的歷史世界：宋代士大夫政治文化的研究》上篇（台北：允晨文化，2003）。

余嘉錫，《世說新語箋疏》（台北：華正書局，1989）。

李曉春，《張載哲學與中國古代思維方式之研究》（北京：中華書局，2012）。

李蕉，《張載政治思想述論》（北京：中華書局，2011)。

杜維明，《人性與自我修養》（新北：聯經出版公司，1992）。

束景南，《朱子年譜長編》卷下（上海：華東師範大學出版社，2001）。

汪麗華、何仁富，《唐君毅先生年譜長編》（北京：中國社會科學出版社，2018）。

周斌，《張載天人關係新說：論做為宗教哲學的理學》（北京：中華書局，2015）。

周與沉，《身體：思想與修行：以中國經典為中心的跨文化觀照》（北京：

中國社會科學出版社，2005）。

林安梧，《當代新儒家哲學史論》（台北：文海學術思想研究發展文教
　　基金會，1996）。

林樂昌，《正蒙合校集釋》上、下（北京：中華書局，2012）。

———，《張載理學與文獻探研》（北京：人民出版社，2016）。

姚春鵬譯注，《黃帝內經》（北京：中華書局，2009）。

姜國柱，《張載的哲學思想》（瀋陽：遼寧人民出版社，1982）。

———，《張載關學》（西安：陝西人民出版社，2001）。

洪淑芬，《儒佛交涉與宋代儒學復興：以智圓、契嵩、宗杲為例》（台北：
　　大安出版社，2008）。

胡元玲，《張載易學與道學：以《橫渠易說》及《正蒙》為主的探討》（台
　　北：臺灣學生書局，2004）。

唐君毅，《中國哲學原論：原教篇》（台北：臺灣學生書局，1984）。

———，《中國哲學原論：原道篇》（台北：臺灣學生書局，1986）。

———，《中國哲學原論：導論篇》（台北：臺灣學生書局，1986）。

———，《中國哲學原論：原性篇》（台北：臺灣學生書局，1989）。

———，《日記》（台北：臺灣學生書局，1988）。

———，《東西哲學思想之比較研究論集》（台北：臺灣學生書局，
　　1990）。

———，《哲學論集》（台北：臺灣學生書局，1990）。

袁保新，《老子哲學之詮釋與重建》（台北：文津出版社，1991）。

———，《從海德格、老子、孟子到當代新儒學》（台北：臺灣學生書局，
　　2008）。

張立文，《宋明理學邏輯結構的演化》（台北：萬卷樓，1993）。

張亨，《斯文之際論集》（台北：允晨文化，1997）。

張岱年，《中國哲學大綱‧自序》（北京：中國科學社會出版社，

1982）。

———，《張載：十一世紀中國唯物主義思想家》（武漢：湖北人民出版社，1956），收入：《張岱年全集》第 3 卷（石家莊：河北人民出版社，1996）。

張波，《張載年譜》（西安：西北大學出版社，2015）。

梁漱溟，《梁漱溟全集》第 7 卷（濟南：山東人民出版社，1993）。

陳立勝，《「身體」與「詮釋」：宋明儒學論集》（台北：臺大出版中心，2011）。

陳俊民，《張載哲學思想及其關學學派》（北京：人民出版社，1986）。

陳政揚，《張載思想的哲學詮釋》（台北：文史哲出版社，2007）。

———，《明清《正蒙》思想詮釋研究：以理氣心性論為中心》（台北：臺灣學生書局，2017）。

陳寅恪，《金明館叢稿二編》（北京：三聯書局，2001）。

陳榮捷，《近思錄詳註集評》（台北：臺灣學生書局，1998）。

陳贇，《回歸真實的存在：王船山哲學的闡釋》（上海：復旦大學出版社，2002）。

勞思光，《新編中國哲學史》（台北：三民書局，1987）。

程宜山，《張載哲學的系統分析》（上海：學林出版社，1989）。

馮友蘭，《中國哲學史新編》第 5 冊（北京：人民出版社，1988）。

黃俊傑，《東亞儒學史的新視野》（台北：喜瑪拉雅研究發展基金會，2001）。

楊立華，《氣本與神化：張載哲學述論》（北京：北京大學出版社，2008）。

楊儒賓編，《中國古代思想中的氣論與身體觀》（台北：巨流圖書公司，1997）。

楊儒賓、祝平次編，《儒學的氣論與工夫論》（台北：臺大出版中心，

2005）。

楊儒賓，《五行原論：先秦思想的太初存有論》（新北：聯經出版公司，
　　2018）。

———，《從《五經》到《新五經》》（台北：臺大出版中心，2012）。

———，《異議的意義：近世東亞的反理學思潮》（台北：臺大出版中心，
　　2012）。

———，《儒門內的莊子》（新北：聯經出版公司，2016）。

———，《儒家身體觀》（台北：中央研究院中國文哲研究所，1996）。

熊十力，《十力語要》，《熊十力全集》第 4 卷（武漢：湖北教育出版社，
　　2001）。

———，《尊聞錄》，《熊十力全集》第 1 卷（武漢：湖北教育出版社，
　　2001）。

蒲創國，《天人合一正義》（北京：中華書局，2015）。

趙吉惠、劉學智主編，《張載關學與南冥學研究》（北京：社會科學文
　　獻出版社，2004）。

劉又銘，《理在氣中：羅欽順、王廷相、顧炎武、戴震氣本論研究》（台
　　北：五南圖書出版，2000）。

劉滄龍，《氣的跨文化思考：王船山氣學與尼采哲學的對話》（台北：
　　五南圖書出版，2016）。

蔡仁厚，《宋明理學・北宋篇》（台北：臺灣學生書局，1985）。

賴錫三，《道家型知識分子論：莊子的權力批判與文化更新》（台北：
　　臺大出版中心，2013）。

鍾泰，《莊子發微》（上海：上海古籍出版社，1988）。

顧紅亮，《儒家生活世界》（上海：上海人民出版社，2016）。

龔杰，《張載評傳》（南京：南京大學出版社，1996）。

## 三、單篇論文

〔日〕山根三芳，〈張橫渠思想研究序說〉，《廣島文學部紀要》第 22
卷 1 號（1963）。

〔日〕———，〈張橫渠之禮思想研究〉，《廣島文學部紀要》第 24 卷
1 號（1964）。

〔日〕———，〈張橫渠的天人合一思想〉，《日本中國學會報》第 19
集（1967）。

〔日〕———，〈張子禮說考〉，《日本中國學會報》第 22 集（1970）。

〔日〕大島晃，〈關於張橫渠的「太虛即氣」論〉，《日本中國學會報》
第 27 集（1965）。

〔日〕小川侃，〈氣與吟唱——「身」的收縮與舒張〉，《臺灣東亞文
明研究學刊》第 5 卷第 1 期（總第 9 期）（2008 年 6 月）。

〔日〕西順藏，〈張橫渠的思想——所謂「天地」世界〉，《一橋論叢》
第 28 之 2 號（1952）。

〔日〕佐藤富美子，〈關於張橫渠的性之概念〉，早稻田大學《フィロ
ソフィア》第 71 期（1984）。

〔日〕赤塚忠，〈張岱年的「張橫渠的哲學」與「哲學研究」〉書評，《東
京支那學報》第 3 號（1957）。

〔日〕馬昌淵也，〈明代後期「氣」的哲學之三種類型與陳確的新思想〉，
收入楊儒賓、祝平次主編：《儒家的氣論與工夫論》（台北：臺大
出版中心，2005）。

〔日〕湯淺泰雄，〈「氣之身體觀」在東亞哲學與科學中的探討〉，收
入楊儒賓主編：《中國古代思想中的氣論及身體觀》（台北：巨流
圖書公司，1997）。

〔美〕Kenneth Inada（稻田龜男），〈道、佛關於經驗的形而上學及其

挑戰〉，收入陳鼓應主編：《道家文化研究》第 6 輯（上海：上海古籍出版社，1995）。

〔德〕Mathias Obert，〈生活世界、肉身與藝術——梅洛龐帝（Maurice Merleau-Ponty）、華登菲（Bernhard Waldenfels）與當代現象學〉，《臺大文史哲學報》63 期（2005 年 11 月）。

〔韓〕安載晧，〈張載心知學說淺析〉，《陽明學》第 32 號（2012）。

〔韓〕———，〈張載性命學說之批判〉，《中國學報》卷 65（2012）。

〔韓〕李賢仙，〈二程對張載修養論的批判〉，《哲學思想》卷 26（2007）。

〔韓〕———，〈張載哲學中神概念與心之問題〉，《哲學研究》卷 102（2013）。

〔韓〕張閏洙，〈張載哲學中大心之工夫論〉，《哲學研究》卷 88（2003）。

〔韓〕趙南浩，〈張載之氣學與修養工夫論〉，發表於「中國哲學的當代論爭——以氣論與身體為中心」國際學術研討會（台北：中央研究院中國文哲研究所，2017 年 9 月）。

王林偉，〈論張橫渠之「太虛即氣」說——對諸哲學史家之詮釋的考察〉，《當代儒學研究》第 11 期（2011 年 12 月）。

王振華，〈張載對孟子心性論的繼承與發展〉，《陝西師範大學學報》（哲學社會科學版），2011 年第 5 期（2011 年 5 月）。

王雪卿，〈唐君毅的張載學——以「氣」為中心的思考〉，《靜坐、讀書與身體：理學工夫論之研究》（台北：萬卷樓，2015）。

———，〈禮如何做為一種工夫——以張載與朱子為核心的考察〉，《成大中文學報》57 期（2017 年 6 月）。

何乏筆，〈何謂「兼體無累」的工夫——論牟宗三與創造性的問題化〉，收入楊儒賓、祝平次編，《儒家的氣論與工夫論》（台北：臺大出版中心，2005）。

———，〈氣化主體與民主政治：關於《莊子》跨文化潛力的思想實驗〉，

《中國文哲研究通訊》22 卷 4 期（2012 年 9 月）。

———，〈能量本體論的美學解讀：從德語的張載研究談起〉，《中國文哲研究通訊》第 17 卷第二期（《德語之中國哲學研究專輯》）（2007 年 6 月）。

———，〈新儒家、自由主義與社會主義是否會通？〉，收入錢永祥主編：《思想（29）：動物與社會》（新北：聯經出版公司，2015 年 10 月）。

余英時，〈名教危機與魏晉士風的演變〉，《中國知識階層史論》（新北：聯經出版公司，1980）。

余敦康，〈張載哲學探索的主題及其出入佛老的原因〉，《中國哲學史》1996 年第 1-2 期。

吳略余，〈唐君毅之朱子學〉，《鵝湖月刊》33 卷 7 期（2008 年 1 月）。

———，〈對牟宗三詮釋朱子心性、工夫論的若干疑義——以唐君毅之朱子學為主要視角〉，《有鳳初鳴年刊》第 3 期（2007 年 10 月）。

杜保瑞，〈牟宗三以道體收攝性體心體的張載詮釋之方法論反省〉，《哲學與文化》37 卷 10 期（2010 年 10 月）。

杜維明，〈「仁」與「禮」的創造緊張性〉，《人性與自我修養》（新北：聯經出版公司，1992）。

———，〈作為人性化過程的「禮」〉，《人性與自我修養》（新北：聯經出版公司，1992）。

肖永明，〈張載之學與《四書》〉，《船山學刊》2007 年第 1 期（2007 年 1 月）。

林月惠，〈「異議」的再議——近世東亞的「理學」與「氣學」〉，《東吳哲學學報》34 期（2016 年 8 月）。

———，〈理學的第三系？氣學的商榷〉，《中國哲學的當代論爭：以氣論與身體為中心》國際學術研討會論文集（台北：中央研究院中國文哲研究所，2017 年 9 月）。

林永勝，〈二重的道論：以南朝重玄派的道論為線索〉，《清華學報》
　　新 42 卷第 2 期（2012 年 6 月）。

────，〈張載「太虛即氣」重釋──兼論兩種型態的非一非一之說〉，
　　收入鄭吉雄、林永勝主編：《易詮釋中的儒道互動》（台北：臺大
　　出版中心，2012）。

────，〈惡之來源、個體化與下手工夫──有關張載變化氣質說的幾
　　個思考〉，《漢學研究》28 卷 3 期（2010 年 9 月）。

────，〈養氣、居敬與窮理──程頤論變化氣質工夫〉，《清華中文
　　學林》第 1 期（2005 年 4 月）。

────，〈變化之性說的成立及其意義──以漢語思維的展開為線索〉，
　　《臺大中文學報》48 期（2015 年 3 月）。

林素芬，〈張載的「知、禮成性」論〉，《東華漢學》第 13 期（2011 年
　　6 月）。

林素娟，〈氣味、氣氛、氣之通感──先秦祭禮儀式中「氣」的神聖體驗、
　　身體感知與教化意涵〉，《清華學報》新 43 卷第 3 期（2013 年 9 月）。

林樂昌，〈「為天地立心」──張載「四為句」新釋〉，《哲學研究》
　　2009 年第 5 期（2009 年 5 月）。

────，〈20 世紀張載哲學研究的主要趨向反思〉，《哲學研究》2004
　　年第 12 期（2004 年 12 月）。

────，〈中國哲學史個案研究的實地調查嘗試──以張載哲學思想和
　　歷史影響研究為例〉，《寶雞文理學院學報》（社會科學版）2009
　　年第 6 期（2009 年 6 月）。

────，〈陝西地域儒學研究的求實創新探索──以張載關學研究為中
　　心〉，《寶雞文理學院學報》（社會科學版）第 35 卷第 1 期（總
　　163 期）（2015 年 2 月）。

────，〈張載佚書《孟子說》輯考〉，《中國哲學史》2003 年第 4 期。

———，〈張載兩層結構的宇宙哲學探微〉，《中國哲學史》2008 年第 4 期。

———，〈張載的學術歷程及其關學思想〉，《地方文化研究》2015 年第 1 期（總第 13 期）。

———，〈張載理觀探微——兼論朱熹理氣觀與張載虛氣觀的關係問題〉，《哲學研究》2005 年第 8 期（2005 年 8 月）。

———，〈張載對孔子仁學的詮釋——以「仁智」統一為中心〉，《唐都學刊》第 29 卷第 2 期（2013 年 3 月）。

———，〈張載對儒家人性論的重構〉，《哲學研究》2000 年第 5 期（2000 年 5 月）。

———，〈張載禮學論綱〉，《哲學研究》2007 年第 12 期（2007 年 12 月）。

———，〈張載關學學派芻議〉，《唐都學刊》第 29 卷第 6 期（2013 年 11 月）。

———，〈許衡對張載人性論的承接與詮釋〉，《孔子研究》2006 年第 12 期（2006 年 12 月）。

———，〈試論「關學」概念結構的三重維度〉，《唐都學刊》第 29 卷第 1 期（2013 年 1 月）。

———，〈論張載對道家思想資源的借鑒與融通——以天道論為中心〉，《哲學研究》2013 年第 2 期（2013 年 2 月）。

唐君毅，〈由佛再入儒之性論〉，《中國哲學原論：原性篇》（台北：臺灣學生書局，1989）。

———，〈張橫渠之心性論及其形上學之根據〉，《哲學論集》（台北：臺灣學生書局，1990）。

———，〈張橫渠以人道合天道之道〉，《中國哲學原論：原教篇》（台北：臺灣學生書局，1984）。

———，〈論中西哲學之本體觀念之一種變遷〉，《東西哲學思想之比

較研究論集》（台北：臺灣學生書局，1990）。

袁保新，〈從海德格、老子、孟子到當代新儒學——一項從詮釋學角度展開的自我省思〉，《中國文哲研究通訊》第 15 卷第 1 期（2005 年 3 月）。

張永儁，〈莊子泛神論的自然觀對張橫渠氣論哲學的影響〉，《哲學與文化》第 33 卷第 8 期（2006 年 8 月）。

張岱年，〈關於張載的思想和著作〉，《張載集》（台北：漢京文化，1983）。

郭寶文，〈從《橫渠易說》到《正蒙》：張載論本體之一貫脈絡——兼論張載與戴震氣學進路之差異〉，《淡江中文學報》第 23 期（2010 年 12 月）。

陳俊民，〈「道學、政術」之間——論宋代道學之原型及其真精神〉，《哲學與文化》29 卷 5 期（2002 年 5 月）。

陳政揚，〈「本然之性」外，是否別有「氣質之性」？——論船山《正蒙注》對張載人性論的承繼與新詮〉，《臺大文史哲學報》第 82 期（2015 年 5 月）。

———，〈「盡心何以知性知天？」——論張載氣學對《孟子》思想的詮釋與開展〉，《經學研究期刊》第 12 期（2012 年 5 月）。

———，〈王植對《注解正蒙》神化觀之批判——以「太虛」三層義為進路〉，《國立臺灣大學哲學論評》第 47 期（2013 年 3 月）。

———，〈李光地《注解正蒙》太虛概念辨析〉，《東吳哲學學報》第 31 期（2015 年 2 月）。

———，〈張載「大心」說析論〉，《東吳哲學學報》第 17 期（2008 年 2 月）。

———，〈張載「致學成聖」說析論〉，《揭諦學刊》第 19 期（2010 年 7 月）。

———，〈張載與王廷相理氣心性論比較〉，《清華中文學報》第 12 期（2014 年 12 月）。

———，〈從相偶論反思張載天地之性說的倫理向度〉，《哲學與文化》第 41 卷第 8 期（2014 年 8 月）。

———，〈論王植對明清《正蒙》注之反思——以「太虛」之三層義為中心〉，《臺大文史哲學報》第 75 期（2011 年 11 月）。

陳振崑，〈牟宗三與唐君毅對朱子心統性情說的對比詮釋〉，《中國文哲研究通訊》第 26 卷第 2 期（2016 年 6 月）。

———，〈唐君毅對朱子德性工夫論的詮釋〉，《鵝湖月刊》37 卷 10 期（2012 年 4 月）。

———，〈從整體性的觀點與「一體兩用」的思惟理路，重建張橫渠的天人合一論〉，《華梵人文學報》6 期（2006 年 1 月）。

陳榮灼，〈朱子心統性情論的諦義〉，收入景海峰編：《儒學的當代發展與未來前瞻》（北京：人民出版社，2014）。

———，〈氣與力：「唯氣論」新詮〉，收入楊儒賓、祝平次主編，《儒家的氣論與工夫論》（台北：臺大出版中心，2005）。

彭國翔，〈作為身心修煉的禮儀實踐——以《論語・鄉黨》篇為例的考察〉，《臺灣東亞文明研究學刊》第 6 卷第 1 期（2009 年 6 月）。

游騰達，〈唐君毅先生的朱子學詮釋之省察——以心性論為焦點〉，《鵝湖學誌》42 期（2009 年 6 月）。

黃俊傑，〈評李明輝著《孟子重探》〉，《臺大歷史學報》第 27 期（2001 年 6 月）。

黃進興，〈研究儒教的反思〉，《從理學到倫理學：清末民初道德意識的轉化》（台北：允晨文化，2013）。

———，〈追求倫理的現代性：梁啟超的「道德革命」及其追隨者〉，《從理學到倫理學：清末民初道德意識的轉化》（台北：允晨文化，

2013）。

黃瑩暖，〈唐、牟論朱子中和新舊說之「心」義〉，《當代儒學研究》4
期（2008 年 7 月）。

———，〈唐君毅先生論朱子格物致知工夫〉，《國文學報》48 期（2010
年 12 月）。

———，〈從心性架構與格致工夫看牟宗三先生詮釋朱子思想之特點〉，
《當代儒學研究》第 8 期（2010 年 6 月）。

楊祖漢，〈唐君毅先生對朱子學的詮釋〉，收入鄭宗義主編：《中國哲
學研究之新方向》，《新亞學術集刊》第 20 期（香港：香港中文大
學新亞書院，2014 年 10 月）。

楊儒賓、何乏筆主編，〈踐形與氣氛——儒家的身體觀〉，《身體與社會》
（台北：唐山出版社，2004）。

楊儒賓，〈主敬與主靜〉，《臺灣宗教研究》第 9 卷第 1 期（2010 年 6 月）。

———，〈理學的仁說：一種新生命哲學的誕生〉，《臺灣東亞文明研
究學刊》，6 卷 1 期（2009 年 6 月）。

———，〈異議也可以是教義——回應〈「異議」的再議〉〉，《東吳
哲學學報》36 期（2018 年 6 月）。

———，〈喚醒物學——北宋理學的另一面〉，《漢學研究》35 卷 2 期
（2017 年 6 月）。

———，〈儒門別傳 —— 明末清初《莊》、《易》同流的思想史意
義〉，收入鍾彩鈞、楊晉龍主編，《明清文學與思想中之主體意識
與社會 —— 學術思想篇》（台北：中央研究院中國文哲研究所，
2004）。

———，〈戰後臺灣的朱子學研究〉，《漢學研究通訊》19：4（總 76 期）
（2000 年 11 月）。

———，〈變化氣質、養氣與觀聖賢氣象〉，《漢學研究》19 卷 1 期（2001

年 6 月）。

劉又銘，〈宋明清氣本論研究的若干問題〉，收入楊儒賓、祝平次主編，
　　《儒家的氣論與工夫論》（台北：臺大出版中心，2005）。

劉昌佳，〈張載天道性命的「理一分殊」思想及方法論〉，《理學方法論》
　　（台北：里仁書局，2010）。

劉笑敢，〈再論中國哲學的身分、功能與方法——紀念唐君毅先生誕辰
　　一百周年〉，《中國文哲研究通訊》第 19 卷第 4 期（2009 年 12 月）。

蔡家和，〈張載「太虛即氣」義理之再探——以《正蒙》為例〉，《當
　　代儒學研究》第 4 期（2008 年 7 月）。

蔡振豐，〈魏晉玄學中的「自然」義〉，《成大中文學報》第 26 期（2009
　　年 10 月）。

鄧秀梅，〈唐、牟二氏對張載哲學的詮釋比較〉，《鵝湖月刊》第 35 卷
　　第 3 期（總號 411）（2009 年 9 月）。

鄭宗義，〈本體分析與德性工夫——論宋明理學的兩條進路〉，收入林
　　維杰、黃冠閔、李宗澤主編：《跨文化哲學中的當代儒學：工夫、
　　方法與政治》（台北：中央研究院中國文哲研究所，2016）。

橫手裕著，黃崇修編修，〈道教於「本然之性」與「氣質之性」之言說——
　　兩種的「性」與「神」為核心〉，《興大歷史學報》17 期（2006 年
　　6 月）。

賴錫三，〈《孟子》與《莊子》兩種氣論類型的知識分子與權力批判——
　　「浩然之氣」與「平淡之氣」的存有、倫理、政治性格〉，《道家
　　型知識分子論：《莊子》的權力批判與文化更新》（台北：臺大出
　　版中心，2013）。

———，〈《儒門內的莊子》與「台灣莊子學」——儒懷、史識、文心
　　之景觀〉（發表於中研院文哲所舉辦「楊儒賓《儒門內的莊子》新
　　書座談會」，2016 年 9 月 9 日）。

———，〈「港台新儒家」與「大陸新儒家」的「兩行」反思〉，收入
　　錢永祥主編，《思想（29）：動物與社會》（新北：聯經出版公司，
　　2015 年 10 月）。

———，〈氣化流行與人文化成——《莊子》的道體、主體、身體、語言、
　　文化之體的解構閱讀〉，《道家型知識分子論——莊子的權力批判
　　與文化更新》（台北：臺大出版中心，2013）。

謝世維，〈融合與交涉：中古時期的佛道關係研究回顧〉，《清華中文
　　學報》第 8 期（2012 年 12 月）。

顏銘俊，〈唐、牟二先生對朱子理氣心性說之詮釋的考察〉，《文與哲》
　　22 期（2013 年 7 月）。

魏濤，〈上下交貫、內外相合——張載禮學思想體系新論〉，《船山學刊》
　　2010 年第 3 期（2010 年 7 月）。

———，〈張載「以禮為教」思想的理論定位及其歷史影響〉，《寶雞
　　文理學院學報（社會科學版）》31 卷 1 期（2011 年 2 月）。

———，〈張載「以禮為教」思想體系芻議——在工夫論視角下的考察〉，
　　《寶雞文理學院學報（社會科學版）》26 卷 5 期（2000 年 10 月）。

龔杰，〈張載的「四書學」〉，《西北大學學報》（哲學社會科學版），
　　1994 年第 3 期。

## 四、學位論文

李勇毅，《朱子理論對張載的承繼與發展：以「工夫論」為重心》（新北：
　　華梵大學東方人文思想研究所碩士論文，2012）。

肖發榮，《論朱熹對張載思想的繼承和發展：以朱熹對《正蒙》的詮釋
　　為中心》（西安：陝西師範大學專門史博士論文，2007）。

周兵，《唐君毅對張載思想的現代詮釋》（西安：陝西師範大學中國哲

學碩士論文，2009）。

林杜杰，《論港台新儒家對張載《正蒙》的詮釋：以方東美、唐君毅為例》
　　（西安：陝西師範大學中國哲學碩士論文，2013）。

祝平次，《朱子的理氣心性說與明初理學的發展》（台北：臺大中國文
　　學研究所碩士論文，1990）。

翁文立，《橫渠思想的當代詮釋：以唐君毅為中心》（嘉義：南華大學
　　哲學系碩士論文，2009）。

張雅涵，《張載「氣」的思想之當代詮釋（1930-1990）：以張岱年、馮
　　友蘭、牟宗三、唐君毅的詮釋為核心》（台北：國立臺灣師範大學
　　國文學系碩士論文，2017）。

游騰達，《朱子對北宋四子的理解與詮釋》（中壢：中央大學中文所碩
　　士論文，2006）。

# 當代張載學

2021年7月初版 定價：新臺幣680元
有著作權・翻印必究
Printed in Taiwan.

| | | |
|---|---|---|
| 著　　者 | 王　雪　卿 |
| 叢書主編 | 沙　淑　芬 |
| 校　　對 | 吳　淑　芳 |
| 內文排版 | 菩　薩　蠻 |
| 封面設計 | 沈　佳　德 |

| | | |
|---|---|---|
| 出　版　者 | 聯經出版事業股份有限公司 | 副總編輯　陳　逸　華 |
| 地　　　址 | 新北市汐止區大同路一段369號1樓 | 總編輯　涂　豐　恩 |
| 叢書主編電話 | (02)86925588轉5310 | 總經理　陳　芝　宇 |
| 台北聯經書房 | 台北市新生南路三段94號 | 社　長　羅　國　俊 |
| 電　　　話 | (02)23620308 | 發行人　林　載　爵 |
| 台中分公司 | 台中市北區崇德路一段198號 | |
| 暨門市電話 | (04)22312023 | |
| 台中電子信箱 | e-mail：linking2@ms42.hinet.net | |
| 郵政劃撥帳戶第0100559-3號 | | |
| 郵撥電話 | (02)23620308 | |
| 印　刷　者 | 世和印製企業有限公司 | |
| 總　經　銷 | 聯合發行股份有限公司 | |
| 發　行　所 | 新北市新店區寶橋路235巷6弄6號2樓 | |
| 電　　　話 | (02)29178022 | |

行政院新聞局出版事業登記證局版臺業字第0130號

本書如有缺頁，破損，倒裝請寄回台北聯經書房更換。　ISBN　978-957-08-5852-5 (精裝)
聯經網址：www.linkingbooks.com.tw
電子信箱：linking@udngroup.com

**國家圖書館出版品預行編目資料**

當代張載學/王雪卿著 . 初版 . 新北市 . 聯經 . 2021年7月 .
500面 . 14.8×21公分
ISBN 978-957-08-5852-5（精裝）


1.（宋）張載 2.學術思想 3.宋元哲學

125.14                                               110007904